그림책
수업
대백과
261

한 권으로 끝내는 그림책 학급 운영과 생활지도의 모든 것

그림책 수업 대백과 261

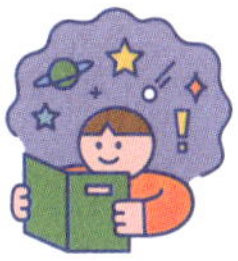

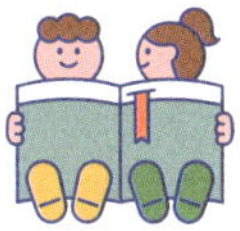

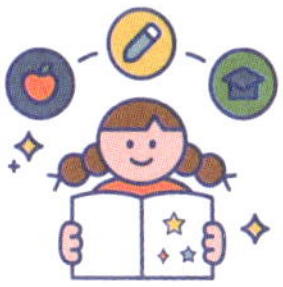

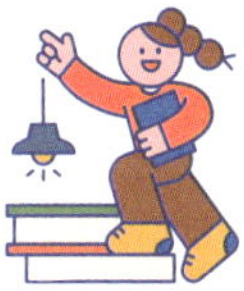

좋아서하는어린이책연구회 지음

카시오페아
Cassiopeia

차례

프롤로그 　정서적 교감의 연결 통로가 되는 그림책 수업의 힘　　　　　　　8
이 책을 활용하는 법　　　　　　　　　　　　　　　　　　　　　　　12

|3월| 첫 만남·자기 탐구

- **3월 1주**　말놀이로 재미있게 '나' 소개하기　　　　　　　　　　　　16
- **3월 2주**　자기 수용, 내 삶의 이야기 다시 쓰기　　　　　　　　　　26
- **3월 3주**　자존감, 누구에게나 빛나는 한 가지는 있다　　　　　　　36
- **3월 4주**　정체성 탐구, 은유와 상징으로 자기표현 하기　　　　　　45

|4월| 교실 적응·소통

- **4월 1주**　너와 나 사이에 놓는 소통의 다리　　　　　　　　　　　　56
- **4월 2주**　협동으로 쌓아올리는 우리들의 세상　　　　　　　　　　64
- **4월 3주**　타인에게 상처주지 않는 말에 관하여　　　　　　　　　　71
- **4월 4주**　갈등을 현명하게 해결하는 방법　　　　　　　　　　　　78

|5월| 가족 이해·다양성

- **5월 1주**　우리가 몰랐던 부모님, 줌 인!　　　　　　　　　　　　　88
- **5월 2주**　함께 만들어가요, 행복한 우리 집　　　　　　　　　　　100
- **5월 3주**　생각보다 넓은 가족의 범위　　　　　　　　　　　　　　108
- **5월 4주**　세상에는 다양한 형태의 가족이 있어요　　　　　　　　119

|6월| 공동체·지역 탐구

6월 1주	이웃과 더불어 살아가는 법	130
6월 2주	우리 동네, 눈을 크게 뜨고 둘러봐요	140
6월 3주	나는야, 우리 지역 전문가!	148
6월 4주	자랑스러운 대한민국을 소개합니다	157

|7월| 교육연극·신체활동

7월 1주	그림책, 눈으로만 읽지 말고 몸으로도 읽자	168
7월 2주	소품과 몸을 활용해 뭐든 될 수 있는 연극	178
7월 3주	연극으로 만나는 다양한 마음	188
7월 4주	그림책 한 권으로 대본 없이 연극하기	199

|8월| 학교폭력·안전교육

8월 1주	학교폭력 이젠 멈춰!	212
8월 2주	아동학대는 먼 곳에 있지 않다	221
8월 3주	재난에 대처하는 우리의 자세	230
8월 4주	사이버 과잉 의존, 어디부터 잘못된 걸까?	238

|9월| 환경·생태전환교육

9월 1주	자연에 다가가며 생태 감수성을 길러요	248
9월 2주	지구를 위한 공존은 '인간 중심'에서 벗어나는 것부터	258
9월 3주	이제는 기후변화를 제대로 알고 해결해나가야 할 때	268
9월 4주	지구를 위해 내 삶을 바꿔나가는 '생태 시민' 되기	278

|10월| 문해력·글쓰기

10월 1주	모든 공부의 기초, 바르고 정확하게 읽고 쓰기	290
10월 2주	문해력을 쑥쑥 키워주는 말놀이	302
10월 3주	일기와 생활문, 평범한 일상을 비범한 이야기로	313
10월 4주	탁월한 읽기×쓰기 종합 활동, 독서 감상문	323

|11월| 세계시민·민주주의

11월 1주	난민, 내가 살던 곳을 떠나야 한다면?	338
11월 2주	민주주의와 시민, 세상을 바꿔나가는 힘은 나에게서부터	347
11월 3주	아동노동 착취, 내가 알뜰해질 수 있었던 이유	357
11월 4주	세계여행, 달라도 너무 달라! 어디부터 가볼까?	365

| 12월 | 예술 · 표현활동

12월 1주	'예술가 안경'으로 일상을 낯설게 바라보는 방법	376
12월 2주	음악 이론과 일상의 조화로운 이중주	385
12월 3주	아름다움을 새롭게 정의하는 미술	392
12월 4주	사회참여미술로 세상을 바꿔봐요	403

| 1월 | 직업 탐구 · 진로 탐색

1월 1주	우리가 직업을 가져야 하는 이유	414
1월 2주	급변하는 직업의 세계 이해하기	423
1월 3주	구체적이고 실제적인 진로 탐색	434
1월 4주	내 인생의 꿈을 담아 진로 설계하기	442

| 2월 | 장애 이해 · 통합교육

2월 1주	지적장애, 주체적인 삶과 통합을 위하여	456
2월 2주	자폐성장애, 우리는 모두 '같은' 사람	466
2월 3주	시·청각장애, 세상과 소통하는 다양한 방법	476
2월 4주	지체장애, 차별 없는 세상 만들기	491

정서적 교감의 연결 통로가 되는 그림책 수업의 힘

한 해의 시작, 새 교실에 처음 들어설 때 느끼는 설렘과 긴장감을 기억합니다.

'올해 만날 아이들과 새 도화지에 어떤 그림을 그려볼까?'
'아이들과 의미 있고 재미있는 1년을 보내고 싶은데 어떻게 해야 할까?'

빈 교실에 놓인 스무 개 남짓의 책상을 둘러보며 새로운 한 해를 스케치할 때 가슴이 풍선처럼 부풀어 오르며 설렙니다. 그리고 딱 그 크기만큼 두렵고 떨리고 막막해요. 바늘 끝만 닿으면 '톡' 터질 것 같은 거대한 풍선을 껴안고서 이런저런 걱정에 밤새 뒤척이기도 합니다. 새 학년을 앞두고 밤잠을 설치는 아이들처럼 말이지요.

아이들 앞에 서는 일이 유독 어렵고 마음에 부담이 될 때,
학급 운영과 생활지도가 매년 또 막막할 때,
아이들과 마음이 통하는 비장의 무기를 갖고 싶을 때,

그럴 때 저는 그림책 한 권이 지닌 힘에 기댑니다. 아이들에게 조금이라도 좋은 교육을 해주고 싶은 간절함, 삶의 중요한 가치를 흘려보내주고 싶은 애틋함으로 그림책을 펼칩니다.

저는 지난 10년간 전국 각지에서 다양한 온·오프라인 강연과 연수로 선생님과 학부모님들을 만났습니다. 그 과정에서 그림책 감상부터 창작까지 아이들 내면에 힘을 주는 다양한 수업 방법과 교육 자료들을 나눴는데요. 10년이 지나는 동안 교실에서 그림책 수업을 하는 선생님들이 매우 늘어났음을 실감합니다.

'교실에서 많은 선생님들께서 그림책 수업에 관심을 갖는 이유는 무엇일까?'
'일단 한 번 그림책 수업을 경험하고 나면 그 매력에 푹 빠지는 이유가 무엇일까?'

실제로 전국 곳곳의 교실에서 그림책 수업을 하고 계신, 네이버 카페 '좋어연'의 선생님들께 여쭤보았더니 이렇게 대답해주셨어요.

"그림책은 가장 무해하게, 또 다정하게 나와 상대방의 이야기를 꺼낼 수 있게 해줘서 좋아요. 같은 장면이라도 누군가는 색깔에, 누군가는 형태에, 누군가는 단어에 마음이 열리죠. 이 모든 요소들이 그림책 안에 잘 어우러져 있기 때문에 많은 아이들의 마음에 가닿을 수 있어요. 아이들 앞에서 교사인 제 마음을 꺼내기에도 좋고요."

"아이들에게 전해주고 싶은 마음속 이야기는 많지만 그것을 오롯이 전할 길이 없어 고민했어요. 그러다 발견한, 저에게 맞는 방법이 바로 그림책이에요. 수려한 말을 덧붙이지 않아도 그림책 한 권에 마음을 담아 읽어주고 나면 많은 메시지가 전달되니까요."

이렇게 그림책은 교실에서 선생님과 아이들을 잇는 정서적 교감의 연결 통로가 되어줍니다. 생생한 언어로 쓰인 수많은 대답들을 읽으면서, 아이들과 진심 어린 마음을 나누고자 애쓰는 동료 선생님들이 전국의 교실 구석구석에 존재한다는 사실이 참 든든했어요. 아이들 곁에 있는 양육자와 활동가분들도 같은 마음으로 그림책 수업에 관심을 갖고 계신 것을 보면서, 연구하고 나누는 일을 오래도록 탄탄히 지속하겠다고 다짐했습니다.

이 책은 저와 손잡고 '좋아서하는어린이책연구회'를 꾸려가고 있는 운영진 선생님들과 함께 집필했습니다. 그동안의 연구를 집대성하여 그림책 수업의 1년 로드맵을 정리했고 이 한 권의 책에 탄탄하게 담았습니다. 연간 학급 운영과 생활지도의 토대가 되는 12가지 주제를 선정하였고, 1년 52주 동안 매주 알차게 활용할 수 있도록 261가지 그림책 수업 활동을 안내했습니다. 첫 만남과 자기 탐구에서부터 시작해서 교실 적응과 소통, 가족 이해와 다양성, 공동체와 지역 탐구, 교육연극과 신체활동, 학교폭력과 안전교육, 환경과 생태전환교육, 문해력과 글쓰기, 세계시민과 민주주의, 예술과 표현활동, 직업 탐구와 진로 탐색, 장애이해와 통합교육에 이르기까지 알곡 같은 주제와 엄선한 작품들로 촘촘하게 구성했습니다.

'그림책 수업을 제대로 해보고 싶은데 주제와 흐름을 어떻게 잡아야 될까?'
'어떻게 해야 아이들과 재미있고 의미 있는 그림책 수업을 진행할 수 있을까?'

이런 고민이 들 때, 이 책이 믿음직하고 요긴한 지도가 되어줄 것입니다. 이 책을 손 뻗으면 닿을 만큼 가까운 책장에 꽂아두고 자주 펼쳐서 활용해주세요. 책 속에 담아둔 온기와 생기가 우리 아이들에게 오롯이 흘러가기를 바랍니다. 대한민국의 교실과 거실에서 어린이들이 마음을 단단하게 키우는 데 이 책이 도움이 되기를 소망합니다.

좋아서하는어린이책연구회 대표
이현아

이 책을 활용하는 법

★ 교육과정과 이렇게 연계해요

2024년부터 초등 1~2학년 수업에 '2022 개정 교육과정'이 적용됩니다. 본문에서 제시한 그림책 수업 활동들을 실제 교육과정과 어떻게 연계할 수 있는지 구체적으로 알려줌으로써 현장의 교사들이 보다 더 실제적이고 유익한 수업을 진행해나갈 수 있도록 안내했습니다.

★ 월별 주제

1년 동안의 학사 일정과 교육 내용에 맞춰 월별로 총 12개의 주제를 선정했습니다.

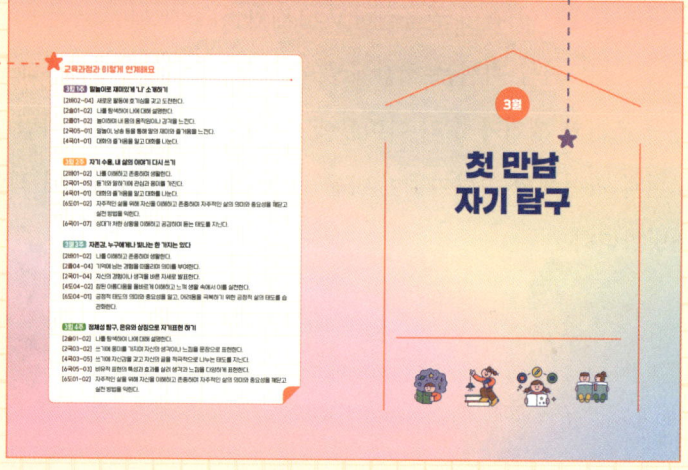

★ 월별/주차별 키워드 인덱스

본문 왼쪽 상단에는 해당하는 월과 주차를, 오른쪽 상단에는 해당 주차에 이루어지는 수업 활동의 핵심 키워드를 인덱스로 제시하여 책의 활용성과 편의성을 더욱 살렸습니다.

★ 이 주의 그림책

각 월별 주제에 걸맞은 주제 그림책을 1주당 2권씩 선정하여, 총 96권의 주제 그림책을 선별, 제시했습니다.

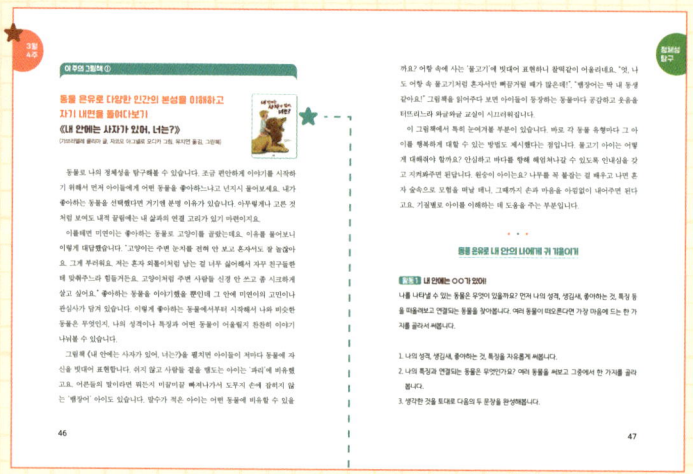

★ 수업 활동

96권의 주제 그림책 내용과 다년간 초등학교 교사로 일하며 쌓은 수업 노하우를 탁월하게 융합해 교실에서 할 수 있는 창의적인 체험형 활동을 총 261개 제시했습니다. 각각의 활동 설명에는 충실한 예시들을 달아 아이들과 해당 활동을 어떤 방식으로 해나가면 좋을지 쉽게 이해할 수 있도록 구성했습니다.

★ 한 걸음 더

주제 그림책 이외에도 함께 보면 좋은 그림책들을 추가적으로 제시하여 더욱 풍성한 그림책 수업 정보를 제공했습니다.

교육과정과 이렇게 연계해요

3월 1주 말놀이로 재미있게 '나' 소개하기
[2바02-04] 새로운 활동에 호기심을 갖고 도전한다.
[2슬01-02] 나를 탐색하여 나에 대해 설명한다.
[2즐01-02] 놀이하며 내 몸의 움직임이나 감각을 느낀다.
[2국05-01] 말놀이, 낭송 등을 통해 말의 재미와 즐거움을 느낀다.
[4국01-01] 대화의 즐거움을 알고 대화를 나눈다.

3월 2주 자기 수용, 내 삶의 이야기 다시 쓰기
[2바01-02] 나를 이해하고 존중하며 생활한다.
[2국01-05] 듣기와 말하기에 관심과 흥미를 가진다.
[4국01-01] 대화의 즐거움을 알고 대화를 나눈다.
[6도01-02] 자주적인 삶을 위해 자신을 이해하고 존중하며 자주적인 삶의 의미와 중요성을 깨닫고 실천 방법을 익힌다.
[6국01-07] 상대가 처한 상황을 이해하고 공감하며 듣는 태도를 지닌다.

3월 3주 자존감, 누구에게나 빛나는 한 가지는 있다
[2바01-02] 나를 이해하고 존중하며 생활한다.
[2즐04-04] 기억에 남는 경험을 떠올리며 의미를 부여한다.
[2국01-04] 자신의 경험이나 생각을 바른 자세로 발표한다.
[4도04-02] 참된 아름다움을 올바르게 이해하고 느껴 생활 속에서 이를 실천한다.
[6도04-01] 긍정적 태도의 의미와 중요성을 알고, 어려움을 극복하기 위한 긍정적 삶의 태도를 습관화한다.

3월 4주 정체성 탐구, 은유와 상징으로 자기표현 하기
[2슬01-02] 나를 탐색하여 나에 대해 설명한다.
[2국03-02] 쓰기에 흥미를 가지며 자신의 생각이나 느낌을 문장으로 표현한다.
[4국03-05] 쓰기에 자신감을 갖고 자신의 글을 적극적으로 나누는 태도를 지닌다.
[6국05-03] 비유적 표현의 특성과 효과를 살려 생각과 느낌을 다양하게 표현한다.
[6도01-02] 자주적인 삶을 위해 자신을 이해하고 존중하며 자주적인 삶의 의미와 중요성을 깨닫고 실천 방법을 익힌다.

3월

첫 만남
자기 탐구

3월 1주
말놀이로 재미있게 '나' 소개하기

3월은 아이들 몸에 바짝 힘이 들어가는 시기입니다. 낯선 공간에 적응도 해야 하고 새로운 친구들과 마음도 터야 하니까요. 그중에서도 가장 부담스러운 것은 아무래도 첫날 자기소개를 하는 시간입니다. 일명 '자기소개 불안 증후군' 증상을 겪는 아이들이 많거든요. 어떤 증상인지 들어보실래요?

[자기소개 불안 증후군]
증상 1. 다른 친구들이 자신을 뭐라고 소개하는지 귀에 하나도 안 들어온다.
증상 2. '내 차례가 오면 뭐라고 말하지' 생각하느라 심장이 쿵쾅거리고 입술이 바짝 마른다.
증상 3. 쭈뼛쭈뼛 일어나서 이야기를 하려고 보면 머릿속이 하얘지고 아무 생각이 안 난다.

'앗, 이건 내 이야기인데….' 이렇게 움츠러든 아이들에게 웃음보를 선사하며 소통의 물꼬를 틀 방법이 있습니다. 제가 아이들과 첫 만남부터 '빵' 터지게 웃으며 상호작용하면서 인사할 수 있는 비장의 무기를 소개해드릴게요.

> 이 주의 그림책 ①

'구마 삼매경'에 푹 빠져들어 '빵' 터져보자
《고구마구마》_(사이다 지음, 반달)

표지에 그려진 고구마들 좀 보세요. 제각기 울퉁불퉁한 모습을 뽐내고 있는데요. 어떤 고구마는 길쭉한데 허리가 굽어 있고요, 자그마한 고구마가 있는가 하면 덩치가 큰 고구마도 있습니다. 길쭉하구마, 조그맣구마, 둥글구마! 각기 다르게 생긴 고구마들이 올망졸망 모여 있는 모습이 꼭 교실에 있는 우리 아이들 같습니다. 그림책을 읽어주다가 아이들 얼굴을 쭉 둘러보면서 이렇게 한 번 말해주세요. "차암~ 다르게 생겼구마!"

그림책《고구마구마》는 문장의 어미가 모두 '구마'로 끝납니다. 아이들에게 읽어주다 보면 말놀이하듯 리듬을 탈 수 있습니다. 한참 신나게 읽어줬더니 지호가 이렇게 말하더라고요. "선생님, 그러고 보니 이 책, 라임이 살아 있는데요!" 시를 쓸 때 각운을 맞추는 것처럼 노래 가사도 규칙적으로 같은 소리가 나도록 운율을 맞추니까요. 예를 들면 이런 거지요. "다릴 꼬았지, 아니꼬왔지, 다릴 꼬았지 배배 꼬였지." 후훗, 악뮤의 노래 〈다리꼬지마〉의 한 소절을 읊었더니 지호가 엄지손가락을 척 치켜드네요. 이 그림책도 글이 마치 노래 가사처럼 운율이 살아 있기 때문에 아이들이 단숨에 쭉 빨려 들어오듯 집중합니다.

이 그림책을 읽고 나면 온 교실이 한동안 '구마 삼매경'에 빠져듭니다. "혹시 오늘 점심 메뉴에 고구마 나오는구마?", "에이, 안 나오는구마!", "아쉽구마!" 이렇게 대화를 주고받다 보면 어색하고 낯설기만 했던 교실 분위기가 노란 고구마 속살처럼 한결 쫀득쫀득해집니다.

3월 1주

이 그림책을 재미있게 읽는 팁을 하나 더 알려드릴게요. '작구마'의 시선으로 그림책을 다시 읽어보세요.

"엇, 선생님 얘 작구마예요. 저 아까부터 계속 작구마만 찾아보고 있었거든요."

마지막 장면 '싹났구마!'에서 맨 앞자리에 앉은 미현이가 이렇게 말했어요. 미현이는 체구도 작고 목소리도 작은 아이였는데요. 그림책을 읽는 내내 본인처럼 조그마한 '작구마'를 유심히 관찰했더라고요.

'작구마'가 거의 모든 페이지에 등장하면서 존재감을 드러내고 있다는 사실, 알고 계셨나요? 작구마는 얇게 썰린 채 기름에 튀겨진 고구마를 꼭 끌어안아주고요. 고구마 잔치가 열릴 때 목마른 고구마에게 슬쩍 물을 떠다주기도 합니다. 분명 그림책을 다 읽었는데 그런 장면이 있었는지 전혀 몰랐다고요? 자, 이제 눈을 크게 뜨고 작구마를 찾아가며 그림책을 다시 읽어보세요.

작구마는 방귀 냄새를 피하러 접시 물에 들어갔다가 작은 싹 하나를 피우는데요. 페이지를 한 장 넘겨 면지를 보니 어느덧 고구마 밭이 무성하게 펼쳐집니다. 마음이 움츠러든 아이에게 용기를 전하고 싶다면 작구마를 보여주며 이렇게 말해주세요.

"사실 이 책의 주인공은 작구마일지도 모르겠구마. 찜 냄비에도 못 들어가고 구워지지도 못했지만 끝까지 남아서 새로운 싹을 틔우는 존재, 그게 바로 작구마구마!"

· · ·

구마 명함으로 말놀이 인사하기

'구마' 말놀이로 부담 없이 자기를 소개하며 인사하는 수업 활동입니다. 언어

유희를 통해 쉽고 재미있게 자기를 표현하고 상호 소통하면서 관계의 물꼬를 틀 수 있습니다.

활동1 구마 명함 만들기

먼저 엽서 사이즈 종이나 블랭크 카드를 3장씩 나눠줍니다. 아래의 예시처럼 '구마 명함'을 3장씩 만들어보세요.

구마 명함 예시

- 아이고 반갑구마~
  나는 (나의 특징 쓰기) ○○○(이름 쓰기)구마~
  앞으로 (하고 싶은 말 쓰기)구마!

활동2 구마 명함으로 말놀이 인사 나누기

구마 명함에 쓴 것을 토대로 말놀이 인사를 나눕니다. 자유롭게 돌아다니면서 3명과 명함을 교환하며 인사합니다. 이때 명함을 교환한 친구의 특징과 이름을 기억해두라고 안내해주세요.

* 말놀이 인사 규칙: 모든 문장은 '구마'로 끝맺는다.

예시 1

- 아이고 반갑구마~
  나는 (양 볼에 보조개가 있는) 이현아구마~
  앞으로 (양 볼이 움푹 들어가도록 활짝 웃으며 지내고 싶)구마!

> 예시 2
>
> - 아이고 반갑구마~
>   나는 (키도 작고 목소리도 작은) 정미현이구마~
>   앞으로 (작은 콩이 더 단단하다는 걸 보여주겠)구마!

활동3 구마 퀴즈로 친구 이름 외우기

인사가 끝나고 나면 모든 명함을 상자 하나에 모읍니다. 상자 속에 든 명함을 섞은 뒤, 몇 장 뽑아서 퀴즈를 냅니다. 질문을 듣고 이름을 알고 있다면 손을 들고 맞춥니다. 퀴즈를 통해서 우리 반 친구들이 어떤 특징을 가지고 있는지 두루 살펴볼 수 있고 자연스럽게 이름을 외울 수 있어 좋습니다.

> 예시
>
> - "양 볼에 보조개가 있는 친구의 이름은 무엇이구마?"
>   "이현아구마!"
>
> - "콩처럼 작지만 단단한 친구의 이름은 무엇이구마?"
>   "정미현이구마!"

반복되는 글자의 말맛을 느껴보자
《모모모모모》(밤코 지음, 향)

제가 질문을 하나 할게요. 글자 14개와 문장 1개만 사용해서 그림책을 쓸 수 있을까요?

"에이, 문장 14개도 아니고 글자 14개만 가지고 어떻게 책 한 권을 쓰나요?"

믿기지 않겠지만 그런 책이 있습니다. 바로 밤코 작가의 그림책《모모모모모》인데요. 이 그림책을 읽으면서 제가 세어봤더니 '모, 벼, 피, 뽑, 낫'과 같은 글자 14개와 '잘 먹겠습니다'라는 문장 하나만으로 서사를 완성했더라고요. 심지어 이 책 한 권 안에 벼농사 짓는 과정을 소상히 담아냈으니 입이 떡 벌어질 만큼 놀라울 따름이지요.

그림책《모모모모모》를 읽으면서 저는 닥터 수스가 생각났습니다. 미국의 그림책 작가 닥터 수스도 50개 단어만으로 그림책《Green Eggs and Ham》을 썼거든요. 랜덤하우스 출판사의 설립자인 베네트 서프가 닥터 수스에게 이런 내기를 걸었답니다. "50개의 단어만을 사용해서 책 한 권을 쓰면, 자네에게 50달러를 주겠네!"

50개라는 제한된 단어로 이야기를 전개하기 위해서 어떻게 해야 할까요? 닥터 수스는 같은 패턴의 문장이 반복되게끔 하고, 단어의 각운을 맞춰 자연스럽게 운율이 생겨나도록 했습니다. 덕분에 책을 소리 내어 읽을 때 경쾌한 리듬이 느껴져서 아이들이 노래하듯 재미있게 읽을 수 있었지요. 닥터 수스는 내기에서 이겼고, 책은 베스트셀러가 됐답니다.

밤코 작가는 같은 글자를 반복하면서 단어에 운율이 생기도록 하는 것에서 한 걸음 더 나아갑니다. 절묘한 그림과 함께 서사를 펼쳐나가는 것인데요. '모, 벼, 피, 뽑, 낟'과 같은 글자에 벼가 자라고 쌀밥을 지어 먹기까지의 과정을 세밀히 담아냈습니다. 밤코 작가의 부모님이 전남 담양에서 실제로 농사를 지으시는데요. 몸으로 직접 경험한 것을 담아냈기 때문에 첫 섬네일을 30분 만에 쏟아내듯 완성했다고 해요. 그림책을 펼쳐 보면 벼농사 짓는 과정을 제대로 알고 있는 사람만이 표현할 수 있는 디테일이 돋보입니다.

먼저 '모모모모모' 다음에는 '내기내기내기'가 이어지고요. '벼피벼피벼피' 다음에는 '피뽑피뽑피'가 이어집니다. 언어유희를 느낄 수 있는 부분이지요. 글자의 모양 자체를 작품 속에 타이포그래피처럼 살린 부분도 참 좋습니다. 시골에서 보면 매년 벼가 쓰러지는데 '벼벼벼벼벼'가 쓰러지면 어떻게 될까요? '뚀뚀뚀뚀뚀'가 됩니다. '벼'라는 글자가 오른쪽으로 좌르르 쓰러지면 '뚀'가 되니까요. 아이들이 웃음을 터뜨리면서 눈빛이 초롱초롱해지기 시작하면 이번엔 질문을 던져보세요. 벼가 쓰러지지 않도록 벼끼리 단단히 묶으면 어떤 글자가 탄생할까요? '벼'와 '벼'를 묶으면? '뼈뼈뼈뼈뼈'가 된다는 사실!

이윽고 벼가 무르익으면 황금물결을 이루어 출렁이는데요. 이 부분은 글자의 모양 자체가 출렁이는 느낌이 들도록 표현했습니다. 타이포그래피를 살펴보면서 어울리는 목소리와 몸짓으로 읽어보면 참 재미있어요. 글자체를 가로로 길게 늘여 썼고 구불구불한 곡선으로 표현했기 때문에 '벼어어어~~~~' 하고 한참 동안 길게 끌어가면서 동시에 고개를 위아래로 끄덕끄덕 움직이며 읽으면 좋겠지요. 타이포그래피 자체가 그야말로 하나의 예술 작품입니다. 한바탕 웃으면서 그림책에 폭 빠져들었다면, 이번엔 반복되는 글자로 나를 소개하는 활동으로 연결해보세요.

반복되는 글자로 나의 특징 표현하기

　반복되는 글자로 나의 특징을 표현하며 부담 없이 자기소개를 해볼 수 있습니다. 글자의 조합으로 단어를 만들고 타이포그래피를 통해 자신의 특징을 표현해 보세요.

활동 1 나의 특징을 표현해주는 반복되는 글자 떠올리기

1. 나의 특징을 표현할 수 있는 글자는 무엇일까요? 반복되는 글자의 말맛을 살려서 단어를 떠올려봅니다.

> **예시**
> '왈왈왈왈왈', '왕왕왕왕왕왕'

2. 내가 글자를 조합하여 만든 단어는 나의 어떤 특징을 담고 있나요?

> **예시**
> - 강아지가 낯선 사람들을 만났을 때 짖는 것처럼, 나도 새로운 친구들을 만나면 쑥스러워서 경계해요. 그런데 사실은 친해지고 싶어서 꼬리를 흔들고 있어요.
> - 저는 어딜 가든 왕언니 역할을 하면서 주변 사람들을 잘 챙기는 편이거든요. 그래서 '왕왕왕왕왕왕'으로 표현했습니다.

자기표현

활동 2 타이포그래피 그리기

1. 글자의 크기나 위치에 의미를 담아서 타이포그래피를 그려봅니다.

예시

왈왈왈왈왈   왕 왕
               왕   왕
                왕 왕

---

2. 타이포그래피를 이렇게 디자인한 이유를 발표해봅니다.

예시

- 글자의 크기는 소리의 크기를 의미해요. 강아지가 크게 짖었다가 작게 짖었다가 하는 소리를 표현했는데요. 낯선 친구들을 만났을 때 쑥스러워서 경계하는 마음과 친해지고 싶은 마음 두 가지가 함께 있는 상태인 것을 글자의 크기에 담아보았어요.

- 여섯 개의 '왕'이 원형으로 빙 둘러져 있는 형상을 그렸습니다. 주변 친구들을 두루 살피면서 조화롭게 어울릴 때 안심하는 저의 성격이 잘 드러나도록 글자를 배치했습니다.

---

3. 다시 쓴 이야기를 친구들 앞에서 발표합니다. 발표를 들은 친구들은 발표자에게 격려의 말을 건넵니다. 이렇게 아이들이 다시 쓴 이야기를 발표하고 인정받는 경험을 꼭 가질 수 있도록 이끌어주세요.

한 걸음 더

다양한 말놀이를 만날 수 있는 그림책

《내 마음 ㅅㅅㅎ》(김지영 지음, 사계절)
#자음과모음의만남 #감정표현말놀이

한글 자음에 다양한 모음을 붙여가면서 말놀이하듯 즐길 수 있는 그림책입니다. 그림책을 펼치면 시옷 두 개와 히읗 하나, 이렇게 세 개의 한글 자음이 다양한 모음을 만나서 변신합니다. 이 그림책을 즐기는 첫 번째 방법을 알려드릴게요. 먼저 포스트잇으로 오른쪽 페이지의 글을 잠시 가려두고 읽어보세요. 왼쪽 페이지의 장면만을 보면서 초성 퀴즈처럼 질문하고, 아이들이 답한 후에 포스트잇을 떼어서 글을 보여주세요. "갑자기 다 너무?" "시시해!" "뭘 해도 마음이?" "수상해!" 마치 메기고 받듯 아이들과 즐겁게 읽을 수 있습니다. 이 그림책을 즐기는 두 번째 방법으로는 '이럴 때 내 마음 ㅅㅅㅎ' 활동을 추천합니다. 구체적인 상황을 떠올리면서 초성을 사용해서 내 마음을 표현해보는 활동이에요. '미세먼지 많을 때, 내 마음 속상해!', '맑은 하늘 기다리면서, 내 마음 상상해!' 아이들이 저마다 펼쳐내는 다채로운 표현을 만나보세요.

《고구마유》(사이다 지음, 반달)
#사투리말놀이 #충청도사투리

그림책 《고구마구마》를 쓴 사이다 작가님의 또 다른 작품 《고구마유》는 충청도 사투리 말맛이 살아 있습니다. 이 그림책으로 연결해서 사투리 어미를 살려서 말놀이를 해보면 어떨까유? 벌써부터 재미있다구유? 사투리 말놀이를 할 때는 한 가지 주의할 점이 있습니다. 아이들이 지역에 대한 편견을 갖거나 낯선 말투를 놀림의 수단으로 여기지 않도록 분위기를 잘 이끌어주세요. 지역마다 특유의 고유한 말맛을 지닌 사투리가 있고, 사투리 안에는 그 지역만의 정서와 향토적 정감이 녹아 있다고 미리 아이들에게 이야기해주세요.

3월 2주

자기 수용, 내 삶의 이야기 다시 쓰기

　이따금 학부모나 동료 교사들과 이야기 나누다 보면 자신이 살아온 삶의 과정을 실패한 것으로 여기고 후회와 자책을 반복하는 경우를 봅니다. 성장 과정에서 강요된 것들로 인해 나의 개인적 특성이 고유의 개성으로 존중받지 못하고 문제로 규정되었기 때문이기도 하고요. 어떤 행동을 했을 때 '옳지 않아, 고쳐라' 하는 외부의 잔소리가 반복되면서 내가 가진 성격이나 특성을 있는 그대로 수용하지 못하고 자기혐오에 빠진 탓이기도 합니다. 어른이 되어서 이제 더 이상 외부의 잔소리를 들을 일이 없어졌는데도 내 안에 존재하는 내면의 목소리가 스스로를 엄격하게 다그치기도 합니다.

　"나는 역시 안 돼."

　"이런 나를 아무도 좋아하지 않을 거야."

　내 안에서 부정적인 메시지가 흘러나와 내 발목을 잡을 때, 어떻게 돌파하면 좋을까요? 이번 장에서는 이야기치료의 '외재화'와 '재저작 대화'를 그림책과 접목해 아이들이 '나'를 건강히 수용하도록 안내합니다.

이 주의 그림책 ①

내 삶을 바라보는 관점을 전환하는 방법
《부끄럼쟁이 아냐, 생각쟁이야!》
(김민화 글, 손지희 그림, 웅진주니어)

　이 그림책은 '못해도 괜찮아'라는 위로만 전해주는 것이 아니라 자신의 단점을 새로운 시선으로 바라보도록 관점을 전환한다는 점에서 주목할 만합니다. 유아교육과 교수인 김민화 작가가 이야기치료의 '재저작 대화'의 개념을 응용해서 쓴 그림책인데요. 그림책을 펼치면 먼저 부끄러움이 많은 아이에게 '바꿔라, 고쳐라, 숨겨라'라고 말하는 어른의 목소리가 등장합니다. 이어서 아이가 미처 말하지 못한 자신의 속마음을 들려주는 식으로 진행됩니다.

　친구가 놀려도 듣고만 있는 아이가 있습니다. 어른은 아이의 행동을 바꿔주기 위해 이렇게 말합니다. "그럴 땐 '하지 마!' 하고 화를 내야 하는 거야." 반면, 아이는 이렇게 대답합니다. "내가 화내면 친구도 화를 내잖아요. 친구가 놀리다 지쳐 더 이상 나를 놀리는 게 재미가 없어질 때까지 기다리는 거예요. 난 꾹 참을 수 있는 힘이 있거든요." 같은 행동을 놓고 어른은 고칠 점을 지적했지만 아이는 행동의 이유를 말하면서 스스로 자기 내면에 '꾹 참을 수 있는 힘'이 있다는 것을 발견했습니다. 이처럼 아이가 어떤 행동을 했을 때는 명확한 이유를 갖고 있는 경우가 많습니다. 그 이유를 경청하다 보면 아이가 가진 새로운 장점을 발견할 수 있습니다.

　똑같이 내성적인 성격을 갖고 있더라도 외부의 잔소리에 매몰된 아이는 자기 성격을 싫어합니다. '뭐가 그렇게 부끄럽다는 거야! 성격 좀 고쳐봐!'라고 스스로를 다그칩니다. 반면, 관점을 전환할 수 있는 아이는 자기 성격에 자부심을 가질 수 있습니다. '나는 인내심이 있고 생각이 깊은 사람이야'라고 내성적인 성격의 장점을 발견할 수 있습니다.

    이 그림책을 읽으면서 아이의 단점을 지적해서 고쳐주기보다는 먼저 들어주는 것부터 시작해보시길 바랍니다. 아이가 자기 행동의 이유를 이야기하면서 긍정적인 정체성에 초점을 맞출 수 있도록 도와주세요. 같은 삶을 살아도 내 삶을 패배적 서사로 바라볼 수 있고, 긍정적인 서사로 바라볼 수도 있습니다. 초점에 따라 다르게 의미를 부여하면 하나의 삶에도 다양한 이야기가 펼쳐집니다.

단점이 나와라, 새로운 이름 붙여줄게!

    고치고 싶은데 잘 안 되고 자꾸만 잔소리를 듣게 하는 단점이 너 나와라! 내가 이야기 다시 써줄게! 내 안의 단점을 불러내서 새로운 관점으로 이야기를 다시 써주는 활동입니다. 먼저 이야기치료의 '외재화' 과정을 토대로 내가 가진 단점에 이름을 붙이는 것에서부터 시작합니다. 나 자신과 문제 행동을 분리하면서 객관적으로 바라보기 위함입니다. 이어서 단점 때문에 평소에 많이 들었던 외부의 잔소리나 내면의 다그침을 떠올리고요. 마지막으로 이야기치료의 '재저작 대화' 과정을 통해 새로운 관점으로 이야기를 다시 써봅니다. 내 삶을 전환적 관점으로 바라보고 스스로 긍정적인 이야기를 써볼 수 있는 활동입니다.

> **자기 수용**

> **활동1** 이야기치료 '외재화' 과정으로 내 단점에 이름 붙이기

1. 나는 어떤 단점을 가지고 있나요? 가장 고민되는 단점을 꺼내어서 특징이 잘 드러나도록 이름을 붙여봅니다.

> **예시**
> - 저는 매사에 느릿느릿 행동합니다. 내 단점에 '느림보'라는 이름을 붙였습니다.

2. 이 단점 때문에 평소에 많이 들었던 외부의 잔소리가 있나요? 또 스스로 나의 내면에서 다그쳤던 말이 있다면 써봅니다.

> **예시**
> - "그렇게 느려 터져서 맨날 지고 살 거야?"
> - "맨날 늦어서 이러다 내 인생도 꼴찌가 되면 어떡하지?"

> **활동2** 이야기치료 '재저작 대화'로 새로운 이름 붙여주기

1. 새로운 관점으로 내 단점을 바라봅니다. 내가 단점이라고 생각했던 행동에도 이유가 있을 수 있습니다. 내가 그렇게 행동한 이유는 무엇인가요? 나의 행동을 있는 그대로 나만의 고유한 특징으로 인정해주면 어떨까요? 긍정적인 시선으로 바라보면서 이야기를 새롭게 다시 써봅니다.

> **예시**
>
> - 제가 느리게 행동하는 이유는 오래 관찰하기 때문입니다. 저는 어떤 사람이나 사물을 볼 때 남들이 못 보는 걸 발견하는 관찰력이 있어요. 항상 마음에 여유가 있는 편이라서 급하지 않게 찬찬히 행동해요.

2. 이제 내 단점에 새로운 이름을 붙여줍니다.

> **예시**
>
> - 나는 '느림보'가 아니야.
>   여유롭게 관찰하면서 남들이 못 보는 걸 발견하는 '찬찬히 안경'이야.

3. 다시 쓴 이야기를 친구들 앞에서 발표합니다. 발표를 들은 친구들은 발표자에게 격려의 말을 건넵니다. 이렇게 아이들이 다시 쓴 이야기를 발표하고 인정받는 경험을 꼭 가질 수 있도록 이끌어주세요.

이 주의 그림책 ②

사람은 자신의 이야기대로 사는 존재
《나는 돌입니다》 (이경혜 지음, 송지영 그림, 문학과지성사)

"저는 그냥 쓸모없는 돌멩이 같아요."

아이들과 이야기를 나누다 보면 이렇게 털어놓는 경우가 있습니다. 운동장 한쪽 구석에 아무도 신경 쓰지 않는 작은 돌처럼 스스로가 못나게 여겨지는 심정, 여러분도 느껴본 적 있으신가요? 스스로가 초라하게 느껴져서 마음이 움츠러들면 부작용이 한 가지 생깁니다. 바로 주변 사람들을 부러워하는 증상입니다. 내가 바람이라면 얼마나 좋을까? 꽃이 될 수 있다면 얼마나 좋을까? 부러워할수록 못난 내 모습이 부각되어 상실감은 커져가기만 합니다.

그림책《나는 돌입니다》의 주인공 바위는 이렇게 말합니다. "나는 내가 싫습니다. 나는 왜 하필 바위로 태어났을까요?" 바위는 자신의 삶을 패배적인 시선으로 바라봅니다. 바위는 자신의 모습이 만족스럽지 않습니다. 바윗덩어리인 나는 친구도 없고, 아무도 좋아하지 않고, 제자리에만 있으니까요. 주변을 둘러보면 바람도 부럽고 풀잎도 부럽기만 합니다. 바위는 자신이 아닌 다른 무언가로 변하고 싶어서 울부짖습니다. 이렇게 슬퍼하는 바위에게 뭐라고 말해주면 좋을까요?

달은 바위를 새로운 시선으로 바라보면서 삶의 이야기를 다시 써줍니다. "나와 닮은 바위야, 나도 알고 보면 커다란 돌이란다. 그런데도 태양을 받아 이렇게 빛나잖니? 내 빛을 받은 너도 눈부시게 아름답구나." 바위는 한없이 빛나게 보이는 달을 바라보는데요. 그 달도 사실은 커다란 하나의 돌일 뿐이라는 사실을 깨닫습니다. 바위는 달이 보내는 빛을 잠잠히 흡수하고 위로를 받습니다. 그러자 어느새 은은한 달빛이 바위에게로 옮겨 앉습니다. 지금 나는 그저 커다란 돌과 같을지 모르지만 내 곁에 있는 빛을 온몸으로 받아들여 반사하면 달처럼 빛나는 존재가 될 수 있습니다.

같은 상황에 하나의 이야기만 존재하는 것은 아닙니다. 바위인 나를 그저 쓸모없는 돌덩이로 바라볼 수도 있지만, 눈부시게 아름다운 빛을 받는 달처럼 또 다른 가능성을 열어볼 수도 있어요. 아이들이 매일 똑같아 보이는 일상 가운데 빛을 발견하고 흡수할 수 있도록 도와주세요. 삶은 초점에 따라 다르게 의미를 부여할 수 있고, 사람은 자신의 이야기대로 사는 존재이니까요.

문장 완성으로 두 가지 시선 갖기

활동1 '나는 왜 하필' 문장 완성하기

나 자신이 싫어지고 이 그림책 속의 바위처럼 자존감이 낮아졌던 적이 있나요? 내가 싫어하는 나 자신의 성격이나 특징이 있나요? 아래의 빈칸에 써보세요. 완성한 문장을 포스트잇에 써서 칠판에 붙입니다.

"나는 내가 싫습니다. 나는 왜 하필 (　　　　　)"

> **예시**
> - 나는 내가 싫습니다. 나는 왜 하필 (예민하고 불안한 성격을 타고났을까요?)
> - 나는 내가 싫습니다. 나는 왜 하필 (눈이 작고 입술만 두꺼울까요?)
> - 나는 내가 싫습니다. 나는 왜 하필 (목소리가 작고 말수가 적은 걸까요?)

활동 2 '그렇지만 너는' 문장 완성으로 달빛 비춰주기

친구들이 써서 칠판에 붙인 '나는 왜 하필' 문장을 읽어봅니다. 그림책 속의 돌이 달을 만나서 빛을 전해 받은 것처럼, 친구에게 환한 에너지를 가져다주는 말을 건네봅니다. 친구의 성격이나 특징을 아끼는 시선으로 바라보면서 '그렇지만 너는' 문장을 완성해보세요.

 더 알아보기

이야기치료

● '외재화'는 자신이 가지고 있는 문제나 단점에 이름을 붙이고 객관적으로 바라보는 것입니다. 이야기치료 이론가 마이클 화이트는 '문제 자체가 문제일 뿐 사람이 문제가 아니다'라고 말합니다. 외재화를 통해 나 자신과 문제를 분리하고 객관적인 눈으로 바라보면 자신과 타인에게서 받는 영향을 줄일 수 있습니다.

● '재저작 대화'(re-authoring conversation)는 자신을 '실패한' 사람으로 규정한 사람에게 질문을 던져서 자기 삶의 이야기를 다시 써보도록 하는 것으로 이야기치료의 핵심입니다. 이 과정을 통해 그동안 무시되어왔던 삶의 사건과 영역을 끄집어내어 새로운 대안적 이야기를 만들어낼 수 있습니다. 재저작 대화를 통해 내 삶의 이야기를 다시 써보고 이를 청중에게 발표하여 인정받는 경험을 통해서 정체성을 회복하고 삶을 보다 긍정적이고 풍성하게 바라볼 수 있습니다.

● **참고하면 좋은 책**

《이야기치료의 원리와 실제》(김번영 지음, 학지사)

《이야기치료 입문》(Stephen Medigan 지음, 정석환 외 옮김, 시그마프레스)

한 걸음 더

단점을 바라보는 새로운 시선을 전해주는 그림책

《내가 올챙이야?》 (다시마 세이조 지음, 황진희 옮김, 계수나무)
#뒤처진걸까 #서로다른걸까

남들은 성장하는데 혼자만 뒤처진다고 느끼는 아이가 있다면, 이 그림책을 펼쳐주세요. 이 그림책의 주인공은 '나는 왜 뒷다리가 나오지 않을까' 고민합니다. 남들은 다 개구리가 되어서 연못을 떠나는데 혼자만 여태 다리가 나오지 않아서 움츠러들어요. 수염이 나고 자꾸 몸집이 커지는 이 주인공, 혹시 개구리가 아닐 수도 있지 않을까요? 연못 안에서 자랐다고 모두 다 올챙이로 태어나 개구리가 되는 것은 아닙니다. 사실 이 주인공은 개구리가 아니라 이 연못이 감당할 수도 없을 만큼 커다란 메기였습니다. 뒤처진 게 아니라 서로 다른 것이지요. 메기에게는 뒷다리나 앞다리가 필요하지 않습니다. 메기는 메기답게, 더 넓은 물에서 헤엄치면서 당당하고 커다랗게 살아가면 됩니다.

《마음안경점》 (조시온 글, 이소영 그림, 씨드북)
#외모콤플렉스 #마음으로보기

이 그림책의 주인공 미나는 외모 콤플렉스를 가지고 있어요. 거울을 볼 때마다 짝짝이 입술이 마음에 들지 않아서 신경이 쓰이고, 친구들이 내 입술에 대해서 수군댈까 봐 주눅이 듭니다. 이 그림책을 읽으면서 아이들과 미나의 짝짝이 입술처럼 나를 움츠러들게 만드는 단점에 대해서 이야기 나눠보세요. 아이들은 유난히 뚱뚱한 종아리에서부터 시작해서 붕 뜨는 곱슬머리, 변성기도 아닌데 자꾸 갈라지는 목소리 등 유독 거슬리는 나의 특징에 대해서 털어놓습니다. 그렇다면 이제는 마음안경점의 안경사가 되어서 새로운 안경을 맞춰볼 차례입니다. 새로 맞춘 안경은 거울 속에 비친 내 모습을 눈이 아니라 마음으로 볼 수 있게 합니다. 조금 더 너그러운 눈으로 자신을 바라보며 고유한 빛을 발견할 수 있게 하는 그림책과 활동입니다.

3월 3주
자존감, 누구에게나 빛나는 한 가지는 있다

　소설가 한지혜의 산문집 《참 괜찮은 눈이 온다》를 읽다가 무릎을 탁 치게 하는 구절을 만난 적이 있습니다. 문예지의 신인상 심사 응모작을 읽는 상황을 생각해볼게요. 정말 말도 안 되게 형편없는 작품도 잘 읽어보면 보석 같은 문장이 한두 문장쯤 툭 튀어나올 때가 있는데요. 작가는 그런 문장을 바라보며 이렇게 썼습니다. 마치 '처음부터 끝까지 형편없는 삶은 없다는 증명' 같기도 하고, '누구에게나 빛나는 한 가지는 있다는 외침' 같기도 하다고요.

　아이들과 함께 장점을 탐구할 때 저는 이 문장을 꼭 말해줍니다. '누구에게나 빛나는 한 가지는 있다! 처음부터 끝까지 형편없는 삶은 없다!' 자존감은 스스로 품위를 지키고 자기를 존중하는 마음입니다. 자신의 장점을 알고 귀하게 여기는 아이들은 자존감이 높기 때문에 자기주도력을 가지고 마음껏 삶을 탐험할 수 있습니다. 이번 장에서는 아이들이 자기 안에서 장점을 발견하고 스스로 자존감을 회복할 수 있는 그림책과 수업을 소개합니다.

자존감

이 주의 그림책 ①

잘하는 게 하나도 없다는 아이에게 뭐라고 말해줄까?
《내가 잘하는 건 뭘까》

(구스노키 시게노리 글, 이시이 기요타카 그림, 김보나 옮김, 북뱅크)

"나는 잘하는 게 하나도 없어요"라고 말하는 아이들이 의외로 많습니다. 주위를 둘러보면 다른 친구들은 장점이 가득한 것 같은데, 나 자신을 보면 장점이 하나도 없는 것처럼 초라하게 느껴집니다. 단점을 물어보면 오목조목 잘 이야기하는 아이들도 장점에 대해서는 묵묵부답인 경우가 있는데요. 다른 사람들이 가진 특별한 재능만을 '장점답다'고 여기고 자신이 가진 것은 하찮게 여기는 경우가 많더라고요. 특히나 우리나라 특유의 겸손의 미덕 때문인지, 자기 입으로 장점을 언급하는 것 자체를 민망해하는 아이들도 있습니다. "에이, 어떻게 내 장점을 내 입으로 말해요!"라면서 쑥스러워 합니다.

이럴 때 그림책 《내가 잘하는 건 뭘까》를 펼쳐서 함께 읽어보세요. 책 속의 선생님께서 '누구나 잘하는 것 한 가지는 있어요. 그걸 쓰면 돼요'라고 말씀하시는데요. 아이는 아무리 생각해도 떠오르는 게 없습니다. '집에서나 학교에서 있었던 일을 한번 생각해보라'는 선생님의 말씀을 따라 오늘 집에서 있었던 일을 곰곰 떠올려봅니다. 늦게 일어났다고 잔소리를 듣고, 안내장을 깜빡해서 혼난 것밖에 없네요. 학교에서는요? 체육 시간에는 가케루가 달리기를 잘했고, 수학 시간에는 미키가 발표를 잘했어요.

내가 잘하는 건 도저히 못 찾겠다는 아이, 울상이 되어버린 아이에게 어떤 말을 해줄 수 있을까요? 그림책 속에서 선생님은 아주 지혜로운 말씀을 하십니다. "네가 가장 잘하는 건, 친구들이 잘하는 걸 아주 잘 찾아낸다는 거야!" 이거야말로 이 아이가 가진 특별한 재능이네요. 다른 사람의 좋은 점을 찾아줄 수 있다면 그 사람은 사려 깊은 태도와 관찰력을 지닌 것입니다. 이것은 어마어마한 장점이지요. 긍정적인 시선으로 주변 사람들을 바라보다 보니 나 자신의 장점까지도 발견하게 되었네요. 선한 영향력은 이렇게 나에게서 주변 사람들에게로, 또 주변 사람들에게서 나에게로 선순환하며 흐릅니다. 자, 그럼 이제 우리도 '장점 샤워' 활동으로 친구들의 장점을 찾아주고 나의 좋은 점도 발견해보면 어떨까요? 선한 영향력의 선순환을 교실에서 실현할 수 있는 방법입니다.

장점 샤워를 받아라!

장점을 스스로 발견하기 어려워하는 아이에게 여러 친구들이 집중적으로 장점을 발견해주고 샤워하듯 신나게 전해주는 활동입니다. 인생을 살면서 스무 명이 넘는 사람들로부터 한꺼번에 내 장점을 들어볼 수 있는 기회가 얼마나 될까요? 아이들에게 장점으로 샤워할 수 있는 기회를 선물해주세요. 주인공이 된 아이는 자신도 미처 몰랐던 다양한 장점을 들어볼 수 있고요. 나머지 친구들은 칭찬하는 기쁨을 만끽할 수 있습니다. 장점을 짚어서 말해주거나 글로 써주는 것은 바닥에 주저앉은 한 사람을 일으켜 세워주는 힘을 가지고 있습니다. 위축되어 있는 아이들이 자신의 잠재력을 재발견하는 아주 값진 경험이 될 것입니다.

친구의 장점을 찾아주고 칭찬을 전해줄 때 아이들의 얼굴을 한번 살펴보세요. 햇살이 비치는 것처럼 표정이 참 밝습니다. 칭찬은 주는 사람과 받는 사람 모두

자존감

를 기분 좋게 만드는 일이니까요. 내 장점을 짚어주고 칭찬해주는 것을 싫어하는 사람은 없습니다. 이 활동은 꼭 기억해두었다가 아이들에게 자존감과 긍정적인 힘을 불어넣어주고 싶을 때 수시로 해보세요. 아이들이 발산하는 햇살이 선생님의 얼굴에도 환하게 옮겨 앉을 거예요.

활동1 장점 샤워 주인공 정하고 포스트잇 쓰기

"장점 샤워 한번 시원하게 하고 싶은 사람?" 하고 아이들에게 묻고 지원자를 받습니다. 원하는 아이를 우선적으로 하고, 칭찬해주고 싶은 아이를 추천받아도 좋습니다. 그다음, 포스트잇을 나눠주고 장점 샤워의 주인공이 된 친구의 좋은 점을 찾아서 써줍니다. 능력이나 외모처럼 눈에 보이는 것만 장점으로 써야 하는 것은 아닙니다. 주인공 아이에게 전하고 싶은 긍정적인 말이나 용기를 주는 말, 칭찬하고 싶은 점을 써도 괜찮습니다.

활동2 포스트잇 샤워를 받아라!

주인공 아이를 앞으로 불러서 칠판 앞에 뒤돌아서 눈을 감고 서 있게 합니다. 나머지 친구들이 쓴 포스트잇을 아이의 머리 위나 팔 옆의 칠판에 가득 붙입니다. 마치 샤워기에서 물이 떨어지는 것처럼 포스트잇에 적힌 칭찬이 아이에게로 쏟아집니다. 포스트잇 샤워를 마친 주인공 아이는 눈을 뜨고 친구들이 써준 칭찬 포스트잇을 읽어봅니다. 긍정적인 말로 마음과 몸이 흠뻑 젖어들었네요! 친구들에게 따뜻한 사랑을 받아본 아이는 기꺼이 다른 친구에게도 사랑을 부어줍니다. 선한 영향력의 선순환이 시작되는 순간입니다.

> **이 주의 그림책 ②**

너도 나도 잘하는 것 하나씩은 있다
《잘만 3형제 방랑기》
(신동근 지음, 사계절)

아이들 생활지도를 하면서 여러 번 언급하는 문장이 하나 있습니다. '사람은 누구나 두세 가지의 장점과 두세 가지의 단점을 가지고 있다.' 이 문장을 가슴에 새기고 살면 다른 사람을 바라보면서 장점을 부러워하지 않을 수 있습니다. 나도 두세 가지의 장점을 가지고 있으니까요. 마찬가지로 단점이 있는 사람을 업신여기지 않을 수 있습니다. 내게도 두세 가지의 단점이 분명히 존재하니까요. 삶을 지혜롭게 가꾸는 방법은 그저 평생 내 안에 있는 두세 가지의 단점을 다스리면서 두세 가지 장점을 갈고닦아 빛나게 하는 것, 그뿐이라고 생각합니다.

아이와 함께 장점과 단점을 탐구할 때 어떻게 접근하면 좋을까요? 아이가 두세 가지의 단점에 걸려 넘어지지 않도록 도와주는 것도 필요하지만, 장점을 발견하여 앞으로 힘차게 나아갈 수 있도록 하는 것이 중요합니다. 어릴 때부터 발견한 두세 가지의 장점은 튼튼한 앞바퀴처럼 아이를 끌어줄 수 있거든요. 자신의 장점을 명확하게 알고 잠재력을 발휘할 줄 아는 아이는 스스로 무언가를 해낼 수 있다는 믿음을 갖습니다. 그 믿음이 바로 자신감의 바탕이 됩니다. 장점 탐구를 통해서 아이가 스스로 앞으로 나아갈 동력을 갖도록 도와주세요.

이 그림책에는 장점을 둘도 셋도 아닌 딱 하나만 확실히 갈고닦은 인물들이 나옵니다. 일명 '한국의 어벤저스 3형제'라고 볼 수 있는데요. 허구한 날 활만 쏘는 '잘만 쏘니', 허구한 날 뛰기만 하는 '잘만 뛰니', 허구한 날 먼 데만 보는 '잘만 보니' 셋이 뭉쳤습니다. 혼자 있을 땐 장점이 딱 하나였지만 셋이 함께하니 장점이 벌써 세 개, 효과는 세제곱으로 극대화됩니다. 힘을 합친 잘만 3형제는 어떤 소동을 벌일까요?

이 그림책은 옛이야기 '재주 있는 삼형제'를 바탕으로 썼다고 하는데요. '그늘을 산 총각'이 떠오르기도 하고 '토끼와 거북이' 이야기가 스쳐가기도 합니다. 재주를 가진 약자들이 힘을 합쳐서 한바탕 멋진 일을 벌이는 이야기라 학기 초에 아이들과 함께 읽기 딱 좋습니다. 우리도 각자 재주를 지녔지만 누구나 혼자서는 살 수 없는 연약한 존재들이니까요. 우리 반 20명이 장점을 합쳐보면 어떤 '잘만 20총사'가 탄생할까요? 우리가 뭉치면 과연 어떤 일을 해낼 수 있을까요? 질문을 던지면서 협동 그림책 창작 수업으로 연결해보세요.

'우리는 잘만 21총사' 협동 그림책 창작하기

'잘만 3형제'처럼 우리 반 아이들도 모두 장점을 하나씩 찾아보면 어떨까요? 나의 장점을 발견해서 이름을 붙이고 특징을 살펴보는 활동입니다. 만들기를 잘하는 수정이는 '잘만만디', 입을 활짝 벌리고 웃는 미소가 멋있는 지후는 '잘만웃니'를 발견했네요. 이 장점을 하나의 캐릭터로 만들어서 객관적으로 바라보면서 질문해보세요. 내 안의 장점은 어떤 말을 들을 때 힘이 나나요? 또 어떨 때 힘이 빠지나요? 그동안 간과했던 나 자신의 좋은 점을 다시 발견하고 다른 친구들의 장점을 새로운 눈으로 주목하는 계기가 될 것입니다.

본격적으로 활동 소개에 들어가기 전에 먼저 수업 팁을 한 가지 전해드릴게요. 장점을 묻는 질문에 "선생님, 저는 잘하는 게 별로 없어서 장점이 뭔지 모르

3월 3주

겠어요"라고 대답하는 아이들이 많은데요. 수업을 진행하면서 아이들에게 능력이 아닌 '태도'도 장점이라는 사실을 꼭 말해주세요. 아이들이 쉽게 간과하는 부분이거든요. 손끝이 섬세해서 그림을 잘 그리는 것도 장점이지만, 그림을 잘 못 그려도 포기하지 않고 끝까지 완성해내는 태도도 어마어마한 장점입니다.

활동1 잘만 OO 캐릭터 만들기

1. 내 마음 속에서 나에게 힘을 실어주는 장점은 무엇인가요? 재능이나 남들보다 잘하는 것뿐만 아니라 삶을 대하는 태도나 나만의 개성, 취향이나 습관도 장점이 될 수 있습니다. 아이들에게 '여러분 안에는 어떤 장점이 있나요?'라고 질문을 던지고 그에 대해 써보게 해주세요.

> 예시
> - 저는 혼자서 생각하는 시간을 많이 가지는데요. 덕분에 혼자 있어도 별로 심심하지 않고 꼬리에 꼬리를 물 듯 머릿속에서 이야깃거리를 펼쳐내는 편입니다.

2. 내가 발견한 장점에 '잘만 OO'으로 이름을 붙여봅니다.

> 예시
> - 저는 '잘만 생각'이라고 이름 붙였어요.

3. '잘만 ○○'을 하나의 캐릭터로 표현해봅니다. 특징을 쓰고 그림으로 그려봅니다.

> 예시
> - '잘만 생각'은 생각이 많아서 항상 주변에 말 주머니를 달고 다닙니다. 다른 사람들 눈에는 보이지 않지만 머릿속과 가슴속, 그리고 머리 위에도 말 주머니가 둥둥 떠다녀요. 캐릭터도 이 부분을 살려서 풍선껌을 부는 것처럼 말 주머니를 만들어내고 있는 모습으로 그리면 좋겠어요.

활동 2 잘만 ○○ 캐릭터를 힘나게 하는 말, 힘 빠지게 하는 말 쓰기

1. '잘만 ○○'을 더욱 힘나게 하는 말은 무엇인가요? 실제로 들었을 때 마음에 힘이 났던 말을 써도 좋고, 아직 들어보지 못했지만 누군가에게 듣고 싶은 말을 써도 좋습니다.

> 예시
> - "네 머릿속에 있는 이야기를 마음껏 해봐. 내가 다 들어줄게!"

2. 한편, '잘만 ○○'을 힘 빠지게 하는 말은 무엇인가요? 내가 가진 장점을 발휘하지 못하도록 찬물을 끼얹는 말을 써보면 좋습니다.

> 예시
> - "아, 빨리 좀 해 그냥!"

3월 3주 한 걸음 더

장점을 발견하도록 돕는 그림책

《난 네가 부러워》 (영민 지음, 뜨인돌어린이)
#단점의뒷면은뭐다 #장점이다

이 그림책은 학기 초에 아이들과 함께 빙 둘러앉아서 '단점의 뒷면은 장점' 활동을 하며 읽어보기를 추천합니다. 먼저 한 아이가 요즘 고민되는 단점에 대해서 털어놓습니다. "내 안에는 덜렁이가 있어." 그럼 옆에 앉은 친구가 이렇게 말해줍니다. "네 단점의 뒷면에는 장점이 있어. 너는 사소한 일에 스트레스 받지 않고 씩씩하게 넘길 줄 알잖아." 이어서 자신이 요즘 고민하는 단점 한 가지를 말합니다. 그 옆 친구가 이어서 단점의 뒷면에 있는 장점을 짚어주는 식으로 한 바퀴 빙 돌아옵니다. 이렇게 반 아이들 모두의 단점을 같이 듣고 그 이면에 있는 장점을 함께 찾아주면서 삶을 바라보는 새로운 시선과 공감할 줄 아는 힘을 갖습니다. 그 자체로 커다란 위로를 전할 수 있는 그림책과 활동입니다.

《나의 비밀》
(이시즈 치히로 글, 기쿠치 치키 그림, 황진희 옮김, 주니어RHK)
#장점발견 #문장완성활동

사람은 누구나 못하는 것이 있습니다. 동시에 누구나 잘하는 것이 있지요. 이 그림책의 주인공은 독자에게 비밀을 말해줍니다. '있잖아' 뒤에 못하는 것을 고백하고 '하지만' 뒤에 잘하는 것을 털어놓는 식으로요. "있잖아, 난 철봉은 잘 못해. 하지만 담장 위에서는 고양이처럼 잘 걸을 수 있어"처럼요. 같은 문장 구조가 반복되면서 운율과 리듬감이 느껴집니다. 거침없는 붓 터치로 그려낸 그림에 주목하면서 그림책을 읽고 나서 아이들과 '있잖아, 하지만' 문장 완성으로 나의 비밀을 털어놓는 활동을 해보세요. 이때 잘 못하는 것을 먼저 고백한 다음에 잘하는 것을 말하는 것이 중요해요. 용기를 북돋워주는 그림책 활동입니다.

3월 4주

정체성 탐구, 은유와 상징으로 자기표현 하기

은유와 상징으로 자기를 표현하고 정체성을 탐구해볼 차례입니다. 지연이는 은유법을 활용해 자신의 특징과 공통점을 가진 사물로 '도미노'를 떠올렸습니다. "나는 아직 서 있는 도미노입니다. 그냥 한번 용기내서 톡 건드리기만 하면 되는데 그걸 못하고 그냥 서 있는 모습이 저와 비슷하기 때문이에요." 지연이는 새로운 일을 시도하기를 두려워하는 성격을 가지고 있는데요. 넘어지지 못하고 덩그러니 서 있기만 하는 도미노가 떠올랐다고 해요. 이렇게 은유법을 활용하면 하나의 함축적인 시각 이미지로 직관적이고 선명하게 나를 표현할 수 있습니다.

특히 그림책 창작을 할 때 은유법을 활용하면 글감을 건져 올릴 수 있습니다. 은유 활동이 어렵고 막연히 느껴진다면 구체적인 활동에 주목해주세요. 나를 하나의 '동물'에 빗대어보는 활동부터 시작해 '빵, 숫자, 악기'까지, 4가지 주제별 은유와 상징으로 나를 표현하는 방법을 소개합니다.

> **이 주의 그림책 ①**

동물 은유로 다양한 인간의 본성을 이해하고 자기 내면을 들여다보기
《내 안에는 사자가 있어, 너는?》
(가브리엘레 클리마 글, 자코모 아그넬로 모디카 그림, 유지연 옮김, 그린북)

동물로 나의 정체성을 탐구해볼 수 있습니다. 조금 편안하게 이야기를 시작하기 위해서 먼저 아이들에게 어떤 동물을 좋아하느냐고 넌지시 물어보세요. 내가 좋아하는 동물을 선택했다면 거기엔 분명 이유가 있습니다. 아무렇게나 고른 것처럼 보여도 내적 끌림에는 내 삶과의 연결 고리가 있기 마련이지요.

이를테면 미연이는 좋아하는 동물로 고양이를 골랐는데요. 이유를 물어보니 이렇게 대답했습니다. "고양이는 주변 눈치를 전혀 안 보고 혼자서도 잘 놀잖아요. 그게 부러워요. 저는 혼자 외톨이처럼 남는 걸 너무 싫어해서 자꾸 친구들한테 맞춰주느라 힘들거든요. 고양이처럼 주변 사람들 신경 안 쓰고 좀 시크하게 살고 싶어요." 좋아하는 동물을 이야기했을 뿐인데 그 안에 미연이의 고민이나 관심사가 담겨 있습니다. 이렇게 좋아하는 동물에서부터 시작해서 나와 비슷한 동물은 무엇인지, 나의 성격이나 특징과 어떤 동물이 어울릴지 찬찬히 이야기 나눠볼 수 있습니다.

그림책《내 안에는 사자가 있어, 너는?》을 펼치면 아이들이 저마다 동물에 자신을 빗대어 표현합니다. 쉬지 않고 사람들 곁을 맴도는 아이는 '파리'에 비유했고요. 어른들의 말이라면 뭐든지 미끌미끌 빠져나가서 도무지 손에 잡히지 않는 '뱀장어' 아이도 있습니다. 말수가 적은 아이는 어떤 동물에 비유할 수 있을

까요? 어항 속에 사는 '물고기'에 빗대어 표현하니 찰떡같이 어울리네요. "엇, 나도 어항 속 물고기처럼 혼자서만 뻐끔거릴 때가 많은데!", "뱀장어는 딱 내 동생 같아요!" 그림책을 읽어주다 보면 아이들이 등장하는 동물마다 공감하고 웃음을 터뜨리느라 와글와글 교실이 시끄러워집니다.

이 그림책에서 특히 눈여겨볼 부분이 있습니다. 바로 각 동물 유형마다 그 아이를 행복하게 대할 수 있는 방법도 제시했다는 점입니다. 물고기 아이는 어떻게 대해줘야 할까요? 안심하고 바다를 향해 헤엄쳐나갈 수 있도록 인내심을 갖고 지켜봐주면 된답니다. 원숭이 아이는요? 나무를 꼭 붙잡는 걸 배우고 나면 혼자 숲속으로 모험을 떠날 테니, 그때까지 손과 마음을 아낌없이 내어주면 된다고요. 기질별로 아이를 이해하는 데 도움을 주는 부분입니다.

동물 은유로 내 안의 나에게 귀 기울이기

활동1 내 안에는 ○○가 있어!

나를 나타낼 수 있는 동물은 무엇이 있을까요? 먼저 나의 성격, 생김새, 좋아하는 것, 특징 등을 떠올려보고 연결되는 동물을 찾아봅니다. 여러 동물이 떠오른다면 가장 마음에 드는 한 가지를 골라서 써봅니다.

1. 나의 성격, 생김새, 좋아하는 것, 특징을 자유롭게 써봅니다.
2. 나의 특징과 연결되는 동물은 무엇인가요? 여러 동물을 써보고 그중에서 한 가지를 골라봅니다.
3. 생각한 것을 토대로 다음의 두 문장을 완성해봅니다.

"내 안에는 _____ 가 있어요."

왜냐하면, _____

> 예시
>
> - "내 안에는 카멜레온이 있어요."
>   왜냐하면, 저는 친구들에게 영향을 잘 받아요. 빨강 친구들과 있으면 붉은색이 되고, 파랑 친구들과 있으면 푸른색으로 변해요.
>
> - "내 안에는 고래가 있어요."
>   왜냐하면, 꿈이 많아서 넓은 바다가 좋거든요.

활동2 이 동물을 행복하게 하는 방법 찾아보기

이번엔 '이 동물을 행복하게 하는 방법'을 생각해서 써봅니다. 이는 다른 사람들은 알 수 없고 오직 내면에 있는 그 동물을 만나본 나만이 들려줄 수 있는 이야기입니다.

1. 내가 선택한 동물의 특징을 토대로 어떻게 할 때 행복할 수 있는지 써봅니다.

2. 앞서 써놓은 두 문장에 한 문장을 더 추가해서 세 문장을 완성해봅니다.

"내 안에는 _____ 가 있어요."

왜냐하면, _____

이 동물을 행복하게 하는 방법은, _____

> **정체성 탐구**

> **예시**

- "내 안에는 고양이가 있어요."

  왜냐하면, 저는 친구들에게 영향을 잘 받아요. 빨강 친구들과 있으면 붉은색이 되고, 파랑 친구들과 있으면 푸른색으로 변해요.

  이 동물을 행복하게 하는 방법은, 다양한 친구들을 사귀면서 여러 색깔을 경험해볼 수 있도록 해주세요. 다양한 색을 충분히 흡수하고 나면, 나만의 고유한 색깔을 찾을 수 있을 거예요.

- "내 안에는 고래가 있어요."

  왜냐하면, 꿈이 많아서 넓은 바다가 좋거든요.

  이 동물을 행복하게 하는 방법은, 자유롭게 하고 싶은 걸 마음껏 해보도록 풀어주세요. 안 그러면 수조에 들어 있는 고래처럼 숨이 막혀요.

- "저는 좀 다른 고래예요."

  왜냐하면, 요즘 그냥 잠수타고 싶거든요. 다 손 놓고 깊은 바닷속으로 잠깐 사라져버리고 싶어요.

  이 동물을 행복하게 하는 방법은, 그냥 모르는 척해주세요. 캐묻지도 말아주세요.

이 주의 그림책 ②

세상에 하찮은 빵은 없다
《나는 빵점!》
(한라경 글, 정인하 그림, 토끼섬)

　그림책《나는 빵점!》의 주인공 식빵은 진열장에 들어 있는 화려한 케이크가 부럽습니다. 케이크를 빵집의 주인공이라고 생각하고 보니 나 자신이 초라하게 느껴져요. '나는 왜 이렇게 누렇지? 게다가 밋밋하기까지…. 나는 빵점이야!' 식빵은 케이크와 자신을 비교하면서 한없이 우울해집니다. '케이크는 진열장에 들어가 있는데, 식빵인 나는 항상 봉지에만 싸여 있어서 불행해', '케이크는 하얀 생크림으로 덮여 있는데, 식빵인 나는 맨몸이니까 우울해'.

　어깨가 움츠러든 식빵을 보면서 교실의 아이들이 떠올랐습니다. 인기가 많고 운동도 잘해서 눈에 잘 띄는 몇몇 친구들 틈에는 주눅 들고 자신감을 잃어버린 아이들이 분명히 있거든요. 뭐 하나 특별난 구석도 없고 아무리 애써도 주목받지 못하는 나. 나도 화려한 케이크로 태어났더라면 얼마나 좋을까요? 왜 하필이면 식빵같이 생겨서 이렇게 구석에 쭈그리고 있는 건지 원망스럽기만 합니다.

　식빵이 케이크와 자신을 비교하면서 우울의 늪으로 빠지니까 주변의 다른 빵들도 부정적인 영향을 받습니다.

　"으~ 진득진득해! 찹쌀빵아, 너는 케이크가 부럽지 않아? 쟤는 저렇게 촉촉해 보이는데…"

　찹쌀빵은 평소에 자기 자신이 있는 그대로 그럭저럭 괜찮다고 생각하면서 살아왔는데요. 식빵의 말을 듣고 보니 괜히 자신이 초라하게 느껴집니다. 갑자기

'나 이제 좀 촉촉해져야 하나' 고민이 될 정도로 말이지요.

　식빵의 말을 듣고 보니 소라빵은 속이 뻥 뚫린 데다 시커먼 초콜릿을 뚝뚝 흘리고 다니니까 하찮고요. 소보로빵은 케이크처럼 반들반들하기는커녕 울퉁불퉁 못생겼네요. 공갈빵은 어떤가요? 케이크는 속이 꽉 차서 탄탄한데 공갈빵은 쉽게 부스러지기만 하니 엉망이군요. 오직 케이크만을 주인공으로 놓고 보니 다른 빵들은 다 형편없게만 느껴집니다.

　그림책《나는 빵점!》을 읽으면서 여러분 곁에 있는 아이에게 우리 모두가 케이크가 될 필요도 없고, 그럴 이유도 없다고 말해주세요. 전국 빵집 진열장에 온통 달달한 딸기생크림케이크만 놓여 있다면 얼마나 끔찍할까요? 그보다는 손님들이 고소한 빵, 짭짤한 빵, 쫀득한 빵을 조금씩 맛보면서 자기 취향에 따라 자유롭게 골라 담을 수 있는 빵집이 훨씬 좋겠지요. 서로 다른 아이들이 각자의 매력을 뿜어낼 때, 이 세상이 아름다운 것처럼 말이에요.

나를 하나의 빵에 빗대어 표현해본다면?

활동1 **시무룩해진 빵들에게 용기의 말 건네기**

식빵에게 부정적인 영향을 받아서 덩달아 시무룩해진 빵들에게 어떤 용기의 말을 건네주면 좋을까요? 각각 빵의 장점을 찾아서 말 주머니에 한 마디씩 용기의 말을 써주세요.

"소라빵아, 너는 속이 참 깊고 달콤하구나."

"공갈빵아, 너는 고소한 데다 바스락바스락 소리까지 나서 먹는 재미가 있어."

"그리고 식빵아, 너는 만능 엔터테이너야. 잼, 치즈, 달걀, 양상추까지 너랑 만나면 환상의 콤

비로 어우러지잖아."

〈세상에 나쁜 개는 없다〉라는 EBS 방송 프로그램이 있지요. 그림책 《나는 빵점!》에 나오는 빵들에게도 이렇게 말해주고 싶습니다. "얘들아, 세상에 하찮은 빵은 없어. 그러니까 아랫배에 힘 빵빵하게 주고, 네가 지닌 맛 그대로, 당당하게 사는 거야!"

활동2 나를 하나의 빵에 빗대어 글과 그림으로 표현하기

나를 나타낼 수 있는 빵은 무엇이 있을까요? 먼저 나의 성격, 생김새, 좋아하는 것, 특징 등을 떠올려보고 연결되는 빵을 찾아봅니다. 만약 잘 생각나지 않는다면 내가 평소에 좋아하는 빵을 먼저 떠올려보길 추천합니다. 그 빵의 특징을 쭉 써보고, 나와 비슷한 점이 있나 생각해 보면 의외로 쉽게 연결점을 찾을 수 있습니다.

예시

나는 _____ 빵입니다.
왜냐하면,
어떤 특징을 가지고 있냐면,
무엇이 닮았냐면,

- 나는 꽈배기예요. 겉으론 달콤한 설탕이 뿌려진 것처럼 친절하지만 속은 배배 꼬여 있거든요.
- 나는 단팥빵입니다. 어디서나 기본은 합니다.
- 나는 당근빵입니다. 내 주변의 사람들에게 이렇게 대답하면서 용기를 전해주고 싶거든요.
  나 이번에 잘 할 수 있을까? "당근이지!" 다시 한번 시도해봐도 될까? "당근이지!"

한 걸음 더

다양한 은유로 자기표현을 할 수 있는 그림책

《Zero(영)》 (캐드린 오토시 지음, 이향순 옮김, 북뱅크)
#숫자은유 #잠재력발견

이 그림책의 주인공은 숫자 0입니다. 다른 친구들처럼 셀 수도 없고 그저 둥글기만 한 숫자 0은 남들을 부러워하기만 하는데요. 자기만의 장점을 깨닫고 눈부시게 빛을 발합니다. 0은 다른 숫자들을 뒤에서 받쳐주면서 10배, 100배, 1000배로 성장할 수 있게 해주는 존재이니까요. 어떤 숫자라도 0을 만나면 점점 커질 수 있지요. 이 그림책을 읽고 나서 나의 특징이나 성격을 하나의 숫자에 빗대어 표현하는 활동으로 연결해보세요. 팁을 한 가지 드리자면 자연수뿐만 아니라 분수, 무한대 등 다양한 숫자로 범위를 넓혀 생각해볼 수 있도록 열어주면 훨씬 재미있는 표현이 가능합니다.

《오케스트라》 (주연경 지음, 한솔수북)
#악기은유 #음악연계

이번에는 나를 악기 은유로 표현하는 활동을 소개합니다. 그림책《오케스트라》는 QR 코드를 통해서 14개의 악기 소리를 직접 들어볼 수 있습니다. 먼저 악기 소리를 직접 들어보는 것부터 시작해보세요. 리코더나 오카리나처럼 아이들이 악기를 가지고 있는 상황이라면 직접 연주해보면 더 좋고요. 유튜브를 통해 관심 있는 악기의 연주 영상을 직접 찾아서 들어보는 방법도 추천합니다. 악기를 연주하거나 악기 소리를 들으면서 아이들에게 이렇게 질문하고, 제안해보세요. "이 악기의 느낌을 어떤 형용사로 표현할 수 있을까요? 악기의 특징이 잘 드러나도록 소리를 그림으로 표현해보세요." "이 중에서 나와 비슷한 악기는 무엇이 있을까요? 나의 성향이나 성격, 목소리 등을 떠올려보고 연결되는 악기를 찾아보세요."

교육과정과 이렇게 연계해요

4월 1주 너와 나 사이에 놓는 소통의 다리
[2바01-02] 나를 이해하고 존중하며 생활한다.
[2국03-03] 주변 소재에 대해 소개하는 글을 쓴다.
[4국01-04] 적절한 표정, 몸짓, 말투로 말한다.
[6국01-07] 상대가 처한 상황을 이해하고 공감하며 듣는 태도를 지닌다.

4월 2주 협동으로 쌓아올리는 우리들의 세상
[2바01-01] 학교생활 습관과 학습 습관을 형성하여 안전하고 건강하게 생활한다.
[2슬01-02] 나를 탐색하여 나에 대해 설명한다.
[2즐01-01] 즐겁게 놀이하며, 건강하고 안전하게 생활한다.
[6국01-02] 의견을 제시하고 함께 조정하며 토의한다.

4월 3주 타인에게 상처주지 않는 말에 관하여
[2바01-03] 가족이나 주변 사람을 배려하며 관계를 맺는다.
[2국01-02] 바르고 고운 말로 서로의 감정을 나누며 듣고 말한다.
[4국01-06] 예의를 지키며 듣고 말하는 태도를 지닌다.
[4미02-05] 조형 요소(점, 선, 면, 형·형태, 색, 질감, 양감 등)의 특징을 탐색하고, 표현 의도에 적합하게 적용할 수 있다.
[6국01-07] 상대가 처한 상황을 이해하고 공감하며 듣는 태도를 지닌다.

4월 4주 갈등을 현명하게 해결하는 방법
[2바04-02] 다양한 생각이나 의견에 대해 개방적인 태도를 형성한다.
[4국03-04] 읽는 이를 고려하며 자신의 마음을 표현하는 글을 쓴다.
[6국01-03] 절차와 규칙을 지키고 근거를 제시하며 토론한다.
[6국05-05] 작품에 대한 이해와 감상을 바탕으로 하여 다른 사람과 적극적으로 소통한다.

4월

교실 적응
소통

4월 1주

4월 1주
너와 나 사이에 놓는 소통의 다리

'소통'의 사전적 의미를 아시나요? 소통은 막히지 않고 잘 통하는 것을 의미합니다. 이제 우리 반으로 고개를 돌려봅시다. 학기 초, 저는 여기저기에서 불통의 장면을 목격합니다. 아무 말도 하지 않는 사이도 있고요, 서로 말은 나누지만 자기 말만 하는 사이도 있어요.

프랑스의 철학자 미셸 드 몽테뉴는 이렇게 이야기했습니다. "소통하지 않는다면, 어떠한 행복도 느끼지 못한다." 소통이 행복의 필수 조건임을 우리는 코로나 팬데믹을 통해 여실히 확인할 수 있었습니다. 생활필수품에서부터 맛있는 음식까지 클릭 한 번이면 거의 모든 것이 집으로 배달되는 편리한 세상이었지만, 우리는 애타게 서로의 온기와 마음을 어루만져주는 대화를 그리워했으니까요.

우리 반의 행복한 1년을 위해서도 소통은 무엇보다 중요합니다. 아이들이 서로 잘 통하는 사이가 될 수 있도록 그림책을 통해 도와주세요. 이번 장에서는 《인사를 나눠 드립니다》를 통해 서로 통할 수 있는 기초를 다지고, 《뾰족이, 안뾰족이》를 통해 서로 소통하기 위한 방법을 알아보겠습니다.

이 주의 그림책 ①

나눌수록 커지는 인사
《인사를 나눠 드립니다》
(이한재 지음, 킨더랜드)

의사
소통

　수업 준비와 업무로 바쁜 아침 시간, 그럼에도 시간을 내어 아이들과 인사를 나누려고 합니다. 웃으며 인사를 하고 시작하는 하루는 소통의 첫걸음이 되어주기 때문입니다. 《인사를 나눠 드립니다》는 인사의 힘을 직접 느낄 수 있게 해주는 그림책입니다.

　아침마다 엘리베이터에서 마주치는 두 아저씨. 표정도 분위기도 흑백인 아저씨들은 어색한 분위기 속에 인사는커녕 서로 시선을 피하기 바쁩니다. 그때 민철이가 엘리베이터 안으로 우렁찬 인사를 가져옵니다.

　"안녕하세요!!"

　민철이가 가져온 인사는 가장 기본적이고 쉬운 인사임에도 불구하고, 우리 생활 속에서 쉽게 찾아보기 힘듭니다. 엘리베이터에서부터 시작해 버스, 마트, 병원으로 동선이 이어지는 가운데 우리는 인사는 생략한 채로 자신의 일만 처리하기에 바쁘지요. 그림책 속에서 흑백이었던 사람들은 민철이의 인사 덕분에 이내 색을 입습니다. 표정 역시 변하지요. 이렇게 인사는 우리에게 긍정적인 마음을 가져다줍니다.

　민철이는 주위에 열심히 인사를 나누어주며 학교에 도착합니다. 이윽고 교실에 도착해서 전날 싸운 철수를 만나게 됩니다. 껄끄러운 마음에 친구를 무시하고 그냥 자리에 앉을 법도 한데, 민철이는 용기를 내어 철수에게 조심스럽게 인

4월 1주

사를 건네지요. 그러자 철수도 멋쩍게 인사를 건넵니다. 그렇게 작은 인사로 둘은 다시 웃습니다.

　이처럼 인사는 일상생활을 하는 가운데 긍정적인 마음을 가져다줄 뿐 아니라 소통의 밑거름으로 작용합니다. 이 긍정의 에너지가 엄청난 속도로 전염되는 것은 물론이고요. 나눌수록 커지고, 행복해지는 '인사'를 우리 학급에도 꽉 채워보고 싶지 않나요?

특급 미션 '나만의 인사'를 배달하라!

　아침에 아이들이 교실 문을 열고 들어왔을 때, 어떤 인사를 나누나요? 하루의 시작부터 긍정적인 에너지가 가득 담긴 인사를 나눈다면 그 하루는 조금 더 특별해질 것입니다. 그리고 아이들이 경험한 특별한 하루는 우리 반 전체의 행복한 1년으로 이어질 테고요. 등하교 시간을 비롯해 학교에서 벌어질 수 있는 다양한 상황에서 어떤 인사말을 나누면 좋을지 같이 생각하고 실천해보는 활동들을 소개합니다.

활동1 나만의 인사 만들기

학교에 등교해서 하교를 할 때까지 인사를 나눌 만한 상황과 각 상황에 걸맞은 인사를 떠올려봅니다. 개인적으로 해도 좋고, 모둠별로 해도 좋습니다. (인사말과 함께 할 나만의 동작을 만들어도 좋습니다.)

《등교 시간》	《점심 급식 시간》	《하교 시간》	《친구에게 고마울 때》

《예시》

활동 2 미션! 인사 배달하기

나만의 인사를 친구에게 배달하고 난 뒤에 배달 완료 여부를 체크합니다.

《예시》

	내가 정한 인사	배달 완료 여부(O/X)
등교 시간		
점심 급식 시간		
하교 시간		
기타		

활동 3 소감 발표하기

하루 동안 인사말을 나누어본 소감을 발표해봅니다.

《예시》

- 아침 시간에 가장 먼저 등교해 우리 반 친구들 모두와 인사를 나누어 친구들을 행복하게 만들어준 ○○○에게 고마웠습니다.
- 내가 먼저 인사를 건네니 다들 웃으면서 인사를 해주어 덩달아 기분이 좋아졌습니다.

의사소통

4월 1주

이 주의 그림책 ②

서로의 마음 들여다보기
《뾰족이, 안뾰족이》
(김유강 지음, 오올)

    좋아하는 사람이 생겼을 때 저는 그 사람에 대해 최대한 많이 알기 위해 노력합니다. 아무리 좋아하는 마음이 있더라도 내가 상대에 대해 제대로 알지 못하면 상처를 줄 수 있기 때문입니다. 학기 초의 아이들 역시 비슷합니다. 친해지고 싶은 마음은 앞서지만, 그만큼 상대를 잘 알지는 못해서 서로에게 상처를 주기 십상입니다. 그림책 속 '뾰족이'처럼요.

    동그랗고 네모난 친구들 속 '뾰족이'는 친구들과 같이 놀고 싶은 마음과는 달리 자신의 뾰족함 때문에 자꾸만 친구들에게 상처를 주게 됩니다. 반면, 마음 안이 뾰족해 자꾸 친구들에게 상처를 받는 '안뾰족이'도 있습니다. 친구들과의 관계에 지쳐 이 둘은 차라리 혼자가 편하다고 생각하는데요. 그러던 어느 날, 뾰족이와 안뾰족이가 서로 만나게 됩니다. 이 둘은 꼭 맞는 친구가 될 수 있을까요?

    교실에서 생활을 하다 보면 뾰족이처럼 자신의 의지와 상관없이 자꾸 친구에게 상처를 주는 아이도, 안뾰족이처럼 유독 친구들에게 상처를 잘 받는 아이도 만나기 마련입니다. 그 친구들이 이 그림책을 통해 자신의 모습에서 뾰족한 부분을 찾아볼 수 있기를 바랍니다. 나에게도 남을 아프게 할 수 있는 뾰족한 부분이 있다는 것을, 쉽게 상처받을 수 있는 뾰족한 마음이 있다는 것을 인정한다면 우리 반의 모습은 한결 달라질 거예요.

나만의 뾰족이 안뾰족이 도형 만들기

그림책《뾰족이, 안뾰족이》속 친구들처럼 아이들도 저마다 다양한 영역에 '뾰족한' 부분을 가지고 있을 것입니다. 이럴 때 자신도 모르게 친구에게 상처를 주기 전에 미리 자신의 뾰족한 부분을 알려주면 어떨까요? '나만의 뾰족이 안뾰족이 도형 만들기' 활동은 서로를 이해하고 배려하는 눈을 키워주는 활동입니다. 뾰족한 부분과 함께 나의 둥근 부분을 소개하는 활동까지 더한다면 더욱 재미있게 서로에게 맞춰가는 시간을 가질 수 있습니다.

활동 1 나를 뾰족이 안뾰족이 도형으로 표현하기
나의 뾰족한 부분과 안 뾰족한 부분을 생각해 도형으로 표현해봅니다.

활동 2 '나' 사용 설명서 만들기
나의 뾰족한 부분과 안 뾰족한 부분을 알려주는 사용 설명서를 적어봅니다.

> **예시**
>
> - 나는 내 몸에 닿는 것에 뾰족한 편이야. 예고 없이 나를 만지지 말아줘. 나는 음식에는 둥근 편이야. 음식은 나눠 먹는 게 제일 맛있거든.
>
> - 나는 내 물건을 다른 사람이 사용하는 것에 뾰족한 편이야. 나에게 말없이 물건을 빌려가지 말아줘. 나는 친구들과의 장난에는 둥근 편이야. 나도 친구들에게 장난치는 걸 엄청 좋아해.

의사소통

4월 1주

- 나는 보청기를 끼고 있어서 시끄러운 환경에 뾰족한 편이야. 너무 시끄럽지 않게 조심해줘. 나는 발표하는 데 둥근 편이야. 앞에 나가서 내 생각을 말하는 걸 좋아해. 혹시 모둠에서 발표할 사람이 필요하면 언제든 부탁해도 돼.

활동3 친구의 사용 설명서에 댓글 달기

친구의 사용 설명서를 읽고 느낀 점을 댓글로 달아봅니다.

> 예시
>
> - 네가 몸이 닿는 걸 싫어하는지 몰랐어. 혹시 기분 나빴다면 지금이라도 사과할게. 나도 음식 나누어 먹는 것을 좋아해. 우리 다음에 같이 도시락 싸서 소풍 갈래?
>
> - 나는 물건을 빌려주는 것에는 둥근 편이야. 혹시 준비물을 안 가져왔을 때 나에게 언제든지 부탁해도 돼. 그런데 나는 내가 무언가에 집중하고 있을 때 장난치는 것은 뾰족한 편이야. 나에게 장난치기 전에 내가 무엇을 하고 있는 건 아닌지 살펴봐줄래?
>
> - 나는 목소리가 큰 편인데 큰 소리에 뾰족한 너에게 피해를 주지 않도록 조심할게. 발표를 좋아하는 너와 같은 모둠이 되면 참 좋겠다.

한 걸음 더

마음을 통하게 해주는 그림책

《네 기분은 어떤 색깔이니?》 (최숙희 지음, 책읽는곰)
#색깔 #기분 #소통

이 그림책은 색으로 기분을 표현합니다. 아침에 일어나 집을 나설 때에는 '오늘은 또 어떤 일이 일어날까?' 설레는 노랑이고요, 칭찬을 받았을 때는 풍선처럼 떠오르는 주황이지요. 수많은 감정에 색을 입혀 표현해보는 것은 어떨까요? 색깔을 통해 내 감정을 더욱 깊이 들여다볼 수 있을 거예요. 학기 초 아이들과는 올해 친구들과 경험해보고 싶은 색깔을 나누어보세요. '아슬아슬하게 1점 차이로 이긴 피구 경기 후 친구들과 하이파이브 할 때의 빨강'처럼 아이들이 교실에서 경험하고 싶은 기분을 함께 나눌 수 있습니다.

《야마시타는 말하지 않아》
(야마시타 겐지 글, 나카다 이쿠미 그림, 김보나 옮김, 청어람미디어)
#다름 #존중 #기다려주기

모두가 말로 소통을 하는 와중에 여기 말을 하지 않는 아이가 있습니다. 야마시타는 초등학교 1학년 때부터 6학년이 될 때까지 학교에서 한 번도 말하지 않았습니다. 어떤 이들은 이런 야마시타에게 말을 해보라며 놀리고 장난을 걸기도 합니다. 야마시타의 마음을 헤아리고 기다려주는 친구들도 분명 있습니다. 야마시타는 친구들 덕분에 조금씩 용기를 내어 자신만의 방법으로 소통을 시작합니다. 혹시 말로 소통하는 것이 어려운 친구가 있다면 이 그림책을 통해 다양한 소통의 방법을 알려주세요. 그리고 말을 하는 용기만큼 기다려주는 것도 큰 용기라는 것을 알려주세요.

4월 2주
협동으로 쌓아올리는 우리들의 세상

'학급 세우기'라는 말을 들어보셨나요? 이는 1년간 함께할 공동체로서 함께 목표와 규칙 등을 정하며 공동체 의식을 함양하는 학기 초 활동입니다. 이 활동으로 아이들은 자연스럽게 학급에 대한 소속감과 책임감을 가질 수 있습니다.

학급의 주인은 교사와 아이들입니다. 교사가 지시하고 아이들이 따르는 것이 아닌, 아이들이 능동적으로 움직여야만 아이들과 함께하는 교실을 만들어갈 수 있습니다. 아이들이 교실에서 능동적인 주체가 되기 위해서는 먼저 학급에서 주인의식을 가지고 수행할 역할이 필요합니다. 아이들은 역할을 통해 학급에 대한 소속감은 물론이고 자존감을 높일 수 있습니다. 역할은 학급에서 아이를 가치 있는 존재로 만들어줍니다.

역할을 통해 학급의 일원이 되었다면 이제는 협동할 차례입니다. 협동하는 활동은 아이들에게 집단 지성은 물론이고 '함께'의 가치를 알려주기에 참 좋습니다. 아이들은 협동하여 문제를 해결하는 과정에서 한층 더 가까워지고 서로를 소중히 여기게 됩니다. 학기 초 협동 활동을 통해 함께하는 반을 만들어보세요.

이 주의 그림책 ①

협동

나의 역할을 찾아서
《완두》
(다비드 칼리 글, 세바스티앙 무랭 그림, 이주영 옮김, 진선아이)

　여기 태어날 때부터 몸집이 완두콩처럼 작은 아이 완두가 있습니다. 작아도 너무 작은 완두는 몸에 맞는 옷과 신발이 하나도 없었습니다. 그래서 완두는 엄마가 직접 만들어준 옷을 입었지요. 완두는 작지만 고양이 등에서 잠을 자기도 하고 메뚜기 등을 타고 놀았습니다. 그래도 아무런 문제가 없었지요.

　문제는 학교를 다니면서부터 생깁니다. 의자에 앉아도 몸이 너무 작아 칠판이 보이지 않았고, 리코더도 연주할 수 없었습니다. 이 모습을 지켜보던 선생님은 완두의 미래를 걱정했습니다. 완두는 과연 너무 작아서 학교에 다니기 힘든 것처럼 앞으로 일을 할 수도 없을까요?

　아니요, 전혀 그렇지 않습니다. 걱정하던 선생님을 비웃기라도 하듯 완두는 자신에게 딱 맞는 일을 찾아냅니다. 완두에게 맞지 않았던 학교가 아닌, 자신에게 딱 맞는 공간에서 하루하루 행복하게 살아가는 것이지요.

　엄마가 만들어준 딱 맞는 옷을 입고 자신의 삶을 즐기던 완두는 학교라는 다수에게 맞춰진 공간에서 어려움을 마주합니다. 우리 아이들 역시 똑같은 의자와 책상이 줄지어 놓인 학교라는 공간에서 어려움을 겪을 수 있습니다. 완두가 자신에게 딱 맞는 일을 찾아낸 것처럼 아이들이 자신에게 딱 맞는 역할을 찾을 수 있도록 도와주세요. 아이들 본연의 모습이 더욱 반짝 빛날 테니까요.

4월 2주

나에게 딱 맞는 역할을 찾아라!

칠판 닦기, 분리수거 하기 등 선생님이 정해준 학급의 역할이 아이들과 맞지 않을 수 있습니다. 그보다는 아이들이 직접 역할을 만들도록 해주세요. 자신이 하고 싶은 역할을 맡은 아이는 전보다 큰 책임감을 가지고 역할을 해나갈 거예요. 학급에서 자신의 자리를 찾은 아이는 저절로 자존감이 높은 아이로 성장할 수 있습니다. 그런데 아이들이 전부 자기가 하고 싶은 역할을 맡으면 비교적 인기가 없는 청소 같은 역할은 어떻게 해야 할까요? 방법은 간단합니다. 반 아이들이 돌아가면서 같이 하면 됩니다. 아이들이 자신이 원하는 역할을 통해 공동체에 기여할 수 있는 상황을 만들어주세요.

활동1 역할 신청서 작성하기

우리 반 역할 신청서를 작성해봅니다.

항목	예시
하고 싶은 역할	아이들의 갈등을 해결해주는 역할
하고 싶은 이유	친구들이 사이좋게 지내기를 원하기 때문이다.
이 역할이 우리 반에게 어떤 도움을 줄 수 있는가?	아이들이 크게 다투는 것을 막을 수 있다. 평화로운 반을 만들 수 있다.
이 역할이 나에게 어떤 도움이 되는가?	친구의 말을 잘 경청하는 능력을 키워줄 수 있다.
역할의 이름 정하기	정의의 용사

활동 2 **나의 할 일 찾기**

선생님과 친구들의 동의를 거쳐 역할을 맡고 내 역할에 맞는 해야 할 일을 작성해봅니다.

> 예시
>
> - 노란 신호등과 빨간 신호등 카드를 만들어 친구들에게 표시해줍니다. 친구들이 다툴 때 노란 신호등으로 경고를 한 뒤, 다툼이 지속될 경우 빨간 신호등을 들어 다툼을 멈추게 합니다. 이후 각자의 이야기를 들어보고 상황을 파악합니다. 이후 친구의 감정과 바라는 것을 파악해 서로 사과할 수 있도록 발언의 기회를 줍니다.

활동 3 **학급 회의를 통해 돌아보기**

매주 학급 회의 시간에 역할 수행을 점검하고 칭찬할 점과 더 노력할 점을 찾아봅니다.

> 예시
>
> - 이번 주에 제가 발견한 다툼은 원만하게 해결되었습니다.
>   앞으로 친구들의 말을 더 경청하도록 노력하겠습니다.

4월 2주

이 주의 그림책 ②

함께여서 가능한 일들
《줄다리기》
(조시온 글, 지우 그림, 씨드북)

　높은 가을 하늘 아래 만국기가 펄럭입니다. 그 아래로 청팀과 홍팀으로 나뉜 아이들이 보입니다. 아이들은 이제 줄다리기를 앞두고 있습니다. 의기소침해 보이는 홍팀과 달리 청팀은 아주 자신만만한 모습입니다. 언뜻 보면 승패가 빤히 보이는 듯한 줄다리기 경기가 시작됩니다.

　'탕!' 하는 소리에 맞춰 시작된 경기에서 독자는 그 결과를 예측하기 어려워집니다. 예상과는 달리 엎치락뒤치락하며 아주 아슬아슬하고 팽팽한 경기가 펼쳐지기 때문이지요. 누군가의 사소한 행동에 전체가 무너지기도 하고, 말 한 마디에 경기의 흐름이 바뀌기도 합니다.

　여러 위기 속에서 서로를 믿으며 경기에 임한 아이들은 경기가 끝난 후, 이긴 팀은 서로 잘했다며 진 팀은 괜찮다며 서로를 격려합니다. 승패와 관계없이 하나가 되었던 짜릿하고 뭉클한 이 경험은 아이들을 오래도록 하나의 공동체로 엮어주겠지요.

　그림책을 통해 협동의 짜릿함을 경험했다면 이제는 실전으로 넘어갈 차례입니다. 반 전체가 서로를 믿으며 연대하는 경험을 통해 '함께'의 가치를 알려주세요. 함께 힘을 모으면 불가능이 없다는 것을 이제는 몸으로 직접 경험할 차례입니다.

협동

우리 반을 하나로 만들어주는 도전

학기 초 아이들과 하나가 되어볼 수 있는 협동 놀이를 소개합니다. 중요한 점은 모둠별로 활동을 하는 것이 아니라 반 전체가 하나의 팀이 되어 활동을 하는 것입니다. 반 전체가 모두 협동해야만 해결할 수 있는 적절한 난이도의 문제를 통해 아이들이 함께 성공을 이뤄내는 쾌감을 경험할 수 있도록 해주세요.

활동1 풍선 띄우기

교실 책상을 전부 뒤로 밀고 각자 자리를 정해 엉덩이를 바닥에 붙이고 앉습니다. 아이들은 일어나지 않고 풍선을 띄워야 성공입니다. 선생님은 아이들의 수준에 맞게 "도전! 띄워라 풍선 ( )번!"이라고 말하며 목표를 제시해주세요.

활동2 탁구공 옮기기

파이프를 이용해서 탁구공을 지정된 장소까지 옮기는 놀이입니다. 학급의 아이들이 모두 한 번씩 참여해야 하고, 파이프는 5개만 제공합니다. 선생님은 아이들 수준에 맞게 시간을 제시해주세요. 기록을 점점 단축해나가는 방식으로 확장해도 좋습니다.

활동3 막대기 잡기

이 활동을 하려면 아이들 숫자에 맞춰 플레이스틱과 같은 막대기를 준비해야 합니다. 아이들은 모두 막대기를 들고 원형으로 섭니다. 그 다음, 숫자를 차례대로 외치며 들고 있던 막대를 손에서 놓고 옆 자리로 이동합니다. 이동과 동시에 옆 자리 막대기를 쓰러뜨리지 않고 잡아야 성공입니다. 선생님은 아이들이 도전할 수 있는 목표 숫자를 제시해주세요.

우리 반을 하나로 만들어줄 그림책

《함께 줄넘기》(진수경 지음, 봄개울)
#혼자보다는 #함께

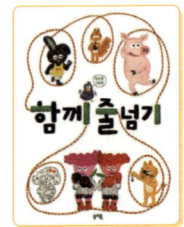

전국 체육 대회에 '함께 줄넘기'라는 종목이 새로 생겼습니다. 이 사실을 알게 된 맨드라미꽃 형제는 줄넘기 팀원을 모집하지요. 여러 훈련을 마친 이들은 엄청난 줄넘기 실력자들입니다. 그런데 웬일인지 함께 줄을 넘는 것은 결코 쉽지가 않습니다. 한 명이 성공하면 다음 친구가 줄에 걸리고, 그 친구가 성공하면 또 다른 친구가 줄에 걸리니 말입니다. 교실에서도 유독 모둠 활동을 어려워하는 친구들을 만날 수 있습니다. 그 친구들에게 함께 줄넘기를 통해 함께하는 것이 생각보다 어려운 일임을 알려주세요. 이 그림책을 통해 함께의 어려움만큼 기쁨도 크다는 것을 알게 될 테니까요.

《내가 왜 최고냐면》(김윤미 지음, 국민서관)
#너도나도모두최고

색깔 마을에서는 매년 축제가 열립니다. 올해는 하양이가 벽화 그리기를 준비했는데요. 알록달록 멋지게 꾸미려던 하양이의 기대와는 달리 벽화는 엉망진창이 되고 맙니다. 색깔 친구들이 너도나도 욕심을 부려 돋보이려고 한 탓이지요. 교실에서도 색깔 친구들처럼 나만 최고라고 이야기하는 아이들이 종종 있습니다. 그때 이 그림책을 통해 나만 특별한 것이 아니라 모두가 저마다 특별한 존재임을 알려주세요. 때로는 욕심을 내려놓고 함께 어우러져야 할 때가 있음을 아이들도 배워야 합니다.

4월 3주
타인에게 상처주지 않는 말에 관하여

"어디서 배워온 건지, 아이들 욕이 정말 고민이에요."

학부모 상담 때마다 자주 듣는 고민입니다. 이제는 학년을 가리지 않고 욕을 사용하는 아이들을 종종 볼 수 있습니다. 욕은 나를 부정적인 감정으로 이끌 뿐만 아니라 다채로운 언어 사용을 저해하는 큰 요소입니다.

욕을 하는 아이들 마음의 기저에는 무엇이 존재하는 것일까요? 아이와 함께 욕 안에 숨겨진 감정을 파고들어보세요. 저는 아이들이 하는 욕 속에서 사실은 친구와 같이 놀고 싶은 마음을 발견했습니다. 아이들은 자신의 마음을 어떻게 표현할지 몰라서 실수하는 경우가 많습니다. 아이들이 자신의 마음을 바르고 고운 말로 표현할 수 있도록 도와주세요.

말은 인간관계에 있어서 더없이 중요합니다. 말 한 마디로 친구와 친해질 수도, 멀어질 수도 있으니까요. 그림책을 통해 아이들의 말하기를 점검하고 올바른 방향을 제시해보면 어떨까요? 그림책을 통해 알게 된 말하기 비법은 친구 관계뿐만 아니라 가족, 더 나아가 사회까지 건강하게 만들어줄 거예요.

이 주의 그림책 ①

코로나보다 빠르게 전염되는 욕
《욕》
(김유강 지음, 오올)

부정적인 말이 건강에도 영향을 준다는 사실을 아시나요? 연구 결과에 따르면 부정적인 말은 우리 내면에 두려운 반응을 유발해 소뇌 편도체에서 분비되는 스트레스 호르몬 수치를 끌어올린다고 합니다. 그림책《욕》에서는 이처럼 부정적인 말의 영향력을 제대로 보여줍니다.

그림책 속 아이가 처음부터 나쁜 마음으로 거친 말을 한 것은 아닙니다. 시작은 그저 강해 보이고 싶은 마음이었습니다. 강해 보이려고 시작한 말은 금세 아이 입에서 나오는 모든 말을 거친 말로 바꿔놓았습니다. 거칠게 말을 하니 다들 자신을 함부로 대하는 것 같지 않아 아이는 잠시 우쭐합니다. 그런데 이런 우쭐한 마음도 잠시, 이상한 일이 벌어지기 시작합니다.

거친 말은 아이 주변 사람들에게도 모두 전염이 되어버리고 맙니다. 이제는 가족도 친구들도 만나기만 하면 서로 거친 말을 내뱉으며 싸우기 바쁘지요. 모두가 욕을 내뱉으니 아이는 더 이상 강해 보이지 않습니다. 무엇인가 잘못된 것을 깨달은 아이는 이제 이전으로 돌아가기를 원합니다.

내 생각과 행동에 영향을 끼치는 것은 물론이고 주변에도 쉽게 전염되는 욕을 이제는 쉽게 뱉지 못할 것 같습니다. 그림책을 읽은 뒤, 가벼운 마음으로 내뱉은 한 마디의 욕이 어떻게 번져나가는지 아이들과 함께 이야기를 나누어보기를 추천합니다.

욕 나비효과를 줄줄이 말해요

나비효과란 작은 변화가 전체에 큰 영향을 미칠 수 있음을 뜻하는 말입니다. 욕이 어떤 나비효과를 불러올 수 있을지 생각해보는 활동은 아이들에게 막강한 말의 영향력을 알려줄 거예요.

활동1 욕 나비효과 줄줄이 말하기

모둠원들과 함께 욕이 어떤 나비효과를 일으킬 수 있을지 줄줄이 이어 말하기를 해봅니다.

> 예시
> - 욕을 한다 → 친구 관계가 멀어진다 → 주변에 친구가 한 명도 남지 않는다 → 우울해진다
> - 욕을 한다 → 싸움이 많아진다 → 남을 미워하는 마음이 커진다 → 모습이 무섭게 변한다

활동2 우리 반 말 규칙 만들기

나와 남을 망칠 수 있는 욕 대신 고운 말을 사용하기 위한 우리 반의 노력을 토의해봅니다. 토의 결과를 바탕으로 우리 반 말 규칙을 만들어봅니다.

> 예시
> - 말하기 전에 생각하고 말하기
> - 거친 말을 쓰는 친구에게 고운 말로 고쳐서 알려주기
> - 비속어가 많이 나오는 유튜브 시청 시간 줄이기

4월 3주

활동 3 말이란 무엇인지 빈칸 채우기

'말은 (　　)을/를 만든다'라는 문장의 빈칸을 채워봅니다.

> 예시
> - 말은 사람의 이미지를 만든다.
> - 말은 좋은 사람을 만든다.
> - 말은 친구를 만든다.

이 주의 그림책 ②

말이 우리 눈에 보인다면?
《말의 형태》
(오나리 유코 지음, 허은 옮김, 봄봄)

　말이 눈에 보인다면 내 입에서 나가는 말들은 어떤 모습일까요? 이 그림책은 말을 형태로 표현합니다. 형형색색의 팔랑이는 꽃잎 같은 말도 있고 누군가에게 상처를 내는 못 같은 말도 있습니다. 그림책에서는 만약 말의 형태가 보인다면 우리가 하는 말이 지금과는 달라질 수도 있다고 이야기합니다.

　내가 여태껏 뱉은 말들이 눈에 보인다면 어떨지 곰곰이 생각해봅시다. 아마 흐뭇한 사람보다 마음이 뜨끔할 사람들이 많지 않을까요? 몸에 난 상처는 새살이 돋으며 낫지만, 마음에 난 상처는 낫지 않는다고 하지요. 내가 뱉은 말이 뾰족한 못처럼, 또는 육중한 탱크처럼 누군가를 아프게 찌르거나 짓눌렀다고 상상해보세요. 이런 생각을 하게 되면 분명 말의 형태가 바뀌게 될 것입니다.

　이번에는 내가 듣고 싶은 말의 형태를 생각해보세요. 밝은 빛에 향기가 나고 아름다운 무언가를 떠올리게 되지 않나요? 내가 뱉은 말을 떠올릴 때의 뜨끔한 마음과는 다소 차이가 있을 것입니다. 내가 듣고 싶은 말의 형태를 떠올리며 앞으로 내 입에서 나갈 말들을 다듬어보면 어떨까요? 내가 듣고 싶은 아름다운 말의 형태를 상대에게도 선물하는 사람이 되어봅시다.

4월 3주

말을 도화지에 옮겨요

자신이 듣고 싶은 말을 도화지에 표현해보게 하는 활동입니다. 활동 후에는 서로의 듣고 싶은 말을 나누는 시간도 가져보세요.

활동 1 내가 듣고 싶은 말 떠올리기
내가 듣고 싶은 말을 떠올려봅니다.

예시

- 우리 같이 놀자
- 내 친구가 되어주어 고마워

활동 2 듣고 싶은 말을 수채화로 표현하기
내가 듣고 싶은 말로 수채화 팔레트를 만들어봅니다. 수채화로 농도를 조절한 원 안에 내가 듣고 싶은 말을 적어봅니다.

활동 3 말을 형태로 표현하기
내가 듣고 싶은 말을 형태로 표현해봅니다.

예시

- 우리 같이 놀자 → 운동장에 놓인 축구공
- 내 친구가 되어주어 고마워 → 따스한 햇살 속 무지개

한 걸음 더

말하기 전에 한 번 더 생각하게 만드는 그림책

《도노의 산책》 (쁘띠삐에 지음, 노란돼지)
#친절 #공감

기분 좋은 하루를 누군가의 말로 망쳐본 적이 있나요? 나의 말이 누군가에게 얼마나 큰 영향을 미치는지 이 그림책을 통해 알 수 있습니다. 화창하고 기분 좋은 날 도노는 공원으로 산책을 나섭니다. 산책을 하던 중 도노는 모자를 떨어뜨린 원숭이에게 모자를 주워줍니다. 그런데 원숭이는 고맙다는 인사를 하기는커녕 모자가 구겨졌다면서 도노에게 핀잔을 줍니다. 상처를 받은 도노는 이후에도 여러 동물을 만나는데요. 다른 동물들도 원숭이처럼 도노의 마음을 몰라주고 함부로 이야기를 합니다. 기분 좋게 산책을 나온 도노는 이제 산책을 후회하기에 이릅니다. 누군가의 하루를 불행하게도, 행복하게도 만들 수 있는 말의 중요성을 이 그림책을 통해 나누어보세요. 말하기 전에 상대의 마음을 먼저 생각해볼 수 있을 거예요.

《누군가 뱉은》 (경자 지음, 고래뱃속)
#검댕이 #비속어

교실에서 가만히 귀를 기울이면 심심치 않게 귓가에 욕이 들려올 때가 있습니다. 그런데 비속어에 검댕이가 들어 있다는 사실을 아시나요? 그림책 속에서 한 남자가 "꺼져"라고 말을 하니 검정색 덩어리 하나가 상대방 얼굴에 착 달라붙습니다. 이 검댕이들은 자신들 때문에 괴로워하는 사람들을 보며 즐거워하지요. 그런데 이상하게도 '꺼져'는 사람들이 괴로워하는 것이 하나도 즐겁지 않습니다. 누군가를 괴롭고 아프게 하면서 즐거워하는 검댕이들을 보며 아이들과 함께 언어 습관을 되돌아볼 수 있는 그림책입니다. 우리 반에 검댕이 대신 서로를 행복하게 만들어주는 무지개 방울을 가득 채워주세요.

4월 4주
갈등을 현명하게 해결하는 방법

학기 초 아이들에게 우리가 어떤 반이 되기를 바라는지 물었습니다. 다양한 답변 속 '싸움 없는 반', '다툼 없는 반'이라는 답변이 꽤 많습니다. 그런데 다투지 않는 반이 이 지구상에 존재할까요? 아이들은 학교에서 수없이 다투고 싸우고 화해하면서 성장합니다. 잘 싸우고 잘 화해하는 것 역시 아이들이 꼭 배워야 하는 부분입니다.

사소한 갈등부터 커다란 갈등에 이르기까지 아이들은 하루에도 수많은 갈등을 경험합니다. 아이들이 자신에게 닥친 갈등 상황을 해결해나가기 위해서는 부단한 연습이 필요합니다. 건강하게 갈등을 해결해본 아이는 앞으로 겪을 갈등에서도 두려움을 갖지 않고 갈등을 직면할 힘을 가질 것입니다. 오히려 갈등을 통해 성숙한 관계를 이어나갈 거예요.

갈등은 친구 관계뿐만 아니라 다양한 관계에서도 계속해서 발생합니다. 서로의 마음에 상처를 주지 않으면서도 건강하게 갈등을 해결하려면 어떻게 해야 할까요? 그림책 속에서 다양한 갈등 상황을 살펴보고 해결할 힘을 길러봅시다.

이 주의 그림책 ①

진심으로 사과할 줄 안다는 것
《친구가 미운 날》
(가사이 마리 글, 기타무라 유카 그림, 윤수정 옮김, 책읽는곰)

　그림책 《친구가 미운 날》에서는 누구나 공감할 만한 갈등 상황이 펼쳐집니다. 주인공은 딱 봐도 고급스러운 케이스에 담긴 뾰족한 새 크레용을 친구에게 빌려줍니다. 친구는 주인공의 속도 모르고 빌린 흰 크레용을 마구 써버립니다. 친구는 다음 날이 되어서야 주인공의 기분을 눈치채는데요. 친구는 주인공에게 어떤 사과를 전달해야 할까요?

　살다 보면 종종 의도치 않게 상대의 마음을 상하게 하는 경우가 생깁니다. 그림책 속 주인공은 친구가 아끼는 크레용을 거침없이 써버리는 바람에 속이 상했지만 이를 친구에게 말하지 못합니다. 오히려 친구를 미워하는 자신 또한 미워하지요. 하지만 누군가 나의 마음을 상하게 했다면 속상한 내 마음을 표현하는 것 역시 제대로 사과하는 것만큼이나 중요합니다. 내 감정과 바라는 바를 이야기하고 사과하는 대화는 관계에 있어 꼭 필요합니다.

　저는 학기 초에 아이들과 3단계로 '표현하기'와 '사과하기'를 연습합니다. 종종 아이들에게 싸운 이유를 물어보면 친구가 먼저 잘못을 해서 자신도 잘못을 저질렀다는 이야기를 하곤 합니다. 친구의 잘못에 대한 자신의 솔직한 마음과 앞으로 바라는 점을 명확하게 이야기했다면 싸움으로 번지지 않을 갈등 상황이 교실에서는 참 많습니다.

4월
4주

표현하기
너의 (   ) 말이나 행동 때문에 나는 (   ) 마음이 들었어. 이제 (   ) 말하거나 행동해줘.

사과하기
네가 (   ) 마음이 들었구나. 진심을 담아 사과해. 앞으로는 (   ) 말하고 행동할게.

　사과를 넘어 앞으로의 행동을 약속하는 과정에서 아이들은 자신의 행동에 책임을 져야 한다는 것도 배웁니다. 변화를 약속하고 지켜나가면서 아이들은 갈등 이전보다 훨씬 성숙해질 거예요.

● ● ●

솔직한 감정을 표현하고 사과하는 법을 배워요

　자신의 마음을 이야기하고 사과하는 것은 얼핏 간단한 일 같습니다. 하지만 이를 생활 속에서 잘 적용하기 위해서는 연습이 필수입니다. 이번에 소개하는 내용은 그림책 속 상황을 통해 표현하기와 사과하기를 연습해보는 활동입니다. 충분히 연습한 후에는 교실의 잘 보이는 곳에 표현하고 사과하는 방법을 게시해보세요. 이를 참조해서 알아서 단계에 맞게 표현하고 사과하는 아이들을 볼 수 있을 것입니다.

갈등 해결

활동1 주인공이 되어 사과해보기

그림책 속 친구가 되어 3단계에 맞게 사과해봅니다.

너의 (　　) 말이나 행동 때문에	"네가 내 크레용을 거침없이 사용하고 부러뜨리는 행동 때문에"
나는 (　　) 마음이 들었어.	"나는 정말 속상한 마음이 들었어."
이제 (　　) 말하거나 행동해줘.	"앞으로는 내 물건을 조심히 써줬으면 좋겠어."

네가 (　　) 마음이 들었구나.	"네가 나 때문에 속상한 마음이 들었구나."
진심을 담아 사과해.	"진심으로 사과할게."
앞으로는 (　　) 말하고 행동할게.	"앞으로는 네 물건을 소중하게 사용할게."

활동2 생활 속에서 사과 연습하기

교실에서 표현하기와 사과하기를 활용해야 하는 때를 떠올리고 연습해봅니다.

예시

급식 시간에 친구가 새치기해서 줄을 설 때

너의 (　　) 말이나 행동 때문에	"우리가 줄을 서고 있었는데 네 새치기를 하는 행동 때문에"
나는 (　　) 마음이 들었어.	"나는 당황스럽고 억울한 마음이 들었어."
이제 (　　) 말하거나 행동해줘.	"앞으로는 새치기하지 않고 차례대로 줄을 섰으면 좋겠어."

네가 (　　) 마음이 들었구나.	"네가 당황스럽고 억울했구나."
진심을 담아 사과해.	"내가 질서를 지키지 않아 정말 미안해."
앞으로는 (　　) 말하고 행동할게.	"앞으로는 차례대로 줄을 설게."

이 주의 그림책 ②

누가 더 잘못한 걸까?
《이 선을 넘지 말아 줄래?》
(백혜영 지음, 한울림어린이)

아이들의 갈등 상황을 들어보면 한쪽만 잘못한 경우보다 양쪽 모두 잘못한 경우가 훨씬 많습니다. 그림책《이 선을 넘지 말아 줄래?》에서도 역시 양쪽 모두에게 잘못이 있습니다. 탐스러운 지렁이를 잡은 분홍 새는 혼자 꿀꺽 다 먹을 수도 있었지만 친구랑 나눠 먹기 위해 하늘색 새를 찾아갑니다. 그런데 분홍 새의 기대와는 달리 하늘색 새는 갑자기 선을 그으며 지금은 좀 바쁘다고 이야기합니다.

분홍 새는 갑작스러운 하늘색 새의 선에 매우 당황하며 우리 사이에 이러기냐고 되묻습니다. 그러고는 심지어 선을 끊어버리기까지 합니다. 하늘색 새의 선에 상처를 받은 분홍 새에게 결국 하늘색 새는 선 뒤에 감춰둔 자신의 속사정을 이야기합니다.

겉으로 보면 선을 넘어버린 분홍 새의 잘못만 보일 수 있지만, 선 뒤에 자신의 속 이야기를 숨겨둔 하늘색 새 역시 관계에 솔직하지 않았습니다. 하늘색 새가 처음부터 솔직하게 분홍 새에게 말했더라면 이야기가 달라지지 않았을까요?

아이들은 분홍 새와 하늘색 새 중 누구의 입장에 더욱 공감할까요? 분홍 새와 하늘색 새의 마음을 헤아려보며 솔직하게 마음을 표현하면서도 선을 넘지 않는 올바른 말하기에 대해 생각해볼까요?

분홍 새와 하늘색 새 판결하기

분홍 새와 하늘색 새 중 누가 더 잘못했는지 판결하는 모의 법정 활동입니다. 이 활동을 통해 아이들은 분홍 새와 하늘색 새의 입장에 더 깊게 공감할 수 있습니다. 더 나아가 각각의 잘못을 파악하여 더 좋은 관계를 위해 한 걸음 나아갈 방법을 궁리할 수 있을 거예요. 그림책 속 이야기를 자신의 경험으로 확장하여 관계에서 솔직하게 말하고 선을 지키는 것의 중요함을 생활 속에 적용하도록 해 주세요.

활동1 분홍 새와 하늘색 새의 입장문 쓰기

분홍 새, 하늘색 새, 배심원 역할을 나눠 가진 뒤, 분홍 새와 하늘색 새의 입장문을 써봅니다.

> **예시**
>
> - 분홍 새: 저는 맛있는 지렁이를 나눠 먹으려던 것뿐이었어요. 평소 하늘색 새와 친했기 때문에 서운함이 훨씬 컸고요. 더 많은 것을 나눠 먹은 사이인데 갑자기 선을 긋다니 당연히 끊어도 된다고 생각했습니다.
>
> - 하늘색 새: 다른 친구들은 맛있게 먹는 지렁이를 무서워한다는 게 부끄러웠어요. 다른 친구들이 알게 되면 놀릴까 봐 걱정되기도 했고요. 그래서 솔직하게 말하는 대신 선을 그은 것뿐이에요.

4월
4주

활동 2 **배심원이 되어 판결하기**

분홍 새와 하늘색 새의 입장문을 들은 뒤, 배심원들이 판결문을 작성해 발표해봅니다.

> 예시
>
> - 배심원: 분홍 새의 선을 긋은 행동은 하늘색 새를 존중하지 않은 것이기 때문에 명백히 잘못된 행동입니다. 하지만 하늘색 새 역시 친구인 분홍 새에게 솔직하게 말하지 않았습니다. 선을 긋는 대신 분홍 새가 이해할 수 있는 말로 거절을 했다면 좋았을 것입니다.

활동 3 **내 경험 나누기**

《이 선을 넘지 말아 줄래?》에 등장한 상황과 비슷한 경험을 발표하고, 그 상황을 어떻게 바꾸면 좋을지 발표해봅니다.

> 예시
>
> - 친구가 같이 놀이공원에 놀러 가자고 했는데 바쁘다는 핑계를 댔어요. 사실 저는 놀이기구를 무서워해서 가고 싶지 않았거든요. 그때 사실대로 이야기하고 다른 곳에 놀러갔으면 더 좋았을 것 같아요.

한 걸음 더

서로를 보다 더 잘 이해할 수 있게 해주는 그림책

《넌 (안) 작아》
(강소연 글, 크리스토퍼 와이엔트 그림, 김경연 옮김, 풀빛)
#입장바꾸기 #존중하기

커다란 곰이 작은 곰을 보며 "너 진짜 작다"라고 이야기합니다. 그러자 작은 곰은 큰 곰을 보며 "나 안 작아. 네가 큰 거야"라고 받아칩니다. 큰 곰 입장에서 작은 곰은 너무 작고, 작은 곰 입장에서 큰 곰은 너무 커다랗습니다. 크고 작은 것이 이렇게 상대적인 것처럼 아이들 사이의 갈등도 상대적인 경우가 많습니다. 도저히 친구가 이해가 되지 않을 때, 한 번만 상대방의 입장에서 생각해보는 것은 어떨까요? 관점을 바꾸어 생각하면 저절로 갈등이 해결되기도 함을 알려주는 그림책입니다.

《핑!》 (아니 카스티요 지음, 박소연 옮김, 달리)
#반응 #가는말이고와야오는말이곱다

탁구대에서 들리는 경쾌한 소리, '핑퐁!' 탁구에서는 '핑' 하고 치면 '퐁' 하고 공이 다시 되돌아올 수 있지만, 이 세상은 좀 다르다고 합니다. 그림책《핑》은 우리가 '핑'만 할 수 있다고 말합니다. '퐁'은 친구의 몫이라고요. 내가 건네는 '핑'과는 달리 '퐁'은 친구의 몫이기 때문에 나와 같지 않을 수 있다고요. '퐁'이 아예 없을 수도 있고, 답이 오더라도 내가 기대한 것과는 아주 다른 모습일 수도 있습니다. 좋은 '퐁'을 바란다면 내가 할 수 있는 최선의 '핑'을 보내야 한다는 사실을 알려주는 그림책입니다. 내가 보낸 좋은 '핑'은 분명 좋은 '퐁'을 가져올 거예요.

교육과정과 이렇게 연계해요

5월 1주 우리가 몰랐던 부모님, 줌 인!

- [2슬03-03] 관심 있는 대상의 과거와 현재를 살펴보고 미래를 상상한다.
- [2바01-03] 가족이나 주변 사람을 배려하며 관계를 맺는다.
- [2즐03-01] 가족 구성원이 하는 역할을 고려하여 고마운 마음을 작품으로 표현한다.
- [2즐01-03] 가족이나 주변 사람과 소통하며 어울린다.
- [4도02-01] 가족을 사랑하고 감사해야 하는 이유를 찾아보고, 가족 간에 지켜야 할 도리와 해야 할 일을 약속으로 정해 실천한다.

5월 2주 함께 만들어가요, 행복한 우리 집

- [2국06-02] 일상의 경험과 생각을 글과 그림으로 표현한다.
- [2슬03-04] 가족의 형태에 따른 구성원의 다양한 역할을 알아본다.
- [2수05-03] 분류한 자료를 ○, ×, / 등을 이용하여 그래프로 나타내고, 그래프로 나타내면 편리한 점을 말할 수 있다.
- [6실03-05] 가정일을 담당하고 있는 가족들의 역할을 탐색하고, 가정생활에 미치는 영향을 이해한다.
- [6실01-04] 건강한 가정생활을 위해 가족 구성원의 다양한 요구에 대하여 서로 간의 배려와 돌봄이 필요함을 이해한다.

5월 3주 생각보다 넓은 가족의 범위

- [2슬03-02] 나와 가족, 친척의 관계를 알고 친척과 함께 하는 행사나 활동을 조사한다.
- [2즐03-03] 전통문화를 새롭게 표현한다.
- [2슬06-03] 추석에 대해 알아보고 다른 세시 풍속과 비교한다.
- [2즐06-03] 여러 가지 민속놀이를 한다.
- [4사02-05] 옛날과 오늘날의 혼인 풍습과 가족 구성을 비교하고, 시대별 가족의 모습과 가족 구성원의 역할 변화를 탐색한다.

5월 4주 세상에는 다양한 형태의 가족이 있어요

- [2바03-02] 가족의 형태와 문화가 다양함을 알고 존중한다.
- [2바02-03] 차이나 다양성을 서로 존중하면서 생활한다.
- [2바07-02] 다른 나라의 문화를 존중하고 공감하는 태도를 기른다.
- [2슬03-03] 주변에서 볼 수 있는 여러 형태의 가족을 살펴본다.
- [4국01-04] 적절한 표정, 몸짓, 말투로 말한다.

5월

가족 이해 다양성

5월 1주
우리가 몰랐던 부모님, 줌 인!

아이들과 함께 '내가 자라온 과정'을 주제로 수업을 한 적이 있습니다. 이 수업은 아이들이 부모님과 함께 자료를 수집하고 준비하는 과정이 필요한데요. 학교에 가져갈 사진을 고르고 사진 속에 담긴 추억에 관해 부모님과 이야기를 나누다 보면 아이들은 자신이 기억하지 못하는 어린 시절의 자세한 일들까지 듣게 됩니다. 아이들이 자라온 시간만큼 부모님이 곁에서 사랑과 정성으로 보살펴주셨기에 가능한 일들이겠지요.

아이가 태어나는 동시에 부모 역시 엄마, 아빠라는 이름으로 다시 태어납니다. 부모님은 소중한 생명이 찾아오는 순간부터 태교 일기, 성장 일기와 같은 다양한 기록을 통해 아이들의 소중한 순간을 담아둡니다. 아이들은 태어나는 순간부터 모든 관찰과 관심의 대상이 되는 것입니다.

그렇다면 24시간 엄마 곁에 있는 아기의 눈으로 바라본 엄마의 모습, 또 이른 아침부터 바쁜 하루를 보내는 아빠의 모습은 어떠할까요? 지금부터 우리가 몰랐던 엄마 그리고 아빠의 모습을 살펴보려 합니다.

이 주의 그림책 ①

부모님 탐구

우리 부모님은 어떤 사람일까?
《엄마 도감》
(권정민 지음, 웅진주니어)

새로 태어난 아기를 신생아라고 합니다. 아기가 태어남과 동시에 엄마 역시 '신생 엄마'로 태어납니다. 신생아에 대한 기록은 셀 수 없이 많지만, 아이와 함께 엄마라는 이름으로 태어난 신생 엄마에 대해서는 관찰하거나 기록하는 일이 드뭅니다. '왜 누구도 아이와 함께 태어난 엄마에 대해서는 궁금해하지 않는 걸까?' 권정민 작가는 아이를 낳고 동시에 엄마로 태어난 자신의 경험을 바탕으로 가장 고귀한 순간 소외되었던 신생 엄마의 모습을 그림책 《엄마 도감》에 담았습니다. 24시간 엄마 곁에 함께 있는 전지적 아기 시점으로 말이지요.

그림책 표지에는 돋보기를 들고 있는 아기가 보입니다. 아기의 시선으로 바라본 엄마 얼굴은 아기의 생후 100일까지 퉁퉁 부어 있고 잠이 부족해 보이네요. 그래서인지 엄마는 시간과 장소를 가리지 않고 잠이 듭니다. 엄마라면 200% 공감하고도 남는 장면이지요. 저 역시 매 장면마다 크게 공감하며 읽었는데요. 아이들과 이 그림책을 읽을 때는 각 장면마다 충분한 시간을 두고 이야기 나누어 보기를 추천합니다. 현재 부모님의 모습과 비슷한 부분이 있는지, 아이들이 태어나기 전과 후의 부모님 모습이 어떻게 다른지 아이들이 전하는 이야기에 귀 기울여보세요.

5월 1주

전지적 아들딸 시점 부모님 탐구 생활

《엄마 도감》을 읽으며 아기의 시선으로 바라보는 엄마의 생생한 모습을 살펴 봤다면, 이제는 아이들이 직접 자신의 시선으로 관찰하고 기록한 부모님의 모습을 살펴볼 차례입니다. 우리 아이들에게 엄마, 아빠는 어떤 존재로 보일까요? 말이 안 통하는 외계인일 수도, 포효하는 호랑이일 수도 있습니다. 늘 함께하지만 미처 알지 못했던 부모님의 생생한 모습을 전지적 아들딸 시점으로 살펴볼 수 있는 활동을 소개합니다.

활동1 부모님 도감 만들기

1. 부모님에 대해 알고 싶은 주제를 정해봅니다.

> **예시**
> - 엄마가 주말 오전을 보내는 방법
> - 아빠의 취미 생활
> - 부모님이 장 보는 방법
> - 주말 동안 엄마(또는 아빠)가 가장 많이 사용하는 단어
> - 외출 전과 후의 부모님 모습 관찰하기

2. 부모님과 가장 많은 시간을 함께하는 주말을 관찰 기간으로 정합니다.
3. 관찰하고 수집한 내용을 8면 소책자(8절 도화지)에 기록합니다. 부모님의 모습을 대표하는 그림을 그리고, 아래에는 부연 설명을 씁니다.

부모님 탐구

> 예시

사회인 야구단에서 타자를 맡은
아빠의 모습을 그림으로 표현

- 주제: 주말에만 야구 선수인 우리 아빠
- 우리 아빠는 일요일마다 사회인 야구단 선수로 활동하신다. 아빠가 타자로 공을 치는 모습. 긴장한 표정이 재미있다.

> 예시

줌으로 그림책을 함께 읽고
발표하는 엄마의 모습을 그림으로 표현

- 주제: 줌으로 그림책을 공부하는 우리 엄마
- 엄마는 그림책을 읽고 매달 주제를 정하여 줌으로 발표하신다. 그래서 엄마가 나에게 그림책을 읽어주시는 시간이 늘었다.

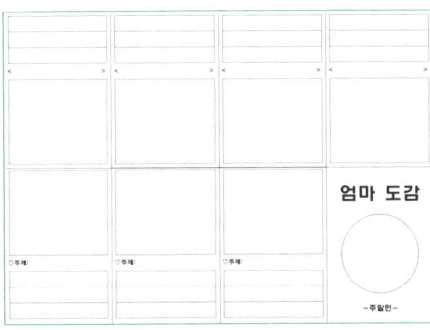
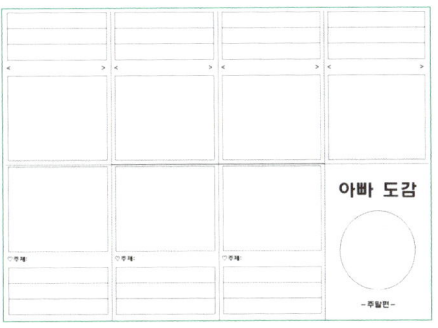

5월 1주

활동 2 텔레파시를 보내줘! 부모님 밸런스 게임

1. 밸런스 게임은 서로 비슷한 속성의 두 질문 또는 사물을 비교해서 한 가지 답을 고르는 게임입니다. 아이들과 함께 부모님의 취향을 알 수 있는 10가지의 간단한 질문을 만들어봅니다.

예시

① 아이스 아메리카노 vs. 뜨거운 아메리카노
② 여름엔, 산 vs. 바다
③ 복날엔, 뜨거운 삼계탕 vs. 바삭바삭 치킨
④ 탕수육 찍먹 vs. 부먹
⑤ 양념치킨 vs. 프라이드치킨
⑥ 떡 vs. 빵
⑦ 짜장면 vs. 짬뽕
⑧ 뜨거운 여름 vs. 추운 겨울
⑨ 비빔냉면 vs. 물냉면
⑩ 드라마 vs. 영화

---

2. 학습지에 함께 만든 질문 10가지를 적고, 부모님의 답을 예상하여 내 선택 칸에 미리 적어 봅니다.

질문	내가 생각하는 부모님의 선택	엄마(아빠)의 선택
① 아이스 아메리카노 vs. 뜨거운 아메리카노	아이스 아메리카노	
② 여름엔, 산 vs. 바다	바다	
③ 복날엔, 뜨거운 삼계탕 vs. 바삭바삭 치킨	바삭바삭 치킨	
④ 탕수육 찍먹 vs. 부먹	찍먹	
...	...	...

3. 2에서 만든 표를 바탕으로 가정에서 부모님과 함께 밸런스 게임을 합니다. 아이들은 준비한 질문을 부모님께 여쭤봅니다. 그 다음, '하나, 둘, 셋' 숫자를 센 뒤 부모님과 아이가 동시에 답을 말합니다. 그리고 학습지에 부모님이 선택한 답을 적습니다. 간단한 게임을 통해 아이들은 매일 함께하는 부모님에 대해 자신이 얼마나 알고 있었는지 확인할 수 있습니다. 동시에 부모님에 대해 좀 더 잘 알게 되는 의미 있는 시간도 될 테지요.

> **예시**
> - 학생: 추운 겨울, 아이스 아메리카노를 먹을까요? 뜨거운 아메리카노를 먹을까요? (질문하기)
> - 학생: 하나, 둘, 셋! (다른 가족이 있다면 역할 분담)
> - 부모님과 학생: (동시에) 아이스 아메리카노! (학생은 부모님이 선택할 것 같은 답을 예상하여 동시에 답합니다)

활동3 부모님 탐구 영역

1. 이 활동을 진행하기 위해서는 부모님 탐구 영역 시험지를 아이들 모르게 부모님께 전달하는 사전 활동이 필요합니다. 시험지 전달 방법은 학급에서 부모님과 소통 창구로 이용하는 프로그램(클래스팅, 하이클래스 등)을 이용하거나 학기 초에 이뤄지는 교육 과정 설명회 또는 상담 시간을 이용할 수 있습니다. 부모님들께 답안을 작성한 시험지는 사진으로 전송해주시거나 봉투에 밀봉하여 전달해달라고 요청합니다.

2. 어버이날을 앞두고 아이들에게 부모님 탐구 영역 시험지를 나눠줍니다. 부모님 탐구 영역 시험지를 다 풀고 나면 아이들에게 부모님들께 미리 받은 정답지를 나눠주고 스스로 채점해보도록 합니다. 부모님 탐구 영역 시험지를 풀고 채점한 후, 아이들의 생각이나 느낌을 나누는 시간을 가져봅니다.

부모님 탐구 영역

어버이날 모의고사 문제지

이름 :

1. 엄마의 생신이 있는 달은?
( ) 월

2. 아빠의 생신이 있는 달은?
( ) 월

3. 엄마가 좋아하는 계절은?
( )

4. 아빠가 좋아하는 계절은?
( )

5. 엄마가 태어난 지역은? (엄마의 고향)
( )

6. 아빠가 태어난 지역은? (아빠의 고향)
( )

7. 엄마의 혈액형은 무엇인가요?
( )
① A형
② B형
③ O형
④ AB형
⑤ 모르겠다.

8. 아빠의 혈액형은 무엇인가요?
( )
① A형
② B형
③ O형
④ AB형
⑤ 모르겠다.

9. 엄마가 가장 좋아하는 운동은?
( )

10. 아빠가 가장 좋아하는 운동은?
( )

11. 쉬는 시간(쉬는 날)이 생겼을 때 부모님이 가장 하고 싶은 일이 무엇인지 써 보세요.
[예시] 늦잠 자기, 여행 가기, 등산 등
( )

12. 엄마가 가장 좋아하는 음식은?
( )

13. 아빠가 가장 좋아하는 음식은?
( )

14. 부모님이 가장 싫어하는 집안일은?
( )
① 설거지
② 청소기 돌리고 바닥 닦기
③ 음식물 쓰레기 버리기
④ 분리수거
⑤ 음식 만들기

15. 엄마가 가장 좋아하는 과일은?
( )

16. 아빠가 가장 좋아하는 과일은?
( )

17. 부모님께 하고 싶은 말을 써 보세요.
_____
_____

이 주의 그림책 ②

부모님께 감사의 마음을 전해요
《아빠 셋 꽃다발 셋》
(국지승 지음, 책읽는곰)

　오전 8시. 탄탄 건설 김 과장님, 튼튼 소아과 김 원장님 그리고 오케이 택배 김 기사님의 하루가 시작됩니다. 매일 바쁜 하루를 보내는 평범한 세 아빠이지만 오늘은 뭔가 특별해 보이네요. 유난히 더 바쁜 하루이지만 시간을 내어 꽃다발을 산, 세 아빠는 퇴근 시간이 되자 모두 하나 유치원의 작은 음악회로 향합니다. 세 아빠의 꽃다발 셋은 멋지게 음악회를 마친 사랑스러운 세 아이를 위한 것이었네요. 많은 아이들 속에서도 단숨에 우리 아이를 찾는 것이 바로 부모님이지요. 소중한 아이의 방긋 웃는 표정과 작은 몸짓 하나에도 가슴이 벅차오르는 것이 바로 부모님입니다.

　세 아빠는 서로 다른 모습으로 일상을 바쁘게 살아갑니다. 하지만 자식을 향한 마음, 아이들의 소중한 순간을 함께 기뻐하고 간직하고자 하는 마음은 같아 보입니다. 이러한 모습이 곧 우리 부모님들의 모습이기도 합니다.

　아이들을 위해 온 마음과 정성을 다하시는 부모님. 어린이날, 아이들의 생일, 성탄절, 그 외의 특별한 기념일들을 앞두고 아이를 위한 깜짝 선물과 이벤트를 고민하시는 부모님. 어버이날을 앞두고 이런 부모님을 위해 세상에 단 하나밖에 없는 부모님 맞춤 선물을 만들어 부모님께 감사한 마음을 표현해보는 활동을 알려드릴게요.

부모님 맞춤 선물을 만들어요

선물은 주는 사람도, 받는 사람도 행복하게 만드는 힘이 있습니다. 아이들에게 줄 꽃다발을 정성스레 고르고 음악회로 향하는 세 아빠의 마음은 행복한 감정으로 가득 찼겠지요. 아이들과 함께 부모님께 드릴 선물을 직접 만들고 전달해보는 활동을 소개합니다.

활동1 활짝 웃는 내 얼굴 꽃다발 만들기

활짝 웃는 내 얼굴이 담긴 카네이션 꽃다발을 만드는 활동입니다. 부모님께 나의 미소와 정성이 담긴 꽃다발을 만들어 선물함으로써 부모님에 대한 감사를 표현할 수 있습니다.

1. 다양한 방법으로 카네이션을 만듭니다.
① 색종이로 카네이션 접기: 빨간색, 초록색 색종이를 이용해 카네이션 접기를 합니다. 4~5개를 접고 모아서 카네이션 꽃다발을 만듭니다.
② 흰 도화지에 다양한 모양의 카네이션을 그리고 색칠합니다. 여러 개의 카네이션을 오리고 보기 좋게 배치하여 카네이션 꽃다발을 만듭니다.
③ 붉은색 계통의 습자지를 여러 장 겹친 뒤 핑킹가위로 오려서 카네이션을 만듭니다.
④ 색점토(클레이)를 이용해 카네이션을 만듭니다.

2. 학교에서 즐겁게 생활하고 있는 나의 모습을 즉석카메라로 찍고 인화해 꽃다발 사이에 보기 좋게 끼워 넣습니다. 즉석카메라가 없으면 휴대전화로 사진을 찍은 후 컬러 인쇄를 하는 방법도 있습니다.

활동 2 '덕분에' 상장 만들고 부모님께 전달하기

1. 부모님 덕분에 감사한 일을 구체적으로 적어봅니다.

예시

- 내가 아팠을 때 밤새 간호해주신 일
- 내가 좋아하는 음식을 맛있게 만들어주신 일
- 내 생일 케이크를 직접 만들어주신 일
- 늘 내 편이 되어주시는 고마운 부모님
- 내가 좋아하는 레고를 사주시고 밤을 새워 함께 조립해주신 일

---

2. '부모님 덕분에 ○○○ 상'이라고 상장 이름을 만들고, 감사한 일을 적어 부모님께 전달합니다. ○○○에는 기분, 감정, 상태를 표현하는 말을 넣습니다.

예시

상장 이름	상장 내용
부모님 덕분에 (건강해) 상	(학생 이름)의 부모님이신 (부모님 이름)께서는 제가 좋아하는 음식을 맛있게 만들어주십니다. 부모님 덕분에 제가 건강하게 잘 자라고 있기에 감사하는 마음을 담아 이 상장을 드립니다.
부모님 덕분에 (행복해) 상	(학생 이름)의 부모님이신 (부모님 이름)께서는 늘 저에게 힘이 되는 말을 해주십니다. 부모님 덕분에 제가 행복하게 잘 자라고 있기에 감사하는 마음을 담아 이 상장을 드립니다.

부모님 탐구

5월 1주

3. 부모님께 상장을 전달한 후, 내가 느낀 점이나 부모님의 반응을 학급에서 친구들과 나누어 봅니다.

> 예시
>
> - 저는 어제 부모님께 '부모님 덕분에 추억 많아 상'을 드렸습니다. 우리 가족은 제가 어렸을 때부터 여행을 많이 다녔습니다. 여행이 끝난 후에는 부모님께서 사진을 모아 앨범을 만들어주셨습니다. 부모님이 만들어주신 앨범 덕분에 잊었던 일도 다시 떠올릴 수 있고 부모님과 함께했던 많은 일을 추억할 수 있었습니다. 제가 드린 상장 덕분에 우리 가족은 다시 앨범을 꺼내어 함께 보면서 행복했던 추억에 관해 이야기를 나누는 시간을 가졌습니다.

한 걸음 더

가족 간의 사랑을 느낄 수 있는 그림책

《엄마 아빠 결혼 이야기》 (윤지회 지음, 사계절)
#가족의탄생 #부모님결혼이야기

"엄마 아빠는 언제 결혼했어?", "신혼여행은 어디로 갔어?" 호기심 가득한 눈망울로 엄마, 아빠의 대답을 기다리는 아이들. 자신이 태어나기 전부터 시작된 부모님의 러브 스토리는 로맨스 영화의 주인공이 바로 부모님이라는 점에서 더욱 흥미진진하지요. 부모님에 관한 질문이 꼬리에 꼬리를 물수록 아이들은 부모님의 사랑 속에서 우리 가족의 역사가 시작되고 자신이 태어났음을 알게 됩니다. 그림책을 읽기 전, 아이들과 함께 먼저 표지를 살펴보세요. 부모님의 결혼사진 또는 결혼식 동영상을 본 아이들은 저마다 풀어내고 싶은 이야기들로 입이 근질근질할 것입니다. 아이들이 풀어내는 부모님의 결혼 이야기와 함께 그림책을 읽어보세요. 그 과정에서 부모님의 결혼을 상징하는 청첩장, 결혼반지, 신혼여행 사진 등 부모님의 소중한 추억과 우리 가족만의 보물을 찾을 수 있을 것입니다.

《건전지 아빠》 (전승배·강인숙 지음, 창비)
《건전지 엄마》 (강인숙·전승배 지음, 창비)
#가족의힘 #가족사랑

세상에서 제일 멋진 우리 아빠, 못하는 것이 없는 우리 엄마! 때론 힘들고 지칠 때도 많지만 아이들에게만큼은 슈퍼맨, 슈퍼우먼인 사람이 바로 부모님입니다. 온종일 자신이 맡은 일에 최선을 다하고 집으로 돌아온 건전지 아빠 그리고 건전지 엄마는 열심히 일한 만큼 방전 직전의 상태로 귀가합니다. 아이들과 함께 두 그림책을 읽고 '부모님의 에너지를 가득 채워줄 수 있는 내 모습'에 대해 함께 이야기 나눠보세요.

5월 2주

함께 만들어가요, 행복한 우리 집

　어렸을 적 집안일은 당연히 엄마의 일이라고 생각하는 철없던 시절이 있었습니다. 그때 나는 학생이니 공부만 잘하면 된다는 안일한 생각을 하고 있었던 것이지요. 어른이 되어 가정을 꾸리고 나니 해도 해도 끝이 없고 매일 반복되는 집안일의 고단함이 이제는 이해됩니다. 새삼 엄마에 대한 고마움이 더 크게 느껴지는 요즘이네요.

　그렇다면 집안일은 과연 누구의 일일까요? 집안일은 가족 구성원 모두의 일입니다. 가족의 형태에 따라 맡은 역할에 차이는 있겠지만, 가족회의를 통해 집안일에 대한 논의를 거치고 역할을 분담하는 과정은 중요한 부분입니다. 이 과정이 없거나 소통이 원활하지 않을 때 집안일로 인해 얼굴을 붉히는 일이 생길 수 있습니다.

　여기 서로 미루고 쌓아둔 집안일로 갈등을 겪는 가족이 있습니다. 하지만 은혜를 갚기 위해 찾아온 달팽이의 도움으로 위기를 슬기롭게 극복하고 더욱 돈독해지는 가족을 만나보겠습니다.

이 주의 그림책 ①

집안일, 함께하면 한결 더 쉬워요
《어서 와요, 달평 씨》
(신민재 지음, 책읽는곰)

표지에 그려진 귀여운 달팽이 한 마리! 빨간 고무장갑을 낀 모습이 호기심을 자아냅니다. 알고 보니 화단에서 얼어 죽을 뻔한 달팽이 달평이를 우연히 지나가던 콩이가 구해주었네요. 그 덕분에 달팽이는 콩이네 집 우렁각시가 되어, 몰래 집안일을 도와주고 있습니다.

"어휴, 이걸 언제 다 치운대. 우리 집에도 우렁각시가 있으면 좋겠네."

푸념 섞인 엄마의 말 한마디가 뒤에 이어질 내용에 대한 힌트였을까요? 이런 답답한 엄마의 마음을 아는지 모르는지 집에 돌아온 콩이는 집안 곳곳에 자신의 흔적을 남겨놓습니다. 여러분 가정에도 콩이와 같이 내가 어딜 지나갔는지, 무엇을 먹었는지 흔적을 남겨놓는 가족 구성원이 있나요? 이 장면에서 무릎을 '탁' 치며 저마다 우리 집의 누군가를 떠올리는 분들이 있을 것입니다. 아이들과 함께 그림책《어서 와요, 달평 씨》를 읽으며 우리 집 모습과 어떤 점이 같고 다른지 이야기를 나누다 보면 정말 생생한 경험담을 들을 수 있습니다. 엄마의 목소리, 아빠의 목소리 그리고 억울함을 호소하는 아이들의 목소리까지 한 편의 생생한 드라마 한 장면을 볼 수 있는 절호의 기회입니다.

늘 난장판이었던 콩이네 집은 달평이의 도움으로 안정을 찾아갑니다. 이와 함께 달평이의 꾸준한 칭찬이 가족들의 태도를 긍정적으로 변화시킵니다. 아빠는 틈나는 대로 요리를 하고 엄마는 빠른 속도로 청소를 합니다. 그리고 콩이는 물건을 제자리에 두는 버릇이 생겼습니다. 모두 달팽이가 아낌없이 해준 칭찬 덕분입니다.

은혜를 갚기 위해 찾아온 달팽이는 콩이네 집안일을 도와주는 것보다 더 의미 있는 선물을 주고 갑니다. 첫 번째 선물은 오늘 할 일을 내일로 미루지 말자는 태도입니다. 두 번째는 구체적인 달팽이의 칭찬이 콩이네 가족을 변화시킨다는 사실입니다. 달팽이 덕분에 콩이네 가족은 행복한 가정을 만들기 위한 지혜를 배웠습니다.

《어서 와요, 달팽 씨》는 '집안일은 과연 누구의 일인가?'라는 생각할 거리를 던져주는 그림책입니다. 역할 분담에서 비롯된 갈등은 어느 집이든 겪을 수 있는 문제입니다. 매일 해야 하지만 수고스러움이 티 나지 않는 집안일. 가족 구성원 모두가 합리적인 역할 분담을 통해 맡은 일을 함께해나간다면 1년 365일 우리 집에 웃음꽃 피는 날이 더 많아지겠지요?

우리 가족 집안일 그래프 만들기

우리 가족 집안일 그래프 만들기는 집안일의 종류에 대해 알아보고, 각각의 집안일을 가족 구성원 중 누가 하는지 막대그래프로 만들면서 가정 내에서 역할 분담이 잘 이뤄지고 있는지 확인할 수 있는 활동입니다.

활동1 집안일의 종류 알아보기

모둠별로 집 안의 장소를 한 군데씩 정해주고, 각 장소에 따라 해야 하는 집안일을 적도록 합니다. 이때 장소에 따라 다른 색깔의 포스트잇을 나눠줍니다. 집안일 목록이 적힌 포스트잇은

칠판에 붙여 학급 전체가 함께 볼 수 있도록 합니다.

예시

- 1모둠: 거실, 2모둠: 화장실, 3모둠: 부엌, 4모둠: 현관, 5모둠: 베란다 등

활동2 **집안일 그래프 만들기**

1. 빈 그래프가 그려진 학습지를 나눠주고, 가로줄에는 가족 구성원의 이름을 적게 합니다.
2. 60칸짜리 라벨 스티커를 아이들에게 각각 나눠주고, 선생님이 불러주는 집안일을 빈 라벨지에 적게 합니다. 집안일이 적힌 라벨 스티커는 해당 집안일을 하는 가족 구성원 이름 위에 세로로 차곡차곡 붙입니다. 가령, 설거지를 엄마가 한다면 '설거지'라고 적은 라벨 스티커를 엄마 이름 위에 붙이는 방법입니다. 장보기를 아빠와 내가 함께 한다면 라벨 스티커에 '장보기'를 두 번 적고 아빠와 내 이름 위에 각각 붙이면 됩니다. 이렇게 집안일이 적힌 라벨지가 세로로 쌓이면 우리 집 집안일 막대그래프가 만들어집니다.
3. 완성된 막대그래프를 바탕으로 알 수 있는 사실을 정리해보고, 우리 가족은 역할 분담이 잘되고 있는지 평가해봅니다.

이 주의 그림책 ②

우리 가족만의 비밀 암호는?
《우리 가족 말 사전》
(김성은 글, 이명환 그림, 봄개울)

　우리 가족 사이에서만 통하는 암호 같은 말이 있을까요? 제 어린 시절을 떠올려보면 우리 집에서는 리모컨을 '모코니'라고 불렀고, 이름의 한 글자를 따서 가족끼리만 부르는 별명이 있었습니다. 이렇게 우리 가족만이 알고 있는 가족 말의 역사를 거슬러 가다 보면 그곳에는 가족만의 이야기가 담겨 있고 추억이 고스란히 담겨 있습니다.

　남들은 모르지만 우리끼리만 통하는 비밀 언어가 있기에 우리 가족만의 독특한 문화가 형성되고 끈끈한 가족애를 꽃피우게 됩니다. 이러한 가족 문화의 중심에 있는 우리 아이들은 가족의 역사가 만들어지는 생생한 현장 속에서 현재를 살아가고 있는 것이지요.

　아이들과 함께《우리 가족 말 사전》을 읽다 보면 한 장을 넘기기가 무섭게 저마다 가족 말을 소개하느라 열정이 가득합니다. 아이들이 가족의 구성원으로서 소속감을 느낄 수 있고, 우리 가족을 더욱 특별하게 만들어주는 가족 말을 본격적으로 수집해보는 것은 어떨까요? 이를 바탕으로 '우리 가족 말 사전'을 만들어 보는 것도 무척 의미가 있을 것입니다.

> 집안일
> 나눔

우리 가족 말 사전 만들기

우리 가족끼리 통하는 말들을 수집해 사전으로 만들어보는 활동입니다. 가만히 떠올려만 보아도 우리 가족의 소중한 추억 한 장면이 떠오르고 나도 모르게 미소를 머금게 되는 우리 가족 말은 무엇이 있을까요?

활동 1 '우리 가족 말' 보물 수집가

1. 우리 가족에게만 통하는 가족 말을 수집해봅니다. 단어, 문장 무엇이든 우리 가족에게 특별한 의미를 주는 말들은 모두 모아보세요.

> **예시**
> - 우리 할머니가 나를 부르는 말: 우리 강아지, 내 태명인 튼튼이
> - 우유가 먹고 싶을 때: 우냠한번더(우유 냠냠 한 번 더)

2. 가족 말을 어떤 상황이나 분위기에서 사용하는지 구체적인 상황을 묘사해봅니다. 대화의 한 장면으로 구상해도 좋고, 그림으로 표현해도 좋습니다.

활동 2 '우리 가족 말 사전' 만들기

구체적인 상황과 가족 말을 적절하게 조합해 한 장면을 만들어봅니다. 시중에서 판매하는 5~10쪽짜리 무지 공책에 우리 가족 말 사전을 채워나갑니다. A4 종이를 8등분해 미니북을 만들어 활용할 수도 있습니다.

5월 2주

활동 3 '우리 가족 말 사전' 전시회

아이들 각각의 '우리 가족 말 사전'이 완성됐다면, 작은 이젤에 올려놓고 학급 내에서 출판 전시회를 엽니다. 학급 아이들 모두가 돌아가면서 '우리 가족 말 사전'을 소개함과 동시에 친구들이 만든 가족 말 사전을 감상하는 시간을 갖습니다. 우리 가족의 특별함을 소개하는 동시에 다른 가족의 문화를 이해하고 다름을 인정하는 태도를 배울 수 있습니다. 더불어 우리 모두가 특별하고 소중한 존재임을 알게 되는 귀한 시간이 될 것입니다.

한 걸음 더

집안일을 함께해야 하는 이유를 알려주는 그림책

《돼지책》 (앤서니 브라운 지음, 허은미 옮김, 웅진주니어)
#집안일 #배려

이 그림책을 펼치기 전, 아이들과 먼저 표지에 주목해보세요. 엄마 등에 업힌 사람은 누굴까요? 엄마와 다른 가족들의 표정은 어떤가요? 표지를 살펴보면서 아이들과 충분히 이야기를 나눈 다음, 본문을 읽어보세요. 등장인물의 말과 행동, 표정을 주의 깊게 살펴본 뒤 아이들 스스로가 등장인물이 되어 역할극을 꾸며보는 활동도 좋습니다. 이런 활동은 피곳 부인의 마음을 이해하고 공감하는 데 많은 도움이 될 것입니다. 이와 함께 우리 가족의 모습을 되돌아보는 시간도 마련해주세요. 행복한 가족을 만들려면 나부터 노력해야 함을 다짐하는 계기가 될 것입니다.

《고양이 손을 빌려드립니다》
(김채완 글, 조원희 그림, 웅진주니어)
#가족과소통 #관심

우리는 매일 함께 생활하는 가족 구성원에게 얼마나 관심이 있을까요? 가까운 사이이기에 내가 어떤 행동을 하든 당연히 이해해주리라 생각합니다. 한편, 바쁘다는 핑계로 무관심해지기도 하지요. 그러다 어느 순간 정신을 차리고 보면 가까이에 있다고 여긴 가족이 멀어져 있곤 합니다. 그림책 《고양이 손을 빌려드립니다》에 나오는 남편 역시 바쁘다는 핑계로 매일 함께하는 부인에게 관심을 기울이지 못합니다. 그사이 집안일에 지친 부인은 조금씩 변해가지요. 이 사실을 깨달았을 때 남편이 알던 부인의 모습은 온데간데없습니다. 너무 멀리 와버린 것일까요? 읽는 동안 가족의 얼굴이 자연스레 떠오르는 그림책입니다. 오늘 하루, 매일 함께하는 우리 가족의 모습을 찬찬히 살펴보는 것은 어떨까요? 소중한 가족에게 가장 큰 선물은 애정과 관심임을 잊지 마세요.

5월 3주

생각보다 넓은 가족의 범위

평소에는 가족과 친척이 한데 모이기가 쉽지 않습니다. 가족의 경조사가 있거나 명절이 되어야 평소에 만나지 못했던 친척들이 모두 모여 담소를 나누고 맛있는 음식을 나누어 먹지요. 그마저도 요즘에는 이전과는 많이 달라진 모습으로 명절을 보내기도 합니다. 가족 간 정을 나누는 모습과 형태가 달라졌어도 서로의 안녕과 행복을 바라는 마음은 크게 다르지 않습니다.

가족과 친척이 함께 만날 일이 줄어들다 보니 아이들에게 나와 친척의 관계나 호칭이 생소하게 느껴질 수 있습니다. 자녀가 아버지의 사촌 여동생을 어떻게 불러야 하는지 물어본다면 어른들 역시 바로 대답하기 쉽지 않습니다. 《왕할머니는 100살》에서는 4대가 오순도순 함께 살아가는 별이네 가족이 나옵니다. 100살 생신을 맞이하는 왕할머니를 축하하기 위해 온 가족이 모였는데요. 별이네 가족을 통해 가족과 친척들의 호칭을 배워봅시다.

> 이 주의 그림책 ①

촌수와 호칭에 대해 알아보자
《왕할머니는 100살》

(이규희 글, 신민재 그림, 책읽는곰)

가계도 호칭

별이네 집에는 왕할머니의 100살 생신을 축하하기 위해 친척들이 모였습니다. 제각기 떨어져 살던 일가친척들이 한자리에 모두 모여 시끌벅적하네요. 별이네는 증조할머니부터 증손녀 별이까지 4대가 함께 삽니다. 증조할머니가 일가친척을 모이게 하는 구심점이 되기에 별이는 친척들과 만날 기회가 더욱 많습니다.

하지만 요즘엔 별이네와 같이 4대가 함께 사는 경우도, 일가친척이 함께 모이는 경우도 드물지요. 어렸을 땐 자주 왕래하던 사촌들이 결혼을 하고 새로운 가정을 꾸리게 되면 우리나라 법에 따른 친척의 범위는 확장되지만, 오히려 만날 기회는 줄어들기 때문입니다. 만날 기회가 적으니 서로의 호칭을 부를 기회도 적어지고, 정확한 호칭을 모르는 경우도 생깁니다.

함께 사는 가족뿐만 아니라 가족의 가족들도 보이지 않는 끈으로 연결되어 있습니다. 자주 만나기 힘든 가족이라도 기쁜 일이 생기면 함께 축하해주고 어려운 일은 도와주려고 하지요. 그러므로 가족은 그 자체만으로도 소중하답니다. 《왕할머니는 100살》을 읽고 별이네 가족 가계도를 그려보고 알맞은 호칭과 촌수를 알아봅시다. 이 활동을 통해 아이들은 나는 누구이고 가족과 친척이 어떻게 연결되어 있는지 알 수 있습니다

5월 3주

별이네 가족과 함께 촌수와 호칭을 배워요

 《왕할머니는 100살》을 읽고 난 뒤, 별이네 가족 가계도를 그려보고 가족과 친척의 호칭을 배우는 활동입니다. 별이네 가족을 통해 친척 간에 사용하는 호칭을 알아보고, 가족 사이의 촌수도 익혀보세요.

활동1 별이네 가족 가계도 그리기

《왕할머니는 100살》 그림책에 나오는 별이네 가족과 친척을 가계도로 그려봅니다. 가계도를 그리고 호칭을 배우면서 우리 가족과 친척을 부르는 알맞은 호칭을 익힐 수 있습니다.

1. 가정마다 가족 구성원이 다릅니다. 또 아이들이 직접 만나보지 못한 친척의 경우, 기억하지 못할 수도 있습니다. 4대 가족이 함께 사는 별이네 가족을 가계도로 그려보고 가족 구성원의 호칭을 배웁니다.

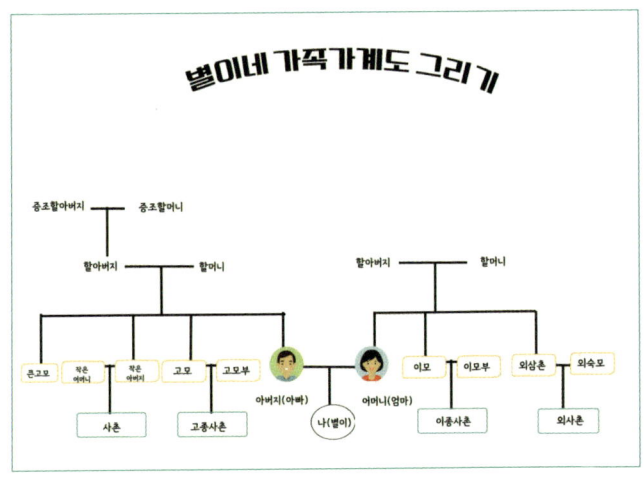

2. 별이네 가족 가계도에서 일부 호칭을 지우고 빈칸을 채워봅니다.

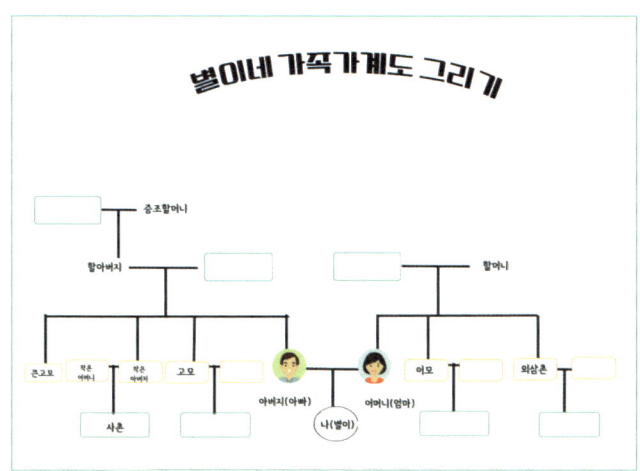

3. OX 퀴즈로 친척의 호칭을 정리해봅니다. (학급에 OX 교구가 있다면 이를 활용하고, 없으면 손으로 OX 모양을 만들어 퀴즈에 참여합니다.)

> 예시
>
> - 아버지의 여동생은 '고모'라고 부른다.
>   맞으면 O, 틀리면 X
>
> - 이모가 결혼하면 '고모부'가 생깁니다.
>   맞으면 O, 틀리면 X

활동 2 별이네 가족 가계도로 촌수 배우기

촌수는 가족과 친척 사이의 멀고 가까운 정도를 말합니다. [활동 1]에서 완성한 별이네 가족 가계도를 바탕으로 촌수를 알아봅니다. 부모와 자식 사이가 1촌이라는 것을 기억하고 출발합니다.

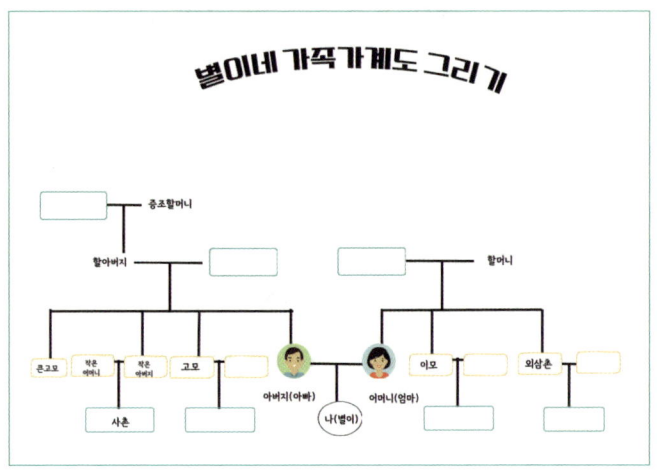

1. 부부는 0촌입니다. 따라서 별이 엄마와 아빠는 0촌입니다.
2. 부모와 자식은 1촌입니다. 따라서 별이와 아빠는 1촌, 별이와 엄마도 1촌입니다.
3. 별이와 아빠가 1촌, 아빠와 할아버지가 1촌, 할아버지와 고모가 1촌, 고모와 고종사촌이 1촌입니다. 촌수를 모두 더하니 별이와 고종사촌은 4촌이 됩니다.
4. 별이와 엄마가 1촌, 엄마와 할머니가 1촌, 할머니와 이모가 1촌이므로 별이와 이모는 3촌이 됩니다.

활동3 호칭과 촌수 메모리 게임

1. 두 종류의 카드를 만듭니다. 한 종류는 가족의 호칭 2개가 적힌 카드이고, 다른 종류는 숫자(촌수)가 적힌 카드입니다. 같은 크기와 색깔의 카드를 미리 준비해두고 아이들과 함께 호칭과 숫자를 적어보면서 카드를 만들어보세요.

가계도 호칭

아빠 엄마	아빠 나	엄마 나	할머니 나	할아버지 나	고모 나	이모 나	증조할머니 나
큰아버지 큰어머니	오빠 나	언니 나	아빠 큰아버지	엄마 이모	나 이종사촌	나 고종사촌	할머니 할아버지

0	1	2	3	4

2. 카드를 잘 섞은 뒤, 모든 카드를 뒤집어 펼쳐놓습니다.

3. 순서를 정하고 자기 차례에 2장의 카드를 선택하여 뒤집습니다.

4. 가족의 호칭 2개가 적힌 카드와 촌수가 적힌 카드가 딱 맞으면 카드를 가져갑니다. 틀리면 뒤집어서 원래 자리에 카드를 내려놓은 후 카드의 위치를 기억해둡니다.

> **예시**
> - 아빠와 나는 1촌입니다. '아빠와 나'라고 적힌 카드와 숫자 1(1촌을 의미)이 나오면 카드를 가져갑니다.

5. 카드를 많이 가져간 사람이 승리합니다.

이 주의 그림책 ②

알록달록 음식으로 익히는 명절 풍속
《전놀이》
(동글 글, 강은옥 그림, 소원나무)

　명절을 앞두고 우리 집 장바구니에는 신선한 채소, 과일, 고기로 가득합니다. 신선한 재료들로 만들어내는 음식에는 가족에 대한 사랑과 정성이 가득 담겨 있습니다. 이전과는 달리 집안 문화에 따라 명절을 보내는 방법이 다양해졌지만, 함께 모여 맛있는 음식을 나누어 먹고자 하는 마음만은 여전합니다.

　명절에 빠질 수 없는 음식 중 하나가 바로 전인데요. 노릇노릇 달걀옷을 입은 각종 전들이 풍기는 고소한 냄새를 떠올리니 입에 침이 고입니다. 명절 밥상 위에 알록달록 오색 빛깔을 뽐내는 전들이 달빛이 내려앉은 밤 신나게 놀이 한판을 벌인다고 합니다. 노릇노릇 전이 되기 전 음식 재료들이 어떻게 노는지 제대로 알려준다고 하는데요. 우리도 함께 놀이 현장으로 가볼까요?

　전이 되기 위해 깨끗하게 씻고 단장한 송이버섯, 파, 동그랑땡, 길쭉이 소고기부터 넓적이 소고기, 표고버섯, 애호박, 동태, 새우까지 모두 한자리에 모였습니다. 송이버섯의 씨름 한판 대결을 시작으로 높이뛰기, 미끄럼틀까지 어찌나 신나게 놀았는지 재료들은 놀기 전과 후의 모습이 완전히 바뀌었습니다.

　우리도 알록달록 빛깔 좋은 재료들로 맛있는 전을 만들어보면 어떨까요? 내 맘대로 전 만들 친구 여기 여기 붙어라!

우리도 전놀이 함께 즐겨요

달빛이 내려앉은 밤, 전들의 놀이가 시작됩니다. 신나게 놀았을 뿐인데 노릇노릇 맛있는 전으로 변신했네요. 우리도 교실에서 신나게 놀면서 명절 분위기를 제대로 느껴보기로 해요.

활동1 내 맘대로 꼬치★총사

꼬치에 꽂을 재료를 길게 잘라 다듬고, 꼬치에 재료들을 차례대로 끼워 넣으면 맛난 꼬치전이 완성됩니다. 알록달록 서로 다른 색깔의 재료들을 보기 좋게 끼워 넣고 달걀 물에 담근 후 노릇노릇 익히면 보기에도 좋고 먹기에도 좋은 음식이 완성됩니다. 아이들과 함께 색점토(클레이)로 꼬치에 끼울 음식 재료를 만들어보세요. 내가 좋아하는 음식 재료들로 만든 내 맘대로 꼬치★총사, 만들 준비가 되었나요?

1. 색점토(클레이)로 꼬치전에 끼울 음식 재료들을 만듭니다.
2. 꼬치전의 재료를 나무 꼬치에 순서대로 끼웁니다. (꼬치가 없으면 나무젓가락 또는 빨대로 대체할 수 있습니다.)
3. 내 맘대로 꼬치★총사가 만들어지면 프라이팬이 그려진 학습지에 올리고 전을 부치는 모습도 재연해봅니다.
4. 내 맘대로 꼬치전을 친구들에게 소개하고 교실에 전시하여 함께 감상합니다.

5월 3주

활동 2 전통 놀이 할 친구, 여기 여기 붙어라

명절을 앞두고 있다면 교실에서 아이들과 다양한 민속놀이를 즐겨보세요.

1. 교실 모서리에 4개의 민속놀이 체험 부스를 만들고, 4개의 그룹으로 나누어 민속놀이 체험을 합니다. (민속놀이 종류는 학급 상황에 맞게 추가, 변경이 가능합니다.)

① **나랑 팔씨름할 친구 여기 여기 붙어라**: 한 개의 손가락부터 다섯 개의 손가락을 모두 사용해 상대 친구와 팔씨름을 합니다. 이긴 경기 수만큼 0점에서 5점까지 점수를 획득할 수 있습니다.

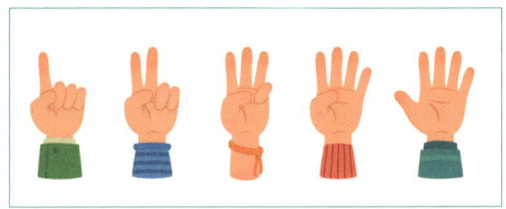

② **윷 나와라 모 나와라**(윷놀이): 윷판을 다 돌고 난 뒤 말이 도착하는 순서대로 점수를 획득합니다. (4명이 게임에 참여하면 가장 먼저 들어온 친구가 4점, 다음 친구는 3점 순으로 점수 획득)

③ **제기차기**: 제기를 땅에 떨어뜨리지 않고 찬만큼 점수를 획득합니다. (5번 찼으면 5점 획득)

④ **딱지치기**: 딱지를 접어서 딱지치기를 합니다. 상대의 딱지를 넘기면 1점을 획득합니다.

활동 3 전놀이 백일장

《전놀이》에 소개된 다양한 전들의 이름으로 ★행시를 지어봅니다. 그림책 속에서 소개된 전에는 '동그랑땡전, 육전, 새우전, 고추전, 표고버섯전, 애호박전, 동태전, 산적' 등이 있습니다.

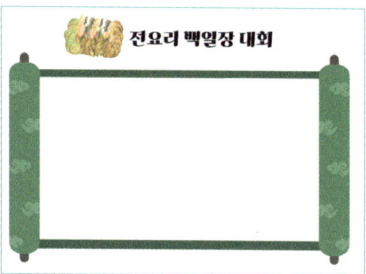

예시

| 새로운 반찬을 만들고 맛을 보았는데
우웩
전 맛있는디유? | **애**를 달래려고
호박전을 주고
박하사탕도 주고
전에 사둔 분유도 주었다. | **육**개장 라면은
전이랑 먹어야 한다. |

한 걸음 더

가족과 친척의 의미를 알려주는 그림책

《촌수 박사 달찬이》 (유타루 글, 송효정 그림, 비룡소)
#촌수 #호칭

오늘은 외삼촌이 결혼하는 날입니다. 외삼촌의 결혼식에는 평소에 자주 못 보는 친척들도 모두 모였습니다. 우리 가족은 네 명이지만, 우리 가족의 가족은 스무 명도 넘습니다. 달찬이는 결혼식에서 친척을 소개해주며 친척의 호칭과 친척 사이의 멀고 가까운 정도를 나타내는 촌수에 대해 알려줍니다. 촌수 박사 달찬이와 함께 그동안 몰랐던 호칭과 촌수에 대해 자세히 알아보세요.

《떡국의 마음》 (천미진 글, 강은옥 그림, 발견)
#명절음식에담긴의미 #설날음식에담긴마음

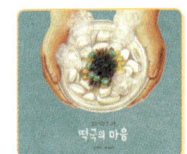

설은 우리나라의 대표적인 명절 중 하나로 새해 첫 아침을 맞이하는 명절입니다. 명절에는 그동안 만나지 못했던 가족, 친척들이 모여 맛있는 음식을 나눠 먹고 서로 덕담을 나눕니다. 그림책 《떡국의 마음》은 떡국 한 그릇에 담긴 설날의 덕담을 전합니다. 긴 가래떡을 뽑는 마음은 오래오래 탈 없이 건강하게 살기를 바라는 마음을 의미합니다. 새하얀 쌀떡을 끓이는 마음은 떡국 한 그릇을 먹는 가족의 앞날이 밝고 깨끗하기를 바라는 마음을 담았습니다. 새해 첫날 아침, 한 해의 건강과 안녕을 기원하는 인사말과 함께 나눠 먹는 떡국 한 그릇은 가족의 마음입니다. 아이들과 한 해를 마무리하고 새해를 맞이할 때, 떡국 한 그릇에 담긴 귀한 마음을 나누면서 서로의 복을 빌어보세요.

5월 4주
세상에는 다양한 형태의 가족이 있어요

아침 유치원 등원 버스를 기다리는 아이들을 살펴보면 엄마와 함께 있는 아이, 아빠와 함께 있는 아이, 조부모님과 함께 있는 아이 등 다양한 모습을 볼 수 있습니다. 교실에서 아이들과 이야기를 나누다 보면 부모님이 맞벌이를 하셔서 조부모님과 함께 살며 보살핌을 받는 아이, 부모님 그리고 형제자매와 함께 사는 아이, 한 명의 부모님과 함께 사는 아이, 부모님 중 한 분이 다른 국적을 가진 아이, 부모님 중 한 분의 회사가 멀어 주말부부로 사는 가정의 아이 등 다양한 형태로 가정을 이루며 살아가고 있음을 알 수 있습니다.

아이들에게는 내가 속해 있는 가정의 모습과 문화가 세상을 바라보는 기본 안경이 됩니다. 하지만 조금만 시선을 돌리면 우리 가족과는 다른 형태와 방식으로 가정을 이루고 행복을 만들어가는 다른 가족의 모습을 볼 수 있습니다. 나와 다름을 이해하고 존중하는 것은 다양한 사람들이 함께 사는 사회 안에서 중요한 가치 중 하나입니다. 다름을 이해하기 위해서는 다양한 가족의 모습을 살펴보는 것이 우선이겠지요.

이 주의 그림책 ②

다양한 가족의 형태를 배워요
《이웃집에는 어떤 가족이 살까?》
(유다정 글, 오윤화 그림, 위즈덤하우스)

　혼자가 외로운 길고양이 미오는 자신을 따뜻하게 안아주고 사랑을 나누며 함께 생활할 수 있는 가족을 찾으려 합니다. 미오와 함께 우리 주변에 사는 다양한 가족의 모습을 살펴보고 미오에게 사랑을 듬뿍 나누어줄 수 있는 가족을 찾아보기로 해요.

　미오가 만난 첫 번째 가족인 현지네는 부모님 모두 직업을 가지고 돈을 버는 맞벌이 가족입니다. 가족끼리 서로 도우며 집안일을 하고 부모님이 상황에 맞게 현지와 시간을 보내는 모습이 인상적입니다. 재민이네는 새로 만들어진 가족입니다. 재민이를 낳아준 친아빠가 돌아가셔서 엄마와 둘이 살다가 엄마가 두 번째 결혼을 해서 새아빠와 형이 생겼습니다. 재민이는 새아빠가 엄마를 도와주는 모습도, 숙제를 도와주는 형이 있는 것도 좋습니다.

　들이네는 식구가 무척 많은 대가족입니다. 할아버지, 할머니, 아빠, 엄마, 삼촌, 고모, 형, 동생까지 대가족이 함께 살다 보니 다른 사람을 배려하는 태도가 몸에 배었습니다. 부모님의 국적이 다른 소정이네 가족도 있고 엄마와 둘이서만 사는 종미네 가족도 만났습니다. 입양을 통해 새로운 부모님을 만난 진호네 가족도, 할머니와 둘이서만 사는 수미네 모습도 보입니다.

　사람마다 생김새가 다르고 좋아하는 것이 다르듯이 가족의 모습과 형태도 다릅니다. 미오는 다양한 가족의 모습을 살펴보면서 어떤 가족과 행복한 미래를

함께할지 고민합니다. 미오와 함께 다양한 이웃의 모습을 살펴본 아이들은 어떤 선택을 할지 궁금해집니다.

내가 만드는 가족의 의미

우리 주변에는 다양한 형태의 가족이 살고 있습니다. 다양한 이웃의 모습을 살펴보고, 우리 가족과 어떤 점이 같고 다른지 이해하고 존중하는 시간을 가져 보세요.

활동1 고양이 미오에게 새 가족 찾아주기

고양이 미오가 둘러본 다양한 가족의 모습을 살펴봅니다. 그리고 미오와 미래를 함께할 새 가족을 찾아주는 활동입니다.

1. 그림책 《이웃집에는 어떤 가족이 살까?》에는 서로 다른 모습의 일곱 가족이 나옵니다. 그림책에 나온 다양한 가족 중에서 미오와 미래를 함께할 새 가족을 찾아봅니다. 그리고 미오와 새 가족의 행복한 모습을 그림으로 그려봅니다.

> 예시
>
> ① 부모가 맞벌이하는 현지네 가족
> ② 새아빠가 생긴 재민이네 가족
> ③ 식구가 많은 들이네 가족
> ④ 부모의 국적이 다른 소정이네 가족
> ⑤ 엄마와 둘이 사는 종미네 가족
> ⑥ 새로운 부모를 만난 진호네 가족(입양 가족)
> ⑦ 할머니와 둘이 사는 수미네 가족

2. 미오가 함께할 새 가족의 모습과 이유를 소개해봅니다.

3. 아이들이 그리고 적은 학습지를 모아 한 권의 책으로 만들어줍니다. 학습지의 상단에 구멍을 뚫어 고리로 연결하거나 제본합니다. 다양한 가족의 모습이 담긴 한 권의 책이 만들어지면 학급 문고에 비치해두고 아이들이 살펴볼 수 있도록 합니다.

활동2 우리 반이 만드는 가족의 의미

아이들이 생각하는 가족의 의미를 적어보고 모아보는 활동입니다. 아이들의 생각을 모두 모아 살펴보다 보면 가족에 대한 다양한 정의를 만나게 됩니다. 이 활동을 통해 아이들은 가족에 대해 서로 다르게 의미를 부여할 수 있음을 알고, 우리 주변에는 다양한 형태의 가족이 있음을 배웁니다.

1. '가족은 ( )' 형식으로 아이들 각자 자신이 생각하는 가족의 의미를 단어로 적어봅니다.
   (포스트잇 또는 허니컴 보드에 적은 후 칠판에 게시합니다.)

> 예시
> - 가족은 사랑, 가족은 나눔, 가족은 함께, 가족은 공동운명체, 가족은 실, 가족은 다양해

2. 아이들이 적은 단어를 칠판에 붙이고 비슷한 단어는 하나로 합쳐봅니다.

3. 가족의 의미를 하나의 실에 꿰듯 모아서 우리 반이 만드는 가족의 정의를 만듭니다.

> 예시
> - 가족은 사랑, 나눔, 함께, 실, 나무, 공동운명체입니다.

4. OHP 필름 또는 A4 종이에 하나의 단어를 적고 멋지게 꾸며봅니다. (저학년의 경우, 선생님이 정한 단어를 인쇄하여 주고 꾸미게 할 수 있습니다.)

5. 함께 정한 가족의 정의를 교실 게시판에 게시합니다.

활동 3 내가 꿈꾸는 미래의 내 가족의 모습 상상해보기

아이들이 어른이 되어 새롭게 만들어가는 가족의 모습은 현재의 모습과 비슷할 수도 있고 다를 수도 있습니다. 다양한 가족의 모습에 대해 살펴보고 친구들과 함께 가족의 의미에 대해서도 이야기를 나누어보세요. 이를 바탕으로 아이들은 자신의 미래 모습을 상상해보고 어른이 된 자신이 어떤 형태와 모습으로 가족을 구성하고 있는지 상상하는 글을 써볼 수 있습니다.

이 주의 그림책 ②

우리 집엔 엄마가 두 명이에요
《할머니 엄마》
(이지은 지음, 웅진주니어)

　엄마가 회사에 출근하는 아침마다 우는 지은이를 달래느라 할머니는 진땀이 납니다. 오늘도 우는 지은이의 마음을 달래기 위해 할머니는 지은이와 함께 칼국수를 만들기로 해요. 지은이는 칼국수 반죽을 조물조물하더니 엄마, 아빠, 할머니, 지은이, 반려묘까지 뚝딱 만들어냅니다. 할머니와 지은이가 만든 칼국수 안에는 온 가족이 다 들어 있네요.

　9월 28일 수요일, 이날은 학교에서 가족운동회가 열리는 날입니다. 달력을 보니 평일이네요. 지은이의 부모님은 모두 맞벌이를 하시므로 평일에 열리는 운동회에 참석하기는 어려워 보입니다. 속상해하는 지은이를 달래줄 사람은 역시 할머니밖에 없습니다. 손녀를 향한 할머니의 따뜻한 마음이 상 위에 놓인 알록달록 정성 가득한 도시락에 담겨 있네요. 할머니와 함께 참석한 가족운동회. 지은이는 결과가 만족스럽지 않습니다. 달리기에서 할머니가 넘어지셨거든요. 시무룩한 지은이의 마음은 할머니와 함께 먹는 고로케로 사르르 풀리게 됩니다.

　손녀를 위해 무엇이든 도전하는 당찬 할머니의 모습, 지은이의 마음을 누구보다 잘 알고 마음을 어루만져주는 할머니의 모습이 뭉클하고도 눈시울을 붉어지게 만듭니다. 그림책 《할머니 엄마》는 할머니와 지은이의 환상적인 케미가 돋보이는 작품입니다. 이와 함께 할머니가 만든 정성스러운 음식을 통해 나타난 자식 사랑 그리고 손녀 사랑이 따뜻하고도 유쾌하게 표현되었습니다.

가족의 의미

지은이와 할머니의 환상적인 짝꿍

《할머니 엄마》는 지은이 부모님이 회사에서 일하는 동안 지은이의 모든 것을 챙겨주시는 할머니와 손녀 지은이의 환상적인 궁합이 돋보이는 작품입니다. 지은이와 할머니가 만들어가는 따뜻한 이야기를 교실에서 재연해보는 수업 활동을 소개합니다.

활동1 할머니와 지은이의 대화 낭독하기

《할머니 엄마》는 장면마다 지은이의 마음을 그대로 표현해주는 지은이의 말과 행동, 그러한 손녀의 마음을 잘 어루만져주는 할머니의 말과 행동이 돋보입니다. 지은이와 할머니의 대화를 낭독극으로 발표해보는 활동을 통해 아이들은 그림책 속 내용에 더 몰입하게 됩니다.

1. 짝과 함께 각각 지은이와 할머니 역할을 맡아 대사를 말로 실감 나게 표현해봅니다.
2. 전체 활동으로 친구들 앞에서 할머니와 지은이의 대화를 실감 나게 낭독해봅니다.

활동2 지은이네 저녁 밥상 종이 스퀴시 만들기

할머니와 지은이가 온종일 함께 시간을 보내는 동안 지은이 부모님은 회사에서 일하십니다. 가족운동회를 마치고 돌아오는 길에 할머니는 아빠, 엄마, 지은이가 좋아하는 음식들로 장을 봐 오시는데요. 가족에 대한 할머니의 사랑이 따뜻한 저녁 밥상에 고스란히 담겨 있습니다. 《할머니 엄마》를 읽고 지은이네 저녁 밥상을 종이 스퀴시로 만들어 멋진 저녁 한 끼를 차려보는 활동입니다.

1. 갓 지은 밥, 고등어구이, 콩나물 무침, 달걀 프라이, 달걀찜, 수저를 그리고 색칠합니다. (지은이네 저녁 밥상에 올라간 메뉴 외에 추가로 만들고 싶은 음식이 있으면 자유롭게 만들어 멋진 밥상을 완성하도록 해주세요.)

2. 음식 모양을 가위로 오릴 때, 음식 그림에 종이 한 장을 덧대어 앞면과 같은 크기의 뒷면용 모양을 1개씩 더 오리도록 안내합니다.

3. 음식 모양 앞뒤를 테이프로 붙이고 약간의 틈을 남겨두어 그 안에 솜 또는 휴지를 조금 넣습니다. 입체로 형태가 만들어지면 남겨둔 틈을 테이프로 붙여 완성합니다.

(스퀴시 예시)

활동 3 **할머니와의 추억 그림일기로 그리기**

《할머니 엄마》 마지막 부분에는 지은이가 할머니와 있었던 일을 그림일기로 표현한 내용이 나옵니다. 할머니와 나만의 비밀 이야기, 할머니와 함께한 추억을 떠올려보고 그림일기로 표현해보는 활동을 추천합니다.

한 걸음 더

다양한 가족의 형태를 알려주는 그림책

《아빠를 찾아요》
(장수경 지음, 뜨인돌어린이)
#다문화가족 #다양성

삼각형의 귀, 짧은 털을 가진 개들이 사는 셰퍼드 나라에 오신 걸 환영합니다. 그 사이에서 흰색의 복슬복슬한 털을 가진 푸들 길리와 엄마, 동글동글한 점이 가득한 달마시안 길리의 아빠는 어디서든 눈에 잘 띄네요.

눈치챘나요? 길리의 가족은 서로 다른 국적과 겉모습을 가진 다문화가족입니다. 《아빠를 찾아요》는 길리가 아빠의 고향에서 아빠를 잃어버리고 다시 찾게 되는 과정을 그리고 있습니다. 그 과정에서 길리에게 서슴없이 다가와 도움을 주는 다양한 친구들을 만나게 되는데요. 그림책을 읽고 다문화가족의 모습 그리고 나와 다름을 존중하는 태도에 대해 이야기 나누어보시길 추천합니다.

《엄마》 (김미희 지음, 빨간콩)
#재혼가정 #새엄마

《엄마》는 3년 전 새엄마와 한 가족이 된 태욱이의 이야기입니다. 새엄마는 한결같은 말과 태도로 적당한 거리를 유지하며 태욱이가 변화된 상황을 자연스럽게 받아들이고 적응하기를 기다려줍니다. 아이의 입장에서는 부모님의 재혼으로 갑자기 변화된 상황을 받아들이기가 쉽지 않지요. 《엄마》는 그런 아이의 마음을 솔직한 시선으로 표현하고, 아이의 마음이 변화되는 과정을 담담하게 그려냅니다. 우리 주변에는 겉으로 드러나지는 않지만, 재혼으로 인해 새롭게 탄생하는 가족이 많습니다. 그러한 재혼 가정의 모습과 새로운 부모가 생긴 아이의 솔직한 마음을 《엄마》를 통해 만나보세요.

교육과정과 이렇게 연계해요

6월 1주 이웃과 더불어 살아가는 법
[2바01-03] 가족이나 주변 사람을 배려하며 관계를 맺는다.
[2바03-03] 여러 인물의 삶을 통해 공동체성을 기른다.
[2슬01-03] 가족이나 주변 사람에게 관심을 갖고 함께 살아가는 모습을 탐구한다.
[2슬02-01] 우리가 살고 있는 마을과 사람들이 생활하는 모습을 살펴본다.
[2슬03-01] 하루의 변화와 사람들이 하루를 살아가는 모습을 탐색한다.

6월 2주 우리 동네, 눈을 크게 뜨고 둘러봐요
[2바03-03] 여러 인물의 삶을 통해 공동체성을 기른다.
[2슬01-03] 가족이나 주변 사람에게 관심을 갖고 함께 살아가는 모습을 탐구한다.
[2슬02-01] 우리가 살고 있는 마을과 사람들이 생활하는 모습을 살펴본다.
[4사01-01] 우리 마을 또는 고장의 모습을 자유롭게 그려 보고, 서로 비교하여 공통점과 차이점을 찾아 고장에 대한 서로 다른 장소감을 탐색한다.
[6도02-03] 봉사의 의미와 중요성을 알고, 주변 사람의 처지를 공감하여 도와주려는 실천 의지를 기른다.

6월 3주 나는야, 우리 지역 전문가!
[2슬02-01] 우리가 살고 있는 마을과 사람들이 생활하는 모습을 살펴본다.
[2슬04-02] 상상한 것을 다양한 매체와 재료로 구현한다.
[4사03-02] 고장 사람들의 생활과 밀접하게 관련이 있는 지역의 다양한 중심지(행정, 교통, 상업, 산업, 관광 등)를 조사하고, 각 중심지의 위치, 기능, 경관의 특성을 탐색한다.
[4사03-03] 우리 지역을 대표하는 유·무형의 문화유산을 알아보고, 지역의 문화유산을 소중히 여기는 태도를 갖는다.
[4사03-04] 우리 지역과 관련된 역사적 인물의 삶을 알아보고, 지역의 역사에 대해 자부심을 갖는다.

6월 4주 자랑스러운 대한민국을 소개합니다
[2바02-02] 우리나라의 소중함을 알고 사랑하는 마음을 기른다.
[2슬02-02] 우리나라의 모습이나 문화를 조사한다.
[2즐02-02] 우리나라의 문화 예술을 즐긴다.
[4도03-03] 남북 분단 과정과 민족의 아픔을 통해 통일의 필요성을 알고, 통일에 대한 관심과 통일 의지를 기른다.
[6사04-06] 6·25 전쟁의 원인과 과정을 이해하고, 그 피해상과 영향을 탐구한다.

6월

공동체 지역 탐구

6월 1주
이웃과 더불어 살아가는 법

'갠플', '혼밥족', '프로불참러' 등과 같은 단어들을 한 번쯤 들어보신 적 있으실 거예요. 이들은 이제 더 이상 낯선 신조어가 아닌, 주변에서 익숙하게 들을 수 있는 단어입니다. 공동체에 속한 나보다 개인으로서의 내 인생을 잘 사는 것을 더 중요하다고 여기는, 그야말로 각자도생의 사회가 되었기 때문이지요. 그렇다면 우리는 공동체 없이도 잘 살 수 있는 존재들일까요?

한창 코로나 19가 확산되던 시기에 연일 발표되던 확진자 수만큼이나 많이 들리던 단어가 있습니다. 바로 '코로나 블루'입니다. 코로나 블루란 '코로나 19'와 우울감을 뜻하는 영어 단어 '블루'가 합쳐진 말로 환경에 큰 변화가 닥치면서 생긴 우울감이나 무기력증을 의미합니다. 감염 위험에 대한 우려뿐만 아니라 사회적 거리두기와 격리라는 유례없는 단절의 상황 속에서 사람들은 극심한 스트레스를 겪게 된 것이지요. 그리고 이 우울증은 혼자 사는 1인 가구와 독거노인층에서 훨씬 많이 나타났다고 합니다. 인간은 관계를 맺고 소통하는 일상 속에서 무의식적으로 삶의 가치를 발견하기 때문입니다.

이웃 인식

공동체 속에서 살아가는 법을 가르치는 교육이 중요한 만큼 '2022 개정 교육과정'에서도 필수 역량 중 하나로 공동체 역량을 명시하고 있습니다. 공동체 역량은 지역, 국가, 세계 공동체의 구성원에게 요구되는 개방적이고 포용적 가치와 태도로 지속 가능한 인류 공동체 발전에 적극적이고 책임감 있게 참여하는 능력을 의미합니다. 공동체의 가치가 점점 빛을 잃어가고 있는 오늘날, 아이들에게 우리가 더불어 살아가는 존재임을 느끼게 해주세요. 이번 장에서는 이웃, 동네, 지역, 우리나라로 확장되는 공동체 속에서 '나'와 '우리'를 만나볼 수 있는 그림책과 활동들을 소개합니다.

이 주의 그림책 ①

우리는 서로에게 영향을 주는 사이
《어제저녁》
(백희나 지음, 스토리보울)

"6시 정각, 503호 얼룩말은 외출 준비를 하고 있었다." 크리스마스를 앞둔 어느 겨울 저녁, 보는 것만으로도 마음이 따뜻해지는 이웃들의 이야기가 여기 있습니다. 그림책 《어제저녁》에는 다양한 등장인물들이 등장하는데요. 이들은 모두 우리 일상에서 흔히 만날 수 있는 이웃들의 모습을 하고 있어서 그림책을 읽으며 공감하는 재미가 있습니다. 마트에서 장을 본 걸까요? 버터와 울샴푸, 크리스마스 우표를 잔뜩 사들고 돌아오는 헝클어진 털의 202호 양 아줌마와 감기로 축 처진 몸을 이끌고 늦은 퇴근을 하는 304호 아빠 흰토끼도 있습니다. 아이들이 모두 잠들고서야 집에 돌아와 감기약을 먹는 아빠 토끼의 모습은 안쓰럽기까지 합니다.

이렇게 우리의 일상과 꼭 닮아 있는 이웃들은 자신도 모르는 사이 끊임없이 서로 영향을 주고받습니다. 이 책의 중요한 소재인 '양말 한 짝'이 바로 그 역할을 하는데요. 402호에 사는 개 부부가 빨랫줄에 널어놓은 양말이 우연히 떨어지면서 양 아줌마의 양털 속에 들어갔다가 생쥐 부인의 크리스마스 장식이 되기도 하지요. 그림책 《어제저녁》을 읽다 보면 별것 아닌 양말 한 짝으로도 우리가 이웃들과 얼마나 긴밀하게 연결되어 있는지를 느낄 수 있습니다.

이 그림책의 또 다른 매력은 우연찮은 사건의 동시성과 현재성이 두드러지게 표현되어 있다는 것입니다. 겹겹이 접힌 책장을 펼쳐보면 이유를 아실 거예요. 바로 모든 페이지들이 하나로 연결되어 접혀 있는 아코디언 북 형식을 취하고 있거든요. 우리들의 모습을 닮은 정겨운 인물들과 기막힌 소재, 거기에 특별한 형식까지 보태진 그림책《어제저녁》을 통해 이웃과의 끈끈한 연결고리를 느껴보세요.

이웃 인식

즉흥 릴레이 이야기 & 《어제저녁》 외전 만들기

나를 둘러싸고 있는 이웃들의 모습을 마음껏 상상해보는 시간을 통해 이웃에 대한 관심과 애정을 가질 수 있습니다. 상상한 이웃들의 일상을 즉흥적으로 표현하는 활동과 그림책《어제저녁》에 등장하지 않은 동물 이웃들의 이야기를 아코디언 북으로 만드는 활동을 소개합니다.

활동1 '우리 이웃들의 다양한 일상' 즉흥 릴레이 이야기 만들기

교실에 의자를 둥그렇게 둘러놓고 앉은 뒤 활동을 시작합니다. 선생님은 주변에서 쉽게 볼 수 있는 것들로 제시어를 보여줍니다. 아이들은 그 제시어를 중심 소재로 삼아 '우리 이웃들의 다양한 일상'을 주제로 즉흥 릴레이 이야기를 만듭니다. 이야기가 떠오르는 학생은 대형 중앙으로 나와 이야기를 말과 몸짓으로 실감 나게 표현하며, 끝난 후에는 자리로 돌아가 의자 아래 바닥에 앉습니다.

> **예시**
>
> 제시어가 '치킨'인 경우
> - 학생 1: (교실 한가운데로 나와 몸짓을 하며) 703호는 치킨을 튀기고 있어.

6월 1주

그다음으로 이야기가 떠오른 친구는 대형 중앙으로 나와서 역시 중심 소재를 활용한 이야기를 표현하고 자리로 돌아갑니다. 이때 그림책 《어제저녁》에 나왔던 것처럼 아이들이 각자의 집 호수 또는 가상의 주소를 이야기하며 나오도록 하면 재밌습니다.

> **예시**
> - 학생 2: 그때, 504호는 튀겨진 치킨을 포장해 집으로 돌아가고 있었어.
> - 학생 3: 그때, 102호는 치킨 닭다리를 뜯고 있었어.
> - 학생 4: 그때, 우리 집은 다 먹은 치킨 쓰레기를 모아 버리러 가고 있었어.

발표를 마친 친구들은 바닥에, 아직 발표하지 않은 친구들은 의자 위에 앉아 있습니다. 더 이상 이야기를 표현할 학생이 없다면 다음 제시어로 넘어가고, 남은 학생들이 또 다른 이야기 만들기를 시작합니다. 나와 비슷한 듯하면서 다른 이웃들의 일상 이야기를 표현하며 이웃 간의 거리감은 좁히고, 호기심은 키울 수 있습니다.

> **예시**
> (치킨 이야기를 더 이상 발표할 친구가 없다면 다음 제시어인 '스마트폰'으로 넘어간다.
> - 학생 5: 206호는 스마트폰을 어디에 뒀는지 몰라 찾고 있었어.

활동2 《어제저녁》 외전 만들기

그림책 《어제저녁》에 등장하는 양 아줌마, 아빠 토끼 외에 등장하지 않은 가상의 동물 이웃과 그들의 이야기를 창작해 아코디언 북을 만들어보는 활동입니다. 어떤 동물 이웃을 그릴지에 따라 그들의 집도 각기 다르게 그려볼 수 있지요. 실제로 그림책에는 아쉽게 실리지 않았지만 작가의 제작 과정에서 참새, 뱀, 두더지 이웃들의 집도 존재했었는데요. 참새의 특성에 꼭 맞게 천장이 높고, 위아래로 창문 구멍이 뚫린 집이었지요. 이렇게 동물 이웃의 성격과 특성에 따른 집을 그리고, 몇 호에 살고 있는지, 어떤 성격의 소유자인지를 구체적으로 설정해보는 과정은 무척 재미있습니다.

그 다음으로 내가 만든 이웃은 '양말 한 짝'을 가지고 무엇을 했을지 상상의 이야기를 지어 그림책 속 한 장면을 그려봅니다. 마지막으로 아이들이 각자 만든 이웃들의 이야기를 모두 모아 가로로 이어지도록 붙이고, 아코디언 책 형식으로 접어주면 《어제저녁》 외전이 완성됩니다.

예시

- 내가 만든 동물 이웃: 다람쥐 가족
- 이웃집 주소: 305호
- 이웃 특징: 나무 향을 좋아해서 집의 벽과 바닥을 모두 나무판자로 도배했다. 막내인 아기 다람쥐는 먹는 것을 좋아하고, 장난이 많아서 엄마 다람쥐에게 꾸지람을 들을 때가 많다. 도토리를 많이 먹어 볼이 오동통하다.
- 내가 만든 이야기: 305호 아기 다람쥐는 엄마 몰래 숨겨온 도토리 한 움큼을 양말 한 짝에 슬그머니 넣어두었다.

이 주의 그림책 ②

무심코 스치던 이웃에게 다정한 시선을 건네면
《단골손님 관찰기》
(강영지 지음, 웅진주니어)

　다양한 이웃들을 가장 많이 만날 수 있는 장소는 어디일까요? 누구나 하루에 한 번쯤은 들리는 그 장소, 바로 편의점입니다. 그림책《단골손님 관찰기》에는 편의점을 운영하는 토끼 점장님이 만나는 이웃들의 모습과 그들에 대한 관찰 기록이 빼곡히 담겨 있습니다. 아침에 가장 먼저 만나는 고양이 손님과 매일 출근길마다 온갖 종류의 젤리를 사가는 세탁소 아저씨, 심지어 사계절 내내 다른 알로하 셔츠를 입는 하와이 식당 주인까지 알고 있어요. 토끼 점장님은 정말 놀라울 정도로 세심한 눈길의 소유자입니다.

　단지 그 가게를 많이 방문했다고 해서 '단골손님'이라고 부르기는 어렵습니다. 단골이 되기 위해서는 먼저 존재감이 인식되어야 하거든요. 결제 카드를 주고받는 손에서 시선을 들어 올려 얼굴을 보고, '아침에 자주 오는 손님'이라는 가벼운 알아차림에서부터 시시콜콜한 수다를 떨 수 있는 관계까지의 범위에 있는 사람이 진짜 단골손님이 아닐까요? 미국의 한 도미노 피자 매장에서는 매일같이 피자를 시키던 단골 고객이 11일째 주문을 하지 않자 걱정이 되었던 직원이 집에 찾아갔다가 의식을 잃고 쓰러져 있는 고객을 발견한 사례도 있습니다. 덕분에 뇌졸중을 앓고 있던 그 고객은 목숨을 구할 수 있었다고 합니다. 단골손님에 대한 관심이 생명을 살리는 일까지 이어지다니 대단하지요!

　내 주변의 이웃을 그저 스쳐 지나가는 사람이 아닌, 단골을 바라보듯 인식한다면 나의 세계는 보다 더 재밌고 풍성한 곳으로 변할 거예요. 그 안에는 얼마나 다양한 사람들의 이야기와 삶이 있을까요?

단골 가게 관찰 도감

그림책《단골손님 관찰기》의 토끼 점장님이 단골손님들을 관찰했다면, 거꾸로 내가 좋아하는 '단골 가게'를 관찰해보는 활동을 해보면 어떨까요? 이 활동을 통해 아이들이 요즘 무엇에 관심이 있고, 어디를 주로 가는지에 대해서도 이야기를 나누며 서로 보다 가까워지는 시간을 가질 수 있습니다.

활동1 나의 단골 가게 소개하기

내가 자주 가는 단골 가게를 떠올리고 이야기를 나눕니다. 이때 꼭 물건을 파는 가게뿐만 아니라 미용실, 헬스장, 키즈 카페 등 서비스를 제공하는 공간도 단골 가게가 될 수 있음을 아이들에게 알려주세요.

활동2 단골 가게 관찰 도감 그리기

아이들에게 며칠 동안 시간을 주고, 단골 가게 중 한 곳을 정해 일상생활을 하는 가운데 그곳을 자세히 관찰하도록 합니다. 관찰 내용은 틈틈이 메모도 해놓습니다. 이후 교실에서 관찰한 내용을 바탕으로 '단골 가게 관찰 도감'을 그려봅니다. 먼저 가게의 대략적인 내부 구조를 기억해 그린 다음, 평소 지켜본 가게의 디테일한 모습과 그 공간 안의 인물들도 보태어 그려 넣습니다. 가령, 편의점 계산대 옆에 있는 곰돌이 인형, 박스에서 새 상품들을 꺼내고 있는 택배 기사님의 모습들을 그려 넣는 것이지요. 가상의 손님들의 이야기를 지어내어도 좋습니다. 장난감 매대 앞에서 옥신각신하고 있는 엄마와 아이의 모습처럼요. 마지막으로 그림 옆에 구체적인 설명까지 적어서 도감을 완성합니다. 무엇을 관찰해야 할지 모르겠다는 아이들에게는 다음의 예시 내용을 알려주면 좋습니다.

> **예시**
> - 사장님의 옷차림이나 말투
> - 가게에서 주로 파는 메뉴
> - 가게에서 흘러나오는 음악
> - 가게 의자에 앉아 있는 손님들의 대화 내용 등

활동3 친구들의 작품 감상하기

친구들의 단골 가게 관찰 도감을 감상합니다. 이때 처음에는 어떤 곳인지 공개하지 않고, 아이들이 직접 맞춰보도록 하면 더욱 재미있습니다. 정답을 맞힌 후에는 같은 곳에서 다른 친구들은 어떤 색다른 경험을 가지고 있는지도 공유해봅니다. 각 공간에서 이웃 간에 지켜야할 예절까지 함께 나눠보면 더욱 좋겠지요.

> 한 걸음 더

이웃 인식

내 이웃에 대한 관심을 환기시키는 그림책

《옆집엔 누가 살까?》
(카샤 데니세비치 지음, 이종원 옮김, 행복한그림책)
#이웃관심 #호기심

새로 생긴 내 방, 새로 외운 우리 집 주소… 이사 온 첫날 온 세상은 낯설고 궁금한 것들로 가득합니다. 옆집에는 누가 살까요? 그들도 잠자리에 들 준비를 하고 있을까요? 나를 빙 둘러싼 이웃들에 대한 궁금증은 어느새 머릿속을 꽉 채우고, 이내 신나는 상상의 나래가 펼쳐집니다. 그렇게 긴긴밤을 보낸 다음 날, 아이는 책가방을 챙기며 비장한 다짐을 합니다. '그래, 오늘 알아봐야지!'

그림책 《옆집엔 누가 살까?》를 읽고 난 뒤 내 주변의 이웃과 그들에 대해 알고 싶은 내용들을 떠올려봅니다. 그리고 수업 밖 일상 속에서 틈틈이 그들과 소통하며 가까워지는 시간을 갖도록 확장해도 좋습니다.

《밤의 소리를 들어 봐》
(에밀리 랜드 지음, 안지원 옮김, 봄의정원)
#이웃일상 #감사

딸깍 불이 꺼지고 모두들 잠자리에 든 시간, 밤의 소리에 귀를 기울여본 적이 있나요? 길었던 하루가 끝난 줄로만 알았던 그때, 텅 빈 사무실을 혼자 걸레질하는 청소원의 콧노래 소리와 위급한 경찰차의 사이렌 소리가 들립니다. 그림책 《밤의 소리를 들어 봐》는 다양한 소리 표현들이 등장하는 책입니다. 여러 밤의 소리들을 만나보며 이웃에 대한 감사를 느낄 수 있지요. 새벽에 들리는 '부르르릉'은 어떤 소리일까요? 바로 음식을 배달해주는 오토바이 소리입니다. 이렇게 아이들과 소리를 듣고 장면 맞히기 활동을 진행해봐도 재미있는 시간이 될 거예요.

6월 2주

우리 동네,
눈을 크게 뜨고 둘러봐요

  내 이웃들을 살펴봤다면 이제는 나를 둘러싸고 있는 우리 동네를 살펴볼 차례입니다. 누군가 고향에 관해 물어봤을 때, 가장 먼저 어떤 이미지가 떠오르나요? 대부분은 어릴 때 살던 동네의 모습을 떠올릴 것이라고 생각합니다. 매일 학교를 오가던 정겨운 등굣길, 그때 그 시절 불량 식품을 사 먹는 즐거움이 가득했던 문방구, 엄마와 장을 보러 가던 시장이나 마트 등 '동네'라는 단어는 듣기만 해도 기억의 향수를 불러일으키지요. 그런데 막상 동네에 살고 있을 때에는 그 시공간이 주는 소중함을 잘 느끼지 못하곤 합니다. 뭐든지 익숙함이라는 필터를 끼고 보면 본래의 빛을 알아차리기 힘든 법이니까요.

  아이들의 소중한 어린 시절, 잠시 익숙함에서 벗어나 우리 동네를 찬찬히, 또 선명하게 바라볼 수 있는 기회를 만들어주세요. 그것만으로도 앞으로 살아가면서 힘들 때마다 언제든 꺼내볼 수 있는 보석 같은 장면이 탄생할 테니까요. 이번 장에서는 우리 동네의 모습과 동네 사람들이 하는 일을 살펴볼 수 있는 그림책들을 소개합니다.

이 주의 그림책 ①

우리 동네

나만의 관점으로 우리 동네 발견하기
《나만 아는 우리 동네》
(소영 글, 최지은 그림, 키즈엠)

　어느 봄날, 아이들에게 '이번 주에 내가 느낀 봄의 모습'으로 주제 일기 숙제를 낸 적이 있습니다. 대부분의 아이들이 가족과 함께 봄꽃으로 유명한 여행지에 다녀온 기록을 적었는데요. 그중 한 친구의 일기가 사뭇 달랐습니다. 우리 동네에 본인만 아는 꽃이 가장 예쁜 장소가 있다면서 그 장소로 가는 방법과 볼 수 있는 꽃들까지 어찌나 자세하게 썼는지 저도 '이런 곳이 있었어?'라는 생각이 들었지요. 거기에다 옆에 깨알처럼 작은 글씨로 '선생님께만 알려드리니 꼭 가보세요.'라는 사랑스러운 말까지 적혀 있어 절로 미소가 지어졌습니다. 물론 모두가 좋다고 손꼽는 명소들도 좋지요. 하지만 이 친구는 지금 내가 살고 있는, 나의 동네를 색다르게 바라본 것입니다.

　그림책 《나만 아는 우리 동네》에도 반짝이는 눈으로 우리 동네를 바라보는 인물들이 등장합니다. 책의 첫 부분은 지운이라는 아이가 '나만 아는 우리 동네'를 그려오라는 숙제가 적힌 수첩을 떨어뜨리며 시작됩니다. 비어 있던 그 수첩은 여러 사람의 손을 거치면서 어느새 빼곡한 시선의 기록물로 바뀌게 되지요. 여기서 눈여겨볼 점은 같은 동네의 이웃들이 저마다 다른 시선으로 동네를 바라보고 있다는 점입니다. 옥탑방에 사는 청년은 평상에 앉아 내려다보이는 동네의 풍경을, 어린이는 동네 친한 친구들끼리만 알고 있는 비밀 놀이터를 그렸거든요. 다시 수첩을 되찾은 지운이는 여태까지 전혀 몰랐던 동네의 모습들을 깜짝 선물로 받은 기분이겠지요?

우리 동네 탐험 지도 만들기

우리 동네에서 아이들이 각자 좋아하는 나만의 장소를 소개하고, 탐험 지도를 만들어보는 활동입니다. 이후에 친구들이 소개한 장소를 직접 탐험해보는 활동까지 이어진다면 내가 사는 동네를 애정을 가지고 요목조목 뜯어볼 수 있는 능력을 갖게 될 것입니다.

활동1 우리 동네의 나만의 장소 소개하기

내가 자주 가는 장소 또는 좋았던 기억이 담긴 우리 동네 장소를 발표하고, 포스트잇에 그 장소에 대한 간단한 소개(그곳의 모습, 좋아하는 이유 등)를 적습니다. 이때, 반드시 '○○마트'처럼 특정 이름이 있어야만 하는 것이 아님을 알려주세요. '어떤 건물 사이의 골목길', '육교 아래'와 같이 장소의 위치만 이야기해도 괜찮습니다.

> 예시
>
> - 제가 다니는 영어 학원 옆 골목길을 소개합니다. 이곳은 맛있는 떡볶이와 간식 등을 많이 팔기 때문에 제가 가장 좋아하는 장소입니다.
>
> - 저는 ○○아파트 놀이터를 소개합니다. 저는 여기에서 술래잡기를 자주 하는데, 그 시간이 가장 즐겁습니다.

우리 동네

활동 2 우리 반 동네 탐험 지도 만들기

우리 동네가 나온 지도를 큰 사이즈의 용지에 출력합니다. 그리고 앞선 활동에서 아이들이 포스트잇에 적은 나만의 장소를 지도의 해당 위치에 붙이고, 전체적인 우리 동네의 모습을 함께 살펴볼 수 있도록 합니다.

활동 3 우리 동네 탐험하기

이번에는 우리 동네 지도를 작게 개별 출력해 아이들에게 나눠줍니다. 지도를 보고 앞서 친구들과 이야기 나눈 장소들을 자신들의 일상에서 발견할 수 있도록 말이지요. 동네를 지나다니며 들른 곳이나 가족과 함께 탐험을 가본 곳에는 각자의 지도에 스티커를 붙여 표시하면 더욱 재미있게 우리 동네를 탐험할 수 있습니다.

 그뿐만 아니라 패들렛 내의 지도 기능을 활용하는 방법도 있습니다. '우리 동네 탐험 지도'라는 패들렛을 만들어 링크를 공유하면 아이들이 장소를 검색하거나, 핀으로 찾은 뒤에 직접 찍은 사진과 간단하게 적은 글 등을 올릴 수 있습니다. 내가 좋아하는 장소에서 친구들은 어떤 사진을 찍고, 무슨 일을 했는지 살펴보는 것도 재미있는 활동이 되지요. 혹시라도 직접 가보는 게 어려울 경우에는 지도의 거리뷰 기능을 활용하여 그곳의 모습을 온라인으로 살펴보도록 합니다.

이 주의 그림책 ②

우리 동네 사람들은 무슨 일을 하며 살까?
《밥·춤》
(정인하 지음, 고래뱃속)

　흔히 직업을 얘기할 때 '밥 벌어먹고 산다'라는 말, 많이들 들어보셨지요? 우스갯소리로 가볍게 하는 말이지만 사실 밥을 벌어먹기 위한 몸짓은 세상에서 가장 중요한, 삶의 의지가 담긴 행위예술이라고 생각합니다. 같은 맥락에서 그림책《밥·춤》은 우리 동네 사람들이 하는 일과 그들의 몸짓을 우아하고도 경쾌한 춤으로 바라보고 있습니다. 첫 등장부터 세탁소 아주머니는 다리미와 장대를 들고, 펄럭이는 옷 사이에서 멋진 아라베스크를 선보입니다. 어딘가 희한한 자세로 때를 복복 벗기는 세신사와 리듬에 맞춰 수타 반죽을 팡! 쳐 내리는 주방장의 모습에서는 가슴이 뻥 뚫리는 전율까지 느껴지는 듯합니다. 힘차게 뻗은 직선과 유려한 곡선 사이를 자유롭게 넘나들며 우리 모두는 '밥·춤'을 추고 있습니다.

　그림책《밥·춤》에서 주목해야 할 점은 두 가지입니다. 첫 번째는 그림책 속에 등장하는 직업들입니다. 장래희망 조사서 속 단골 직업인 변호사, 유튜버 등이 아닌 우리가 매일 만나는 동네 사람들이 하는 일을 다뤘다는 점에서 직업을 바라보는 스펙트럼을 넓혀줍니다. 두 번째는 성역할에 따른 고정관념을 깨트린 것입니다. 정인하 작가는 구두를 수선하는 등장인물을 아저씨로 그리려다가 '왜 굳이 남자여야 하지?'라는 생각을 했다고 해요. 이를 계기로 공사장 노동자, 퀵 배달 노동자부터 고층 빌딩 청소 노동자까지 모든 등장인물을 여성으로 나타냈습

니다. 요즘 들어 직업에서의 성역할이란 개념이 많이 희미해졌지만, 여전히 몇몇 직업에서는 특정한 성별이 대표성을 띠는 모습을 찾아볼 수 있습니다. 이 부분에 대해서도 아이들과 함께 이야기 나눠보면 좋을 것입니다.

'밥·춤'을 벌여보자!

우리 동네 사람들이 하는 일들을 알아보고, 직접 '밥·춤'을 만들어보며 내 주변의 직업을 보다 즐겁게 탐구해보는 활동입니다. 이 활동을 통해 다양한 직업의 종류를 알아볼 수 있을 뿐만 아니라 자유롭고 창의적인 신체 표현 능력 또한 기를 수 있습니다.

활동1 내 주변에서 볼 수 있는 직업 떠올리기

우리 동네 사람들이 하는 일을 떠올리고 일상 속에서 자주 만나는 직업과 관련된 경험을 공유합니다. 주로 언제 어디에서 만나고, 어떤 도움을 받았는지 등을 이야기 나눕니다.

> 예시
>
> - 미용사 아주머니: 아빠와 내가 자주 가는 단골 미용실 사장님이다. 파마를 예쁘게 잘 말아주신다.
>
> - 편의점 점장님: 매일 학교 끝나고 편의점에서 라면을 사 먹을 때 만난다. 저번에 같이 먹으라고 우유를 주신 적이 있다

활동 2 '밥·춤' 장면 구상하고 연습하기

모둠별로 직업에 관해 이야기를 나눴다면, 이제 한 가지 직업을 정해서 '밥·춤'을 만들어볼 차례입니다. 먼저 그 직업과 관련한 장소, 인물, 다양한 상황 등을 고려해 가상의 이야기 장면을 4~6개의 컷으로 만듭니다. 그리고 모둠원끼리 역할을 나눕니다. 이때 반드시 모든 아이들이 사람 역할을 맡을 필요는 없습니다. 떨어지는 머리카락과 거센 바람을 표현할 수도 있습니다. 마지막으로 각 장면에 어울리는 춤과 몸짓을 정합니다. 리듬감 있는 소리(사각사각, 쏴아아아 등)를 내며 과장되고 변형된 몸짓으로 '밥·춤'을 연습합니다.

> **예시**
>
> - 미용사가 미용실을 청소하고 있다 → 손님이 문을 열고 들어온다 → 미용사가 머리를 자르자 머리카락이 바닥에 흩뿌려진다 → 손님은 거울을 보고 머리를 찰랑거리며 흡족해한다.
>
> - 택배 배달 기사가 짐을 들고 성큼성큼 계단을 오른다 → 박스를 쿵! 내려놓고 벨을 누른다 → 배달 기사와 집주인이 반가운 인사를 나눈다 → 기사는 돌아가고, 집주인은 부욱 신나게 박스를 뜯는다.

활동 3 '밥·춤' 무대 발표하기

모둠별로 완성된 '밥·춤'을 발표합니다. 어떤 직업을 표현한 것인지 맞춰보면서 감상하면 더욱 무대에 집중할 수 있습니다. 모든 발표가 끝난 뒤에는 감상 소감을 나눕니다.

우리 동네

한 걸음 더

우리 동네를 새로운 시선으로 바라보게 해주는 그림책

《나의 독산동》 (유은실 글, 오승민 그림, 문학과지성사)

#옛동네모습 #편견

이웃에 공장이 많으면 생활하기 어떨까요? 그림책 《나의 독산동》의 은이는 이 시험 문제에 '매우 편리하다'라는 답을 적어 냅니다. 공장이 많은 은이네 동네는 고무줄 놀이를 하다가 다쳐도 이웃 공장에서 일하는 아주머니가 약을 발라주는 동네이니까요. 하지만 선생님과 교과서는 '공장이 많은 곳은 시끄러워 살기가 나쁘다'라고 이야기합니다. 의아해하는 은이에게 아빠는 이런 말을 건넵니다. "우리 동네는 우리 은이가 잘 알지." 내가 살고 있는 곳이 얼마나 아름다운지는 다른 사람이 아닌 나만의 눈으로 바라보고 판단해야 합니다. 나를 에워싼 삶과 우리 동네를 각자의 애정 어린 눈으로 바라볼 수 있는 힘을 길러주세요.

《우리가 잠든 사이에》

(믹 잭슨 글, 존 브로들리 그림, 김지은 옮김, 봄볕)

#공동체 #동네사람들이하는일

그림책 《우리가 잠든 사이에》는 작가 존 브로들리가 잉크와 펜으로 세밀하게 그려낸 그림들을 찬찬히 뜯어보는 재미가 가득한 책입니다. 신선한 빵을 배달하기 위해 밤새도록 달리는 화물 트럭의 라이트, 누군가의 허기진 배를 채워주는 24시간 식당의 조명… 캄캄한 어둠의 시간 속 반짝이는 빛들과 함께 동네 사람들이 하는 다양한 일들을 만나보세요. 책을 읽다 보면 우리가 얼마나 많은 존재와 연결되어 있었는지를 알게 되어 새삼 놀랄지도 몰라요. 지금껏 내가 알아차리지 못했던 내 주변의 감사한 인물들을 떠올려보고, 감사 편지를 적어서 직접 전달해보는 활동과 연결할 수도 있습니다.

6월 3주

나는야, 우리 지역 전문가!

　몇 년 전, 〈범 내려온다〉라는 음악을 바탕으로 한 서울시 홍보 영상이 큰 화제였습니다. 국악과 인디밴드의 만남으로 탄생한 흥겨운 음악, 서울의 현대식 건물들과 수려한 궁궐을 비추는 아름다운 영상미가 큰 인기 요소였지요. 생전 처음 보는 조합에 어딘가 부자연스러워 보이는 느낌도 잠시, 우리 지역의 것들로 가득한 영상은 그토록 매력적일 수가 없었습니다.

　교육과정에서도 지역화를 통해 아이들이 자신이 살고 있는 지역에 대해 배울 기회를 제공합니다. 교육과정 지역화란 지역사회의 실정에 맞도록 지역의 자원과 자료를 교육과정 속에 끌어들여 용해시키는 것을 뜻합니다. '우리 고장 시흥'과 같은 3학년 지역화 교과서가 대표적입니다. 지역화 교과서에는 그 지역의 주요 시설과 관광 명소부터 지역의 옛이야기, 문화유산 등이 포함됩니다.

　지역의 다양한 정보들을 배우는 수업은 지역의 몰랐던 사실을 알게 된다는 점에서 흥미롭지만 자칫 많은 자료의 일방적인 나열로 이어지기 쉽습니다. 이번 장에서는 아이들이 직접 참여해 우리 지역을 탐구할 수 있는 활동들을 소개합니다.

이 주의 그림책 ①

우리 지역 이야기를 내가 직접 만든다면?
《강화 아이들이 만든 두근두근 강화 이야기》
(합일초등학교 지음, 호밀밭)

　《강화 아이들이 만든 두근두근 강화 이야기》는 합일초등학교 아이들과 선생님이 직접 만든 창작 그림책입니다. 학생들이 직접 삶의 터전인 강화 구석구석을 돌아다니며 내 고장의 모든 것을 담아낸 그림책이라고 해도 손색이 없습니다. 이 책의 제작에는 합일초등학교 1~6학년까지 전 학년의 학생들이 참여했는데요. 학년의 수준과 특색이 반영된 각기 다른 목차들로 각 장마다 서로 다른 매력을 뽐냅니다. 1학년은 '풍요의 섬 강화'라는 주제로 강화도 풍물시장에서 볼 수 있는 지역의 먹거리를 소개합니다. '우리 아빠가 좋아하는 것은 무엇일까?'라는 질문에 당당하게 강화 인삼 막걸리를 집어든 아이의 글은 웃음을 자아냅니다. 2학년이 쓴 '행복의 섬 강화' 장에서는 강화도의 여러 장소가 등장하는데요. 강화도 여행지로 손꼽히는 장소들 뿐만 아니라 아이들의 일상이 녹아 있는 키즈 카페까지 등장합니다. 나의 추억이 가득한 장소가 내가 만든 책에 실려 있으니 그 공간이 얼마나 더 소중할까요?

　이외에도 3학년은 강화도에 담긴 옛이야기를 연극의 대본으로, 4학년은 강화의 지역적 특색을 동시로, 5학년과 6학년은 각각 강화도의 역사와 평화를 주제로 그림책을 완성했습니다. 138쪽의 두꺼운 책이라 각각의 장 일부를 발췌독해서 읽어줘도 좋고, 강화 인근 지역에 살고 있거나 다른 지역에 대해 자세히 알아보고 싶은 교실에서는 시간을 두고 차근차근 읽어보는 것도 좋습니다.

6월 3주

두근두근 우리 지역 이야기 프로젝트

우리 지역의 다채로운 면모를 탐구할 수 있는 프로젝트 활동을 소개합니다. 시작부터 끝까지 아이들이 지역에 관한 자료를 직접 수집하고 처리하며 지식정보 처리 역량 또한 기를 수 있습니다.

활동1 '우리 지역 이야기 프로젝트' 준비 & 계획하기

그림책 《강화 아이들이 만든 두근두근 강화 이야기》에서는 전 학년이 6개의 주제를 맡았지만, 교실에서 진행할 경우 반 내에서 모둠을 나눠서 진행합니다. 모둠별로 우리 지역에 관해 조사하고 싶은 주제를 정합니다. 우리 지역의 맛집 같은 일상적인 주제부터 지역 축제, 특산물, 유적지, 역사까지 수많은 주제가 가능합니다. 그중에서 평소에 관심이 있었거나 자세히 알아보고 싶은 주제를 자유롭게 선택합니다.

다음으로는 주제의 표현 방법을 정합니다. 창작 이야기 또는 연극 대본, 짧은 시와 일기 등으로 표현해도 좋습니다.

활동2 '우리 지역 이야기 프로젝트' 자료 수집하기

모둠에서 선정한 주제에 걸맞은 자료를 수집하는 방법도 여러 가지입니다. 여러 방법을 혼합해 수집한다면 더욱 정확하고 자세한 정보를 얻을 수 있습니다.

- **직접 방문하기**

가족들과 함께 주말을 이용해 문화 유적지나 자연 명소를 방문하고 사진을 찍어옵니다. 수업 시간에는 다녀오고 나서 알게 된 내용을 글로 정리합니다.

- **지역N문화 홈페이지 활용하기**

'지역N문화'(www.nculture.org)는 우리 지역의 다양한 문화를 쉽게 알아볼 수 있는 웹사이트입니다. 지역 문화 지도를 살펴보며 지역의 중심지, 특산물, 축제 등을 살펴봅니다.

- **지역 시청 홈페이지 활용하기**

지역의 각종 행사와 소식이 가장 발 빠르게 올라오는 시청 홈페이지를 활용하는 것도 좋은 방법입니다. 관광 홍보 사이트가 배너로 게시되어 있는 경우도 많으니 잘 살펴서 참고합니다.

활동 3 더미북과 책 만들기

본격적인 책 만들기에 앞서 한 차시는 간단하게 더미북을 만드는 활동을 진행하면 좋습니다. 조사한 내용을 바탕으로 우리 모둠의 책 분량은 어느 정도로 할지, 한 페이지에 어느 정도의 글을 넣을지, 글과 그림은 어떻게 배치할지 등을 미리 계획하는 것입니다. 모든 모둠의 책을 모아 우리 반 책 한 권으로 엮을 예정이라면 페이지의 최대 분량을 정해주는 것이 좋습니다. 더미북 구상으로 준비 과정까지 끝났다면 본격적으로 책 만들기 활동에 들어갑니다.

활동 4 완성한 책 감상하기

각 모둠의 작품을 모아 우리 반 책을 완성하고 함께 읽습니다. 완성된 책은 학급 문고 또는 학교 도서관에 전시합니다.

이 주의 그림책 ②

우리 지역만의 특색을 찾아보자
《색깔 찾아 서울 가자!》
(조지욱 지음, 신영우 그림, 나는별)

'서울'이라는 도시를 생각하면 어떤 색이 떠오르나요? 저는 하늘 높이 쭉쭉 뻗은 고층 건물들의 회색 외에 다른 색은 잘 떠오르지 않았습니다. 그런데 서울시에서 지정한 '서울의 10가지 대표색'을 보고 나니 생각이 달라지더군요. 1,600년간 궁궐에서 사용된 단청빨강색, 햇빛을 받아 찬란하게 은빛으로 빛나는 은빛한강색, 경복궁의 전통이 담긴 꽃담황토색 등 이름도 참 예쁜 색들이지요. 그림책 《색깔 찾아 서울 가자!》는 무채색이라고만 생각했던 서울이라는 도시가 가지고 있는 오색 빛깔 속으로 여행을 떠나게 해줍니다.

우연히 서울에서 열리는 축구 경기 입장권을 갖게 된 봄이와 아빠는 2박 3일의 서울 여행을 떠나게 됩니다. 케이블카를 타고 처음 남산을 올라 한눈에 내려다본 서울은 어마어마하게 크고 복잡해 보입니다. 그만큼 볼거리와 즐길 거리가 엄청나게 많은 곳이기도 하지요. 종묘에 방문한 봄이는 빨간색 물결이 줄을 지어 우아한 몸짓으로 춤을 추는 모습을 구경합니다. 마침 종묘제례악에 맞춰 일무를 추는 '종묘대제'가 거행되는 날이었거든요. 손꼽히는 전통 문화유산에서만 서울의 색을 찾을 수 있는 것은 아닙니다. 서울의 대표적인 다문화 거리로 유명한 이태원의 이슬람 성원은 온통 하얀색으로 뒤덮여 있거든요. 월드컵 경기장에서 무지개 색으로 피어오르는 폭죽을 보며 봄이는 다음 서울 여행에서는 어떤 또 다른 색들을 찾을 수 있을지 기대합니다.

이 책의 작가는 생생한 서울의 모습을 담기 위해 20미터 높이의 크레인 위에도 올라갔다고 합니다. 덕분에 그림책《색깔 찾아 서울 가자!》를 읽고 나면 서울에 관한 다큐멘터리를 한 편 본 느낌도 들지요. 서울시 지정 대표색과 그림책 《색깔 찾아 서울 가자!》 속 봄이가 찾은 서울의 색을 비교하며 읽어보는 것도 좋습니다.

우리 지역 색상환 만들기

우리 지역을 대표할 수 있는 장소나 인물, 음식 등을 찾아보고, 대표색 5가지를 뽑아 색상환을 만들어보는 활동입니다. 그림책《색깔 찾아 서울 가자!》에서 소개하는 색깔과 우리 지역의 색깔은 어떻게 다른지도 살펴볼 수 있습니다. 색깔의 수는 아이들의 수준에 따라 조절해주시고, 색상환의 모양도 다양하게 만들어보세요.

활동1 우리 지역 연관 이미지 떠올리기

'우리 지역' 하면 가장 먼저 떠오르는 이미지들에는 무엇이 있는지 생각해봅니다. 중심지나 역사적 인물, 특산물, 문화 유적지처럼 특정 주제를 나눠서 떠올려보는 방법도 있습니다. 내가 지금까지 만나본 우리 지역 모습의 사진을 가져와 친구들과 함께 보면서 이야기를 나눠도 좋습니다. 자세하게 탐구하는 시간이 필요한 경우, 앞서 소개한 '지역N문화' 홈페이지를 활용하면 지역문화 콘텐츠들과 다양한 관광지 및 역사, 우리 지역 토속 맛집까지 만나볼 수 있습니다.

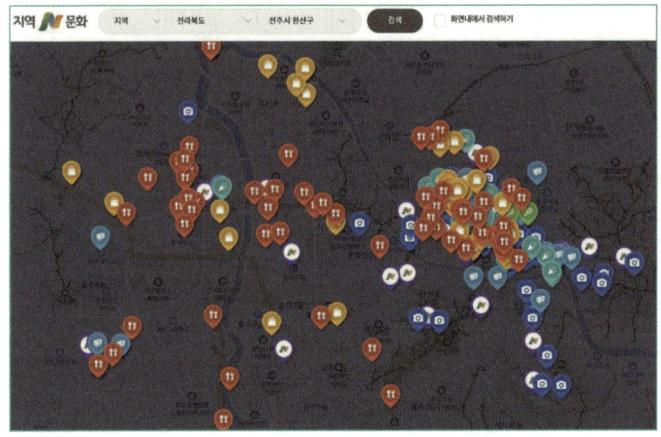

활동2 우리 지역 대표색 뽑기

우리 지역에 관한 다양한 이미지를 만나봤다면, 이제는 가장 우리 지역스러운 대표색들을 5~10가지 정도 적어봅니다. 이때 색 앞에 나만의 이름을 붙여보는 활동을 추천합니다. '파란색'이 아닌, 서울시 대표색 중 하나인 '은빛한강색'처럼 들었을 때 직관적으로 어떤 색깔일지 느껴지는 이름을 붙이도록 안내해주요. '장소+색깔', '음식+색깔', '오감+색깔' 등의 형식을 지정해주면 더욱 이해하기 쉽습니다. 대표색을 뽑았다면 각 색상을 뽑은 이유와 간단한 지역 소개를 적고 발표합니다.

> **예시**
>
> **파주의 대표색**
> - 국방 초록색
>   파주는 북한 지역과 접하고 있어 많은 군부대가 있으며 휴전협정 당시 생긴 비무장지대가 있는 곳입니다. 안전하게 우리를 지켜주는 군인 분들을 떠올리며 국방 초록색을 대표색으로 뽑았습니다.

- 율곡 주황색

  율곡 이이 선생은 파주시를 대표하는 인물입니다. 율곡 이이가 그려져 있는 오천 원의 색깔이 떠올라 율곡 주황색을 떠올렸습니다.

활동3 우리 지역 색상환 만들기

대표색을 가지고 색상환을 만들어봅니다. 이때 표현할 수 있는 색의 스펙트럼이 넓은 재료를 사용하도록 합니다. 같은 노란색이라도 아이들마다 떠올린 색이 다를 테니 색연필보다는 수채 물감과 같은 용구를 사용해 자신만의 느낌을 살릴 수 있게 하면 더욱 좋습니다.

지역 특산물과 지역어를 담은 그림책

《당근이지!》 (해바라기지역아동센터 친구들 지음, 베틀북)
#지역특산물 #학생창작그림책

"내가 나고 자라는 곳은 구좌 마을이야 (…) 나는 오름과 바다 사이에 있는 밭에서 자라." 제주도에 여행을 가보신 분들이라면 싱그러운 초록빛의 당근 밭을 한 번쯤은 보셨을 겁니다. 그림책《당근이지!》는 제목에서도 알 수 있듯이 제주의 특산물인 구좌 당근을 소재로 한 그림책입니다. 앞서 강화 지역의 초등학생들이 제작한 그림책을 소개해드렸는데요. 그림책《당근이지!》는 제주의 해바라기지역아동센터 친구들이 직접 만든 그림책입니다. 살기에 안성맞춤인 석희네 아저씨의 밭과 이따금씩 불어오는 무시무시한 태풍까지 이들이 그린 '당근이 바라보는 제주'는 참 알록달록합니다. 아이들과 함께 우리 지역 특산물에는 어떤 것들이 있는지 알아보고 그들이 들려주는 이야기를 상상해보세요.

《막두》 (정희선 지음, 이야기꽃)
#지역어 #지역역사

《막두》는 부산의 진가를 제대로 느낄 수 있는 그림책입니다. 바다의 짠내가 가득한 자갈치 시장, 정겨운 경상도 사투리는 물론이고, 역사의 애환이 담긴 우리나라 유일의 도개교, 영도대교까지 만나볼 수 있습니다. 전쟁 통에 "영도다리에서 다시 만나자"라며 기약 없는 이별을 하던 수많은 가족 중에는 이 책의 주인공인 어린 막두도 있었습니다. 막두는 부모님을 다시 만날 날만을 기다리며 영도대교가 보이는 자갈치 시장에 자리를 잡게 되지요. 그 후 수십 번의 계절이 흐르고 어느새 막두는 호탕한 억박을 지르며 손님과 실랑이도 하는 막강 할매가 되었습니다. 웃기다가 찡하다가 다시 빵 터뜨리는 그림책《막두》와 함께 부산의 이모저모를 함께 살펴보고 우리가 살고 있는 지역의 역사가 담긴 장소, 지역어를 탐구해보는 시간도 가질 수 있습니다.

6월 4주

자랑스러운 대한민국을 소개합니다

    지금까지 이웃, 동네, 지역으로 이어지는 그림책들을 만나보며 나와 우리를 둘러싼 테두리를 조금씩 넓혀봤습니다. 이제는 마지막으로 우리나라를 만나볼 차례입니다. 언젠가 애국심에 관한 한 흥미로운 설문 결과가 담긴 기사를 본 적이 있습니다. 대학내일20대연구소가 전국 17개 시도 만 15~34세 남녀 900명을 대상으로 2020년 3월 설문조사를 진행한 결과인데요. 애국심에 관한 다양한 문항과 그에 대한 응답을 통해 각 연령층이 어떤 가치관을 가지고 있는지 알 수 있었습니다. 그 일부 내용을 소개하자면, 애국심의 필요성을 묻는 '애국심을 가져야 한다'라는 문항에는 모든 연령층의 절반 이상이 '그렇다'라고 응답했습니다. 반면, '국가를 위해 개인의 이익을 희생할 수 있다'라는 문항에서는 큰 차이를 보였습니다. 1960년대 출생자인 86세대는 긍정 응답률이 절반을 넘는 55.3%로 나타난 반면, 2000년대 후반 출생자인 Z세대는 29%에 그쳤거든요. 세대별로 애국심을 느끼는 상황 또한 그 양상이 매우 달랐습니다. 기성세대는 주로 우리나라가 재난상황과 위기에 처해 있을 때 애국심을 느낀다고 응답한 반면, MZ세대로 일컬어지는 밀레니얼세대와 Z세대는 K-팝과 국산 게임, 웹툰 등 한국 콘텐츠가 인기를 끌 때 애국심을 느낀다고 응답했습니다.

　이러한 맥락에서 볼 때 '나라에 대한 무조건적인 충성과 사랑'의 모습을 띠었던 애국심의 양상이 이제는 '자부심에서 자연스럽게 비롯되는 사랑'으로 변해가고 있는 것은 아닐까 생각해보게 됩니다. 내가 우리나라의 것을 자랑스럽게 여길 때, 나라를 사랑하는 마음 또한 저절로 생겨난다는 것이지요. 그렇다면 어떻게 해야 아이들이 우리나라에 대한 자부심을 느낄 수 있을까요? 그 첫걸음은 바로 '아는 것'이라고 생각합니다. 새로운 사람을 만날 때에도 그 사람의 몰랐던 점을 하나씩 알게 되면서 호감이 생기는 것처럼 아이들에게도 우리나라를 알아보고, 탐구할 수 있는 시간이 필요합니다. 우리나라의 대표적인 상징과 전통, 역사를 알아볼 수 있는 그림책과 활동들을 소개합니다.

이 주의 그림책 ①

우리나라를 대표하는 상징, 태극기
《태극기는 참 쉽다》
(이형진 지음, 풀빛)

우리 나라 상징

초등학교 시절 받았던 상장 중 지금까지도 기억에 남는 것이 하나 있습니다. 바로 교내 애국가 쓰기 대회에서 받았던 상장인데요. 애국가 가사를 1절부터 4절까지 잘 외워서 써내 받았던 상입니다. 애국가 가사뿐만 아니라 매주 조회 시간마다 국민의례를 할 때면 태극기를 바라보며 국기에 대한 경례를 줄줄 외워 읊었었지요. 당시에는 나라의 크고 작은 행사에서, 길거리에서, 심지어는 다이어리나 수첩의 맨 첫 페이지에서도 우리나라의 상징들을 쉽게 보고 들을 수 있었으니 무의식중에 애국가나 국기에 대한 경례를 외우는 것이 당연했습니다.

반면, 요즘에는 이전에 비해 많은 의례 절차가 간소화되어서 우리나라의 상징을 자연스럽게 익힐 기회가 부족해졌습니다. 특히 생각보다 많은 아이가 잘 모르고 있는 국가의 상징 중 하나가 태극기입니다. 매일 보는 교실 앞 벽면에 떡하니 걸려 있음에도 불구하고, 막상 태극기를 그려보라고 하면 태극 문양이 어떻게 생겼는지, 태극기 오른편 위쪽의 막대 모양이 몇 개인지 헷갈려하는 경우가 참 많거든요.

그림책《태극기는 참 쉽다》는 태극기는 어려운 것이라는 편견을 완벽히 깨줍니다. 1에서부터 6까지 이르는 숫자만으로 태극기를 쉽게 그리는 방법을 알려주거든요. 또한, 평화를 의미하는 흰 바탕과 하늘, 땅, 물, 불을 의미하는 건곤감리까지 태극기에 담긴 의미도 알려줍니다. 그림책《태극기는 참 쉽다》의 한 장면,

한 장면을 따라 읽다 보면 어느새 아이들 머릿속에 태극기에 관한 모든 것이 쏙 들어와 있을 거예요.

태극기와의 다채로운 만남

그림책 《태극기는 참 쉽다》를 읽으며 태극기와 친숙해졌다면 이제는 더욱 다양한 방법으로 태극기를 만나볼 차례입니다. 태극기 그리는 법을 노래로도 불러 볼 수 있고, 친구들과 함께 태극기를 만들거나 나만의 독창적인 이미지를 담은 태극기를 그려볼 수도 있습니다. 이와 같은 활동들을 하다 보면 어느새 눈을 감고도 태극기를 그릴 수 있는 수준까지 이를지 몰라요!

활동1 동요 <태극기 참 쉽다> 부르기

그림책 《태극기는 참 쉽다》는 동요 <태극기 참 쉽다>를 모티프로 삼았습니다. 동요 <태극기 참 쉽다>를 통해 노래로 태극기를 그리는 방법을 다시 한번 익혀봅니다. 전체적인 흐름과 가사는 비슷하지만 동요는 그림책과 또 다른 매력이 있습니다. 동요와 그림책의 서로 다른 점을 살펴보고 멜로디를 따라 부르다 보면 어느새 흥얼흥얼 가사가 입에서 맴돌게 될 거예요. 지식을 노래로 배워두면 기억에도 훨씬 오래 남습니다.

활동2 개성 만점 태극기 그리기

태극기 그리는 방법을 배웠으니 이제는 직접 그려볼 차례입니다. 먼저 그림책 《태극기는 참 쉽다》나 동요 <태극기 참 쉽다>를 보고 들으며 각자 태극기 그리기를 연습합니다. 혼자서도 태극기를 그릴 수 있을 만큼 익숙해진 다음에는 더욱 다양한 방법으로 태극기를 그려볼 수도 있습니다.

- **협동 대왕 태극기 그리기**

전지 정도 크기의 커다란 종이를 준비합니다. 아이들을 4~5모둠으로 나누어 각 모둠별로 태극기의 부분을 나눠서 맡아 아주 큰 밑그림을 그리고 물감을 이용해 색칠합니다. 각 부분의 명칭을 익힐 수 있도록 모둠명도 '태극 모둠', '건 모둠', '감 모둠'으로 붙여준다면 더욱 좋습니다.

- **태극기의 의미 담아 그리기**

앞선 활동들을 통해 태극기에 담긴 의미들을 배웠다면 태극기에 해당 의미들을 상징하는 또 다른 이미지들을 그려볼 수도 있습니다. 가령, 물의 의미를 가지고 있는 감괘 자리에는 '물' 하면 떠오르는 물고기, 해파리, 바다, 불가사리 등을 자유롭게 표현하고, 땅의 의미를 가진 곤괘 자리에는 새싹, 꽃, 지렁이 등을 그리는 식입니다.

- **태극기 콜라주**

아이들에게 색칠되어지지 않은 태극기 도안을 주고, 태극기 색을 떠올리며 빈 곳을 콜라주로 채워보게 합니다. 쓰지 않는 책이나 잡지, 신문 등에서 검정색 부분을 오려서 4괘에, 빨간색 파란색 부분을 오려서 태극 문양에 붙이는 식입니다. 색종이를 찢어서 진행해도 좋습니다.

활동 3 태극기 마스코트 만들기

태극기의 각 부분들을 활용해 마스코트로 만들어보는 활동입니다. 한정된 요소들이지만 자유로운 배치와 상상을 통해서 창의적인 나만의 마스코트를 만들 수 있습니다. 가령, 4괘의 눈썹을 가진 마스코트를 상상해볼 수도 있고, 한쪽은 빨간색이고 다른 쪽은 파랑색인 머리카락을 지닌 마스코트를 만들어볼 수도 있겠지요? 대한민국을 대표하는 마스코트를 만드는 시간이라고 이야기하면 아이들이 사뭇 진지하고 흥미롭게 활동에 참여합니다.

이 주의 그림책 ②

알고 보면 더욱 멋있는 우리의 전통문화
《달토끼》

(최영아 지음, 북극곰)

커다란 보름달이 두둥실 떠오른 어느 날, 어디선가 날아온 운석에 콩 맞은 달 조각 일부가 떨어져 내려왔습니다. 조각을 잃고 슬피 우는 보름달을 위해 번뜩이는 아이디어를 낸 토끼! 저 멀리 있는 달에게 어떻게 하면 빛나는 달 조각을 돌려줄 수 있을까요?

《달토끼》는 우리나라의 전통문화를 아름다운 일러스트 속에 녹여낸 그림책입니다. 사랑스러운 주인공 토끼와 장면 장면마다 등장하는 멋스러운 한옥, 한복들로 인해 보는 것만으로도 기분이 좋아지는 그림책이지요. 특히 토끼가 달에게 달빛을 건네주려는 과정에서는 우리나라의 다양한 전통 놀이가 등장하는데요. 할머니 옷장에서 볼 법한 색깔의 이불을 포개어 깔고, 고이 접은 병풍을 그 위에 올려 널뛰기를 하는 모습은 정말 귀엽습니다. 그뿐만 아니라 이제는 좀처럼 보기 힘든 그네뛰기, 외줄타기까지 등장하지요. 부채로 간신히 균형을 잡으며 아슬아슬하게 외줄타기를 하는 토끼의 모습을 보다 보면 아이들이 우리 전통 놀이의 재미에 흠뻑 빠질 수 있습니다.

스마트폰보다 재밌다, 전통놀이!

우리나라의 전통놀이를 배우는 차시와 연계할 수 있는 세 가지 종류의 활동을 소개합니다. 그림책 《달토끼》에 나오지 않은 장면을 상상하여 그려보며 간단하게 1차시로 진행할 수 있는 활동과 2~3차시 이상 넉넉히 시간을 잡고 직접 놀이를 체험하고 보다 깊게 탐구할 수 있는 활동까지 만나보세요.

활동1 '내가 달토끼라면?' 상상하고 그리기

그림책 《달토끼》에는 토끼가 떨어진 달 조각을 널빤지 반대편에 올려두고 세차게 널을 뛰는 모습이 등장합니다. 달 조각이 멀리 날아가 달까지 닿을 수 있도록 말이지요. 이 활동에서는 내가 토끼가 되어 달 조각을 전달한다면 어떤 방법을 시도해볼지 상상해 그려봅니다. 상상하여 그리기 활동을 하기 전에 우리나라 전통놀이의 종류와 간단한 특징 및 방법을 알려주고, 달 조각을 전달할 때 우리의 전통놀이를 활용하도록 안내합니다.

> **예시**
> - 투호 화살에 달 조각을 묶어 달을 향해 던진다.
> - 엄청 많은 수의 딱지를 접고 하늘까지 쌓아 밟고 올라가서 달에게 직접 조각을 건네준다.
> - 강강술래를 하며 빠르게 돌아서 그 추진력으로 달 조각을 날린다.

활동2 교실 전통놀이 한마당 체험하기

그림책 《달토끼》에 등장하는 전통놀이는 널뛰기, 그네뛰기, 외줄타기이지만, 교실에서 체험 활동을 하는 경우에는 교실 상황에 맞는 전통놀이로 대체해 진행합니다. 아이들을 4모둠 정도로 나누고, 각 모둠이 투호놀이, 제기차기, 공기놀이, 윷놀이, 딱지치기, 팽이치기 등의 전통놀이를 하나씩 맡습니다. 가장 먼저 각자 맡은 놀이를 직접 해보며 규칙과 방법 등을 익힐 시간을 가집니다. 그 다음, '모둠별 놀이 도우미'를 맡을 순서를 정합니다. 이 친구들의 역할은 다른 모둠 친구들에게 앞서 해본 놀이의 규칙을 알려주고, 전반적인 진행을 도와주는 것입니다. 10분 정도의 시간을 두고 교대하며 우리 모둠의 구역을 지킬 수 있도록 해주세요. 모든 준비가 끝났다면 교실을 돌아다니며 다양한 전통놀이를 알아보고 직접 체험해봅니다.

활동 3   K-놀이 유튜버 되어보기

외국인도 반할 만할 우리의 전통놀이를 소개하는 유튜브 영상을 만드는 활동입니다. 먼저 함께 소개할 놀이를 정하고 직접 해보는 시간을 가집니다. 그 다음, 놀이 설명서를 만듭니다. 놀이의 특징, 놀이 방법 및 규칙을 쉽게 담은 설명서를 만들도록 해주세요. 놀이를 잘할 수 있는 나만의 특급 노하우까지 담는다면 최고의 설명서가 되겠지요? 가령, '무궁화 꽃이 피었습니다'를 할 때 '술래가 등을 돌리는 바로 그 순간을 이용해야 한다'라고 팁을 전해주는 것입니다. 놀이 설명서를 찍은 사진을 이어 붙이고, 아이들이 직접 녹음한 목소리와 실제로 놀이를 하는 모습을 촬영한 장면 등을 활용해 유튜브 소개 영상을 완성해보세요.

한 걸음 더

절대 잊어서는 안 되는 우리 역사를 알려주는 그림책

《꽃할머니》 (권윤덕 지음, 사계절)
#역사 #일제강점기

《꽃할머니》는 1940년대에 일본군 위안부 피해자인 심달연 할머니의 증언을 바탕으로 만들어진 그림책입니다. 당시 열두 살이었던 소녀가 영문도 모른 채 끌려가 겪어야 했던 끔찍한 수모와 일평생의 상처는 그저 가늠하는 것만으로도 고통스럽습니다. 하지만 그림책 《꽃할머니》는 일본군 위안부가 겪은 폭력을 직접적으로 묘사하지 않으면서 폭력을 이야기하고 있기에 아이들과 읽고 나누기에 큰 무리가 없습니다. 역사적 사실에 기반한 정보들을 제공하는 동시에 다양한 비유와 상징들로 이미지를 표현하고 있거든요. 잔혹한 역사에 쉽사리 입을 뗄 수조차 없었던 이야기와 꽃잎처럼 연약해 보이지만 누구보다 강인한 아름다움을 지니고 살아낸 그들의 삶을 우리 아이들에게 들려주세요.

《숨바꼭질》 (김정선 지음, 사계절)
#6·25전쟁 #통일

그림책 《숨바꼭질》에 등장하는 두 명의 순득이는 똑같은 이름만큼이나 똑 닮은 단짝입니다. 그런데 평소와 다를 바 없이 숨바꼭질 노래를 부르며 노는 아이들과 함께 등장하는 장면들은 어딘가 이상합니다. 큰 짐을 메고 어딘가로 바삐 향하는 사람들의 모습, 전투기 아래로 머리카락이라도 보일 새라 몸을 숨긴 사람들의 모습. 이들은 모두 6·25 전쟁 피난민입니다. 숨바꼭질이 끝나고 '못 찾겠다 꾀꼬리'를 아무리 외쳐도 단짝 순득이의 모습은 찾아볼 수 없습니다. 두 친구는 다시 만날 수 있을까요? 전쟁이 멀게만 느껴지는 아이들에게 우리 역사 속 아픈 이야기를, 여전히 그 고통의 한가운데에 있는 이산가족이 있음을 알려주세요. 순득이에게 보내는 편지를 써보는 활동을 통해 그들의 아픔을 헤아리는 시간도 가질 수 있습니다.

교육과정과 이렇게 연계해요

7월 1주 그림책, 눈으로만 읽지 말고 몸으로도 읽자

[2국05-03] 작품 속 인물의 모습, 행동, 마음을 상상하여 시, 노래, 이야기, 그림 등으로 표현한다.
[2즐01-01] 즐겁게 놀이하며, 건강하고 안전하게 생활한다.
[2즐01-02] 놀이하며 내 몸의 움직임이나 감각을 느낀다.
[2즐04-02] 자유롭게 상상하며 놀이한다.
[4체04-01] 움직임 언어(이동 움직임, 비이동 움직임, 조작 움직임)와 표현 요소(신체, 공간, 노력, 관계)를 탐색한다.

7월 2주 소품과 몸을 활용해 뭐든 될 수 있는 연극

[2즐01-02] 놀이하며 내 몸의 움직임이나 감각을 느낀다.
[2즐04-02] 자유롭게 상상하며 놀이한다.
[4국05-05] 재미나 감동을 느끼며 작품을 즐겨 감상하는 태도를 지닌다.
[4미01-02] 주변 대상을 탐색하여 자신의 느낌과 생각을 다양한 방법으로 나타낼 수 있다.
[6국05-04] 일상생활의 경험을 이야기나 극의 형식으로 표현한다.

7월 3주 연극으로 만나는 다양한 마음

[2국01-02] 바르고 고운 말로 서로의 감정을 나누며 듣고 말한다.
[4국01-04] 적절한 표정, 몸짓, 말투로 말한다.
[4국05-04] 작품을 듣거나 읽거나 보고 떠오른 느낌과 생각을 다양하게 표현한다.
[6국05-04] 일상생활의 경험을 이야기나 극의 형식으로 표현한다.
[6도01-01] 감정과 욕구를 조절하지 못해 나타날 수 있는 결과를 도덕적으로 상상해보고, 올바르게 자신의 감정을 조절하고 표현할 수 있는 방법을 습관화한다.

7월 4주 그림책 한 권으로 대본 없이 연극하기

[2국05-01] 말놀이, 낭송 등을 통해 말의 재미와 즐거움을 느낀다.
[2즐04-03] 생각이나 느낌을 살려 전시나 공연 활동을 한다.
[4국05-03] 이야기의 흐름을 파악하여 이어질 내용을 상상하고 표현한다.
[6국05-04] 일상생활의 경험을 이야기나 극의 형식으로 표현한다.
[4음01-05] 주변의 소리를 탐색하여 다양한 방법으로 표현한다.

7월

교육연극
신체활동

7월 1주

7월 1주
그림책, 눈으로만 읽지 말고 몸으로도 읽자

여러분들의 상상력을 확인해보겠습니다. 장면을 상상해주세요. 휙! 호루라기 소리와 함께 줄다리기 게임이 시작되었습니다. 상대편은 우리 편보다 몸집도 크고 힘도 센 친구들이 많아요. 여러분은 끄응차 끄응차 하며 온 힘을 다해 줄을 당기고 있습니다. 당겨질락 말락, 줄이 팽팽합니다. 이런, 줄이 조금 상대편으로 기웁니다. 힘을 더 냅니다. 있는 힘을 다해 줄을 꽉 쥡니다. 두 발로 땅을 단단히 디디고 몸을 뒤쪽으로 눕히며 끄응차, 조금만 더 조금만 더, 끄응차.

혹시 나도 모르게 이마에 내 천(川) 자가 그려지며 미간이 찌푸려지지 않나요? 어깨 근육이 움찔움찔하며 줄을 당기고 싶지는 않나요? 교실에서 이 장면을 그림책으로 보여주고 있다면, 학생 중 몇 명은 이미 의자를 박차고 일어나 줄을 끄는 시늉을 할지도 모릅니다. 아이들은 풍부한 상상력으로 자유롭게 현실과 가상의 세계를 오가는데요, 마치 주인공이 된 것처럼 모방하며 노는 것을 '가장 놀이'라고 합니다. 놀이에 대해 연구한 로제 카이와는 '모방이란 자신을 다르게 만들어서 세계를 벗어나는 것'이라고 말했습니다. 세계에서 벗어나는 행위를 통해 즐거움을 느끼는 것이 바로 놀이의 목적입니다.

지금까지 교실에서 그림책을 앉아서 읽었다면, 현실의 세계를 벗어나 즐겁게 몸으로 그림책 읽어보는 것은 어떨까요? 그림책 읽는 즐거움을 맛보게 해줄 연극 놀이를 소개합니다.

신체 활동

이 주의 그림책 ①

온몸으로 하이파이브 놀이하기
《하이파이브》
(아담 루빈 글, 다니엘 살미에리 그림, 노은정 옮김, 위즈덤하우스)

알록달록한 트로피가 그림책 양쪽 면을 가득 채우고 있습니다. 무슨 트로피가 이렇게 많을까요? 궁금해서 살펴보니 하이파이브 대회에서 받은 트로피라고 하네요. 해마다 누가 하이파이브를 제일 잘하는지 겨루는 대회가 있다고 합니다. 그림책《하이파이브》는 자연스럽게 독자에게 말을 걸어옵니다.

"마침 내 하이파이브를 전수할 새 제자를 찾고 있는데, 네가 해볼래?"

다음 장을 펼치는 순간, 우리는 그림책의 주인공이 되어 하이파이브 대회에 참가하게 됩니다. 하이파이브 사부님이 친절하게 하이파이브 하는 방법, 대회에서 승리하는 비법을 알려줍니다. 첫 번째로는 손과 팔에 힘을 푸는 준비운동을 합니다. 손가락을 펼쳐 탈탈 터는 그림, 손깍지를 끼고 있는 그림, 팔을 등 뒤로 보내 깍지를 끼고 있는 그림이 나오는데 움직이지 않고 가만히 앉아 있고 배길 수 있을까요? 몸이 근질근질한 학생들은 어느새 그림처럼 준비운동을 따라합니다.

준비운동을 하는 순간부터 연극은 시작됩니다. 선생님은 하이파이브 사부 역할이 되어 그림책을 읽어주세요. 학생들은 하이파이브 대회에 나가는 선수가 되어 선생님이 읽어주는 대로 하이파이브를 하면 됩니다. 이때, 신나는 구호도 함께 외쳐봅니다. "하이~~~ 파이브!" 학생들과 함께 우리만의 하이파이브 구호를 정해도 좋아요.

그런데 하이파이브를 세게 친다고 해서 우승을 하는 것은 아니라고 하네요.

재치 있는 하이파이브를 할수록 높은 점수를 받는다고 해요. 남들과는 다른 나만의 재치 있는 하이파이브를 만들어봐야겠어요. 그럼, 이제 본격적으로 하이파이브 대회를 시작해볼까요?

온몸으로 힘껏 재미있게 하이파이브

친구들과 신나게 하이파이브 연극 놀이를 하며 몸을 자유롭게 움직여보는 활동입니다. 친구들과 하이파이브를 하며 친밀감을 쌓을 수 있습니다. 재치 있는 하이파이브를 만들어 표현해보며 연극의 즉흥성도 경험해봅니다.

활동1 하이파이브 인사하기

1. 리듬에 맞춰 교실을 걷습니다. (리듬막대를 활용하거나 음악을 활용합니다.)
2. 선생님의 신호에 따라 멈춰선 후, 내 앞에 있는 친구와 인사하고 하이파이브 합니다.

> 예시
> - 안녕하세요. 나는 하이파이브 대회에 나온 (별명 또는 이름)입니다. 반가워요.

3. 여러 번 반복해 다양한 친구들과 만나 하이파이브 인사를 합니다.

활동2 신체 하이파이브 하기

1. 선생님은 신체 부위를 적은 PPT를 준비합니다. (손등, 팔꿈치, 어깨, 발, 무릎 등)

2. 리듬에 맞춰 교실을 걷습니다.

3. 교사의 신호에 따라 멈춘 후, PPT에 보이는 신체로 하이파이브를 합니다.

> 예시
> - '발': 발과 발을 맞대 하이파이브 하기

활동 3 하이파이브 따라 하기

1. 전체가 원으로 섭니다.
2. 술래를 한 명 정합니다.
3. 술래는 원의 가운데로 나와 섭니다.
4. 술래는 하이파이브 동작을 즉흥으로 만들어 보여줍니다. 이때 어울리는 하이파이브 구호, 가령 "하이이이이~파이브", "하잇 하잇 파이브" 등의 소리를 함께 냅니다.
5. 나머지 학생들은 술래의 하이파이브 동작과 소리를 따라 합니다.
6. 술래가 원둘레에 서 있는 다른 학생과 하이파이브를 하면 술래가 바뀝니다.
7. 4~6의 과정을 계속 진행합니다.

활동 4 짝과 재미있는 하이파이브 만들기

1. 두 명 또는 세 명씩 짝을 짓습니다.
2. 협동하여 재미있는 하이파이브를 만들어 발표합니다.

이 주의 그림책 ②

주인공처럼 신나게 상상의 껌을 씹어보자
《껌》
(강혜진 지음, 향)

친구들과 하이파이브를 하며 온몸으로 놀아봤다면, 이번에는 상상하며 놀 수 있는 그림책 《껌》을 소개합니다. 하얀 배경에 주인공인 웜뱃과 고릴라가 검정색 연필로 드로잉 되어 있습니다. 그 위에 강렬한 형광 오렌지, 핫핑크 컬러로 시선을 끄는 동그란 무엇이 있습니다. 바로 껌입니다.

버스 정류장에서 만난 할머니가 건넨 껌을 처음 씹어보는 고릴라와 웜뱃. 오물오물, 냠냠냠냠, 쩝쩝쩝, 짝짝짝, 딱딱딱. 웜뱃과 고릴라가 어찌나 껌을 요란하게 씹는지 그림책을 보다 보면 어느새 입안에 침이 고여오는 것 같습니다.

너무 신나게 껌을 씹은 탓인지 고릴라는 자신의 혀를 깨물어버립니다. 그때 고릴라 입에 있던 껌이 슈웅 하고 그림책 모서리 끝으로 날아가버립니다. 뚝뚝 눈물을 흘리는 고릴라를 보고 마음씨 착한 웜뱃은 자기 입에 두 손가락을 넣습니다. 이윽고 껌을 길게 쭈욱 늘이고는 껌 한쪽을 고릴라에게 줍니다. 콩 한 쪽도 나눠 먹는 둘 사이의 뜨거운 우정에 덩달아 교실에 뜨거운 비명 소리가 가득 채워집니다.

나눔의 미덕을 몸소 보여준 두 친구의 껌 씹기는 더욱더 즐거워집니다. 쭈욱 늘린 껌에 지나가던 고양이들이 줄넘기를 넘기도 합니다. 후후후, 웃차, 푸웁 하며 웜뱃과 고릴라는 커다랗게, 더 커다랗게 풍선껌을 붑니다. 그림책 양쪽 면이 힘껏 분 풍선으로 꽉 채워졌을 때는 몇 년 동안 안 씹던 껌이 다시 씹고 싶어집

7월 1주

니다. 웜뱃과 고릴라가 껌을 씹으며 재밌게 놀고 있는 것만 보지 말고, 우리도 한바탕 놀아보자고요. 교실에서 껌 씹기가 힘들다면 우리에게는 상상의 껌이 있습니다. 이제부터는 제가 여러분들에게 상상의 껌을 하나씩 드리겠습니다.

• • •

신나게 상상의 껌을 씹어보자!

'마치 ~가 있는 것 같이' 표현하는 상상력은 연극에서 매우 중요합니다. 학생들의 상상력을 깨워줄 상상 놀이 3종을 소개합니다. 우선 해설이 있는 마임으로 워밍업을 합니다. 그 다음, 몸이 충분히 풀렸다면 껌이 있다고 상상하며 신나게 놀아봐요!

활동1 해설이 있는 마임

선생님이 읽어주는 해설에 따라 '마치 ~가 있는 것 같이', '마치 ~하는 것 같이' 상상하며 마임으로 표현합니다.

> **해설 예시**
>
> - 선생님이 여러분에게 마법의 껌을 드릴게요. 손을 뻗어 받으세요. 이제 껌 껍질을 벗깁니다. 입으로 쏙 넣습니다. 이제부터 껌을 누구보다 맛있게 씹어보세요. 쪽쪽 빨며 껌의 단맛을 느껴요. 껌을 쩝쩝쩝 소리 내며 씹어요. 냠냠냠 소리를 내며 씹어요. 풍선도 한 번 불어봐요. 풍선이 생각대로 잘 안 불어지네요. 있는 숨을 모두 모아 불어 넣으며 풍선을 불어보세요. 풍선이 크게 만들어졌어요. 친구들에게 여기 보라며 손짓해요. 풍선이 터졌네요. 다시 껌을 씹어보세요. 이번엔 손가락 두 개를 입안으로 쏙 넣어, 입 안에 있는 껌을 잡고 쭈우욱 늘려요. 더 더더 길게 늘여요. 한 손으로 껌을 휘리릭 돌려요. 양손으로 껌을 잡아요. 그리고 휘리리릭 돌려요. 그러다가 껌이 머리에 붙었어요. 어떻게 해야 할까요?

마지막에는 질문을 던지며 아이들로 하여금 해결 방법을 생각하게 한 후 몸으로 표현하게 합니다.

> **더 알아보기**
>
> ● '해설이 있는 마임'은 해설자가 들려주는 이야기를 몸으로 표현하는 교육 연극 기법입니다. 이때 학생들이 해설을 듣고 몸으로 바로 표현할 수 있도록 해설은 행동 묘사를 간결하고, 구체적이고, 단계적으로 해야 합니다.

활동2 상상 변형 놀이

첫 번째 활동에서 교사의 해설에 따라 몸으로 표현했다면, 이번에는 아이들의 상상력과 자율성이 더욱 가미된 활동입니다.

1. 나에게 기다란 줄이 있다고 상상합니다.
2. 기다란 줄을 가지고 요리조리 놀아봅니다. 긴 줄을 가지고 어떻게 놀 수 있을까요? 늘리기도 하고, 감아보기도 하고, 온몸에 휘감아보기도 합니다.

> **예시**
>
> • 줄넘기: 줄을 양손으로 잡고 두발을 구릅니다.
> • 리본: 팔로 물결을 그리다가 작게 원을 그립니다.

상상 변형 놀이가 어렵다면 기다란 줄을 나눠주고, 줄을 다른 물건으로 변형하는 놀이를 할 수도 있습니다.

활동3 '더 크게 더 크게' 상상 놀이

시간이 갈수록 크기가 커지는 풍선을 패스하는 상상 놀이입니다.

1. 놀이를 시작하는 선생님의 두 손에 상상의 작은 풍선이 있습니다.
2. 선생님은 학생 한 명의 이름을 부르며 상상의 풍선을 전달합니다.
3. 학생은 좀 더 커진 풍선이 있다고 상상하며 풍선을 받고, 다른 학생들에게 전달합니다.
4. 점점 더 크기가 커지는 풍선을 상상하며 놀이를 계속 진행합니다.

풍선은 시간이 지날수록 점점 더 커지므로 마지막에는 교실 크기만큼 커집니다. 이때는 풍선을 어떻게 받치고 있어야 할까요?

> 한 걸음 더

몸으로 즉흥 표현을 하며 읽기 좋은 그림책

《긁적긁적》 (손영목 지음, 담푸스)

#모기 #긁기댄스

그림책 속 주인공이 사시나무 떨듯 온몸을 떨고 있습니다. 대체 지난밤에 무슨 일이 있었던 것일까요? 한여름 밤 벌러덩 누워 자다가 모기의 습격을 받았네요. 스멀스멀 올라오는 간지러움은 정말 참기 힘들지요. 긁으면 긁을수록 더 간지러워집니다. 이럴 땐 어떻게 해야 할까요? "도구를 써요", "가려운 부분을 찰싹 때려요" 아이들이 대답합니다. 이때 선생님의 질문에 대한 답을 몸으로 표현하게 해보세요. 그림책 《긁적긁적》 속 표현들은 갈수록 더욱 격렬해집니다. 간질간질 간지러움도 커지고, 긁적긁적 긁는 행위도 더 커집니다. 이때 주인공은 결단을 내립니다. 그냥 신나게 긁어보자! 그리고 무아지경으로 긁기 시작합니다. 그림책을 읽으며 아이들과 무아지경 긁기 댄스를 만들어보세요.

《넌 어떻게 춤을 추니?》

(티라 헤더 지음, 천미나 옮김, 책과콩나무)
#춤따라하기 #나만의춤만들기

나이, 인종, 직업에 상관없이 다양한 사람들이 등장해 각자의 춤을 춥니다. 손가락 까딱까딱 춤을 추기도 하고, 엉덩이 들썩들썩 춤을 추기도 하고, 뻣뻣한 로봇 춤을 추기도 합니다. 몸짓과 함께 표정도 익살스럽게 표현한 그림 속에서 역동성과 속도감이 함께 느껴집니다. 거기에 몸짓을 흉내 낸 의태어까지 더해져 움직임을 더욱 풍성하게 보여줍니다. 여러분은 어떻게 춤을 추나요? 그림책 《넌 어떻게 춤을 추니?》를 읽고 나만의 춤을 만들어봅시다. 이때 의성어나 의태어를 사용하면 조금 더 쉽게 나만의 춤을 만들 수 있습니다. '들썩들썩' 하며 어깨를 위아래로 들썩이거나 '출렁출렁' 하며 양팔로 웨이브 하는 춤을 출 수 있겠지요? 혹시 어렵다면 그림책에 등장하는 춤을 따라 해봐도 좋습니다.

> **7월 2주**
> # 소품과 몸을 활용해
> # 뭐든 될 수 있는 연극

　무대 위의 배우가 아무것도 없는 허공에서 문을 돌리는 시늉을 합니다. 문을 잡아당겨 한 다리, 한 다리를 들어 올립니다. 그리고 문을 통과하는 척하면 관객들은 배우가 공간을 이동했다는 것을 알아차립니다. 배우가 눈에 보이지 않는 문고리를 돌려 통과하는 시늉을 하면, 관객은 보이지 않는 문을 상상합니다.

　바다를 연극의 공간으로 설정했을 때에는 모래사장과 파도가 없어도 괜찮습니다. 바다를 상징하는 것들을 대신 보여주면 되니까요. 파라솔 또는 우산을 펼쳐두거나, 파란 천을 깔아두거나, 튜브, 수영복 같은 소품을 전시하면 무대는 바다로 변신하게 됩니다. 만약 소품도 없다면 그때는 몸으로 승부를 보지요. 수영하는 척 또는 다이빙하는 척을 하는 겁니다. 또는 몇 명이 손을 맞잡고 찰싹찰싹 소리를 내며 무대를 왔다 갔다 하면 파도가 만들어지기도 합니다.

　무대에서 연극을 조금 더 실감나게 하고 싶다고요? 그 비법은 바로 '상상과 변형'에 있습니다. '상상과 변형'에 주목한 그림책 두 권을 소개합니다.

이 주의 그림책 ①

상상은 무엇이든 바꿀 수 있어
《슬립》
(알렉스 쿠소 글, 자니크 코트 그림, 윤경희 옮김, 창비교육)

　해수욕을 좋아하는 슬립이라는 이름을 가진 캥거루가 해변에 놀러왔습니다. 해가 이글이글 뜨거워 얼른 바다로 뛰어들어 해수욕을 하려던 찰나, 슬립이 뭐라도 깜빡한 듯 배에 있는 주머니를 뒤적입니다. '아, 혹시 선크림을 안 발랐나?' 생각하는 순간 휙! 주머니에서 선크림을 꺼내 내동댕이칩니다. '그럼 튜브를 찾고 있나?' 이번에도 틀렸네요. 튜브도 홀라당 내팽개치네요. 슬립의 주머니에서는 접이식 의자, 아이스박스, 파라솔, 샛노란 레몬, 선인장까지 별의별 것이 다 나옵니다. 꺼내고, 또 꺼내고, 온 모래사장이 각종 물건으로 뒤덮여도 슬립이 찾고 있는 물건은 없나 봅니다.

　그때 친구 곰 파자마가 슬립의 두 발목을 잡아 거꾸로 들어 흔듭니다. 와르르 물건이 바닥으로 쏟아집니다. 그제야 슬립이 찾던 물건이 눈에 들어오지요. 그림책 두 장면을 남겨두고서야 독자들은 슬립이 그토록 애타게 찾던 물건의 정체를 알게 됩니다. 바로 수영 팬티(프랑스어 'slip')였습니다. '수영 팬티를 찾느라고 독자들을 이렇게나 궁금하게 만든 거야?' 하며 실망하는 순간, 반전이 일어납니다. 슬립에게 'slip'은 수영 팬티의 역할을 하지 않습니다. 팬티는 다른 물건으로, 다른 용도로 변형됩니다. 여기까지 소개하겠습니다. 슬립의 반전은 꼭 그림책에서 확인해주세요.

7월 2주

변해라 얍! 상상을 더해보자!

연극에서는 변형을 이용해 사물을 원래의 의미와 용도가 아닌 다른 것으로 표현하곤 합니다. 물건 찾기를 통해 다양한 물건을 관찰한 후, 물건을 다양하게 변형해보고, 간단한 연극을 만들어봅니다. 물건을 변형하는 과정을 통해 아이들은 연극에서의 '상징'을 이해하게 됩니다.

활동1 미션! 물건 찾기 놀이

술래가 말하는 특징을 가진 물건을 찾는 놀이입니다.

1. 술래는 물건의 특징을 한 가지 말합니다. (모양, 색깔, 크기, 무게, 촉감, 냄새, 감정 등)

> **예시**
> - 사각형이다, 노란색이다, 재미를 준다, 포근하다.

2. 나머지 학생들은 정해진 시간 내에 물건을 찾아 가져오면 미션 성공!
3. 만약 애매하다 싶은 물건은 이 물건을 선택한 나만의 이유를 설명합니다. 이유가 타당하다고 인정되면 통과!

> **예시**
> - 특징: 포근하다.
> - 학생들이 가져온 물건: 점퍼, 점퍼를 넣은 가방, 천 주사위, 우유
> - 애매한 물건: 우유
> - 이유 설명: 우유를 입안에 머금었을 때 부드럽고 포근해서 엄마 품이 생각나요.

활동 2 이것은 무슨 물건인고? 물건 변형 놀이

1. 물건 찾기 놀이에서 찾은 물건을 한곳에 모아둡니다.
2. 각 모둠은 물건을 하나씩 선택합니다.
3. 한 모둠씩 돌아가며 선택한 물건을 다른 물건이나 다른 용도로 변형하여 사용하는 모습을 보여줍니다.
4. 나머지 모둠은 무슨 물건인지 또는 어떻게 사용된 것인지 맞힙니다.

> **예시**
> - 교실 의자: 지하철 의자로 변형
> - 화장지: 내리는 눈

활동 3 오브제 연극 만들기

프랑스 태생 미국 작가 뒤샹이 소변기를 미술관에 전시하자 그 소변기는 〈샘〉이라는 예술 작품이 되었습니다. 이처럼 물건 본래의 용도가 아닌, 새로운 의미를 갖게 된 상징적인 물체를 오브제(objet)라고 말합니다. 오브제 연극은 새로운 의미를 갖게 된 물체를 활용한 연극을 말합니다.

7월 2주

1. 오늘 교실에서 사용한 물건 중 하나를 선택합니다.

2. 모둠원이 선택한 물건을 사용해 장면을 3가지 만듭니다.

3. 장면을 연결해 연극을 만들어 발표합니다.

예시

놀이공원 탈출 대작전

- 내레이션: 놀이공원 인형 가게 진열대에 미니언즈 인형, 스노볼, 스탠드 조명이 있다. 그리고 진열대 아래 쓰레기통 속 주인을 잃어버린 강아지 껌이 있다. 이들의 목적은 놀이공원을 탈출해 좋은 주인을 만나는 것이다. 놀이공원이 끝난 깜깜한 밤 이들은 놀이공원을 탈출할 계획을 짠다.
- 미니언즈 인형: 애들아, 빨리 모여. 어서 탈출하자!
- 내레이션: 주인이 실수로 닫지 않은 문을 통과해 나오는 순간, 웬 유기견 한 마리가 등장한다.
- 스노볼: 저, 개 뭐야. 어떻게 탈출하냐?
- 미니언즈 인형: 벌써 앞길이 막막한데?
- 강아지 껌: 애들아, 먼저가. 내가 시간을 끌게.
- 미니언즈 인형: 먼저 갈게. 꼭 우리를 찾아와야 해. 고마워.
- 스노볼: 너의 희생 잊지 않을게. 강아지 껌.
- 내레이션: 강아지 껌은 강아지를 유인하다 결국 강아지에게 먹히고 만다. 이제 미니언즈, 스노볼, 스탠드 조명만 남았다.
- 스노볼: 너무 깜깜한데.
- 미니언즈 인형: 아무것도 안 보여.
- 스탠드 조명: 이제 내가 나설 차례인가? 애들아 내 등에 있는 버튼을 눌러봐.
- 내레이션: 스탠드 조명이 빛을 비춰 앞으로 갈 수 있었다.
- 미니언즈 인형: 불빛이 환하니까 앞으로 가기 쉽다.
- 스탠드 조명: 애들아, 나 배터리가 다 된 것 같아. 너희들은 꼭 좋은 주인 만나.

- 미니언즈 인형, 스노볼: 안 돼, 스탠드야!
- 내레이션: 스탠드는 배터리가 다 되어 그 자리에서 죽고 말았다. 이제 남은 것은 미니언즈 인형과 스노볼, 이 둘은 계속 걸어간다.
- 미니언즈 인형: 스노볼, 넌 꿈이 뭐야?
- 스노볼: 나는 좋은 주인 만나서, 주인이 내 몸을 많이 흔들어 눈이 펑펑 내리게 해줬으면 좋겠어.
- 미니언즈 인형: 근데, 내가 좋은 꿈꾸는 방법 알려줄까?
- 스노볼: 좋은 꿈? 알려줘.
- 미니언즈 인형: 바로 오래 잠드는 거지! (미니언즈 인형이 스노볼을 공격한다.)
- 미니언즈 인형: 나만 살아남았다! 나만 좋은 주인 만나 행복하게 살 거야! 으하하하!

모둠별로 장소 카드를 하나 뽑아 장소를 설정해 연극을 만들 수도 있습니다.

예시
- 마트, 놀이공원, 교실, 우주, 공항, 해수욕장 등

7월 2주

이 주의 그림책 ②

연극에서 변신은 언제나 무죄!
《뭐든 될 수 있어》
(요시타케 신스케 지음, 유문조 옮김, 위즈덤하우스)

상상력을 발휘하고, 구체물을 변형해 연극의 '상징'에 대해 느껴봤다면, 이번에는 더 나아가 추상적인 것을 변형해보는 활동을 할 수 있습니다. 그림책 《뭐든 될 수 있어》에서 주인공 나리는 엄마를 불러 놀이를 제안합니다. 나리가 몸으로 흉내 내면 엄마가 무엇을 흉내 내는지 알아맞히는 놀이입니다. 나리는 온몸으로 물건을 흉내 냅니다. 나리가 천장을 보고 누워 양팔을 위로 뻗어 하나로 모으고, 다리는 양옆으로 쫙 벌립니다. 무엇을 흉내 낸 것일까요?

바로 빨래집게입니다. 이 그림책을 읽을 때는 나리가 흉내 내는 것이 무엇인지 퀴즈 형식으로 제시해보세요. 그림책 읽기에 시큰둥하던 아이들도 어느새 답을 고민하며 눈동자를 굴리는 모습을 보입니다. 교실에서 아이들과 '몸으로 말해요' 게임을 해본 적이 있나요? 그 놀이를 그림책으로 담아내면 《뭐든 될 수 있어》가 됩니다.

앉은 채 이불로 온몸을 감싸고 머리를 빼꼼 내밀고 있다면 그것은 바로 삼각김밥입니다. 나리는 밥이 되고, 이불은 김이 되는 것입니다. 나리는 온몸을 활용해 흉내 내기도 하고, 다른 사물을 함께 이용해 흉내 내기도 합니다.

상상
변형

연극에서는 뭐든 될 수 있어!

이번 시간에는 몸과 막대를 이용해 할 수 있는 연극 놀이를 알려드릴게요. 몸과 막대가 될 수 있는 것들을 즉흥적으로 표현하고, 장면을 만들면서 실컷 놀다 보면 아이들은 연극의 즉흥성을 자연스럽게 이해하게 됩니다.

활동1 온몸으로 말해요

1. 선생님은 각 모둠에 제시어를 나눠줍니다.
2. 모둠은 받은 제시어를 온몸으로 표현합니다. 이때 제시어를 사용하는 사람 또는 제시어를 하는 사람이 아니라 제시어 자체를 표현해야 합니다. 가령, 나리가 직접 삼각김밥을 온몸으로 표현한 것처럼요.

예시

- 제시어 '피자'

학생 두 명은 바닥에 누워 자신들의 몸으로 원을 만듭니다. 다른 한 명의 학생은 빨간색 보자기, 연두색 보자기, 노란색 보자기를 원 가운데에 놓습니다. 그 후 '치지직' 소리를 내며 밸브를 돌리는 시늉을 합니다. 양팔로 피자를 자르는 흉내를 냅니다.

- 제시어 '양궁'

양궁 선수 역할을 하는 학생이 활시위를 당깁니다. 그러자 활 역할을 하는 학생은 과녁 역할을 하는 학생에게 달려갑니다. 활의 머리가 과녁의 가슴에 부딪힙니다. "텐! 텐! 텐!" 크게 소리칩니다.

활동2 막대, 뭐든 될 수 있어!

1. 백업 스펀지를 여러 개 준비합니다. (신문지를 말아 막대로 만들어 사용해도 됩니다.)

2. 학생들은 원으로 둘러앉습니다.

3. 한 명씩 막대가 될 수 있는 것을 즉흥으로 표현합니다(야구 방망이, 샤워기, 시곗바늘 등).

4. 친구가 막대로 무엇을 표현했는지 알아맞힙니다.

활동3 즉흥 장면 만들기 놀이

'막대, 뭐든 될 수 있어!' 놀이의 업그레이드 버전입니다.

1. 모둠의 1번이 막대를 이용해 즉흥 표현을 합니다. (무엇을 표현할지 사전에 상의하지 않고 즉흥으로 진행합니다.)

2. 2번 학생은 앞 학생이 표현한 것에 어울리는 장면을 떠올려 즉흥 표현을 합니다.

3. 순서대로 한 명씩 장면에 추가로 등장하며 장면을 더욱 풍성하게 만들어갑니다.

예시

1. 1번이 야구 방망이(막대)를 든 흉내를 낸다.
2. 2번은 투수가 되어 공을 던지는 흉내를 낸다.
3. 3번은 1, 2번 앞으로 와 막대(마이크)를 잡고 야구를 중계하는 흉내를 낸다.
4. 4번은 3번 앞에 팔을 베고 누워, 리모컨(막대)을 잡고 TV 채널을 돌리는 시늉을 한다.

한 걸음 더

아이들의 상상력을 자극하는 그림책

《숟가락이면 충분해》(남동완 지음, 웅진주니어)
#숟가락의변신 #소품으로연극하기

숟가락 하나면 뭐든 할 수 있다고? 그럼요! 우리의 상상력만 있다면 숟가락은 마이크가 될 수도, 요술봉이 될 수도, 라켓도 될 수도 있습니다. 준비물은 숟가락 하나와 숟가락은 무엇이든 될 수 있다는 믿음, 숟가락을 새롭게 바라보는 상상력만 있어도 충분합니다. 숟가락을 한 손에 들고 요리조리 움직여봅시다. 위아래로 왔다 갔다, 빙글빙글 돌려보기도 하며 숟가락이 될 수 있는 것을 상상해봅니다. 그리고 숟가락으로 할 수 있는 것들을 몸으로 표현합니다. 숟가락으로 재미있게 노는 방법을 찾아봐도 좋습니다. 탁구를 치는 흉내를 내거나, 땅을 파는 흉내를 내며 충분히 숟가락으로 놀아봤다면 다음으로는 숟가락을 소품으로 사용해 연극도 만들어보세요.

《심심해?》(현민 지음, 반달)
#끈의변신 #끈으로놀기

심심한 아이가 있습니다. 아이는 회색 벽에 기대어 물구나무서기를 해보지만 그래도 심심합니다. 바닥에서 이리 뒹굴, 저리 뒹굴 하던 아이는 자신이 입은 원피스에서 노란 끈을 발견합니다. 그때부터 아이의 상상은 시작됩니다. 노란 끈은 상상의 모험 속에서 길이 되어줍니다. 그 길을 따라 아이는 나무로 둘러싸인 숲에도 가게 되고, 나비를 만나기도 합니다. 이제 노란 끈은 아이에게 날개가 되어줍니다. 상상에 의해 노란 끈은 이것저것으로 변합니다. 그림책 《심심해?》를 다 읽은 후에는 기다란 끈을 하나 준비해 마음껏 놀아보세요. 첫 번째 활동으로는 끈이 될 수 있는 것을 표현합니다. 끈의 변신은 무죄! 끈은 아이들의 손에서 국수, 리본, 외줄타기의 줄이 됩니다. 두 번째 활동으로는 끈으로 할 수 있는 다양한 놀이(줄넘기, 줄다리기, 실뜨기, 림보 놀이)를 해보세요. 아이들이 제시한 끈 놀이를 해도 좋습니다.

7월 3주
연극으로 만나는 다양한 마음

"민준아, 너 조금 슬픈 표정 좀 지어줄래?" 연극 연습 도중 채민이가 민준이에게 짜증 나는 말투로 말합니다. 수학 시험을 못 봐서 속상한 장면을 표현해야 하는데 민준이가 싱글벙글 웃고 있었습니다. "아니, 이 장면에서 수학 공부에 관심이 없는 주인공은 오히려 시험이 끝나서 개운할 것 같아." 민준이는 이렇게 덧붙입니다.

인물이 어떤 상황에 있는지, 인물이 어떤 성격을 가지고 있는지에 따라 인물이 느끼는 감정과 생각, 하는 행동이 다릅니다. 채민이가 얘기한 대로 슬픈 감정을 느낄 수도, 민준이가 얘기한 대로 개운한 감정을 느낄 수도 있습니다. 다만, 슬픈 감정이라면 그 감정과 어울리는 대사와 행동을 함께 표현해야 합니다. 아이들과 연극 수업을 할 때 핵심은 역할로서 느끼는 감정을 대사와 행동으로 적절하게 표현하는 것입니다. 내가 하고 싶은 말에 어울리는 말투, 어조를 사용하고, 거기에 걸맞은 표정, 행동까지 더한다면 실감 나게 나의 감정을 표현할 수 있습니다.

'내가 만약 그림책 속 인물이라면 어땠을까?'라는 질문을 따라 연극 안으로 들어가 다양한 감정을 탐구하고, 표현하는 방법을 알아보는 시간을 가져보면 어떨까요?

이 주의 그림책 ①

감정을 실감 나게 표현해보자
《아 진짜》
(권준성 글, 이장미 그림, 어린이아현)

'아 진짜'는 변신의 귀재! 마법 같은 단어입니다. '아 진짜'로 어떤 대화든 가능하니까요. 다음 상황에 어울리게 '아 진짜'로 말해보세요.

예시

- 상황 1

아이스크림 가게에서 소프트아이스크림을 사고 문밖으로 나오자마자 아이스크림이 툭 바닥으로 떨어졌을 때

- 상황 2

친구가 내가 좋아하는 연예인 공연 티켓이 생겼다고 같이 가자고 얘기할 때

- 상황 3

3년째 도전한 시험. 터질 것 같은 심장을 부여잡고 채용 결과를 확인했다. 창에 떠 있는 '죄송합니다'라는 단어를 보았을 때

3가지 상황에서 모두 똑같은 어조로 '아 진짜'를 말했나요? 화날 때도, 짜증 날 때도, 놀랄 때도, 기쁠 때도, 슬플 때도, 좌절할 때도 '아 진짜' 한마디로 감정을 표현할 수 있습니다. '아 진짜'라는 같은 말이라도 다른 말투와 표정으로 얘기하

면 다른 의미를 가진 '아 진짜'가 됩니다.

그림책 《아 진짜》는 다양한 상황에서 '아 진짜'만 말하는 주인공이 등장합니다. 아침 7시, 엄마 손에 이끌려 침대 밖으로 질질 끌려 나올 때 '아 진짜', 용돈으로 형은 만 원을 받고, 나는 천 원을 받은 상황에서도 '아 진짜', 형이 내 그림에 물을 쏟았을 때도 '아 진짜'. 같은 '아 진짜'를 말하고 있지만 장면마다 주인공의 감정은 모두 다릅니다. 아침에 엄마 손에 이끌려 질질 끌려 나올 때의 감정은 '지침' 내지 '피곤함'입니다. 잠에 깊이 빠져 있는 표정과 함께 느리고 약한 말투로 '아 진짜'라고 말하면 그림책의 장면과 찰떡같이 어울리는 표현이 될 것 같습니다.

그림책 《아 진짜》를 읽을 때는 간단한 질문 하나면 충분합니다. '이 상황에서 어떻게 '아 진짜'라고 했을까?' 아이들은 어느새 그림책의 주인공이 된 것처럼 몰입해 주인공의 감정을 '아 진짜' 한마디로 표현합니다. 자, 그럼 이제부터 교육연극 수업으로 인물의 감정을 실감 나게 표현해보고, 나의 감정을 표현해보는 시간을 가져볼까요?

• • •

'아 진짜' 속 이런 감정, 저런 감정

나의 경험으로 정지 장면을 만들어봅니다. 이 활동을 통해 아이들은 '아 진짜'라는 짧은 단어 속에 의미를 함축적으로 담아내는 예술의 표현 방식을 경험하게 됩니다. '아 진짜'라는 말 대신 사용할 수 있는 구체적인 말을 떠올려보는 활동도 이어서 해봅니다. 아이들이 표현한 정지 장면에서 분위기와 상황을 읽어내고, '아 진짜'의 속뜻을 찾아냅니다. 나의 감정과 생각을 온전하게 전달하기 위해 적절한 말, 말투, 표정을 활용해야 한다는 것을 알아볼 수 있는 활동입니다.

활동1 감정을 넣어 그림책 읽기

다음 세 가지 질문을 바탕으로 그림책 《아 진짜》를 읽은 후, 장면 속 감정이 드러나도록 몸동작과 표정을 하고, '아 진짜'에 어울리는 말투로 표현해봅니다.

첫째, 그림책에 표현된 장면은 어떤 상황일까?
둘째, 주인공은 어떤 감정을 느꼈을까?
셋째, 장면에서 주인공은 어떤 표정과 말투로 '아 진짜'를 했을까?

> **예시**
>
> 아침 6시 엄마 손에 이끌려 질질 끌려 나올 때 '아 진짜'라고 말하는 장면
>
> - 동작: 눈 비비며 하품하기
> - 표정: 피곤해서 눈을 계속 감고 있음
> - 말투와 어조: 힘없이 작고 느리게

활동2 '아 진짜' 정지 장면 만들기

나의 경험을 넣어 '아 진짜'를 사용했던 순간을 정지 장면으로 만들어봅니다.

1. '아 진짜'를 사용했던 경험 떠올리기

> **예시**
>
> - 경험
>   내 생일은 12월 29일이다. 그런데 우리 집 달력에는 12월 30일에 내 생일이라고 표시되어 있다.

> - 감정
>
> 가족들에게 서운하다.

2. '아 진짜'를 사용한 순간을 정지 장면으로 만들기

> 예시
>
> 칠판에 달력이 그려져 있다.
>
> - 학생 1: 검지손가락으로 달력을 가리키고 인상을 찌푸리고 있다.
> - 학생 2: 한 손으로 입을 막고, 두 눈은 크게 떠 놀란 표정을 짓는다.
> - 학생 3: 양손으로 비는 시늉을 한다.

3. 선생님이 한 명씩 어깨를 터치하면 핵심 대사를 한마디 한다.

> 예시
>
> - 학생 1: 아 진짜! (짜증 난 말투로)
> - 학생 2: 헉! (놀란 말투로)
> - 학생 3: 미안해. (미안한 말투로)

4. 표현한 장면이 어떤 상황인지, 주인공은 어떤 마음일지 예상한다.

감정 표현

> **더 알아보기**
>
> ● 정지 장면(Still-Image, 타블로, 조각상 만들기)은 핵심적인 의미를 정지된 이미지로 표현하는 것으로 아이들에게 입체 사진이라고 설명하면 쉽게 이해할 수 있습니다. 정지 장면을 활용하면 인물, 물건과 같은 구체적인 것 외에도 인물의 감정, 날씨 등 추상적인 개념도 표현할 수 있습니다.

활동 3 '아 진짜' 대신 이렇게 말해요

'아 진짜'라는 말에 대해 생각해보는 시간을 갖습니다. 실제 생활에서 내가 생각하고 느끼는 것을 '아 진짜'로만 표현할 수는 없습니다. 구체적인 언어로 어떻게 표현하면 좋을지 학생들과 이야기 나눠보세요. 포스트잇에 '아 진짜' 대신 사용할 수 있는 말을 적어 친구 몸에 붙이는 활동을 해도 좋습니다.

> **예시**
> - '내 생일은 29일이야.'
> - '내 생일을 깜빡하다니 서운하다.'
> - '내 생일 잊지 말아줘.'

이 주의 그림책 ②

내 마음을 연극으로 만든다면?
《마음 의자》
(허아성 지음, 리틀씨앤톡)

　다이어트를 다짐하며 사과 한 조각으로 아침을 시작한 날의 이야기입니다. 점심에는 당이 떨어졌다는 핑계를 대며 '마카롱 하나 사 먹을까?' 하는 고민을 잠깐 합니다. 일을 마치고 집으로 돌아가는 길에는 '오늘 하루 고생한 나는 로제 떡볶이에 분모자를 추가해 먹어야 해' 하며 마음이 속삭입니다. 거절할 새도 없이 어느새 제 손가락은 배달 앱에서 떡볶이 맛집을 검색하고 있습니다. 이때 내 마음은 얼마나 갈대 같은지 깨닫습니다. 마음은 참 자기 멋대로이지요. 시시각각 변하고, 내 생각대로 되지 않습니다.

　시시각각 변하는 나의 마음을 담아낸 그림책이 한 권 있습니다. 바로 그림책 《마음 의자》입니다. 주인공 철호의 마음속에는 마음 의자가 있습니다. 마음 의자에 어떤 마음 친구가 앉느냐에 따라 철호의 마음이 바뀝니다. 만약 갈대 같은 제 마음을 그림책으로 그려냈다면, 아침에는 마음 의자에 '건강을 생각하는' 마음 친구가 앉아 있다가, 저녁에는 '맛있는 음식으로 지친 나를 달래주고 싶은' 마음 친구가 앉아 있겠네요.

　그림책 《마음 의자》에는 공부벌레, 놀자놀자 삼총사, 막먹는 하마, 불고릴라 등 다양한 캐릭터가 등장합니다. 이름에는 각 캐릭터가 가진 특징이 드러나는데요, '공부벌레'가 마음 의자에 앉았을 때 철호는 숙제를 해야겠다고 생각합니다. 그것도 잠시, '놀자놀자 삼총사'가 의자에 앉자 철호는 숙제를 그만두고 핸드폰을 만지작거리기 시작합니다.

여러분들의 마음에도 마음 의자가 있다고 상상해보세요. 나의 하루 중 어떤 마음 친구들이 마음 의자에 앉고, 어떤 마음들이 뒤엉켰나요? 아이들과 그림책 《마음 의자》를 읽고 연극을 만들어보며 나의 마음을 들여다볼 수 있는 활동을 소개합니다.

감정 표현

나의 마음 의자 연극 만들기

감정을 소리와 동작으로 표현해보는 활동입니다. 나의 감정을 글, 그림이 아닌 몸을 활용해 입체적으로 표현하며 즉흥을 경험하고, 나의 마음을 이해하고 살피는 시간을 갖습니다.

활동 1 몸으로 마음 퀴즈

1. 내가 어제 느꼈던 감정을 소리, 동작으로 표현해봅니다.
2. 다른 친구들은 어떤 감정인지 맞혀봅니다.

> 예시
> - 젓가락을 꼬아 무언가를 먹는 시늉, 입으로 씹고, 손으로 최고를 표시함 → 행복
> - 눈을 감고 꾸벅꾸벅 졸고 있음 → 피곤함

7월 3주

활동 2 마음 소리, 동작 따라 하기

1. 반 전체가 서서 원을 만듭니다.
2. 술래는 원 가운데에 섭니다. 술래는 감정을 하나 떠올리고, 자신이 느낀 감정을 소리와 동작으로 표현합니다.

예시

- 짜증 남 → (소리) 으아악! (동작) 양손으로 머리를 쥐어뜯기

---

3. 나머지는 술래를 흉내 냅니다.
4. 술래가 원둘레에 서 있던 친구 한 명과 하이파이브를 하면 술래가 바뀝니다.
5. 2~4의 과정을 계속 진행합니다.

활동 3 즉흥 '마음 의자' 만들기

이 활동은 의자 하나만 있으면 할 수 있습니다. 연극을 보다 더 재미있게 하고 싶다면 보자기 천이나 소품을 사용해도 좋습니다. 한결 표현이 풍부해질 테니까요.

1. 모둠에서 한 명은 작가, 나머지는 배우가 됩니다.
2. 작가는 교실 무대의 의자에 앉습니다.
3. 작가는 여러 가지 마음이 들었던 경험을 떠올려보고 그 경험을 즉흥으로 얘기합니다. (여러 가지 마음이 들었던 경험을 얘기해야 연극 표현이 풍성해집니다.)

> **예시**
> - 내일 학교에서 물놀이할 생각에 밤에 잠이 잘 오지 않았다. 아침에 일어났는데, 비가 너무 많이 왔다. 물놀이를 못 하면 어떻게 하지 생각하며 학교에 왔다. 학교에는 커다란 물풀이 설치되어 있었다. 1교시에 비가 언제 그치나 계속 창밖만 봤다. 2교시가 되자 세게 오던 비가 멈췄다. 우리 반은 나가서 물놀이했다.

4. 배우들은 작가의 이야기를 다 들은 후, 작가가 어떤 마음을 느꼈을지 떠올려봅니다.
5. 배우는 작가의 마음이 되어 즉흥으로 한 명씩 작가가 앉아 있는 의자 쪽으로 가서 마음을 표현합니다.

> **예시**
> - 내일 학교에서 물놀이할 생각에 밤에 잠이 잘 오지 않았다.
>   → 작가 뒤에 서서 말똥말똥한 눈을 하고, 기대되는 표정을 짓는다.
>
> - 아침에 일어났는데, 비가 너무 많이 왔다.
>   → 작가의 왼쪽에 서서 창문을 열고, 놀란 표정을 짓는다.
>
> - 물놀이를 못 하면 어떻게 하지 생각하며 학교에 왔다.
>   → 작가의 앞쪽에 엎드려서 두 손으로 머리를 잡고 고개를 젓는다.
>
> - 학교에는 커다란 물풀이 설치되어 있었다.
>   → 고개를 젓는 학생 옆에 무릎 꿇고 앉아서 두 손을 맞대고 기도한다.

7월 3주

한 걸음 더

다양한 마음에 주목하게 해주는 그림책

《워터》 (김기린 지음, 파란자전거)
#주인공마음 #실감나게낭독극하기

걱정, 슬픔, 기쁨, 미움, 분노, 사랑과 같은 마음이 그림책 《워터》의 주인공입니다. 마음들은 생김새만 다른 것이 아니라 표정도, 하는 말도, 말투도 다릅니다. 슬픔이는 조그만 일에도 자꾸 얼굴이 일그러지고, 눈물을 뚝뚝 흘립니다. 기쁨이는 이빨을 환하게 보이며 잘 웃고, 말이 많고, 빠릅니다. 그림책 《워터》를 통해 다양한 마음을 만나보고, 마음에 어울리는 표정, 목소리, 말투를 하며 낭독극을 해봅시다. 첫 번째 활동은 '주인공 탐구'입니다. 인물의 생김새, 성격, 표정, 자주 하는 말, 어울리는 말투를 탐색합니다. 두 번째 활동으로는 인물의 특징을 바탕으로 어울리는 목소리, 표정을 하며 낭독극을 합니다.

《내가 가장 듣고 싶은 말》 (허은미 글, 조은영 그림, 나는별)
#마음의변화 #듣고싶은말

할머니, 아빠는 아침부터 잔소리입니다. 학교에서는 선생님이 잔소리합니다. 오늘따라 잔소리가 더 듣기 싫습니다. 사실 오늘은 동구의 생일입니다. 누구도 동구의 생일을 몰라주는 것 같아 동구는 서럽습니다. 동구의 하루를 쭉 관찰하며 동구의 마음을 연극으로 표현해봅시다. 첫 번째 활동으로 하루 동안의 동구의 마음 변화를 연극으로 표현합니다. 가령, 동구의 짜증 남, 억울함 등 다양한 마음을 몸으로 표현합니다. 두 번째 활동으로는 '동구가 사람들에게 듣고 싶은 말을 무엇이었을까?' 떠올리고 포스트잇에 써봅니다. 그림책 《내가 가장 듣고 싶은 말》 속 등장인물 중 한 명이 되어 동구에게 하고 싶은 말을 포스트잇에 써서 붙여도 좋습니다.

7월 4주
그림책 한 권으로 대본 없이 연극하기

그림책을 활용한 연극 수업에 한 발짝 가까워졌다면 이제는 연극을 만들고 공연을 해볼 차례입니다. 연극 공연이라고 하니 혹시 아이들에게 대본을 나눠주고, 외우게 하고, 완벽한 공연을 위해 반복적으로 연습시키는 장면을 상상했나요? 아이들은 공연을 위한 대본 외우기와 반복 연습을 지루해합니다. 특히 연극 대본이 나와는 아무 관계없는 주제를 담고 있다면 더욱 흥미를 느끼지 못하겠지요.

아이들의 연극은 배우들의 연극과는 다릅니다. 우리의 목적은 배우를 만드는 것이 아니니까요. 교실에서 연극 만들기를 할 때 중요한 것은 아이들의 경험과 생각이 연극 속에 담기는 것입니다. 아이들은 자신의 이야기로 연극 만들기를 좋아합니다. 나의 경험, 생각, 감정을 예술 형식인 연극으로 표현하며 친구들과 또래들이 진정으로 공감할 수 있는 이야기가 연극으로 탄생하기 때문입니다.

연극을 만들 때 백지상태에서 이야기를 만드는 것은 결코 쉬운 일이 아닙니다. 이때 그림책을 활용하기를 추천합니다. 그림책은 글밥이 적지만 탄탄한 플롯을 갖추고 있습니다. 또한 구체적인 상황이나 감정의 묘사가 적기 때문에 우리의 상상을 집어넣을 공간이 많습니다. 연극 만들기에서 이야기의 길을 안내해줄 형식이나 틀로써 그림책은 훌륭한 길잡이가 되어줄 수도 있습니다.

이야기의 흐름이 탄탄하게 정해졌다면 이제 한 장면, 한 장면 연습을 시작합니다. 이때 대본은 필요하지 않습니다. 장면별로 어울리는 대사나 행동을 즉흥적으로 하며 연습합니다. 즉흥으로 만들어진 대사와 행동을 다듬어 최종 리허설을 하고 연극으로 발표합니다. 대본은 연극 활동 끝에 결과물로 탄생합니다.

대본 없이 연극하기 좋은 그림책 두 권을 추천합니다. 한 권은 낭독극 형태의 연극을 만들기에 좋은 그림책이고, 다른 한 권은 학생들이 직접 이야기를 창작하기에 좋은 그림책입니다. 자, 그럼 우리가 직접 만드는 연극 수업을 시작해볼까요? 레디, 액션!

이 주의 그림책 ①

이 장면에는 어떤 소리가 어울릴까?
《슛!》
(나혜 지음, 창비)

연극 만들기를 할 때, 나의 상상을 집어넣을 수 있는 그림책을 활용하면 좋습니다. 글 없는 그림책은 장면 속 인물이 어떤 말을 했을지, 어떤 생각을 했을지 상상할 수 있는 공간이 있어서 연극 수업에서 자주 사용됩니다. 그림책《슛!》은 글이 없는 그림책입니다. 독자는 글 대신 그림을 읽으며 어떤 대화가 오갔는지, 주변에서 어떤 소리가 들렸는지 자유롭게 상상할 수 있습니다.

그림책《슛!》은 축구 선수들이 힘차게 달리고 있는 모습이 담긴 표지부터 역동적입니다. 만화처럼 한 컷, 한 컷 쪼개져 있는 장면은 속도감을 부여합니다. 장면을 전환할 때 움직임도 세부적으로 묘사한 덕분에 한 권을 다 읽고 나면 마치 한 편의 애니메이션을 본 것 같은 기분이 듭니다. 글이 없어 그림 속 인물의 표정과 움직임에 더욱 주목하게 됩니다. 장면을 하나하나 눈으로 읽다 보면 자연스럽게 장면에 걸맞은 소리가 귓가에 들려오는 듯합니다. 특히 주인공이 찬 공이 공중에서 포물선을 그리다가 골대에 정확하게 들어갔을 때는 입술을 꼭 붙이고 가만히 있을 수가 없습니다. 아이들은 시키지도 않았는데 크게 외칩니다. "슈우우웃~~~골!!!!" 하면서요. 어느새 아이들은 축구 해설가 또는 음향 감독이 된 것처럼 그림책 속 상황을 설명하고, 장면에 어울리는 소리를 냅니다.

이 과정에서 아이들은 책을 읽는 독자에서 한 발 더 나아가 극작가, 배우 또는 음향 감독이 되어 소리를 만들어냅니다. 이야기를 지어 연극을 만드는 것이 부담스럽다면, 먼저 글 없는 그림책으로 낭독극을 해보는 것은 어떨까요? 그림책 작가가 그려 넣은 장면에 우리만의 소리를 넣어보며 연극을 해보는 거예요.

소리 찾아 낭독극 하기

그림책 《슛!》 속의 장면을 보며 어울리는 소리를 탐색해봅시다. 인물은 어떤 동작을 하고 있고, 어떤 표정을 하고 있나요? 인물의 기분도 상상해봅시다. 그림책 속에서 어떤 소리가 들려올 것 같나요? 직접 대사도 넣어보고, 장면과 어울리는 효과음도 넣어봅니다. 그 후에는 낭독극을 만들어 그림책을 더욱 풍성하게 즐겨보세요.

활동1 말풍선 & 생각풍선 붙이기

색깔이 다른 포스트잇 두 종류를 준비합니다. (하나는 말풍선, 하나는 생각풍선으로 사용합니다.) 인물이 했을 것 같은 말과 생각을 상상해 말풍선과 생각풍선에 적습니다.

> **예시**
>
> 빨간 유니폼을 입은 선수가 힘을 주며 봉에서 뛰어내리는 장면
> - 생각 풍선: 봉이 너무 답답해. 봉에서 떨어질 수 있을까?
> - 말풍선: 으… 으… 와! 이게 되네!

말풍선을 만들 때 다음과 같은 질문을 던지면 도움이 됩니다.

- 빨간 유니폼을 입은 선수가 힘을 주며 봉에서 뛰어내릴 때 무슨 말을 했을까?
- 어떤 효과음을 넣으면 장면과 잘 어울릴까?
- 그림 속에 보이지 않는 사람들은 누가 있을까? 그 사람들은 무슨 말을 했을까?

활동 2 인상 깊은 장면, 연극으로 만들기

1. 그림책을 읽고 인상 깊은 장면을 하나 고릅니다.
2. 인물의 마음을 상상합니다.
3. 장면에 어울리는 표정, 동작, 소리를 상상해 연극으로 표현합니다. 이때 장면에 인물을 추가하거나, 상황을 추가해 더욱 풍성하게 표현할 수도 있습니다.
4. 그림책 전체를 모둠별로 나눠 장면을 만든 후, 전체 장면을 연결해 하나의 연극으로 만들 수도 있습니다.

활동 3 낭독극 하기

1. 그림책 속 장면을 모둠 수만큼 나눠 각 모둠에 배정합니다.
2. 각 모둠은 장면에 어울리는 소리(말, 효과음)를 떠올립니다.
3. 모둠원은 역할을 하나씩 맡고, 연습합니다.
4. 모든 모둠이 순서대로 발표하면 학급 전체가 한 권의 그림책을 낭독하게 됩니다.

소리를 낼 때 동작이나 표정을 함께 표현하면 조금 더 실감 나게 연극을 할 수 있습니다. 그림책 속 장면을 화면에 띄워 낭독극 무대의 배경으로 사용해도 좋습니다.

이 주의 그림책 ②

'뭐든 가능한 나라'를 무대로 연극을 해보자
《뭐든지 나라의 가나다》
(박지윤 지음, 보림)

　이번에는 직접 이야기를 창작해 연극으로 만들어보는 활동을 알려드릴게요. 어떻게 연극 이야기를 창작하면 좋을지 고민스럽다면 그림책 《뭐든지 나라의 가나다》를 읽어볼 것을 권합니다. 그림책 《뭐든지 나라의 가나다》는 '가, 나, 다' 각각의 낱말로 시작하는 문장들로 이야기가 진행됩니다. 뭐든지 나라에서는 '가나다의 법칙'만 지킨다면 어떤 것이든 소재로 등장할 수 있고, 무엇이든 할 수 있습니다. 다리를 건너다가 만난 살아 움직이는 당근, 아이스크림이 열매인 나무, 글자 비가 쏟아지는 구름 책 등 환상적인 소재들이 나와 아이들의 상상력을 자극합니다.

　이야기는 '가'로 시작합니다. 여자아이는 가방 가게에 갔습니다. 가방 가게에는 나무가 그려진 가방, 나비가 그려진 가방, 낙타가 그려진 가방, 늑대가 그려진 가방 등 온갖 가방이 보입니다.

　다음에는 어떤 이야기가 이어질까요? 나비 가방을 샀을까요? 아닙니다. 나는 가방 속에 그려져 있던 늑대를 샀습니다. 여자아이는 가방에서 튀어나온 늑대의 목줄을 잡고 가방 가게를 나옵니다. 이야기가 왜 이렇게 현실성이 없냐고요? 그것이 이 그림책의 재미이자 매력입니다. 다양한 상상력을 허용하는 것이지요. '가나다의 법칙'만 잘 지킨다면요!

　연극 이야기를 지을 때 어디서 어떻게 시작해야 할지 고민이 된다면 '가나다의 법칙'을 따라보는 것도 방법입니다. 낱말을 알고 있고, 아이들의 상상력만 있

연극
공연

으면 누구든 '가'부터 '하'를 활용해 이야기를 지어낼 수 있습니다. '가나다의 법칙'만 지킨다면 아이들의 자유로운 상상력이 허용되기 때문에 이야기를 짓기 어려워하는 아이들도 즐겁게 참여합니다.

연극은 우리를 현실과 다른 공간, 다른 시간으로 데려갑니다. 그리고 우리는 연극 속에서 무엇이든 될 수 있고, 어떤 것이든 할 수 있습니다. 처음 연극을 시작하는 아이들에게 자유롭게 창작할 수 있는 기회를 주고, 아이들의 상상을 연극으로 표현하게 해주세요. 이때 이야기가 나열식이 아니라 하나의 연결성을 갖고 있으면 더 매끄러운 이야기가 탄생합니다. 뭐든 가능한 연극, 함께 만들어봅시다.

가나다 법칙을 지켜 연극을 만들자

'가'에서부터 '하'까지 각 낱말을 이용해 문장을 쓴 후, 한 편의 연극을 만들어봅니다. 이때 아이들의 다양한 상상을 허용해주세요. 다만 연극으로 표현해야 하므로 상상은 몸짓과 소리로 표현할 수 있어야 한다는 약속을 정해둡니다.

활동1 이어질 이야기 상상하며 그림책 읽기

그림책을 읽을 때 다음 장면에 뭐가 나올지 예상하며 읽어보세요.

1. '다' 장면을 읽고 '라'로 시작하는 단어를 떠올려봅니다.

> **예시**
> 라면, 라이터, 라구파스타, 라디오, 라오스, 라이벌, 라이브 방송, 라벨, 라일락, 라즈베리, 라볶이

2. '라'가 들어간 단어로 시작하는 문장을 만들어봅니다.

> 예시
> - 라면을 먹었다.
> - 라이터에 불을 붙여 당근을 놀라게 했다.

3. '라' 장면을 확인하고, '마'로 시작하는 이야기를 예상해봅니다.

활동2 즉흥 릴레이 놀이

이 활동은 '가'부터 '하'까지 즉흥으로 문장을 이어 붙여 이야기를 만들어내는 것이 목적입니다.

1. '가'부터 '하'까지 각 낱말로 시작하는 단어를 찾아봅니다.

> 예시
> - '가'로 시작하는 단어
>   가방, 가수, 가지, 가능성, 가장, 가면, 가로수, 가위, 가로 등
>
> - '나'로 시작하는 단어
>   나, 나방, 나비, 나이테, 나무, 나들이, 나침반, 나누다, 나무라다 등

2. 첫 번째 학생은 '가'로 시작하는 문장을 말하며 어울리는 동작을 합니다.

3. 이어지는 문장이 떠오른 학생은 무대로 나와 즉흥으로 표현합니다.

4. '하'까지 즉흥으로 진행합니다. 이때 즉흥 릴레이 놀이로 만들어진 이야기를 다듬어 한 편의 연극을 만들 수도 있습니다.

> 예시
>
> - 1번 학생: '가'로 시작하는 문장 표현하기
>   → "가수가 꿈인 아이가 있었다"라고 말하며 마이크 쥔 자세 취하기
>
> - 2번 학생: '나'로 시작하는 문장 표현하기
>   → "나는 그 아이가 좋았다"라고 말하며 손으로 하트 만들기
>
> - 3번 학생: '다'로 시작하는 문장 표현하기
>   → "다만, 그 아이는 나를 좋아하지 않았다"라고 말하며 등 돌리는 동작하기

활동3 가나다 연극 만들기

1. 종이에 '가'부터 '하'까지 쓰고, 각 낱말이 들어가는 문장을 씁니다. 이때 문장들이 하나의 이야기로 연결되도록 씁니다.

> 예시
>
> - 가: 기다리던 가을 운동회 날이었다.
> - 나: 나는 계주 달리기 선수로 출전했다. 옆 반에는 지호가 출전했다.
> - 다: 지호랑 가까워졌을 때 나는 슬쩍 다리를 걸었다.
> - 라: 라이벌 지호가 넘어졌다.
> - 마: 마지막까지 있는 힘을 다해 달렸다.
> - 바: 바라던 대로 우리 반이 1등을 했다.

- 사: 사람들이 모두 환호했다. 나는 기뻤다.
- 아: 아직도 지호는 넘어진 자리에 그대로 있었다.
- 자: 넘어진 자리에서 일어나지 않았다.
- 차: 차마 눈을 뗄 수가 없었다.
- 카: 그때 친구들은 카메라를 들이밀며 기념사진을 찍자고 했다.
- 타: 내가 계속 지호를 쳐다보자 친구들이 신경 쓰지 말라며 나를 타일렀다.
- 파: 미안함이 파도처럼 밀려왔다.
- 하: 하지만 이제 내가 할 수 있는 것은 아무것도 없다.

2. 필요한 문장을 추가하고, 수정합니다.

예시

- (추가) 출발선에 섰다. 호루라기 부는 소리에 지호와 나는 출발했다.
- (추가) 나는 1등으로 도착점에 들어왔다.
- 아직도 지호는 넘어진 자리에 그대로 있었다 → (수정) 지호는 많이 아파하고 있다.

3. 각 장면에 어울리는 행동과 대사를 넣어 연극으로 만들어 발표합니다.

학생들이 어떤 이야기를 만들어야 할지 고민한다면, 우리 반에 있었던 일을 떠올려보게 하는 것도 방법입니다.

한 걸음 더

한 편의 연극으로 만들기 좋은 그림책

《내가 만드는 1000가지 이야기》
(막스 뒤코스 지음, 이주희 옮김, 국민서관)
#뭐든이야기된다 #상상으로연극만들기

그림책 《내가 만드는 1000가지 이야기》는 10가지의 장면으로 이뤄져 있습니다. 그리고 하나의 장면이 위, 중간, 아래로 3등분 되어 있고, 각 장을 따로 넘길 수 있습니다. 위, 중간, 아래를 다양하게 조합하면 1000가지의 이야기를 만들 수 있습니다. 각 장을 어떻게 조합하느냐에 따라 이야기는 달라집니다. 독자는 이야기를 읽는 역할이 아니라, 직접 조합한 장면을 보며 이야기를 지어내는 창작자가 됩니다. 불꽃이 팡팡 터지는 위, 축구 경기하는 중간, 수영장이 그려진 아래의 장면을 보면서 어떤 이야기를 만들 수 있을까요? 이야기를 짓고 연극으로 만들어 발표해봅니다.

《하이킹》 (피트 오즈월드 지음, 마술연필 옮김, 보물창고)
#글없는그림책 #자연의소리

그림책 《하이킹》도 글 없는 그림책입니다. 붉은 해가 지평선 위로 올라올 때 아빠는 아이를 깨웁니다. 아이는 옷을 단단하게 여미고, 아빠와의 여행을 시작합니다. 구불구불한 길을 지나 도착한 숲에서 새도 만나고, 사슴도 만나고, 나비도 만납니다. 흐르는 강을 지나고, 거세게 떨어지는 폭포도 지납니다. 읽다 보면 그림 속에 묘사된 자연의 소리를 상상하게 됩니다. 하이킹을 하며 아이와 아빠가 나눈 대화를 상상해 대사를 만들어보고, 자연에서 들리는 각종 소리도 효과음으로 넣어보는 활동을 해보세요. 더 나아가 장면의 분위기에 어울리는 음악을 찾아 넣거나 음악을 악기로 연주해 낭독극을 만들어볼 수도 있습니다.

교육과정과 이렇게 연계해요

8월 1주 학교폭력 이젠 멈춰!
[2바01-03] 가족이나 주변 사람을 배려하며 관계를 맺는다.
[2바03-03] 여러 인물의 삶을 통해 공동체성을 기른다.
[2슬01-01] 학교 안팎의 모습과 생활을 탐색하며 안전한 학교 생활을 한다.
[2국05-03] 작품 속 인물의 모습, 행동, 마음을 상상하여 시, 노래, 이야기, 그림 등으로 표현한다.
[4국05-03] 이야기의 흐름을 파악하여 이어질 내용을 상상하고 표현한다.

8월 2주 아동학대는 먼 곳에 있지 않다
[2즐03-04] 안전과 안녕을 위한 아동의 권리가 있음을 알고 누린다.
[2즐04-02] 자유롭게 상상하며 놀이한다.
[2국02-04] 인물의 마음이나 생각을 짐작하고 이를 자신과 비교하며 글을 읽는다.
[6국05-02] 작품 속 세계와 현실 세계를 비교하며 작품을 감상한다.
[6국05-05] 작품에 대한 이해와 감상을 바탕으로 하여 다른 사람과 적극적으로 소통한다.

8월 3주 재난에 대처하는 우리의 자세
[2바01-01] 학교생활 습관과 학습 습관을 형성하여 안전하고 건강하게 생활한다.
[2슬01-03] 가족이나 주변 사람에게 관심을 갖고 함께 살아가는 모습을 탐구한다.
[4국02-01] 문단과 글의 중심 생각을 파악한다.
[4미01-04] 미술을 자신의 생활과 관련지을 수 있다.
[6미02-02] 다양한 발상 방법으로 아이디어를 발전시킬 수 있다.

8월 4주 사이버 과잉 의존, 어디부터 잘못된 걸까?
[2즐04-02] 자유롭게 상상하며 놀이한다.
[2즐04-04] 기억에 남는 경험을 떠올리며 의미를 부여한다.
[2국01-04] 자신의 경험이나 생각을 바른 자세로 발표한다.
[4국01-04] 적절한 표정, 몸짓, 말투로 말한다.
[6국05-04] 일상생활의 경험을 이야기나 극의 형식으로 표현한다.

8월

학교폭력 안전교육

8월 1주

학교폭력 이젠 멈춰!

"학교폭력, 멈춰!" 쉬는 시간, 학교 곳곳에서 들려오는 소리입니다. 아이들은 손바닥을 활짝 펴고 자신에게 장난을 치려는 친구를 저지합니다. 아마도 학교에서 배운 학교폭력 대처법이 인상 깊게 남은 모양입니다.

문제는 그러한 대처가 막상 꼭 필요한 순간에는 나오지 않는다는 점입니다. 경찰학자이자 범죄분석가인 표창원 박사는 '학교폭력, 멈춰' 구호의 실효성에 대해 의문을 제기했습니다. 피상적인 구호 외치기보다는 보다 더 심층적이면서 장기적이고 살아 있는 학교폭력 예방 프로그램이 필요하다는 것입니다. 무엇이 그의 해답이 될 수 있을까요?

학교폭력은 아이의 한 해뿐만 아니라, 전 생애에 걸쳐 깊고 큰 상해를 입히는 중죄 행위입니다. 몸과 영혼을 모두 해칠 수 있는 학교폭력. 사후 대처보다는 사전 예방을 위한 실효성 있는 교육이 절실한 때입니다. 이번 장에서는 본질적이고 살아 있는 교육을 위한 그림책 활동 몇 가지를 소개합니다.

이 주의 그림책 ①

우리가 꼭 알아야 할 학교폭력의 실상
《찢어진 운동화》
(로사 캄바라 글, 일라리아 자넬라토 그림, 황지영 옮김, 한울림어린이)

　그림책 《찢어진 운동화》는 학교폭력의 전형적인 모습을 생생하게 보여줍니다. 주인공은 찢어진 운동화 때문에 반 친구에게 끊임없는 괴롭힘을 당합니다. 외면하고 싶은 학교의 어두운 모습이지만, 이 또한 아이들이 언제 마주할지 모르는 현실입니다.

　그림책 《찢어진 운동화》를 지은 로사 캄바라는 이탈리아에서 학교폭력을 반대하는 블로그를 운영하며 왕따 및 집단 괴롭힘을 근절하기 위해 노력하고 있다고 합니다. 이 글을 읽는 여러분의 마음도 다르지 않으리라고 생각합니다. 선생님이라면 학급 내에 집단 괴롭힘이 생기지 않도록, 학부모라면 내 아이가 왕따나 학교폭력을 당하지 않도록 촉각을 곤두세울 테니까요.

　아이들과 함께 그림책 《찢어진 운동화》를 읽으며 학교폭력의 현실에 한 걸음 다가가보세요. 이때 특히 주목해야 하는 부분은 이 그림책에서 학교폭력이 나타나는 양상입니다.

　마르코 일당은 주인공을 마구 밀치고(신체 폭력), 어서 썩 꺼지라고 비난과 욕설을 퍼부으며(언어폭력), 다른 친구들이 보는 앞에서 책상에 마구 낙서를 해놓고 모른 척합니다(따돌림). 주인공의 눈썹은 시종일관 팔자로 늘어져 있습니다. 자기 방 침대에 누워 있는 순간에도 아이들이 자신을 비웃는 소리가 귀에 들릴 정도이지요. 이런 주인공을 아무도 도와주지 않습니다. 새 학기가 되어도, 새 학년이 되어

> 8월
> 1주

도, 상급생이 되어도 이런 현실은 달라지지 않을 것입니다. 하지만 여기서 끝이 아닙니다. 여러분이 더 깊게 들여다보아야 할 장면이 아직 숨어 있으니까요.

등장인물들의 속마음 쓰기

그림책 《찢어진 운동화》에서 주인공이 새 학년이 되어 교실에 들어서는 순간, 주인공은 얼어붙습니다. 아무것도 변하지 않은 상황 때문입니다. 주인공이 교실에 들어서자 다른 아이들은 재빨리 한 걸음 물러서고, 마르코 패거리가 주인공을 주시합니다. 이런 상황에서 등장인물들은 어떤 마음이었을까요? 그림책 《찢어진 운동화》의 한 장면에 말풍선을 넣어 적어보는 활동을 통해 아이들은 학교폭력 상황을 둘러싼 다양한 인물들의 마음에 이입해볼 수 있습니다.

활동 1 피해자의 속마음 적기

새 학년이 된 첫날, 주인공은 아마 조금은 기대감을 품었을지 모릅니다. 비록 작년에는 놀림을 받고 따돌림을 당했다 하더라도, 새로운 반에 가면 무언가 달라질지도 모르니까요. 그런데 막상 교실에 들어가보니 서늘한 기운이 느껴집니다. 주인공은 그 순간 무슨 생각을 했을까요?

> **예시**
>
> - 여전히 그대로구나. 아이들이 나를 쳐다보는 눈초리가 여전히 매섭네. 찢어진 운동화를 갈아 신지 못했기 때문일까? 마르코는 왜 또 같은 반인 거야. 올해는 또 어떤 괴롭힘을 당하게 될지 정말 두렵다.

활동 2 **방관자의 속마음 적기**

주인공이 교실에 들어서자, 반 아이들은 흠칫 뒤로 물러섭니다. 주인공을 알아본 것일까요? 혹시 그 반 아이 중에는 주인공에게 손을 내밀고 싶은 마음 착한 학생은 없었을까요? 다양한 반 아이들의 마음을 상상하여 적어봅니다.

> 예시
>
> - 쟤 또 찢어진 운동화 신고 왔네. 옷도 작년과 그대로잖아? 마르코가 이번에도 또 저 아이를 괴롭히겠지? 나는 가만히 있어야겠다. 흥.
>
> - 풀 죽은 표정이 안쓰러워. 가난한 게 죄는 아닌데, 마르코는 저 아이를 왜 이렇게 심하게 괴롭힐까? 나라도 손 내밀어주고 싶은데, 내가 그렇게 하면 마르코가 나를 못살게 굴까 봐 두려워.

활동 3 **가해자의 속마음 적기**

마르코는 주인공을 괴롭히는 주범입니다. 학교폭력의 가해자이지요. 마르코는 새 학년, 새로운 반에 등장한 주인공을 보고 어떤 생각을 했을까요? 마르코의 마음을 상상하여 적어봅니다.

> 예시
>
> - 오, 쟤 올해도 나랑 같은 반이잖아? 작년에 괴롭히는 재미가 쏠쏠했는데, 오늘도 심심풀이로 또 괴롭혀야겠다. 어차피 쟤는 내가 못살게 굴어도 아무 말도 못 하니까, 괜찮아.

8월 1주

이 주의 그림책 ②

학교폭력의 원인, 피해자에게 있지 않아요
《다른 사람들》
(미안 지음, 고래뱃속)

　학교폭력 예방교육을 할 때 아이들에게 가장 먼저 일깨워 줘야 하는 것은 무엇일까요? 가해자에 대한 질책? 방관자로 남지 말자는 약속? 여러 답이 있겠지만, 저는 학교폭력의 원인이 피해자에게 있지 않다는 사실을 알려주는 것이라고 생각합니다. 이를 먼저 주지시켜주는 것이 그 무엇보다 중요한 이유는 수많은 학교폭력 피해자가 자책감으로 고통받고 있기 때문입니다. 자신의 잘못 때문에 피해자가 되었다는 생각을 하는 것이지요. 선뜻 자신의 피해 사실을 주변에 알리지 못하는 이유도 바로 여기에 있습니다. '내 키가 조금 더 컸더라면', '성격이 더 밝았더라면', '돈이 더 많았더라면'…. 많은 학교폭력의 피해자가 학교폭력의 원인을 자신에게서 찾곤 합니다. 이는 피해자의 삶 전체에 걸쳐 커다란 상흔으로 남습니다.

　학교폭력의 원인을 피해자에게서 찾지 않아야 하는 것이 중요한 이유는 또 있습니다. 바로 아이들에게 경각심을 심어줄 수 있기 때문입니다. 원인이 피해자에게 있지 않다면, 언젠가 나에게도 학교폭력이 느닷없는 사고처럼 찾아올 수 있다는 것이니까요. 어쩌면 학교폭력 예방 교육은 남을 위한 것이 아닌, 나 자신을 지키기 위한 것이 아닐까요?《다른 사람들》은 이 사실을 가감 없이 보여주는 그림책입니다.

　주인공은 조금 크게 태어났습니다. 자라고 자라서, 다른 사람들보다 훨씬 커지지요. 타인과 '다른' 모습 때문에 주인공은 따돌림을 당합니다. 이때 주인공은 무슨 생각을 했을까요? 아마도 타인과 다른 자신의 모습이 무언가 잘못되었다고 생각했겠지요. 따돌림의 원인을 자신에게서 찾는 것입니다. 그래서 주인공은 치유의 섬으로 가기를 택합니다. 그곳에서 작은 틀에 자기 몸을 가두고, 더 작은 틀에, 또 더 작은 틀에 자신의 몸을 억지로 맞춥니다. 인내와 고통의 시간을 겪고 난 후 주인공의 몸은 마침내 다른 사람과 같아집니다.

이제 주인공은 따돌림의 대상이 아닙니다. 참 기쁜 일이지요? 이제 그 사회에서는 따돌림이 완전히 근절된 것일까요? 아닙니다. 다른 '큰 사람'이 나타났을 때, 사람들은 또 도망치는 모습을 보입니다. 또 다른 폭력의 반복이지요. 그 순간, 우리는 주인공의 행동에 주목해야 합니다.

결말 비틀어 보기

이전의 자신과 같은 크기의 사람을 보았을 때, 주인공의 마음은 어땠을까요? 예전의 자신이 떠올라 몸서리를 쳤을지도 모릅니다. 혹은 이 사람의 미래에 닥칠 일 때문에 걱정했을지도 모르지요. 아마도 조금은 반가웠을지도 모르겠네요. 커다란 덩치를 가졌다는 것이 어떤 것인지 잘 아니까요.

그런데 우리의 이런 예상과 달리 주인공의 행동은 가히 충격적입니다. 그 누구보다도 더 크게 힘껏, 가방을 던져 공격을 하거든요. '나는 더 이상 피해자가 아니야. 다시는 피해자가 되지 않을 거야. 나는 다른 사람들이랑 '같은' 사람들이니까.' 그림책《다른 사람들》의 주인공은 아마도 이런 마음이었을 것입니다.

하지만 그렇게 큰 사람을 따돌리고 쫓아내고 나면, 아무 일 없었다는 듯 평화롭게 살 수 있을까요? 아니요. 사람들은 또다시 그들만의 틀을 만들어낼 것이고, 틀에 맞지 않는 사람을 탄압하고 무시할 거예요. 가해자들이 가진 사고방식과 행동이 바뀌지 않는다면 따돌림은 절대 사라지지 않습니다. 그림책《다른 사람들》을 읽고 난 뒤, 주인공은 어떻게 행동해야 할지, 결말을 바꾸어보고 이어 상상해보는 활동을 함으로써 아이들은 누구도 무시받지 않고 소외당하지 않는 사회를 만들기 위해 어떻게 해야 할지 생각해볼 수 있습니다.

활동1 이야기의 결말 이후 상상하기

주인공이 가방을 있는 힘껏 던진 후, 어떤 일이 일어났을까요? 결말의 뒷부분을 상상해 말해봅니다.

> **예시**
> - 가방에 맞은 '더 큰 사람'은 상처받고 치유의 섬으로 갔을 것입니다. 그곳에 가서 주인공과 같이 인내와 고통의 시간을 겪고, 몸을 억지로 줄였겠지요. 주인공이 살고 있는 사회에서는 또 다른 따돌림이 반복되고 있을 것 같습니다. 자신만의 기준과 틀을 정하고, 거기에서 벗어난 사람들을 소외시키는 행동은 변하지 않을 테니까요.

활동2 결말 비틀어 보기

또 다른 따돌림이 반복되지 않으려면, 주인공의 행동은 어떠해야 했을까요? 결말을 바꾸어 적어봅니다.

> 예시
>
> - 또 다른 피해자에게 있는 힘껏 가방을 던지는 것이 아니라, 직접 다가가서 악수를 청하면 좋았을 것 같습니다. 주인공의 행동 하나로 다른 시민들의 생각이 달라질 수 있으니까요. 설령 달라지지 않더라도, 악수를 받은 피해자에게는 크나큰 위로가 되었을 것입니다. 어쩌면 굳이 치유의 섬에 가지 않더라도, 사회에 잘 적응하고 살아갈 수 있었을지도 모릅니다.

활동3 바꾼 결말대로 '명장면 인터뷰' 해보기

1. 모둠별로 어떤 결말이 가장 이상적일지 논의해봅니다.
2. 선생님이 '하나, 둘, 셋!'을 외치고 나면 학생들은 자신들이 만들어낸 결말을 몸으로 표현합니다.
3. 선생님은 아이들에게 다가가 결말 장면에 대해 인터뷰를 합니다.

> 예시
>
> - 선생님: 지금 무엇을 하고 있나요?
> - 아이 1: 새로 온 사람에게 악수를 청하고 있습니다. 그렇게 하면 새로 온 사람이 낯설어하지 않고 이 마을에 잘 적응할 수 있을 것이기 때문입니다.
> - 선생님: 악수를 받은 기분은 어떠한가요?
> - 아이 2: 처음 이 마을에 다가왔을 때 차가운 시선에 움츠러들었는데, 이렇게 악수를 받으니 위로가 되는 기분입니다. 왠지 앞으로도 잘 적응할 수 있을 것 같습니다.

한 걸음 더

학교폭력의 또 다른 주체를 생각해보게 하는 그림책

《달에서 아침을》 (이수연 지음, 위즈덤하우스)

#방관자에서방어자로 #음악과함께하는그래픽노블

이 책은 학교폭력의 피해자인 토끼와 방관자인 곰의 이야기입니다. 재미있는 것은 토끼의 유일한 친구가 바로 곰이라는 사실이지요. 곰은 등하굣길에 토끼와 자주 만나 잘 어울리면서도 학교에 가면 토끼를 모른 체합니다. 친구가 괴로워하고 죽을 만큼 힘들어하는 것을 알면서도 침묵하고 외면하는 사람. 그런 사람을 우리는 방관자라고 부릅니다. 그림책 《달에서 아침을》 속 곰이 토끼에게 손을 내밀어주었다면, 비둘기의 부당한 행동에 맞서 싸워주었다면 토끼는 옥상으로 올라가지 않았을 거예요. 뒤늦게서야 비로소 곰은 달라지기로 결심합니다. 방관자가 아닌, 방어자로 우뚝 서서 토끼 옆에 서지요. 내가 곰이었다면 어떻게 행동했을까요? 어떤 방법으로 토끼를 도와줄 수 있을까요?

《공룡 크르릉 씨의 특급 배송》

(마리 사빈 로제 글, 마르졸렌 르레이 그림, 정혜경 옮김, 주니어김영사)
#가해자의분노조절 #화를내는내모습인식하기

학교폭력의 가장 큰 책임은 가해자에게 있습니다. 학교폭력을 근절하기 위한, 어쩌면 가장 근본적인 해결책은 가해자를 향해야 하는 것일지도 모릅니다. 대부분의 학교폭력 사고가 가해자의 분노와 화로부터 촉발되니까요.

©Éditions du Seuil, 2022

참을성이 매우 없는 크르릉 씨는 택배 배달에 차질이 생기자 큰 분노가 치밀어 오릅니다. 이는 감정 조절에 미숙한 아이의 모습과 비슷하지요. 그림책 《공룡 크르릉 씨의 특급 배송》은 먹색 목탄과 분홍색 크레용이 대비되어 크르릉 씨의 분노를 폭발적으로 보여줍니다. 아이들과 이 그림책을 보며 나를 가장 화나게 하는 말과 행동에 관해 이야기를 나눠보세요.

> **8월 2주**
> # 아동학대는 먼 곳에 있지 않다

아동 학대

    양천구 입양아 학대 사망 사건을 기억하시나요? 서울특별시 양천구에 거주하던 한 부부가 입양한 8개월 여아를 집요하게 학대하여, 어린 나이에 사망하게 한 아동학대 사건입니다. 피해자의 사망 과정을 추적한 결과, 작고 어린 아이가 성인 남성도 견디기 힘든 물리적 고통을 감내해야 했습니다. 이유 없이 끔찍하게 자행된 아동학대가 평범한 가정에서 이뤄졌다는 것이 믿기지 않을 정도입니다.

    사람을 때리거나 폭언하여 몸이나 마음을 다치게 한다면 그것은 엄연한 폭력입니다. 그 대상이 가족이라고 해도요. 우리나라는 2001년부터 아동학대에 관한 조사를 철저하게 하고, 매년 '전국 아동학대 현황 보고서'를 발표하고 있습니다. 보건복지부의 조사 결과에 따르면, 아동학대 적발 건수는 증가하는 추세인데 반해, 아동학대 피해 아동 발견률은 해외 선진국보다 낮은 수준입니다. 여전히 사각지대는 존재한다는 의미입니다.

    아동학대는 사생활 영역에 가려져 제대로 발견하기 쉽지 않습니다. 가족이라는 이름으로 암암리에 은폐하기도 하고요. 피해자가 폭력에서 벗어나기 어려운

8월 2주

구조를 이루고 있다는 점도 치명적입니다. 모든 사건 사고가 그러하듯, 아동학대 역시 이미 발생한 일에 개입하여 치료하는 것보다는 애초에 그런 일이 일어나지 않게 막는 것이 무엇보다 중요합니다. 이를 위한 선결 과제는 모든 아동이 아동학대에 대해 명확히 인지하는 것입니다. 아동 스스로 보호받을 권리가 있다는 것과 이러한 권리를 침해당할 경우 대처할 방법이 얼마든지 있다는 것을 알고 있어야 한다는 말입니다. 이는 아이들 스스로 일깨우기 어려운 일이니, 주변 어른들의 각별한 관심과 도움이 필요한 일이지요. 그 첫 단추를 끼울 수 있는 그림책과 활동을 소개합니다.

이 주의 그림책 ①

우리에겐 안전하게 보호받을 권리가 있어요
《아빠의 술친구》
(김흥식 지음, 고정순 그림, 씨드북)

　아동이 가진 권리에 대해 알고 계신가요? 이제 그 권리가 침해받는 경우에 관해 이야기해볼까요? 아동학대에 대해 너무 무겁거나 어렵지 않게 느낄 수 있게 해주는 그림책을 소개하고자 합니다. 바로 그림책 《아빠의 술친구》입니다. 이 그림책의 글을 쓴 김흥식 작가는 '재미있진 않지만, 꼭 말해야 한다고 생각하는 것'들을 그림책으로 만든다고 합니다. 이러한 작품관을 바탕으로 김흥식 작가는 《아빠의 술친구》뿐만 아니라, 《감옥에 갇히면》, 《무인도에서 보내요》 같은 다수의 아동학대 그림책을 그려냈습니다.

　《아빠의 술친구》 속 그림은 결코 화사하지 않습니다. 시커먼 먹색과 백색 그리고 얼룩덜룩한 회색이 그림책 전체를 지배합니다. 음울한 분위기 속 이야기는 더욱 심상치 않지요. 시종일관 술에 취해 있는 아빠가 엄마와 주인공을 괴롭히거든요. 아빠의 혓바닥은 집에 들어오기도 전부터 욕을 퍼붓고(정서 학대), 아빠의 말에 제대로 대답하지 않으면 주인공을 마구 두들기기도 하지요(신체 학대). 결국 아빠의 잇단 폭력에 엄마는 집을 나가게 됩니다. 이제 주인공을 돌봐줄 사람은 어디에도 없습니다(방임).

　이처럼 그림책 《아빠의 술친구》에는 성 학대를 제외한 아동학대의 종류가 모두 나와 있습니다. 그러면서도 너무 잔혹하지는 않게 때로는 은유적으로 이야기를 펼쳐냅니다.

8월 2주

아동학대 종류 알아보기 게임

주인공에게 감정이입을 하여 일기를 써보는 활동은 다른 독후 활동에서도 흔히 볼 수 있습니다. 그림책《아빠의 술친구》의 경우 주인공에게 감정이입을 하여 일기를 써보는 활동의 의미가 더욱 각별합니다. 그림책 곳곳에 아동학대의 징후가 다양하게 나타나 있기 때문입니다.

우선 아이들과 함께 아동학대의 종류에 관해 이야기를 나눠봅니다. 아동학대에는 신체를 직접적으로 때리거나 다치게 하는 '신체 학대', 정신적으로 큰 고통을 주는 '정서 학대'가 있습니다. 또한, 성적으로 추행하는 행위인 '성 학대', 보호자가 아동을 돌보지 않고 방치하는 '방임'도 아동학대입니다.《아빠의 술친구》에는 성 학대를 제외한 신체 학대, 정서 학대, 방임이 모두 등장합니다. 서사를 따라가며 아동학대의 개념을 구체적으로 배울 좋은 기회입니다..

활동1 그림책 속 학대 장면 짚어보기

아이들에게 '이 장면은 어느 학대에 해당하는 장면인가요?'라고 질문을 던지고 이유와 함께 말해보도록 합니다.

> **예시**
> - 그 부분은 신체 학대에 해당하는 장면입니다. 왜냐하면 술을 마신 아빠가 엄마와 주인공의 몸을 다치게 만들고 있기 때문입니다.

활동 2 **그림책 속 한 장면에 이입해보기**

내가 그림책 속 주인공이 되어 일기를 쓴다고 가정하고 써봅니다. 이야기의 장면 중 한 장면을 골라서 적어도 좋고, 아빠가 떠난 뒤의 내 심정을 일기로 써도 좋습니다.

> 예시
>
> - 엄마가 집을 떠났다. 술만 마시면 때리고 욕하는 아빠 때문이다. 엄마가 아빠에게서 벗어난 것은 다행이지만, 나에게는 이제 엄마가 없다. 나는 이제 밥도 굶게 될 것이고, 옷도 제대로 입지 못하겠지. 늘 두려움에 떨며 살겠지. 엄마가 떠나 다행이지만, 동시에 원망스럽다.

활동 3 **'모서리 게임'으로 아동학대 종류 알아보기**

1. 교실의 네 모서리에 아동학대의 이름을 붙입니다. 각 코너에 신체 학대, 정서 학대, 방임, 성 학대라는 표지판을 세우면 좋습니다.

2. 아이들이 쉽게 코너 사이를 이동할 수 있도록 4개의 벽 근처의 방해물들(책상이나 의자 등)을 모두 치웁니다. 10초의 시간 동안 아이들이 네 모서리 중 한 곳으로 이동합니다. 모두 이동하면, 교사가 그림책 속 한 장면을 보여줍니다.

> 예시
>
> - 아빠가 엄마와 주인공을 때리는 장면 → 신체 학대
> - 아빠가 술 마시고 욕 하는 장면 → 정서 학대
> - 아빠와 엄마가 주인공을 보살피지 않는 장면 → 방임

3. 그림책 속 장면에 묘사된 아동학대의 이름이 붙은 모서리에 있던 친구들은 자리로 돌아가 앉습니다.

이 주의 그림책 ②

귀를 기울이면 들리는 어떤 '울음'들
《울음소리》
(하수정 지음, 웅진주니어)

"쉿! 방금 저 소리 들었어?"

평화로운 일상에 낯선 소리가 끼어듭니다. 때로는 노란색으로, 때로는 초록색으로. 혹은 파란빛으로, 또는 빨간빛으로 물든 그 소리는 '어린애' 소리이고, '확실히 우는' 소리이지만, 결국 '남의 일'일 뿐입니다. 그렇게 우리는 낯선 소리를 외면하고, 흘려보냅니다.

그림책《울음소리》를 다 읽은 뒤, 뒷면을 펼쳐보세요. 어떤 표정이 보이나요? 어떤 감정이 느껴지나요?

우리가 무심코 흘려보낸 소리, 색깔, 마음들이 켜켜이 쌓여 아이의 고통을 만들어냅니다. 아이의 얼굴 주변 곳곳에 보랏빛 색깔이 흩뿌려져 있는데요. 아마도 멍을 표현한 것 같습니다. 그림만 보아도 가슴이 찢어질 듯 아파오지 않나요? 우리 주변의 울음소리에 진지하게 귀 기울여야 하는 이유입니다.

아동학대는 일어나지 않는 것이 최선입니다. 하지만 예기치 않게 일어난다면, 그때는 어떻게 해야 할까요? 아동학대가 '나'에게 일어났을 때, 혹은 '주변 친구'에게 일어났을 때의 대처 방법을 인식할 수 있는 활동을 소개합니다.

> 아동
> 학대

그림책 속 아이를 구하라!

그림책《울음소리》를 읽다 보면 '여기서 잠깐!' 싶은 순간이 있습니다. 아이들에게 포스트잇을 하나씩 들려준 뒤, "내가 만약 그림책 속에 들어갈 수 있다고 상상해봅시다. 어디에서 멈추고 싶나요?"라고 질문을 던져보세요. 그러면 아이들은 그림책을 다시 보여달라고 합니다. 선생님이 던진 질문을 염두에 두고 찬찬히 책을 재탐독하는 가운데 아이들은 새로운 시각을 갖게 됩니다. 그림책 속 인물이 되어, 결말을 바꿀 수 있다는 기대감을 갖게 되는 것이지요.

어떤 아이는 노란색 작은 소음이 들렸을 때로 되돌리고 싶다고 말하기도 하고, 어떤 아이는 '울음소리'로 인식되었을 때 멈추고 싶다고 말합니다. 어떤 아이는 '남의 일'이라고 말하는 사람에게 호되게 야단 칠 것이라고 말합니다. 이 모든 대답의 공통점은 어디에선가 고통받고 있는 아이를 구하고 싶다는 마음이 들어있다는 것입니다.

활동1 아동학대 대처 방법 익히기

아이들이 포스트잇을 들고 그림책《울음소리》의 각색을 시작하기 전에, 아동학대 대처 방법을 알려주세요. 아동학대가 나에게 일어나거나, 주변 친구에게 일어난다면, 가급적 빨리 믿을 만한 어른(경찰, 선생님 등)에게 도움을 요청하는 것이 좋다는 사실도 일러줍니다. 만약 주변에 그런 어른이 없다면, 국번 없이 112로 전화를 걸거나, '아이지킴콜'이라는 모바일 앱을 다운받아 신고하면 됩니다. 적절한 대처 방법을 배운 뒤에는 그림책 속 아이를 구하는 활동을 해봅니다.

8월 2주

활동 2 《울음소리》 속 아이 구하기

1. 아이를 구하기 위해 내가 들어가고 싶은 장면을 골라 포스트잇을 붙여봅니다.

> (예시)
> - 처음 울음소리가 들렸던 노란색 장면으로 들어가고 싶습니다.

2. 포스트잇에 그림책 장면을 각색해서 적어봅니다.

> (예시)
> - 놀이터를 지나가던 한 아이가 말했습니다. "경비 아저씨, 여기 이상한 소리가 들려요."

3. 각색한 대로 이야기가 바뀌었다면, 결말은 어떻게 될까요? 짝과 이야기를 나누어봅니다.

> (예시)
> - 경비 아저씨가 울음소리의 실체를 알고, 학대받는 아이를 적극적으로 도와줬을 것입니다.

한 걸음 더

아동학대의 이면을 들여다볼 수 있는 그림책

《귓속말 게임》
(마르텐 뒤르 글, 소피에 루이세 담 그림, 심진하 옮김, 아름드리미디어)
#아동학대에대처하기 #친구의이야기라면

"비밀인데, 우리 엄마가 날 때려." 여느 때처럼 즐겁게 귓속말 게임을 하던 주인공 베라는 안나의 말을 듣고 깜짝 놀랍니다. 친구에게 이런 말을 듣는다면 누구나 처음엔 어찌할 바를 모를 것입니다. 베라도 마찬가지예요. 안나의 말이 진실인지 거짓인지, 만약 진실이라면 어떻게 대응해야 할지 망설이고 있는 사이 시간은 자꾸 흐릅니다. 《귓속말 게임》은 아이들이 실제로 겪을 수 있는 또래집단 내의 이야기를 다루고 있는 그래픽 노블입니다. 주인공의 감정에 이입하며, 나라면 어떻게 대처할 것인지 상상해보세요. 《울음소리》에서 했던 독후 활동에서 한 발짝 더 나아가 현실적인 대응을 상상할 수 있을 것입니다.

《우리 집 비밀》(윤재인 글, 오승민 그림, 느림보)
#우화로표현한아동학대 #가족들의위선

아동학대는 아이의 세계를 어떻게 바꿔놓을까요? 이 그림책의 주인공은 모두 동물입니다. 작가가 인물의 성격을 효과적으로 드러내기 위해, 동물에 빗대어 희화화한 것이지요. 주인공 현아는 위축되어 움츠리고 있는 고양이로, 난폭한 아빠는 멧돼지로, 허영심 있는 엄마는 토끼로, 동생인 현준이는 아무것도 모르는 강아지로 표현되어 있습니다. 위선적인 가족의 학대가 이어지면서 현아는 남에게 말 못할 고통과 스트레스를 받습니다. 그것은 곧 방황으로 표출되지요. 현아는 학교 수학 시간에 친구들에게 거짓말을 하기도 하고, 연극 역할에 대해 부모님께 솔직하게 말하지 못하기도 합니다. 결국 현아도 부모님의 위선을 닮아가는 것입니다. 날이 갈수록 변화하는 현아의 모습을 보며 아이들과 함께 아동학대의 폐해에 대한 이야기를 나눠보세요.

8월 3주
재난에 대처하는 우리의 자세

"아싸! 오늘 1교시 화재 대비 훈련!"

매년 반복되는 각종 화재 대비, 지진 대비, 민방위 대비 훈련을 앞둔 아이들의 모습은 어떠할까요? 재난에 대처하는 진지한 태도를 배우기보다는 수업을 하지 않아서 좋다고 하거나 운동장에 잠시 나가는 것이 신난다는 아이들이 다수입니다.

그런 아이들에게 묻습니다. 재난 대비 훈련이 어떻게 느껴지냐고요. 아이들은 이렇게 대답합니다. "나가서 좋긴 한데, 매년 똑같은 걸 해서 좀 시시하기도 해요." 이런 대답을 들으면 아이들에게는 재난 대비 훈련이 의미 없게 여겨지기도 한다는 생각이 듭니다. 하지만 재난에 대비하는 훈련을 수도 없이 반복해서 해야 할 이유는 분명히 있습니다.

어떻게 해야 아이들에게 정말로 그런 위험이 우리 삶에 닥칠 수도 있다는 사실을 효과적으로 전달할 수 있을까요? 스쳐 지나가는 말 한마디 대신 더욱 강렬한 메시지를 전달할 수 있는 그림책과 활동들을 소개합니다.

이 주의 그림책 ①

온 세상을 집어삼키는 화마의 위험
《호랑이 바람》
(김지연 지음, 다림)

2019년 강원도 고성을 뒤덮은 산불을 기억하나요? 식목일 하루 전날, 바람을 타고 불이 번져 대형 산불이 크게 일어난 사건이지요. 그림책 《호랑이 바람》은 고성에서 일어난 산불에 주목하고, 그 진화 과정을 담아낸 그림책입니다. 온 세상을 집어삼킬 것 같던 큰 산불의 위압감, 그 속에서 주눅 들지 않고 새로운 삶을 위해 고군분투하는 인간들의 자세를 아름답게 그려냈지요.

그림책 《호랑이 바람》을 지은 김지연 작가는 화마에 맞서기 위해 위험을 무릅쓰고 달려든 소방차 행렬, 자기 집이 타는 줄도 모르고 환자를 대피시킨 간호사, 오토바이로 사람들을 나른 시민들의 모습에 감동을 받아 이 그림책을 만들게 되었다고 합니다. 어쩌면 불가항력적일지도 모르는 재난 속에서, 타인과 나의 고통을 조금이라도 줄이기 위해 노력하는 사람들의 모습은 보는 이로 하여금 눈시울을 붉히게 만듭니다.

이 산불의 정확한 원인은 밝혀지지 않았지만, 전신주에서 스파크가 튀어 불이 붙은 것으로 추측된다고 합니다. 그림책 《호랑이 바람》에서는 전신주에서 튄 작은 불씨가 호랑이 같은 바람으로 인해 옮겨 붙는 장면으로 표현했습니다. 실제로는 발화 순간을 목격한 초기 신고자가 즉시 소방서에 신고하고 차량 소화기로 진화를 시도했다고 하는데요. 적절한 초기 대응이, 불을 진화하기 위해 연대하는 공동체의 모습이, 새 삶을 일으키기 위해 긍정을 불어넣는 서로의 모습이 재난

8월 3주

을 이겨내게 했는지도 모릅니다. 아이들과 그림책《호랑이 바람》을 읽고 실제 사건과 그 대처 방법에 관해 이야기를 나눈 뒤 해봄직한 활동들을 안내합니다.

• • •

화재 안전 환경 체크리스트 만들기

화재의 발생 원인은 여러 가지가 있겠지만, 대부분 사람의 부주의나 실수 또는 관리 소홀로 빚어진다고 합니다. 화재 발생 장소 또한, 주거지에서 발생하는 화재가 25퍼센트에 달한다고 해요. 집에서도 얼마든지 부주의로 인한 화재가 일어날 수 있는 것이지요. 우리 집에서 언제든 일어날 수 있는 화재에 어떻게 대처할 수 있을까요? 우리 집 구석구석을 살펴보고, 안전이 지켜지고 있는지 체크리스트를 만들어보는 활동을 통해 화재에 대비하는 방법을 배울 수 있습니다.

활동 1 우리 집에서 화재와 관련 있는 장소 브레인스토밍 하기

화재 사고는 어디에서 발생할까요? 전류가 흐르는 곳? 불을 피울 수 있는 곳? 가스 밸브가 있는 곳? 이러한 장소들 말고도 집 안에서 화재와 관련 있는 곳이 어디인지 브레인스토밍을 해봅니다. 특히 더 화재 안전에 유의해야 할 곳은 어디인지 자연스럽게 생각해볼 수 있습니다.

> **예시**
> - 가스레인지, 콘센트, 차단기, 비상구, 난방조절기, 소화전 등

활동 2 안전 시그널 게임

[활동 1]에서 다양한 대답을 들은 뒤, 아이들에게 5칸짜리 세로로 길쭉한 표를 나눠주세요. 그 다음, 화재 안전과 관련된 단어를 5가지 골라 순서대로 적게 합니다. 선생님이 불러주는 단어와 순서까지 같다면 3점, 순서는 안 맞지만 해당 단어를 썼다면 1점을 얻습니다. 총점을 매겨 선생님과 얼마나 통했는지 확인해봅니다. 선생님이 미리 답안을 정해두어야 한다는 점 잊지 마시고요!

예시

1. 소화전 2. 콘센트 3. 차단기 4. 비상구 5. 가스레인지

활동 3 화재 안경 환경 체크리스트 만들기

안전 시그널 게임을 하면서 아이들이 가장 많이 고른 장소가 어디인지 이야기해봅니다. 공통적으로 중요하다고 생각하는 장소가 있을 테니까요. 그 장소에서 지켜야 할 수칙이 무엇이 있는지 이야기해보는 활동입니다. 이 활동을 마치고 나면 우리 반만의 '화재 안전 환경 체크리스트'가 완성됩니다.

예시

가스레인지 주변을 골랐을 경우
- 가스 호스가 낡거나 손상되지 않았다.
- 가스레인지 주변에 불에 타기 쉬운 물체가 없다.
- 바람 등으로 인해 의도치 않게 가스레인지의 불꽃이 꺼질 위험이 없다.
- 가스레인지에 음식물 찌꺼기가 끼어 있지 않다.
- LPG 용기는 별도의 보관함에 보관하고 있다.

이 주의 그림책 ②

어느 여름 날 찾아온 무시무시한 바람 괴물
《태풍이 찾아온 날》
(린다 애쉬먼 글, 유태은 그림, 이지유 옮김, 미디어창비)

평화롭게 지내던 어느 날, 태풍이 갑자기 찾아옵니다. 심상치 않은 먹구름이 몰려오고요, 바람개비가 거세게 뱅그르르 돌지요. '설마, 아니겠지' 하고 애써 긍정의 불씨를 피우던 마음과는 달리 하늘은 자꾸 어두워집니다. 집 밖에 있는 동물들은 귀를 쫑긋 세우고, 부모님은 분주하게 필요한 물건을 찾고 뉴스에 귀를 기울이지요. 정말 태풍이 올까요? 온다면, 어떻게 될까요?

그림책《태풍이 찾아온 날》의 배경은 아름다운 섬입니다. 태풍이 왔을 때 바다의 모습, 동물들의 행동까지 생생하게 그려졌지요. 그림책《태풍이 찾아온 날》의 글을 쓴 린다 애쉬먼 작가는 미국 콜로라도주와 노스캐롤라이나주에서 수없이 많은 태풍을 겪었다고 합니다. 태풍은 인간과 동물을 고립시키고, 거주지를 파괴하는 등 악영향을 끼치는 무시무시한 재난입니다. 하지만 인간과 동물은 마냥 두려움에 젖어 있지 않지요. 그래서일까요? 그림책《태풍이 찾아온 날》속 등장인물들은 태풍에 대해 담담하고도 능숙하게 대처합니다. 아이들과 함께 태풍에 대처하는 방법에 대해 이야기를 나눠보기 좋은 지점입니다.

우리 가족 태풍 예방 책자 만들기

갑자기 태풍이 찾아오면 어떻게 대처해야 할까요? 단순한 대처 방법만을 안내하는 강의식 교육이 아니라, 아이들이 스스로 대처 방법을 생각하고, 정리해볼 수 있는 참여형 수업이 필요합니다. 안전수칙에 관해 명확하게 인식하면서, 우리 가족의 태풍 예방 매뉴얼까지 스스로 만들 수 있는 활동을 소개합니다.

활동1 주인공이 겪은 일 네 컷 만화로 정리하기

아이들에게 태풍 대비의 필요성을 일깨워주기 딱 좋은 활동입니다. 그림책 《태풍이 찾아온 날》 속 서사를 네 컷 만화로 정리하면서, 아이와 주변 어른들이 태풍을 맞이했을 때 어떤 노력을 기울이는지 엿볼 수 있지요. 만약 내가 이야기 속 주인공이라면 부모님을 도와 어떤 대비를 할 수 있을지 물어보는 것도 좋습니다.

활동2 태풍 예방 안전수칙 초성 퀴즈 맞히기

궁극적으로 아이들이 스스로 태풍 예방 매뉴얼을 만드는 것을 목표로 하지만, 아무것도 배우지 않은 상태에서 태풍 예방 수칙을 아이들 스스로 알아내기는 어렵습니다. 그럴 때 선생님이 아이들이 알아야 할 정보를 초성 퀴즈 형태로 제공할 수 있습니다. 다음 정보를 참고해 아이들에게 태풍 예방 수칙을 문제로 내보세요. 아이들이 즐겁게 퀴즈를 맞히며, 수칙을 몸소 익힐 수 있을 테니까요.

8월 3주

> **예시**
>
> 1. ㅁ과 ㅊㅁ을 닫고 외출 자제하기 (답: 문, 창문)
> 2. ㅈㄷㅊ는 미리 침수지역에서 이동하기 (답: 자동차)
> 3. 산간, ㄱㄱ 등에서 대피하기 (답: 계곡)
> 4. ㄱㄹㄷ, ㅅㅎㄷ 등 전기 시설물 접근 금지 (답: 가로등, 신호등)
> 5. ㅁㄲㄹㅇ 신발 신지 않기 (답: 미끄러운)
> 6. ㅂㅇ색 옷 입기 (답: 밝은)
> 7. 수시로 ㄱㅅㅅㅎ 확인하기 (답: 기상상황)
> 8. 방 창문이나 베란다 창문을 ㅅㅁㅈ나 ㅌㅇㅍ로 고정하기 (답: 신문지, 테이프)
> 9. 가정의 ㅎㅅㄱ나 집 주변 ㅂㅅㄱ를 미리 점검하고, 막힌 곳은 뚫기 (답: 하수구, 배수구)
> 10. 비상시 신속한 대피를 위해 ㅇㄱㅇㅍ을 미리 배낭에 넣어둡니다. (답: 응급용품)
> 11. 상수도 공급이 중단될 수 있으므로 ㅇㅅ등에 미리 물을 받아둡니다. (답: 욕실)
> 12. ㅈㅈ에 대비하여 비상용 랜턴, 양초 등을 미리 준비해둡니다. (답: 정전)

활동3 우리 가족 태풍 예방 책자 만들기

태풍 예방 안전수칙을 알아보았다면, 이제는 집에서 가족들이 수시로 들여다볼 수 있도록 태풍 예방 책자를 만들 차례입니다. A4 용지 1장을 준비해서 미니북을 만들어보세요. 앞표지와 뒤표지를 제외하고 총 6가지 수칙을 적어 넣을 수 있는 작은 책자가 완성됩니다. 앞서 알아본 수칙을 돌이켜보고 우리 가족에게 꼭 필요한 매뉴얼을 만들어봅니다. 태풍 예방 책자가 완성되었다면 가족이 언제든지 꺼내 볼 수 있도록 냉장고에 붙이거나, 거실 서랍에 넣어두게 하면 좋습니다.

한 걸음 더

다양한 재난에 대해 알 수 있는 그림책

《앗! 지구가 이상해요》 (황근기 글, 이지영 그림, 산하)

#그밖의재난 #미세먼지 #이상기온

세상에는 물이나 불에 의한 재난 외에도 다양한 종류의 재난이 있습니다. 그림책 《앗! 지구가 이상해요》는 태풍 외에도 지진, 화산, 미세먼지, 이상기온 등 각종 재난에 대해 친절하게 설명해줍니다. 재해로 인해 사람들이 입는 피해도 꼼꼼하고도 자세하게 이야기해주고, 이에 대처하는 방법 역시 소개하고 있습니다. 한국에서 쓰고 그려진 그림책인 만큼 피해 양상과 대처 방식이 낯설지 않다는 것이 장점이지요. 논픽션 그림책을 좋아하는 아이들도 있지만, 많은 정보량 때문에 낯설고 힘들어하는 아이들도 있는데요. 그림책 《앗! 지구가 이상해요》에 들어 있는 정보량은 아이들이 짊어지기에 부담스럽지 않은 정도입니다. 그림책을 다 읽은 아이들에게 슬쩍 이렇게 물어보세요. "무엇을 새롭게 알게 되었니?" 아이들이 자신이 새롭게 알게 된 지식을 앞다퉈 말하는 진풍경을 보게 될 것입니다. 자연스럽게 재난에 대해 익히기 정말 좋은 책입니다.

《교통사고가 났을 때》

(피에르 윈터스 글, 에스테르 레카너 그림, 류정민 감수, 사파리)

#교통사고 #대처방법

어린이 교통사고는 해마다 증가하는 추세라고 합니다. 매년 1만 명이 넘는 아이들이 교통사고로 인해 다치거나 죽는다고 하는데요. 아이들은 어른에 비해 몸집이 작고 반사 신경이 비교적 느린 특성 때문에 사고에 대처하기 더욱 어렵다고 합니다. 그림책 《교통사고가 났을 때》에는 아이들이 실제로 겪을 법한 위험한 상황들에 대한 설명이 담겨 있습니다. 아이들은 이 그림책을 읽고 자신의 경험에 비춰 공감하거나 안타까워하기도 하고, 나라면 어떻게 했을지 생각해보게 될 것입니다.

8월 4주
사이버 과잉 의존, 어디부터 잘못된 걸까?

학부모 상담 주간이 되면 많은 학부모님이 한숨을 내쉬며 고민을 털어놓습니다. 특히 요즘 부쩍 많은 비중을 차지하는 고민이 바로 유튜브나 스마트폰의 과다한 사용에 대한 것입니다.

실제로 아이들의 사이버 중독이 심각해지고 있습니다. 교실에서는 온종일 쇼츠에서 유행하는 밈이 울려 퍼집니다. 학교폭력 사안을 조사하다 보면 사이버 폭력은 단골손님이지요. 학교에서는 교칙을 근거로 스마트폰을 꺼내지 못하게 한다고 하더라도, 가정 내에서 스마트폰 사용을 제지할 만한 뾰족한 방안이 없습니다. 그래서 많은 학부모께서 고충을 겪으시는 것이겠지요.

우리는 모두 알고 있습니다. 외부의 제재만으로는 한계가 있다는 것을요. 결국 아이들이 몸소 사이버 중독의 문제점을 깨닫고 자신을 스스로 제어하려는 마음가짐을 갖게 하는 것이 최선의 방법입니다. 너무 동화 같은 이야기라고요? 이상적으로만 느껴지는 활동이 때로는 마법처럼 아이들의 마음을 움직이게 합니다. 교실 속에서 실제로 효과가 있었던 활동 몇 가지를 소개합니다.

이 주의 그림책 ①

아이의 눈이 빨간 이유
《눈이 바쁜 아이》
(안드레 카힐류 지음, 이현아 옮김, 올리)

횡단보도 앞에 서서 주위를 살펴보세요. 스마트폰에서 눈을 떼지 못하는 사람이 몇 명이나 보이나요? 지하철 안에서는요? 혹시 나도 그렇게 행동하고 있진 않은가요? 그런 사람을 우리는 '스몸비'라고 부릅니다. '스몸비'란, '스마트폰'과 '좀비'의 합성어인데요. 스마트폰 화면을 들여다보느라 길거리에서 고개 숙이고 걷는 사람을 이르는 말입니다. 세상에, '스몸비'가 나오는 그림책이 여기에 있네요.

그림책《눈이 바쁜 아이》에서는 시종일관 스마트폰에서 눈을 떼지 못하는 아이가 나옵니다. 길거리 노점상 아주머니가 아이스크림을 내밀어도, 누가 이름을 불러도, 길 잃은 강아지들이 우르르 따라와도요. 코끼리가 긴 코로 물을 뿜어도 몸이 젖는 줄 모르고요. 기린이 목을 내밀며 인사해도 그냥 지나칠 뿐입니다. 남들이 보면 기상천외한 일이라고 박수칠 일들도, 주인공에게는 시시한 일일 뿐이지요. 손에 너무나 소중한 스마트폰이 들려 있으니까요.

그림책《눈이 바쁜 아이》속 아이의 눈동자를 주목해보세요. 실핏줄이 흰자를 빨갛게 물들이고 있습니다. 긴 시간 동안 화면을 보는 행위로 눈에 피로감을 주면 눈이 건조해지면서 실핏줄이 터지기도 하는데요. 아마 이 아이의 눈도 그렇게 혹사당한 모양입니다. 눈의 입장에서 보면 원하지 않는 학대인 셈이지요. 아이들은 이 그림책을 보면서 마음이 뜨끔할 수도 있겠네요.

리빙 뉴스 페이퍼로 문제의식 공유하기

리빙 뉴스 페이퍼란 신문 기사를 바탕으로 하는 다큐멘터리 연극을 가리킵니다. 미국에서 연극 사업의 일환으로 시작되었지요. 신문의 사건 사고를 보도한다는 점에서 시의성을 가지면서도, 대중에게 효과적으로 영향력을 행사할 수 있다는 점에서 유용하게 활용됐습니다.

활동 1 《눈이 바쁜 아이》 속 사건을 기사로 작성하기

그림책 《눈이 바쁜 아이》 안에도 보도될 수 있는 사건이 많이 들어 있습니다. 그중 하나의 사건을 재구성해서 기사로 만들어보세요. 선생님이 먼저 써서 아이들에게 제시해도 좋고, 아이들과 함께 같이 작성해도 좋습니다.

리빙 뉴스 페이퍼 예시

- 스마트폰 때문에 놀이공원에서 큰 사고가 발생할 뻔했습니다.

  스마트폰 중독이 일상생활 중 사고 발생과 관련이 있다는 지적이 계속됐지만, 스마트폰 중독에 대한 경각심은 좀처럼 불거지지 않고 있습니다. 스마트폰에 몰입하느라 주위를 잘 살피지 못하는 보행자를 좀비에 빗댄 '스몸비'라는 신조어도 등장할 정도입니다.

  지난 3월, 한 아이가 롤러코스터를 타면서도 스마트폰을 놓지 못하다, 결국 롤러코스터 한가운데에서 스마트폰을 떨어뜨리는 사고가 발생하고 말았습니다. 다행히 사상자는 발생하지 않았지만, 놀이공원 관리자는 즉시 롤러코스터 운행을 중단하고 안전 점검을 시행했습니다. 이에 연구팀은 "스마트폰 중독자는 무의식적으로 스마트폰에 몰입해 시각적, 청각적, 신체적, 인지적으로 주의가 분산되며 위험 환경과 잠재적인 사고 가능성을 인지할 수 없어 사고 노출 위험이 커질 수 있다"라고 전했습니다.

사이버 의존

활동 2 리빙 뉴스 페이퍼 만들기

아이들에게 이를 연극으로 재구성할 시간을 충분히 준 뒤, 반 아이들 앞에서 리빙 뉴스 페이퍼를 재연하도록 합니다. 이때 상상력을 가미해서 인터뷰나 동작을 추가해도 된다고 일러줍니다.

대본 예시

아이가 스마트폰을 뚫어지게 쳐다보다가 롤러코스터 위에서 떨어뜨린다. 롤러코스터 아래에 있던 사람들이 일동 당황한다.

- 직원 A: (깜짝 놀라며) 꺄악, 이게 뭐야! 스마트폰이잖아!
- 직원 B: (팔짱을 끼며) 어떻게 이런 일이 발생할 수 있죠? 롤러코스터 한가운데에서 스마트폰이 떨어지다니요!
- 아이: (당황한 표정으로) 죄송해요, 제… 제가! 스마트폰을 떨어뜨린 것 같아요.
- 직원 C: 아니, 롤러코스터에서까지 스마트폰을 봤단 말이에요?
- 고객 1: 이게 참 문제예요, 문제. 제가 이에 관해 연구한 적이 있는데, 스마트폰 중독인 이들은 정상 대조군에 비해 일상생활 중 추락, 충돌, 절단, 감전 등의 사고를 맞을 가능성이 1.9배 높다지 뭐예요?
- 고객 2: 제가 이 놀이공원의 오랜 고객인데, 스마트폰으로 인해 큰일 날 뻔한 것을 여럿 봤어요. 놀이공원 측에서 어떤 대책을 마련하든가, 국가적인 정책이 필요하다고 생각합니다.

이 주의 그림책 ②

내게 '게임 아저씨' 찾아온다면?
《오지 마, 게임 아저씨》
(도네 겐고 지음, 김지연 옮김, 책과콩나무)

휴일 직전, 아이들에게 오늘 무엇을 할 것이냐고 물어보면 꼭 들려오는 대답이 있습니다. "밤늦게까지 게임을 할 거예요!"

그림책《오지 마, 게임 아저씨》의 주인공처럼, 게임이 세상에서 제일 재미있는 아이가 반에서 한두 명씩은 꼭 있기 마련입니다. 엄마가 아무리 그만하라고 해도 전혀 듣고 싶지 않을 정도로 말이지요. 그런 아이에게 그림책《오지 마, 게임 아저씨》에 나오는 게임 아저씨를 보내주면 어떨까요? 게임을 하느라 새까매진 눈 밑, 나빠진 시력 탓에 늘 써야 하는 엄청나게 두꺼운 안경, 게임 소음으로 먹먹해진 귀, 올록볼록한 뱃살과 덥수룩한 수염을 가진 그 사람 말이에요. 한 명일 땐 괜찮지요. 그런 사람이 두 명, 세 명, 네 명, 다섯 명, 여섯 명… 셀 수 없이 많아져도 아이는 감당할 수 있을까요?

만약 나에게 이런 게임 아저씨가 찾아오면 어떨까요? 밖에 나가지도 못하게 만들고, 엄마 말도 못 듣게 만들고, 목욕도 못 하게 만드는 게임 아저씨가 정말로 반가울까요? 그림책《오지 마, 게임 아저씨》를 읽으면 읽을수록, 주인공에 감정이입 하는 아이들의 얼굴은 점점 일그러집니다. 정말로 이 게임 아저씨가 우리 집에 찾아오면 어떡하죠?

게임 아저씨가 더 이상 오지 않게 하는 베스트 아이디어

활동 1 '게임 아저씨'가 찾아온다고 상상하기

아이들에게 이런 질문을 던졌습니다. "어느 날, 여러분의 옆에 게임 아저씨가 찾아왔다고 상상해보면 어떨까요?" 그림책 《오지 마, 게임 아저씨》를 이미 읽은 아이들은 표정을 찡그립니다. 이번에는 어떻게 대처할 것이냐고 물어보세요. 아이들의 숨겨진 속마음과 게임을 멀리해야겠다는 당찬 표정을 엿볼 수 있을 테니까요.

> **예시**
> - 게임 아저씨가 방에 들어오면, 나는 게임한 적 없었다고 말할 거예요. 게임을 별로 좋아하지 않는다고도 말하면 믿지 않을까요? 아무튼, 방에서 오래 머무르지 않게 하는 것이 중요해요.

활동 2 게임 대신 할 수 있는 대안 활동 생각하기

아이들이 첫 번째 활동에서 거절하겠다는 의사 표현을 했다면, 이제 두 번째 활동으로 들어갑니다. 게임 아저씨는 "괜찮아요, 저는 게임 말고 ○○ 활동을 하는 것이 좋거든요"라는 말로만 거절할 수 있다고 말해주는 것이지요. ○○ 안에 들어갈 만한 말을 아이들과 함께 떠올려봅니다. 기발하고 기상천외할수록 게임 아저씨가 순순히 물러난다는 말을 덧붙이면 더 좋습니다.

8월 4주

> 예시
>
> - 저는 게임 말고 '책 읽기' 활동을 하는 것이 좋다고 말할 거예요. 게임은 있는 그대로의 세계만을 보여주지만, 책은 훨씬 더 넓고 깊은 세계를 보여주거든요.
>
> - 저는 게임 말고 '피구 하기' 활동을 하는 것이 좋다고 말할래요. 친구들과 땀 흘려 노는 게 훨씬 재미있고 좋거든요.

활동 3 친구와 아이디어 교환하기

[활동 2]를 통해 떠올린 대안 활동을 포스트잇에 적어 몸에 붙여봅니다. 포스트잇을 몸에 3개 이상 붙였으면, 교실을 돌아다니며 친구의 아이디어를 살펴보게 합니다. 그중 구미가 당기는 활동이 있으면 친구에게 해당 활동이 적힌 포스트잇을 달라고 요청합니다. 단, 자신이 가진 포스트잇과 맞교환을 해야 합니다. 수업 종료 종이 울렸을 때, 몸에 붙어 있는 포스트잇 색깔이(혹은 글씨체가) 다양한 사람이 승리! 누가 게임 아저씨를 가장 잘 물리칠 수 있는지 살펴봅니다.

한 걸음 더

또 다른 중독에 대해 알려주는 그림책

《텔레비전이 고장 났어요!》 (이수영 지음, 책읽는곰)

#가족모두중독 #중독에서벗어나기위한방법

간혹 자신뿐만 아니라 가족 전체가 스마트폰(혹은 인터넷)에 중독되어 있다고 말하는 아이들이 있습니다. 그림책 《텔레비전이 고장 났어요!》는 온 가족이 텔레비전이라는 매체에 중독되어 헤어 나오지 못하는 모습을 그리고 있습니다. 가족 간의 대화는 단절되고, 텔레비전을 보는 시간 외에는 가족이 함께하지도 않습니다. 그러던 어느 날, 가족들의 유일한 취미였던 '텔레비전'이 고장 나버리지요. 가족들은 이제 갈 곳을 잃은 기분입니다. 이 가족은 어떻게 하면 좋을까요? 우리 가족의 모습을 투영해보며 읽기에 좋은 그림책입니다.

《숲에서 보낸 마법 같은 하루》

(베아트리체 알레마냐 지음, 이세진 옮김, 미디어창비)

#게임만큼재미있는숲체험 #내가만약주인공이라면

그림책 《숲에서 보낸 마법 같은 하루》에는 게임기를 손에서 놓지 않는 아이가 주인공으로 나옵니다. 머나먼 숲속에 놀러 간 상황에서도, 주변의 잔소리에도 개의치 않고 게임기와 함께하지요. 그러던 소년의 손에서 게임기가 미끄러져 떨어집니다. 이런, 게임기가 물살에 휩쓸려 가버렸네요. 이제 소년에게 남은 것은 드넓고도 울창한 숲뿐입니다. 소년은 이제 무엇을 하고 놀까요? 과연 그것이 게임만큼 재미있을까요?

교육과정과 이렇게 연계해요

9월 1주 자연에 다가가며 생태 감수성을 길러요
[2바03-02] 계절의 변화에 대응하며 생활한다.
[2슬04-02] 상상한 것을 다양한 매체와 재료로 구현한다.
[2즐01-04] 우리를 둘러싼 자연의 아름다움을 감상한다.
[4과05-02] 식물의 생김새와 생활 방식이 환경과 관련되어 있음을 설명할 수 있다.
[6미01-02] 대상이나 현상에서 시각적 특징을 발견할 수 있다.

9월 2주 지구를 위한 공존은 '인간 중심'에서 벗어나는 것부터
[2슬01-04] 사람과 자연, 동식물이 어우러져 사는 생태를 탐구한다.
[4국05-04] 작품을 듣거나 읽거나 보고 떠오른 느낌과 생각을 다양하게 표현한다.
[4과03-02] 동물의 생김새와 생활 방식이 환경과 관련되어 있음을 설명할 수 있다.
[6국05-02] 작품 속 세계와 현실 세계를 비교하며 작품을 감상한다.
[6과05-01] 생태계가 생물 요소와 비생물 요소로 이루어져 있음을 알고 생태계 구성 요소들이 서로 영향을 주고받음을 설명할 수 있다.

9월 3주 이제는 기후변화를 제대로 알고 해결해나가야 할 때
[2즐03-02] 자연의 변화를 느끼며 놀이한다.
[4국03-03] 관심 있는 주제에 대해 자신의 의견이 드러나게 글을 쓴다.
[6사07-03] 세계 주요 기후의 분포와 특성을 파악하고, 이를 바탕으로 하여 기후 환경과 인간 생활 간의 관계를 탐색한다.
[6사08-05] 지구촌의 주요 환경문제를 조사하여 해결 방안을 탐색하고, 환경문제 해결에 협력하는 세계시민의 자세를 기른다.
[6실05-08] 지속 가능한 미래 사회를 위한 친환경 농업의 역할과 중요성을 이해한다.

9월 4주 지구를 위해 내 삶을 바꿔나가는 '생태 시민' 되기
[2바01-04] 생태환경에서 더불어 살기 위해 노력한다.
[4도04-01] 생명의 소중함을 이해하고 인간 생명과 환경문제에 관심을 가지며 인간 생명과 자연을 보호하려는 태도를 가진다.
[6국05-06] 작품에서 얻은 깨달음을 바탕으로 하여 바람직한 삶의 가치를 내면화하는 태도를 지닌다.
[6사08-06] 지속가능한 미래를 건설하기 위한 과제(친환경적 생산과 소비 방식 확산, 빈곤과 기아 퇴치, 문화적 편견과 차별 해소 등)를 조사하고, 세계시민으로서 이에 적극 참여하는 방안을 모색한다.
[6과05-03] 생태계 보전의 필요성을 인식하고 생태계 보전을 위해 우리가 할 수 있는 일에 대해 토의할 수 있다.

9월

환경 생태전환교육

9월 1주

9월 1주
자연에 다가가며
생태 감수성을 길러요

'선생님, 참치 눈동자가 얼마나 예쁜지 아세요?'

생선의 눈알을 맛이 아닌 새로운 미(美)의 대상으로 바라보던 한 아이가 있었습니다. 자칭 '참치 소년'이라길래 참치만 사랑하는 줄 알았더니 등굣길에 핀 꽃의 줄기를 쓰다듬으며 그 부드러운 감촉도 즐긴다더군요. 이 아이에게는 엉뚱함이 아닌 '생태 감수성'이라는 소중한 힘이 있었던 거예요.

'생태 감수성'이란 무엇일까요? 자연과의 친밀한 교감을 통해 아름다움과 경외심을 느끼고, 나 또한 자연의 일부로 동화되는 마음인데요. 우리가 누군가와 처음 친구가 될 때 상대의 사소한 행동 하나, 표정 하나에도 집중하게 되잖아요. 그러다 그의 매력에 더 빠져들기도 하고요. '자연'에게도 친구가 되듯 다가가다 보면 나도 모르게 내 안에 '생태 감수성'의 싹이 트게 됩니다. 이 싹들이 자라 아이들이 생태를 향해 걸음을 내딛는 발판이 되어주지요. 이제부터 소개해드리는 그림책과 수업 활동으로 아이들의 '생태 감수성'을 싹틔워보세요.

이 주의 그림책 ①

가까운 자연과 나를 연결하는 법
《우리는 당신에 대해 조금 알고 있습니다》
(권정민 지음, 문학동네)

'플랜트 호텔 서비스'라고 들어보았나요? 말 그대로 일정 기간 동안 손님의 식물을 대신 맡아주는 호텔 서비스입니다. '반려 식물', '식집사'라는 말이 생길 정도로 우리의 삶에서 식물이 차지하는 비중이 커지다 보니 이런 신기한 서비스까지 생긴 것이지요.

요즘은 교실에서도 화분을 두고 식물을 키우는 경우가 많습니다. 식물과 직접 교감해보는 경험은 생태 감수성의 좋은 씨앗이 될 수 있지요. 어린이 식집사들과 반려 식물들을 마음으로 이어줄 그림책 《우리는 당신에 대해 조금 알고 있습니다》를 소개합니다.

그림책 《우리는 당신에 대해 조금 알고 있습니다》는 보이지 않는 주인공이 누군지 밝히지 않은 '당신'이란 존재에게 말을 건네며 시작합니다. 이어지는 장면에서는 화원에서 구입할 식물을 꼼꼼하게 살펴보는 사람들이 등장합니다. 흥미로운 점은 식물들도 그 사람들을 유심히 쳐다보고 있다는 거예요.

이후 그 식물들 중 하나였던 '알로카시아'에 초점이 맞춰지면서 독자들은 이 책의 화자가 '알로카시아'였음을 짐작하게 됩니다. 알로카시아가 '대박 기원'이라는 개업 축하 리본을 단 채 '당신의 취향을 존중하니 이 정도는 참겠다'라며 뚱한 표정을 짓는 장면을 보면 피식 웃음이 납니다. 식물의 눈으로 사람들의 일상을 바라본다는 점이 바로 이 그림책의 묘미입니다. 특히 사무실, 카페, 서점 등 다양한 공간의 특징을 보여주는 알로카시아의 촌철살인적 대사에 주목해 읽어보세요.

책의 중반부로 접어들면 바쁜 삶에 지친 사람들이 식물에게 보내던 관심은 수그러들고 결국 알로카시아는 시든 채로 골목에 버려집니다. 이 장면을 볼 때는 아이들과 식물을 제대로 돌보지 못해 이별해야 했던 경험도 떠올리면서 이야기를 나눠보세요. 죽어가던 식물들은 우리에게 어떤 말을 하고 싶었을까요?

다행히 알로카시아는 자신의 목소리를 들어준 새로운 '당신'을 만난 듯합니다. 들리지 않는 '식물의 목소리를 들을 수 있는' 힘이 바로 '생태 감수성'입니다. 그리고 그 힘을 가진 '당신'은 아이들뿐만 아니라 우리 모두가 되어야겠지요?

우리 반 식물 친구 소개하기

그림책《우리는 당신에 대해 조금 알고 있습니다》를 통해 알로카시아의 속사정을 들어보았으니 이제는 교실 안 반려 식물에게로 눈길을 돌려볼 차례입니다. '우리 반 식물 친구'에 관해 알아보고 말 못하는 그를 위해 대신 소개해주는 활동을 해보세요. 함께 살아가는 식물에 대한 지식이 풍부해지는 것뿐만 아니라 정서적으로도 이어질 수 있습니다. 활동 후에도 아이들과 식물 친구 사이의 마음의 연결 고리가 단단히 유지되려면 선생님의 꾸준한 응원이 필요합니다.

활동1 우리 반 식물 친구에 대해 깊게 알아보기

1. 사람마다 음식 취향, 생체리듬 등 신체적 특성이 모두 다르듯 식물들도 종마다 특성이 다릅니다. 자신이 기르는 식물의 생태 정보를 정확히 알고 돌봐줘야만 반려 식물과 건강한

모습으로 함께 살 수 있습니다. 아래의 질문에 대한 답을 찾아가면서 식물 친구에 대한 지식도 모아봅니다.

질문 ① 식물 친구의 이름(학명)은 무엇인가요?
질문 ② 식물 친구의 가족(같은 계통)은 누구인가요?
질문 ③ 식물 친구의 고향은 어디인가요? 그 고향의 기후는 어떤가요?
질문 ④ 식물 친구의 계절별(월별) 모습은 어떤가요? 한해살이를 살펴보세요.
질문 ⑤ 식물 친구가 가장 좋아하는 장소의 조건 3가지를 찾아보세요.
　　　　그 조건들에 따르면 식물 친구는 우리 반 교실 어디에 두어야 할까요?
질문 ⑥ 식물 친구는 언제 얼마만큼 물을 먹나요?
질문 ⑦ 그 외에 내가 새롭게 알게 된 식물 친구의 특징은 무엇인가요?

2. 모은 지식을 바탕으로 식물 친구를 위한 우리 반 약속을 정해봅니다.

> 예시
>
> **'알로카시아'를 위한 우리반 약속**
>
> - 약속 ① 가장 먼저 등교하는 사람은 알로카시아 화분 옆 창문을 열어 바람 쐬어주기
> - 약속 ② 알로카시아가 햇빛을 쬘 수 있도록 화분 근처 블라인드는 내리지 않기
> - 약속 ③ 이 달의 물주기 담당자가 월요일, 수요일, 금요일에 알로카시아용 컵으로 한 컵씩 물 주기
> - 약속 ④ 알로카시아 근처에서 공놀이나 과격한 행동하지 않기
> - 약속 ⑤ 알로카시아에게 하루에 한 번 말 건네기

9월 1주

활동2 식물 친구의 프로필을 만들며 마음까지 연결하기

1. 식물 친구의 이름을 짓고 식물 친구의 프로필에 들어갈 모습도 그려봅니다. 이때 아이들이 식물 친구에게 느끼는 감정을 더해 추상적으로 표현해도 좋습니다.

예시

2. 그림책 《우리는 당신에 대해 조금 알고 있습니다》 속 알로카시아처럼 이 식물 친구의 입장이 되어 우리 반 친구들에게 하고 싶은 말을 상상해 발표해봅니다.

예시
- 혹시 걱정이 있다면 나에게 와서 털어놔도 좋아. 나는 정말 잘 들어주거든.
- 줄기 사이로 올라오는 새순은 나에게 매우 소중해. 그러니 함부로 만지지 말아줘.

이 주의 그림책 ②

지구의 사계절을 파는 아주 특별한 레스토랑
《지구 레스토랑》
(조영글 지음, 미디어창비)

"매미가 갔어. 이제 귀뚜라미가 아침의 소리를 채우고 있어요, 가을이 오고 있나 봐요."

아침 등굣길, 1학년 아이가 계절이 바뀌고 있음을 설레는 목소리로 알려주곤 했습니다. 따가워진 햇살, 팡팡 터지며 드러나는 꽃의 정체 등 자연이 우리의 온 감각으로 전해주는 사계절의 모습은 최고의 생태 감수성 교과서이지요. 그래서 아이들이 자랄수록 자연의 변화에 점점 무뎌지는 모습을 볼 때면 안타깝습니다. 이번 장에서는 그러한 감각을 다시 깨워줄 조금 특별한 레스토랑을 소개해보려 합니다. 사계절을 음식으로 맛볼 수 있다면 얼마나 근사할까요? 그림책《지구 레스토랑》으로 어서 와보세요. 이곳에서는 그런 일이 가능하거든요.

그림책《지구 레스토랑》은 지구를 잃고 우주를 떠돌던 지구인 3인방이 아스라이 행성에 '지구 레스토랑'을 열면서 시작됩니다. 그들은 외계인들에게 지구의 사계절을 담은 특별한 음식을 팝니다. 그러던 어느 날 외계인계의 미슐랭인 외슐랭에서 파견된 평가원이 찾아와 '사계절 고급 요리'를 주문합니다. 그중 후식인 '단풍 숲 파이'만 여기서 짧게 소개해드릴게요. 나머지 요리는 직접 그림책을 읽으며 맛보시길!

이 파이의 향은 어떨까요? 식감과 맛은요? '단풍 숲 파이'를 공개하기 전, 아이들에게 어떤 요리일지 먼저 상상해보게 해주세요. 그리고 나서 책장을 펼쳐 감상을 해보는 것이지요. 울긋불긋한 가을의 숲으로 뒤덮인 이 파이는 자세히 보면 귀여운 다람쥐들도 찾아볼 수 있습니다. '눈으로 먹어도' 맛나지만 가을바람의 간지러운 감촉, 은행 열매의 구린내, 낙엽의 바사삭 소리까지 온 감각으로 음미해보며 더 근사하지요. 게다가 '그리운 맛'처럼 가을을 닮은 기억까지 꺼내줍니다. 이 파이가 나오는 장면을 보던 한 아이는 산책길에서 만났던 단풍을 떠올리며 '단풍 숲 파이'의 맛을 '황홀한 맛'으로 표현하기도 했습니다.

그림책 속에서 지구 레스토랑의 모든 사계절 요리를 맛본 평가원은 반짝이는 눈으로 당연하다는 듯 이렇게 묻습니다.

"지구인들도 이 값진 아름다움을 하나하나 아껴 먹었겠죠?"

이 질문을 들은 지구인들은 얼마나 마음속으로 뜨끔했을까요? 해가 거듭될수록 이상 기후로 봄과 가을이 점점 사라지고 있는 것이 현실이니까요. 그림책 속 음식만 맛보지 말고 아이들과 지금부터라도 사계절을 지켜내 이 아름다움을 오래오래 음미해야겠다는 다짐을 해봅니다.

사계절의 오감을 담은 음식 개발하기

그림책 《지구 레스토랑》이 매력적인 이유는 책 속에 등장하는 요리를 통해 사계절에 느껴봤던 다양한 감각적 경험을 떠올려볼 수 있기 때문입니다. 사계절 요리 맛을 잊지 못해 다시 지구 레스토랑을 찾아올 외슐랭 요원을 위해 멋진 새 요리를 개발해보는 활동을 소개합니다. 봄, 여름, 가을, 겨울이 남겼던 감각과 기억을 되새기며 모으는 동안 아이들은 생태와 더 가까워지게 됩니다.

활동 1 자연물로 사계절 색깔 팔레트 놀이하기

1. 봄, 여름, 가을, 겨울의 모습을 담은 풍경 사진이나 실제 자연물을 골라 색깔을 관찰해봅시다.
2. 스포이트로 색을 뽑아내듯 세밀하게 색을 골라내어 팔레트 칸을 채워 칠해봅니다.

(예시)

버건디 빨강	황토색	풀색
다홍색	단풍잎 (사진 또는 실물)	회색
노란색	갈색	검정색

활동 2 나의 감각과 기억을 담은 '사계절 코스 요리' 개발하기

1. [활동 1]에서 사계절을 시각적으로 느껴보았다면 이제 각 계절의 소리, 냄새, 촉감도 찾아봅니다. 이와 관련해 실제로 겪었던 특별한 기억이 있다면 더욱 좋습니다.

(예시)
- 지난겨울 하얀 눈이 내린 운동장을 친구와 걸었던 기억이 나요. 걸어가며 슈크림 붕어빵을 먹었는데 뜨거웠지만 달콤했어요.

2. 내가 찾은 계절별 기억과 감각을 다시 살펴보며 하나의 계절을 정합니다. 그 계절에 느낀 오감을 총동원하여 상상 요리를 개발해봅니다. 나의 요리를 그림을 그리거나 클레이를 사

9월 1주

용해 표현하고 소개해봅니다. 나와 다른 계절을 선택한 친구들의 작품을 모으면 그림책 《지구 레스토랑》에 나온 사계절 코스 요리와는 다른 새로운 사계절 코스 요리가 탄생하지요. 이제 우리 반도 '지구 레스토랑'이라고 불러도 손색없겠지요?

예시

겨울: 눈 마카롱
- 마카롱의 코크를 하얀 눈 붕어빵 모양으로 만들었어요. 하얀 눈 코크 위에는 발자국도 콕콕 찍혀 있고 씹을 때면 뽀득 눈 밟는 소리가 들려요. 코크 사이에는 뜨겁고 달콤했던 붕어빵 속 슈크림을 넣었어요.

> 한 걸음 더

다양한 방법으로 자연을 관찰하게 만드는 그림책

《작은 풀꽃의 이름은》
(나가오 레이코 지음, 강방화 옮김, 웅진주니어)
#식물 #자연관찰

타로와 할아버지의 풀꽃 이야기를 자수로 표현한 귀여운 그림책입니다. 어느 봄 타로는 화분 속에서 심은 적 없는 풀꽃을 발견합니다. 이 식물의 정체가 궁금했던 타로는 식물을 잘 아는 할아버지에게 전화를 걸어요. 할아버지는 타로에게 줄기가 뻗은 모양, 잎사귀의 모양, 잎차례의 모양을 물으며 풀꽃의 정체를 찾아가지요. 마지막 남은 건 두 개의 후보 식물, 또 하나의 질문을 건네고 드디어 그 풀꽃은 '별꽃'이었다는 걸 알려주지요. 할아버지가 마지막으로 던진 질문은 책에서 확인해보세요. 그리고 타로와 할아버지처럼 아이들과 주변 동식물을 대상으로 네고개 퀴즈놀이를 하며 우리와 가까운 자연부터 세밀히 들여다보는 시간을 가져보세요.

《산의 노래》 (신유미 지음, 반달)
#사계절 #자연의색

사계절 동안 산과 강에 비친 산 그림자가 어떻게 변하는지를 데칼코마니의 다채로운 파형으로 표현한 감각적인 그림책입니다. 그냥 읽지 말고 본문에 인쇄된 QR 코드를 찍어 특별 제작된 배경음악도 함께 들으며 천천히 감상해보세요. 아이들과 함께 산뿐만 아니라 바다, 강, 숲 등 다양한 자연을 떠올리며 데칼코마니나 평판화로 또 다른 파형을 표현해보세요. 구글 뮤직랩을 활용하면 파형에 어울리는 음악을 쉽고 재미있게 만들 수 있어요. 이렇게 우리 반 사계절 뮤직 비디오도 완성한다면 정말 근사하겠지요?

9월 2주

지구를 위한 공존은 '인간 중심'에서 벗어나는 것부터

"투구게는 2억 년 전부터 존재해온 지구살이 대선배인데요. 그런 투구게가 까마득한 후배인 인간에 의해 멸종 위기에 처했다는 사실을 들은 적 있나요? 독성에 반응하는 투구게의 푸른 피가 의약품 개발에 효과적이라는 걸 알게 된 인간들이 투구게를 마구 이용하고 있다고 해요."

'생물종 다양성 보존의 날'을 맞이하여 아이들에게 '투구게'의 안타까운 사연을 소개해준 적이 있습니다. 그때 한 아이가 "그렇다고 우리가 병에 걸려 죽을 수는 없잖아요?"라며 퉁명스럽게 되묻더군요. 맞아요. 다만 어떤 마음가짐을 가지고 다른 생물종의 희생을 바라보아야 할지 생각해보자는 것이지요. 생존을 위해 불가피한 경우라도 '인간 중심'의 관점에서는 벗어난다면 어떻게든 다른 종의 희생을 최소화하려고 애쓸 테니까요. 최근 투구게의 생명도 존중한 과학자와 기업들이 대체시험법을 찾아 도입한 것처럼요. 모두가 행복한 공존을 위해 아이들도 모든 생물종들을 인간과 동등하게 대하는 마음가짐을 꼭 배워야 합니다. 이번 장에서는 그러한 마음을 길러주는 그림책과 수업 활동을 소개하겠습니다.

이 주의 그림책 ①

꿀벌과 인간 사이의 연결 고리
《요슈코 마을에 찾아 온 꿀벌의 기적》
(시모나 체호바 지음, 송순섭 옮김, 박진 감수, 놀궁리)

　시사 프로그램 〈그것이 알고 싶다〉에서 무려 78억 건의 거대한 집단 실종 사건을 다룬 적이 있습니다. 그 실종 사건의 주인공은 다름 아닌 '꿀벌'이었습니다. 이 이야기를 해주자 아이들은 무섭기만 한 꿀벌이 사라지는 것이 무슨 대수냐는 표정을 짓더군요. 하지만 꿀벌이 사라지면 식물도 사라지게 되고, 그 결과 인간의 삶도 흔들리게 됩니다. 이와 같은 생태계의 유기성은 공존의 가치를 이해하기 위해 아이들이 꼭 알고 있어야 하는 개념입니다. 그림책《요슈코 마을에 찾아 온 꿀벌의 기적》은 꿀벌과 나 사이의 연결 고리를 이해하는 데 도움을 줍니다.

　그림책을 펼쳐 보기 전, 우선 이 그림책을 만든 이들에 대해 먼저 알려주세요. 그림책《요슈코 마을에 찾아 온 꿀벌의 기적》의 작가 시모나 체호바는 120년 동안 양봉을 해온 집안의 '양봉가'이기도 하거든요. 또한, 이 그림책의 한국어판 감수를 맡아주신 박진 선생님께서도 양봉을 하신답니다. 꿀벌도 함께 살아갈 수 있는 새로운 도시를 고민하시는 도시 양봉가 그룹의 일원이시지요. 꿀벌과 함께 살아가기 전문가들이 만든 그림책이니 더 기대가 되지요?

　이 그림책의 주인공 요슈코는 골짜기에서 홀로 살아가던 두더지입니다. 어느 날 요슈코는 빨랫줄에 걸린 수상한 검은 점 무리, 바로 '꿀벌'들을 발견하지요. 벌에 쏘일 걱정보다 외로움이 더 지긋지긋했던 요슈코는 이 새로운 이웃이 마냥 반가웠습니다. 다만 자신이 사는 골짜기에는 꽃이 한 송이도 없다는 점이 마음에 걸렸지요. 꽃이 있어야 이 꿀벌들이 살아갈 테니까요. 그럼에도 요슈코는 이 귀한 이웃을 어떻게든 지켜보겠다고 다짐합니다. 그가 가장 먼저 한 일은 꿀벌에 대해 오랫동안 연구하는 것이었어요. 요슈코는 꿀벌에 대해 열심히 공부하면서 이들이 편안하게 살 수 있도록 최선을 다합니다.

요슈코가 꿀벌의 행복을 위해 많은 공을 들이던 어느 날, 그들의 골짜기에 놀라운 일이 벌어집니다. 삭막하기만 했던 땅에 꽃이 피어나기 시작한 거예요. 요슈코 덕분에 꿀벌들은 아무런 탈 없이 몇 천 킬로미터씩 떨어진 꽃밭을 오가며 그들의 삶을 살 수 있었습니다. 그 과정에서 자연스레 골짜기에 떨어진 씨앗과 꽃가루들이 요슈코의 삶의 터전에도 떨어지게 됐고, 이내 꽃을 피우게 된 것이지요. 이렇게 우리가 생태계를 어떤 대하느냐에 따라 우리의 미래가 바뀌게 됩니다. 우리가 꿀벌을 더 이상 무서운 존재가 아닌, 지구 위의 소중한 동반자로 받아들여야 하는 이유입니다.

나는야, 오늘부터 꿀벌 팬클럽 회원

그림책 《요슈코 마을에 찾아 온 꿀벌의 기적》을 읽고 난 뒤, 아이들이 점점 사라져가는 꿀벌들을 지키고 보호하는 일에 관심을 기울이게 할 만한 활동을 소개합니다. 이름 하여 '꿀벌 팬클럽' 활동입니다. 꿀벌의 팬이 되어 꿀벌이 인간과 함께 이 지구상에서 오래오래 공존할 수 있는 방법을 고민하다 보면, 어느새 아이들은 공존의 가치와 생태 감수성을 기를 수 있게 됩니다.

활동 1 꿀벌 생존 게임 '마을에 꽃을 피워요'

1. '꿀'이라고 적힌 쪽지와 '꿀벌이 사라졌다'라고 적힌 쪽지 여러 장을 골고루 섞어 교실 곳곳에 숨겨둡니다. 꽃 모양 쪽지를 사용하면 한층 더 실감 나게 활동을 할 수 있습니다. '꿀벌이 사라졌다' 쪽지는 다음 도안을 참고하세요.

꿀벌이 사라졌다 대기오염으로 숨을 쉴 수 없어요	꿀벌이 사라졌다 유전자가 조작된 꽃이었어요	꿀벌이 사라졌다 지구온난화로 꽃밭이 파괴되었어요
꿀벌이 사라졌다 해충 '꿀벌응애'의 공격	꿀벌이 사라졌다 살충제가 뿌려져 있다	꿀벌이 사라졌다 바이러스의 공격!

2. 6명이 하나의 벌집이 됩니다. 팀 내에서 여왕벌, 애벌레 2마리, 일벌 3마리의 역할을 나눠 맡습니다.
3. 한 라운드마다 벌집당 1마리의 일벌만 활동할 수 있습니다. 일벌은 교실 곳곳에 숨겨둔 쪽지를 1장씩 찾습니다.
4. '꿀'이라고 적힌 쪽지를 2장 모으면, 여왕벌이 애벌레 1마리를 일벌로 바꿀 수 있습니다.
5. 일벌에게 위험한 요소가 적힌 '꿀벌이 사라졌다' 쪽지를 찾은 경우, 해당 일벌만 탈락하여 교실 내에 따로 마련된 무덤으로 이동합니다.
6. 일벌이 모두 무덤으로 이동하고 더 이상 애벌레가 일벌이 될 수 없게 되면 그 팀은 탈락입니다.
7. 4번의 라운드를 진행하는 동안 무사히 벌집을 지킨 팀은 '마을 꽃피우기'에 성공입니다.

9월 2주

활동2 나만의 꿀벌 소개하기

나만의 개성과 꿀벌의 보편적인 특징을 살린 꿀벌 캐릭터를 만들어봅니다. 그림책 《요슈코 마을에 찾아 온 꿀벌의 기적》의 부록이나 꿀벌에 대한 또 다른 책이나 다양한 매체를 살펴보며 꿀벌을 조사해보세요.

> **꿀벌에 대한 정보를 다룬 그림책**
> - 《꿀벌 아피스의 놀라운 35일》(캔디스 플래밍 글, 에릭 로만 그림, 이지유 옮김, 책읽는곰)
> - 《비북: 생태계를 살리는 꿀벌 이야기》(샬럿 밀너 지음, 박유진 옮김, 청어람아이)
> - 《꿀벌의 비밀스런 생활》(모이라 버터필드 글, 비비안 미네커 그림, 김아림 옮김, 생각의집)
> - 《꿀벌》(보이치에흐 그라이코브스키 글, 피오트르 소하 그림, 이지원 옮김, 풀빛)
> - 《꿀벌과 지렁이는 대단해》(플로랑스 티나르 글, 뱅자맹 플루 그림, 이선민 옮김, 권오길 감수, 더숲)
> - 《1001마리 꿀벌》(요안나 제자크 지음, 이충호 옮김, 보림)

활동3 꿀벌이 안전한 지구 만들기

1. 꿀벌이 인간에게 얼마나 중요한 존재인지 알리는 캠페인 활동을 이어서 해봅니다. 편지, 광고, 영상 등으로 오늘날 꿀벌이 맞이한 위기와 이들을 지킬 방법을 전해봅니다.

2. 씨앗이 든 흙공인 씨앗 폭탄을 만들어 곳곳에 던지며 꿀벌들의 터전을 넓혀주는 활동도 해봅니다. 씨앗 폭탄 활동이 어렵다면 학교 텃밭이나 화분에 꿀벌이 좋아하는 라벤더를 심어 꿀벌을 위한 도심 정원을 만들어봐도 좋습니다.

이 주의 그림책 ②

모든 동물이 행복한 지구를 꿈꾸며
《네가 되는 꿈》
(서유진 지음, 브와포레)

2017년 대전의 한 동물원이 무더위로 철갑상어들이 죽어 가자 아주 황당한 일을 저질렀습니다. 14마리의 철갑상어들을 인근 계곡에 풀어 놓은 것이지요. 수질이나 온도에 예민할 수밖에 없는 수생동물의 입장은 고려하지 않고 인간 중심적으로 판단한 너무나도 가혹한 처사였습니다. 사실 동물원이라는 시설 자체가 인간 중심적 공존의 대표적 사례입니다. 하지만 그렇다고 해서 당장에 세상의 모든 동물원이 문을 닫는 것은 현실적으로 힘든 일이지요. 우리가 할 수 있는 것은 이 세상을 동물들이 주인인 공간, '주토피아'로 차근차근 바꿔나가는 것입니다.

그렇다면 동물들이 바라는 공간은 어떤 모습일까요? 그들의 속마음을 들여다볼 수 있는 그림책 《네가 되는 꿈》을 소개합니다. 주인공 웅이는 아빠와 동물원에 갔다가 놀라운 일을 겪습니다. 눈 깜박한 사이에 관람객이었던 자신이 동물들의 구경거리가 되어 철장에 갇히게 된 것이지요. 인간과 동물의 상황을 통째로 뒤바꾼 '인간원' 설정으로 인해 그림책 《네가 되는 꿈》을 읽으며 아이들은 보다 쉽게 동물의 입장이 되어볼 수 있습니다.

웅이는 두려움에 떨며 아빠를 부릅니다. 하지만 동물들의 귀에는 알아들을 수 없는 '전시 인간'의 울음소리일 뿐이었지요. 웅이를 우리에서 꺼낸 것은 사육사 차림의 퓨마입니다. 웅이는 그 퓨마가 자신이 가장 좋아하는 전시 동물인 '포롱이'란 사실을 알아챕니다. 하지만 포롱이도 다른 동물들처럼 웅이가 자신을 부르는 소리를 알아듣지 못하고, 웅이를 만지기 체험 이벤트에 세우기 위해 데려갑니다.

웅이가 이동하는 동선을 따라 그림책 속에 묘사된 인간원의 모습을 두루 살펴볼 수 있는데요. 이때 인간을 구경하며 주고받는 동물들의 대사를 놓치지 말고 꼭 읽어보세요. 동물들은 신생아를 안고 두려움에 떨고 있는 인간 여자를 보며 "갓 태어난 인간은 귀엽군" 하며 눈치 없는 감탄을 하기도 하고, 수족관에서 힘겹게 수영하는 인간들을 향해 "넓고 깊은 바다는 아니지만 수영하는 사람들은 즐거워 보이지"라는 이상한 위로를 던지기도 합니다. 이 문장들을 읽으며 양심이 콕콕 찔리는 기분이 든다면, 그것은 아마도 이 말들이 우리가 동물원에서 무심코 뱉었던 말들과 닮아 있기 때문이겠지요.

웅이의 여정을 끝까지 따라가며 아이들과 함께 그동안 전시 동물에게 했던 말과 행동들이 어떠했는지 떠올려보고 함께 이야기 나눠보세요. 그림책을 덮을 때면 아이들 가슴속에 동물원에서 찾아낸 인간 중심적 생각들이 차곡차곡 쌓여 있을 테니까요.

동물의 입장을 생각하며 '주토피아' 만들기

웅이와 아울러 그림책 《네가 되는 꿈》에서 유일하게 이름을 가진 캐릭터가 사육사 퓨마인 '포롱이'입니다. 이 그림책은 2018년 대전의 한 동물원에서 벌어진 '퓨마 탈출 사건'을 계기로 만들어졌습니다. 당시 동물원을 탈출한 퓨마는 추적 끝에 결국 사살되어 많은 사람이 안타까워했지요. 그 퓨마의 이름이 '뽀롱이'입니다. 지구에서 모든 생명체가 함께 어울려 행복하게 살아갈 방법을 고민해보자는 것이 그림책 《네가 되는 꿈》의 주제인데요. 아이들이 이 주제를 염두에 두고 동물도 행복하게 살아갈 수 있는 방법을 찾을 수 있도록 유도하는 활동들을 소개합니다.

활동1 '나는 전시 동물입니다' 역할극 활동하기

1. 자신이 보았던 '전시 동물'을 떠올리며 동물 가면을 하나씩 만듭니다.
2. 한 명씩 돌아가며 자신이 만든 동물 가면을 쓰고 교실 앞에 놓은 의자에 앉아 전시 동물 역할을 합니다. 이때 철창 모양의 소품을 만들어 전시 동물 앞에 두면 더 생생한 역할극을 할 수 있습니다.
3. 나머지 아이들은 관람객 역할을 맡고 전시 동물 역할을 하는 아이 주변을 둘러싼 후 구경합니다.
4. 관람객 역할을 하는 아이들은 그림책에 등장했던 대사나 자신의 경험을 활용해 만든 대사를 한두 마디씩 전시 동물 역할을 하는 아이에게 실감 나게 던집니다.
5. 역할극이 끝난 후, 느낀 점을 나눠봅니다. 이 소감들을 활용해 '전시 동물의 하루' 일기 쓰기나 '인간에게 보내는 편지'를 써보는 활동도 확장해서 해보세요.

예시

전시 동물 '원숭이'가 되었던 하루
- 동물원에 사는 원숭이가 되어보니 매우 불쾌했다. 다리가 아파 나무 위에 올라가고 싶지 않은데 사람들은 나에게 먹이를 던지며 묘기 부릴 것을 요구했다. 마치 그들의 장난감이 된 기분이었다.

9월 2주

활동 2 '주토피아' 그려보기

동물을 괴롭히지 않는 이상적인 동물원은 어떤 모습일까요? 실제 운영 중인 동물 중심의 동물원 사례를 살펴본 후, '주토피아'를 상상해 그리고 발표해봅니다.

사례 1

동물이 없는 동물원, '홀로그램 동물원' 체험해보기

- 독일의 론칼리 서커스가 운영하고 있는 홀로그램 동물원 사례 영상을 살펴봅니다.
- OHP 필름지로 육각형 깔대기를 직접 만들거나 시중에 팔고 있는 '홀로그램 만들기 키트'를 활용해 홀로그램을 볼 수 있는 장치를 마련한 후, 이미 제작된 홀로그램 동물 영상을 활용해 '홀로그램 동물원'을 직접 체험해봅니다.

사례 2

동물의 생태 특징을 반영한 국립 백두대간 수목원의 '호랑이 숲'

- '호랑이 숲'은 총 면적이 1,500만 평에 달하는 세계 2위 규모의 수목원이지만 이 중 4%만 인간에게 개방하고 있습니다. 이처럼 '호랑이 숲'이 호랑이를 위해 어떤 방식으로 조성되어 있고 어떤 규칙을 가지고 운영되고 있는지 알아봅니다.

> 한 걸음 더

지구 생명체들의 공존을 생각해보게 만드는 그림책

《그림자의 섬》
(다비드 칼리 글, 클라우디아 팔마루치 그림, 이현경 옮김, 황보연 감수, 웅진주니어)
#생물종다양성 #멸종동물

어느 이름 없는 숲속 '꿈의 그늘'의 신비한 병원에서 왈라비 박사는 악몽을 치료합니다. 태즈메이니아주머니늑대도 악몽을 고치기 위해 그를 찾아왔지요. 그런데 증상을 차근차근 살펴보던 박사는 그녀의 악몽이 진짜가 아니라고 합니다. 태즈메이니아주머니늑대는 이미 멸종되었기 때문에 당신은 이미 꿈조차 꿀 수 없는 영혼이라고요. 그녀의 기분은 어떨까요? 그 슬프고 참담한 심리를 다소 어둡고 기이한 그림으로 전하고 있습니다. 이 책의 면지에는 여러 멸종동물들이 그려져 있습니다. 이들의 삶을 조사해보고 그 입장이 되어 인간에게 전하고픈 메시지를 적거나 말로 표현하는 활동을 해보세요.

《오리털 홀씨》(백유연 지음, 길벗어린이)
#동물권 #공생

추운 겨울, 어두운 우리 안에 하얀 오리들이 모여 있습니다. 우리 문이 열리자 그들은 줄지어 어느 건물을 통과해 지나가지요. 그런데 빠져나온 오리들은 예외 없이 하얀 털이 뜯겨 나가 붉어진 피부를 드러낸 채 슬픔에 빠져 있습니다. 오리털 패딩을 만들기 위해 희생된 오리들이란 걸 짐작할 수 있지요. 이 그림책은 그 오리들 중 한 마리가 우연히 민들레 홀씨를 통해 마음의 상처를 치유하는 이야기를 그려냅니다. 그 과정을 보며 '동물권'에 대해 생각해보게 되지요. 이 책을 읽은 후 나의 물건들이 나에게 오기까지 희생된 동식물은 없는지 조사해보는 활동을 해보세요. 동물실험을 하지 않거나 동물성 원료를 사용하지 않아 동물권을 지킬 수 있는 물건도 찾아보세요.

9월 3주
이제는 기후변화를 제대로 알고 해결해나가야 할 때

"오늘 운동장에서 체육하는데 한 아이가 결국 울었어요. 너무 덥다고요."

더 뜨겁고 더 길어지던 폭염이 기어코 여덟 살 아이의 체육 시간마저 망쳤던 그해. 바다 건너 미국에서는 기온이 45도까지 치솟으며 급증한 열사병 환자들을 얼음이 든 시신용 가방에 집어넣는 다소 괴이한 응급 처방까지 내려졌습니다. 우리를 괴롭힌 건 폭염만이 아니었어요. 뜨거워진 바닷물의 영향으로 폭우도 쏟아졌는데요. 특히 그리스에서는 1년 동안 내릴 양의 비가 단 하루만에 내리며 대홍수가 일어나기도 했습니다.

이렇게 지구의 이상기후가 심각해지는 건 여전히 대량의 탄소가 대기로 방출되고 있기 때문이지요. 한시라도 빨리 지구의 열을 식히기 위해 팔을 걷어붙여야 하는 것은 물론, 아이들에게도 '기후변화'에 대해 정확히 알려주고 해결할 힘을 길러주어야 합니다. 기후 위기 시대 속에서 태어나 더 오랜 시간을 지구의 열병을 치료하기 위해 매달려야 할 테니까요. 이번 장에서는 '기후변화'를 정확히 알려주는 그림책과 수업 활동을 소개합니다.

이 주의 그림책 ①

기후변화가 불러온 생태 재앙들
《아침을 기다리는 숲》
(파비올라 안초레나 지음, 문주선 옮김, 미디어창비)

뜨거워진 지구에서는 여러 곤충들도 견디지 못하고 죽습니다. 안 그래도 바싹 마른 나무와 땅에 이 사체들까지 쌓이면 산에서는 작은 불씨에도 큰 불이 일어나지요. 그렇다면 불만 끄면 되는 걸까요? 아니요. 타버린 동식물에서는 다량의 탄소가 방출되지만 폐허가 된 산은 더 이상 탄소를 흡수할 힘이 없어요. 그 결과 기온은 더 오르고 화마는 더 쉽게 산을 찾아오게 되지요. 이미 우리나라를 비롯한 여러 나라에서 산불로 피해를 입는 규모가 점점 커지고 있는 만큼 우리 아이들도 변화된 기후가 불러오는 이 재앙에 관심을 기울일 필요가 있어요.

그림책《아침을 기다리는 숲》은 페루 출신의 작가가 무려 9개월 동안 이어진 아마존 산불을 지켜본 뒤 만들었습니다. 대조되는 색감으로 산불의 공포를 생생하게 전하고 있는 이 그림책을 읽으며 아이들을 생태 재앙의 현장으로 이끌어보세요. 이야기는 칠흑 같은 어둠 속에서 아침을 기다리는 동물들이 등장하며 시작됩니다. 해가 깊은 숲속에 숨어 있다는 소식을 들은 동물들은 햇살을 찾아갑니다. 그리고 마침내 해를 닮은 붉고 뜨거운 기운을 마주하게 되지요. 하지만 그건 해를 집어삼킬 만큼 활활 타오르던 산불이었어요! 동물들은 황급히 달아나기 시작하지만 붉은 열기가 무섭도록 그들을 덮쳐옵니다. 불똥이 날리는 컴컴한 숲속 동물들의 표정을 살펴보며 죽음이 드리워진 현장에서 느꼈을 공포를 상상해 보세요.

9월 3주

다행히도 검은 숲에는 비가 내리기 시작하면서 산불로 인한 그을음이 씻겨 내려가요. 이윽고 검고 붉기만 했던 장면에서 색채가 살아나며 지구의 자정작용이 시각적으로 표현됩니다. 이 장면을 함께 감상하며 아이들에게 산불의 공포만이 아니라 회복의 희망도 심어주세요. 그림책 끝에 소개된 지구를 도와 숲의 되살리려는 사람들의 이야기도 읽으며 그들이 하는 일을 알고 지지해주는 데까지 나아가보길 바랍니다.

뜨거워진 지구에 일어나는 재앙을 알려라!

그림책 《아침을 기다리는 숲》에서 접한 산불은 여러 생태 재앙 중 하나일 뿐입니다. 이상기후로 인해 지구 곳곳에서는 여러 형태의 재난이 발생하고 있지요. 문제를 제대로 알아야 해결할 수 있는 법! 여러 가지 생태 재앙의 심각성과 이러한 재앙을 이겨내기 위해 노력하는 사람들을 알아보고 주변에도 알리는 활동을 해봅니다.

활동 1 생태 재앙 세계지도 만들기

세계 곳곳에서 발생하는 생태 재앙을 조사해봅니다. 폭염, 한파, 가뭄, 홍수 등 유형별로 나눠 조사해도 좋습니다. 내가 찾은 생태 재앙 사례를 포스트잇에 적어 세계지도에 붙여봅니다. 완성된 생태 재앙 세계지도를 보면 생태 재앙이 결코 특정한 지역만의 문제가 아니란 사실을 아이들이 알게 됩니다.

> **예시**
> - 유럽 스페인: 대형 산불이 확산되어 열차가 불길에 갇혔던 사건
> - 아시아 인도네시아: 데막 마을의 한 초등학교가 해수면 상승으로 물에 잠겨 문을 닫게 된 사건
> - 아메리카 미국: 서부 사막에 폭우가 쏟아져 '버닝맨' 축제 참가자 7만 명이 고립된 사건

활동 2 생태 재앙 그래프 만들기

이번에는 앞에서 조사한 생태 재앙 사례들을 연도별로 나열해 칠판에 붙여봅니다. 지구가 점점 더 뜨거워질수록 생태 재앙의 횟수가 늘어나고 있음을 눈으로 확인할 수 있습니다.

활동 3 꼬마 닥터 어스가 되어 기후변화 알리기

지구가 더 이상 뜨거워지지 않도록 또는 생태 재앙을 극복하기 위해 노력하는 사람들이 있습니다. 그들을 '닥터 어스'(Dr. Earth)라고 부릅니다. 세계 곳곳에서 활동하고 있는 닥터 어스들의 활동을 조사해보고 그들이 어떤 일을 하는지 알아봅니다.

> **예시**
> - 브라질의 루이스 이나시우 룰라 다 시우바 대통령
>   → 열대우림 보호 정책을 펼쳐 아마존 열대우림 벌채 면적이 줄어드는 효과를 거둠.

'꼬마 닥터 어스'가 되어 조사한 내용 중 꼭 알리고 싶은 내용을 선정해 '기후 신문'을 만들어 보는 확장 활동도 권합니다. 완성된 신문은 학교 도서관에서 전시해 더 많은 아이들에게 기후변화에 대해 알려봅니다. 아직 생태 용어가 어려운 저학년을 위해 고학년 꼬마 닥터 어스

들이 직접 읽고 설명해줘도 좋습니다. 기후 신문을 읽은 아이들의 생각을 쪽지에 적어 붙이는 활동까지 한다면, 자신이 모은 정보가 퍼져나가는 모습을 보면서 꼬마 닥터 어스들은 더 큰 힘을 얻게 될 거예요.

이 주의 그림책 ②

기후 변화

탄소 중립, 우리 모두가 지켜야 하는 약속
《지구온난화가 가져온 이상한 휴가》

(이윤민 지음, 미세기)

지구가 지금보다 더 뜨거워지면 어떤 일이 벌어질까요? 과학자들의 연구에 따르면 지구의 온도가 1.5도 더 상승하면, 적도 가까이에 사는 40퍼센트의 인류가 땀으로 체온을 식힐 수 없는 더위를 겪게 된다고 합니다. 그래서 세계 여러 국가들은 지구의 온도가 1.5도 이상 올라가지 않도록 2050년까지 '탄소 중립'을 완성하기로 약속했습니다. 그 약속을 이어가야 하니 우리 아이들도 '탄소 중립'에 대해 꼭 알고 있어야겠지요?

사실 지구는 탄소를 적당히 방출하고 흡수하면서 생물들이 살아가기에 적당한 기온을 유지하는 시스템을 갖추고 있습니다. 그런데 인간이 산업화를 시작하면서 원래 방출하던 양보다 더 많은 탄소를 대기 중으로 내보내면서 그 균형이 깨져버렸지요. 탄소 중립이란 탄소 방출을 줄이고 지구가 탄소를 더 많이 흡수할 수 있도록 도와 다시 균형 상태로 되돌리는 것입니다.

그렇다면 탄소 중립을 위해 무슨 일부터 시작해야 할까요? 일단 탄소가 어디에서 방출되고 있는지부터 알아야겠지요? 그림책《지구온난화가 가져온 이상한 휴가》는 주인공이 가족과 함께 폭염을 피해 떠난 여름휴가 여정을 통해 탄소가 방출되는 여러 장소를 소개합니다. 그중 주인공이 첫 번째로 갔던 장소인 '산'을 살펴볼게요. 더위에 지친 그는 시원한 기대를 품고 산에 오릅니다. '불어오는 산바람에 땀 좀 식혀볼까?' 그런데 이게 웬일인가요? 악취가 바람을 타고 와 코를

9월 3주

찌르네요. 악취의 정체는 산 위 농장에서 기르는 소들의 방귀와 트림이었습니다. 소의 트림과 방귀에는 우리의 후각만 괴롭히는 것이 아니라 지구도 괴롭히는 물질이 들어 있습니다. 바로 메탄입니다. 메탄은 적은 양으로도 이산화탄소보다 더 강력한 온실효과를 만들어내는 엄청난 탄소 물질입니다. 아이들과 함께 작은 그림들도 살펴보며 숨어 있는 탄소 찾기를 해보세요. 어떤 아이는 "소똥에서도 가스가 나와요!"라고 외치기도 한답니다.

산에서 내려온 주인공 가족은 계곡, 바다 등 또 다른 장소를 찾아다녀요. 그런데 장소마다 무언가 수상해 보입니다. 또 어떤 탄소가 숨어 있을까요? 이 가족의 '이상한 휴가'를 끝까지 따라가면서 아이들과 숨은 탄소 찾기를 완성해보세요.

탄소 중립 알고 탄소 발자국 지우기

그림책 《지구온난화가 가져온 이상한 휴가》를 통해 아이들은 지구온난화로 이상해져버린 우리 터전의 모습을 눈으로 확인할 수 있습니다. 하지만 이대로 두 손 놓고 좌절만 하고 있을 수는 없지요. 조금이라도 쾌적한 미래를 위해 탄소 중립을 알아보고 우리가 지금 여기에서 실천해야 할 행동들을 찾아보는 활동들을 소개합니다.

활동1 '탄소 중립을 만들어라' 게임하기

우리가 하는 선택에 따라 지구의 온도가 내려갈 수도, 올라갈 수도 있습니다. 이 게임은 그 상관관계를 몸으로 체감할 수 있게 하는 활동입니다. 이 게임을 위해서는 탄소 배출과 관련된 상황이 적힌 카드(탄소 상황 카드) 12장이 필요합니다. 다음의 내용이 적힌 카드는 선생님이 먼저 마련해주세요.

고기를 많이 먹어 농장의 소가 많아졌어요. 소들이 먹을 풀을 키우기 위해 비료를 뿌려요. (+3)	영구동토층이 녹으면서 그 속에 녹아 있던 탄소들이 대기로 흡수되었어요. (+5)	날씨가 더워서 버스 대신 자동차를 타고 놀러가요. 에어컨도 세게 틀고 달리니 시원해요. (+2)
나무를 함부로 잘라 숲이 사라졌어요. (+5)	매년 유행하는 옷을 잔뜩 사고 작년에 산 옷은 버려요 (+1)	폭염으로 죽은 곤충 사체에 누군가 버린 담뱃불이 옮겨 붙어 산불이 났어요. (+7)
황무지에 나무를 심고 풀씨를 뿌려 숲을 만들었어요. (-5)	태양열 전지판을 설치해 전기를 생산했어요. (-5)	전기 자동차를 타고 여행을 떠나요. (-2)
일주일에 한 번 채식을 해요. (-3)	버려진 옷으로 만들어진 가방을 샀어요. (-1)	바다의 기름막을 깨끗하게 치웠어요. (-7)

1. 6팀으로 나눕니다. 2팀씩 생태 공동체로서 같은 지구에 살고 있습니다. (가령, 1팀과 2팀은 같은 지구에 사는 생태 공동체입니다.) 각 팀 모두 처음 온도는 0도에서 시작합니다. 0도는 탄소가 중립을 이루고 있는 안정적인 기후 상태를 가리킵니다.

2. 칠판에 탄소 상황 카드를 뒤집어 나열해 붙입니다. 팀별로 돌아가며 칠판에 붙은 탄소 상황 카드를 고릅니다. 상황에 따라 온도가 오르기도 하고 내리기도 합니다. 이때 같은 지구에 사는 다른 팀의 온도도 함께 변화합니다.

9월 3주

3. 12장의 카드가 모두 선택된 후, 각 팀별로 온도를 확인합니다. 0도에 가장 가까운 팀이 승리합니다. 카드의 내용을 모르고 고르는 상황을 통해 탄소 상황에 대한 지식의 중요성을 느낄 수 있습니다. 또한, 다른 팀의 선택으로 인해 같은 생태 공동체인 우리 팀의 승패가 달라지는 상황을 통해 생태계의 유기성을 깨달을 수 있습니다.

활동2 직접해보자, 탄소 발자국 지우기

인간이 흐트러뜨려놓은 탄소의 균형을 바로잡기 위해 우리는 무엇을 할 수 있을까요? 우리가 생활하며 지구 곳곳에 찍어둔 탄소 발자국들을 지우는 활동을 통해 지구가 다시 편안해질 수 있는 방법을 찾아봅니다. 그림책 《지구온난화가 가져온 이상한 휴가》 속 장면에서 힌트를 얻어도 좋고, 탄소 중립을 주제로 다룬 다른 책을 참고해 알아봐도 좋습니다.

예시

- 메탄과 아산화질소를 줄일 수 있도록 '채식하는 날'을 일주일에 1회 정하고 실천합니다.
- 에어컨 사용을 줄입니다.
- 과도한 의류 소비를 줄입니다.

탄소 중립 수업에 활용하면 좋은 참고 도서
- 《나의 탄소 발자국은 몇 kg일까?》(폴 메이슨 글, 마이크 고든 그림, 이충호 옮김, 다림)
- 《탄소 중립이 뭐예요?》(장성익 글, 방상호 그림, 윤순진 감수, 풀빛)
- 《이토록 불편한 탄소》(신방실 글, 김성연 그림, 그레이트북스)
- 《선생님, 탄소 중립을 이루려면 어떻게 해야 해요?》(최원형 글, 백두리·장고딕 그림, 철수와영희)
- 《지구가 뜨거워진다고요?》(국립생태원 출판부 편, 국립생태원)
- 《2050 탄소중립을 말해줘 시리즈》(정종영 외 지음, 쉼어린이)

> 한 걸음 더

기후 위기를 되돌아보게 하는 그림책

《바다가 몰려온다》
(베터 베스트라 글, 마티아스 더 레이우 그림, 김아델 옮김, 페리버튼)
#지구온난화 #해빙

이제 막 알에서 깨어난 아기 독수리는 지구의 열기에 녹아내리고 있는 빙하를 발견합니다. 빙하가 녹으면서 높아진 바닷물이 육지를 향해 몰려가기 시작하지요. 아기 독수리는 급히 육지로 날아가 이를 알리지만 정작 육지의 동물들은 심드렁해요. 태평해 보이는 그들의 대사와 달리 그림책 속 장면에는 물에 잠겨 곤란해진 모습이 그려져 있습니다. 이를 통해 저자는 우리의 오만과 무관심이 지구뿐 아니라 인간에게도 얼마나 위험한지 지적합니다. 다행스럽게도 아기 독수리는 문제를 해결하기 위해 노력하는 펭귄도 만납니다. 그림책 《바다가 몰려온다》를 읽으며 기후 위기에 대해 나와 비슷한 생각을 가진 동물을 찾아보고, 기후 위기를 극복하기 위해 우리가 지녀야 할 태도가 무엇인지도 토의해보세요.

《기후에 관한 새로운 시선》 (엠마 지음, 강미란 옮김, 우리나비)
#기후위기 #역사

기후변화에 대한 재미있는 그림체와 핵심만 짚은 문장들이 인상적인 그래픽 노블입니다. 무엇보다 《기후에 관한 새로운 시선》은 산업화 시대부터 시작된 기후변화의 역사를 쉽고 체계적으로 이해하도록 도와줍니다. 그리고 여러 정부와 기업이 기후변화에 끼친 영향에 대해 비판적 시각으로 이야기를 꺼내기도 하지요. 마지막으로 인류가 힘을 모은다면 지금의 기후 위기를 이겨낼 수 있다는 응원의 메시지와 함께 기후 위기 극복을 위해 우리가 할 수 있는 행동에 대해서 이야기합니다. 《기후에 관한 새로운 시선》을 읽으며 아이들과 함께 지구온난화에 영향을 끼친 역사적 사건들을 조사해보고, 그 문제점과 해결 방법을 토의해보세요.

9월 4주
지구를 위해 내 삶을 바꿔나가는 '생태 시민' 되기

멸종동물에 대한 프로젝트 수업으로 판화 활동을 한 적이 있습니다. 활동을 마친 후 뒷정리를 하는데 한 아이가 잉크가 조금 묻은 손가락을 보이며 말하더군요.
"선생님, 물티슈 좀 주세요."

아이에게 물로 손을 씻고 오라고 화장실로 보낸 후 교실 안을 둘러보니 또 다른 아이가 눈에 들어왔습니다. 그 아이는 물티슈로 손을 닦고 한 장을 더 꺼내어 책상을 닦더니 또다시 한 장을 새로 꺼내어 자신이 사용했던 고무판까지 야무지게 닦고 있었지요. 동물들의 서식지가 파괴되는 큰 이유가 물티슈처럼 쉽게 썩지 않는 쓰레기 때문이라는 걸 방금 배웠는데도 말입니다.

이렇듯 생태 교육은 수업이 끝난 후를 주목해야 합니다. 아이들에게 열심히 전달한 생태 지식과 생태 감수성이 그들의 일상 속에서 잘 피어나고 있는지를요. 벼랑 끝으로 내몰린 지구에게는 '알고만 있는 사람'이 아닌 '행동하는 사람', 즉 '생태 시민'이 필요합니다. 이번 장에서는 '생태 시민'으로 성장하는 데 도움을 주는 그림책과 수업 활동을 소개합니다.

생태시민

이 주의 그림책 ①

'나 하나쯤이야'가 아니라 '나부터'라고 생각하는 마음
《도시에 물이 차올라요》
(마리아호 일러스트라호 지음, 김지은 옮김, 위즈덤하우스)

    생태 시민은 마치 횡단보도 앞에서는 아무리 급한 일이 있더라도 초록불이 켜질 때까지 기다리듯이 당장은 귀찮고 불편해도 지구를 우선으로 여기며 행동하는 사람을 가리킵니다. 그렇다면 과연 어떤 마음가짐을 지니고 있어야 그러한 선택이 가능할까요? 아이들과 동물들이 모여 사는 도시에서 벌어진 일을 그린 그림책 《도시에 물이 차올라요》를 읽으며 그 답을 생각해보세요.

    그림책 《도시에 물이 차올라요》의 주인공은 양 갈래로 난 길고 수북한 콧수염이 인상적인, '황제 타마린 원숭이'입니다. 그림책의 배경은 온통 흑백인데 주인공의 꼬리만 노란색이라 장면마다 그를 쉽게 찾을 수 있지요. 어느 날 아침, 원숭이의 발목에 이르는 높이까지 도시에 물이 차오릅니다. 하지만 시민들은 개의치 않고 일상을 살아가지요. 단, 주인공만 빼고요. 그는 다른 이들에게 갑자기 차오른 물의 문제점을 알리려 애쓰지만 번번이 외면당합니다. 그러는 사이 도시의 물은 계속 차오릅니다. 숨쉬기와 거동이 불편해진 작은 동물들에게 이 도시의 물은 심각한 문제가 됩니다. 그들은 큰 동물들에게 도움을 요청하지만 큰 동물들은 시큰둥합니다. 오히려 물 덕분에 상쾌하다며 웃기까지 하지요. 하지만 곧 큰 동물들을 집어삼킬 만큼 물이 가득 차 오르게 되고 드디어 이 기이한 현상은 모두의 '커다란 문제'가 되고 맙니다.

여기까지 읽은 아이들은 큰 동물들의 좁고 오만한 생각 때문에 호미로 막을 일을 가래로 막아도 될까 말까 한 상황이 되어버렸다고 혀를 찹니다. 그런데 이런 오만함은 그림책 속에만 존재할까요? 아이들에게 남태평양에 있는 섬 '투발루'의 수몰 위기에 무심했던 다른 나라들이 이제는 해수면 상승을 걱정하기 시작한 것처럼 현재 지구에서도 그림책《도시에 물이 차올라요》와 비슷한 상황이 벌어지고 있다는 사실을 알려주세요. 또한, 기후 위기에 처한 지역이 '불쌍해서' 도와주는 것이 아니라 나도 '위험해지기' 때문에 적극적으로 나설 줄 아는 '환경 정의'를 가져야 한다는 점도요.

다시 그림책 속으로 돌아가봅시다. 문제의 심각성을 깨달은 시민들은 그제야 주인공의 애타던 손짓에 관심을 가집니다. 그는 시민들에게 바닥 위에 튀어나온 수상한 줄을 가리키고 있었지요. 이 줄은 지면 바깥으로 이어져 있는데 혼자의 힘으로는 잡아당기기에 버거웠던 것입니다. 시민들은 주인공의 뜻을 따라 다 함께 줄을 잡아당기고 더 늦기 전에 도시를 막고 있던 커다란 하수구 마개를 뽑을 수 있게 됩니다. 지금 지구에 닥친 기후 문제도 한 명의 개인, 한 나라의 힘으로는 완전히 해결할 수 없습니다. 지금부터라도 모두가 생태 시민이 되어 다 함께 문제 해결을 위한 줄을 잡아당겨야 투발루 섬을 비롯한 지구상의 생명체들을 모두 지켜낼 수 있다는 마음가짐을 아이들에게 심어주세요.

지구를 살리기 위한 캠페인을 만들어봐요

그림책《도시에 물이 차올라요》의 주인공 원숭이처럼 환경 정의를 위해 애쓰는 생태 시민들이 우리 주변에 존재합니다. 이들의 사례를 따라 해보는 것은 생태 시민에 대해 이해하는 좋은 방법이지요. '이제석 광고 연구소' 대표 이제석 씨는 대표적인 생태 시민인데요. 그는 기발한 공익광고를 통해 기후 재난 해결을 위한 국제적 협동의 필요성을 널리 알리고 있습니다. 이처럼 뛰어난 광고 창작 능력을 지구를 위해 사용하는 그의 작품들을 살펴보고, 아이들과 지구를 살리기 위한 공익 캠페인을 만드는 활동을 해보세요.

활동1 우리 학교 공익 광고 캠페인 만들기

1. 이제석의 광고 사례를 소개한 후, 그가 전하고자 했던 의미와 목적에 대해 알아봅니다.

> **예시**
> - 이제석 씨는 2022년 제27차 유엔기후변화협약 총회장에서 선진국의 공장 사진 옆으로 여러 나라의 풍경 사진들을 나란히 들고 있는 광고 퍼포먼스를 하기도 했는데요. 공장 굴뚝에서 뿜어져 나오는 검은 매연이 그다음 사진의 하늘로 차례차례 이어지는 모습을 통해 기후 위기에는 국경이 없으니 환경 정의를 가지자고 호소했습니다.

2. 우리 학교 학생들이 생태 시민으로서 실천해야 할 행동을 찾아보고, 이를 알리는 공익광고를 만들어봅니다. 이제석의 광고처럼 사진을 활용해도 좋습니다. 완성된 광고를 활용해 교내 학생들을 대상으로 교실 밖에서 캠페인을 이어가는 것도 좋습니다. 광고의 목적을 달성할 수 있는 기발한 아이디어를 더해보도록 아이들을 독려해주세요.

9월 4주

> **예시**
>
> - **발견한 문제점**
>
> 학교 화장실 핸드 타월을 낭비하는 학생들이 많다.
>
> - **광고 내용**
>
> '학교 화장실에 비치된 핸드 타월을 1장씩만 꺼내 사용합니다'라는 내용의 광고를 만들어 캠페인 활동을 합니다. 실천 후 녹색 스티커를 붙이면 완성되는 그림을 핸드 타월함에 붙여 참여 의지를 높입니다.

활동2 미래의 생태 시민이 된 내 모습 상상하기

나의 적성과 흥미를 활용해 어떤 생태 시민 활동을 할 수 있을까요? 생태 시민이 된 내 모습을 상상하고 그려봅니다. 그리고 그 내용을 친구들 앞에서 발표하며 다짐해봅니다.

> **예시**
>
> - 저는 요리를 좋아해서 육류를 줄일 수 있는 레시피를 개발하여 파는 식당을 운영하고 싶습니다.

> 이 주의 그림책 ②

어린이도 할 수 있는 '제로 웨이스트' 운동
《안젤로와 곤돌라의 기나긴 여행》
(최은영 글, 오승민 그림, 시금치)

"저는 자동차 2부제란 걸 알게 되었는데 그건 어른들만 할 수 있는 거잖아요."

어떤 아이는 지구를 위한 행동을 찾았지만 실천할 수 없어 실망하기도 합니다. 이런 아이에게는 어른의 도움 없이도 도전할 수 있는 '제로 웨이스트'(zero waste) 운동을 추천해주세요. 제로 웨이스트란 모든 제품을 재사용 또는 재활용함으로써 쓰레기가 되지 않도록 하자는 뜻입니다. 《안젤로와 곤돌라의 기나긴 여행》은 제로 웨이스트 활동의 시작이 될 수 있는 그림책입니다.

그림책 《안젤로와 곤돌라의 기나긴 여행》의 주인공은 누군가가 바다 건너 이탈리아에서 사온 머그컵 '안젤로'와 냉장고 자석 '곤돌라'입니다. 한때는 주인의 사랑을 받았지만 시간이 흐르면서 무관심 속에 방치되자 안젤로는 고향으로 돌아가려고 합니다. 무리한 탈출 시도에 안젤로가 부서지면서 그 안에 들어 있던 곤돌라까지 덩달아 쓰레기통에 버려지지요. 한순간에 '쓰레기'가 되어버린 두 친구의 대화를 읽으며, 그동안 우리가 버린 존재들에게 마음이 있다면 얼마나 큰 배신감과 슬픔을 느꼈을지 상상해보세요.

고된 쓰레기 처리 과정을 거치며 도자기 안젤로는 점점 마모되어갑니다. 형체는 점점 사라지지만 바다 건너 고향에 대한 그리움은 여전하지요. 다행이라고 해야 할지 둘이 옮겨진 쓰레기 매립지는 해변가였습니다. 둘은 드디어 바다를 만나지만 곤돌라는 친구 안젤로가 머그컵이 아닌 그냥 '돌'이 되어버리고, 곧 파도에 의해 모래가 되어 사라질 것이라는 말에 놀라지요.

곤돌라를 더 혼란스럽게 만든 것은 안젤로가 마모될 동안 자신은 멀쩡했다는 사실이었습니다. 곤돌라는 플라스틱으로 만들어졌기 때문이지요. 곤돌라는 또 다른 플라스틱 쓰레기들을 만나면서 자신이 언제 사라질지 알 수 없다는 것을 알게 됩니다. 게다가 자신으로 인해 다른 생명이 죽을 수도 있다는 슬픈 사실까지도요. 그에게는 새드 엔딩밖에 없는 것일까요? 여기서 그림책 읽기를 잠시 멈추고 아이들과 이 불쌍한 플라스틱 자석을 도와줄 수 있는 방법에 관해 먼저 이야기를 나눠보세요.

안젤로와 이별한 후 몇 달이 지나고 한 가족이 이 해변에 놀러옵니다. 아이는 곤돌라를 줍고선 예쁜 배를 찾았다며 자랑하지만, 아이의 부모는 왜 쓰레기를 주워왔냐며 아이를 타박합니다. 같은 플라스틱 물건인데도 누군가는 그것을 '쓰레기'로 또 다른 누군가는 '예쁜 배 모양의 냉장고 자석'이라고 부를 수 있다는 것을 짚어주세요. 아이들이 이 차이를 느끼고 물건을 바라보는 관점을 바꿀 때라야 비로소 그 물건의 해피 엔딩을 만들어줄 수 있음을 아는 것이 '제로 웨이스트'의 첫걸음입니다.

• • •

쓰레기의 가치를 재발견하자

'덤스터 다이빙'(Dumpster Diving), '업사이클링'(Upcycling), 'Buy Nothing Day(아무것도 안 사는 날)'. 이 3가지 용어를 들어본 적이 있나요? 이것들은 그림책 《안젤로와 곤돌라의 기나긴 여행》을 통해 쓰레기를 줄여야 한다는 점을 느낀 아이들이 직접 생활 속에서 쓰레기 줄이기를 실천해볼 수 있는 제로 웨이스트 활동들입니다. 교실에서 이 3가지 활동들을 하나씩 체험해보며 일상에서 쓰레기의 가치를 재발견할 수 있도록 알려주세요.

활동1 우리 반 덤스터 다이빙 활동하기

덤스터 다이빙은 대형 쓰레기통에 몸을 던져 음식이나 물건 등을 주워 합법적인 재물로 취하는 행위를 일컫는 말입니다. 덤스터 다이빙의 실제 사례들을 살펴보며 쓰레기를 소중한 재산으로 바라보는 눈을 길러주세요. 더불어서 우리 반 덤스터 다이빙 활동도 해봅니다.

1. 우리 반 덤스터 다이빙 데이를 정합니다.
2. 기존에 교실에 있던 쓰레기통과 별개로 '녹색 쓰레기통'을 마련한 후 나의 물건 중 필요없는 것들을 그 안에 모읍니다.
3. 덤스터 다이빙 데이가 다가오면 녹색 쓰레기통에 모인 물건을 교실 바닥에 펼쳐둡니다. 아이들은 그 사이를 자유롭게 돌아다니며 자신에게 필요한 물건을 줍습니다. 이때 선생님도 덤스터 다이빙 활동에 함께 참여해 여기에 있는 물건들이 관점에 따라 '쓰레기'가 될 수도, '재산'이 될 수 있다는 것을 보여주면 아이들이 좀 더 쉽게 마음을 열고 활동에 참여합니다.
4. 덤스터 다이빙 활동을 마친 후 자신이 가져간 물건과 그 이유와 함께 소개합니다.

활동2 쓰레기의 변신, 업사이클링 활동하기

업사이클링은 리사이클링(Recycling)보다 상위 개념으로 단순히 재활용하는 차원에서 더 발전시켜 새로운 가치가 있는 다른 제품으로 다시 만들어내는 것을 말합니다. 코로나19로 버려진 수많은 폐마스크를 녹여 만든 의자처럼 우리 주변의 업사이클링 제품들을 찾아봅니다.

> 예시
>
> - '양말목 공예'는 아이들도 쉽게 해볼 수 있는 대표적인 업사이클링 공예입니다. 알록달록한 양말목을 활용하여 물병 가방이나 컵받침, 방석 등을 만들어보세요.

활동 3 **Buy Nothing Day(아무것도 안 사는 날) 도전해보기**

1. 녹색연합에서는 11월 26일을 'Buy Nothing Day'로 지정해 이날 하루만큼은 소비를 멈추고, 불필요한 소비로 이끄는 광고와 상품들을 찾으며 '지구를 위한 소비문화'를 되새겨보자는 취지의 캠페인을 벌이고 있습니다. 아이들과 함께 실제 캠페인 장면을 찾아보고 '지나친 소비가 많은 쓰레기를 만든다'라는 메시지에 주목해보세요. 이어서 아이들과도 '우리 반 아무것도 안 사는 날'을 정해 도전해보세요. 가능하면 일회성의 도전에 그치지 않도록 한 달에 한 번 정도 정기적으로 실천해보는 것을 권합니다.

2. 하루 동안은 소비를 하지 않고 생활 속에서 소비를 부추기는 광고나 상품도 찾아보면서 생태 시민으로서의 예리한 시각도 길러보는 활동을 하는 것도 좋습니다.

> 예시
>
> - 2년이 지나면 충전 능력이 떨어지는 휴대폰 배터리를 교체할 수 없게 만든 휴대폰
> - 매년 그해를 대표하는 색을 발표해 유행에 따라가기 위해 새 옷을 사게 만드는 패션 광고
> - 과도한 사은품으로 불필요한 소비를 부추기는 홈쇼핑 방송

> 한 걸음 더

생태 시민으로 살아가는 데 도움을 주는 그림책

《푸른 바다의 상괭이》(민준영 글, 유지은 그림, 춘희네책방)
#바다생물보호 #기름유출

그림책 《푸른 바다의 상괭이》는 기름 유출 사건이 일어났던 태안 앞바다의 상괭이 이야기를 담고 있습니다. 상괭이는 기름으로 얼룩진 바다에서 한쪽 지느러미만 가지고 태어납니다. 헤엄치는 것이 힘든 상괭이는 기름 범벅이 된 채 해안으로 떠밀려 내려갑니다. 태안 바다 위 기름을 닦아내고 있던 자원봉사자들은 상괭이를 발견하고 병원으로 보내줍니다. 병원에서 만난 또 다른 상괭이들과 다시 태안으로 돌아오면서 마주한 바다 생물들을 통해 주인공은 살아갈 희망과 용기를 배우지요. 아이들과 함께 순수한 바다 생물들에게 인간이 저지른 잘못이 무엇인지 유심히 살펴보세요. 그림책 《푸른 바다의 상괭이》는 다시 깨끗해진 태안 바다가 만들어지고 유지되는 데 사람들의 노력이 필요하다는 사실도 알려줍니다. 이 그림책을 보며 실제로 태안 바다의 회복 과정도 알아보며 생태 시민의 힘을 느껴보세요.

《우리는 에코 히어로!》
(플로렌스 어커트 글, 리사 코스테르케 그림, 이현아 옮김, 나무말미)
#환경보호 #생태시민

그림책 《우리는 에코 히어로!》(전 4권)는 아이들이 일상생활 속에서 실천할 수 있는 생태적 실천 행동들을 알기 쉽게 전해주는 시리즈입니다. '집', '자연', '동네', '좀 더 넓은 사회'로 총 4개의 장소로 나뉘어져 있어 필요에 맞게 찾아볼 수 있어 유용합니다. 아이들과 책 속에서 실제로 해볼 수 있는 실천 행동을 골라 직접 도전해보세요. 각 책마다 수록된 퀴즈를 통과한 아이에게 '에코 히어로' 임명장도 수여해준다면 아이들이 보다 더 즐겁고 적극적으로 생태 시민이 되어가는 모습을 볼 수 있습니다.

교육과정과 이렇게 연계해요

10월 1주 모든 공부의 기초, 바르고 정확하게 읽고 쓰기
[2국02-01] 글자, 단어, 문장, 짧은 글을 정확하게 소리 내어 읽는다.
[2국03-01] 글자와 단어를 바르게 쓴다.
[2국04-01] 한글 자모의 이름과 소릿값을 알고 정확하게 발음하고 쓴다.
[2국04-02] 소리와 표기가 다를 수 있음을 알고 단어를 바르게 읽고 쓴다.
[4국04-05] 한글을 소중히 여기는 태도를 지닌다.

10월 2주 문해력을 쑥쑥 키워주는 말놀이
[2국05-01] 말놀이, 낭송 등을 통해 말의 재미와 즐거움을 느낀다.
[4국04-02] 낱말과 낱말의 의미 관계를 파악한다.
[6국04-02] 국어의 낱말 확장 방법을 탐구하고 어휘력을 높이는 데에 적용한다.
[6국04-03] 낱말이 상황에 따라 다양하게 해석됨을 탐구한다.
[6국04-06] 일상생활에서 국어를 바르게 사용하는 태도를 지닌다.

10월 3주 일기와 생활문, 평범한 일상을 비범한 이야기로
[2국03-04] 겪은 일을 표현하는 글을 자유롭게 쓰고, 쓴 글을 함께 읽고 생각이나 느낌을 나눈다.
[2국06-02] 일상의 경험과 생각을 글과 그림으로 표현한다.
[4국03-02] 시간의 흐름에 따라 사건이나 행동이 드러나게 글을 쓴다.
[4국03-05] 쓰기에 자신감을 갖고 자신의 글을 적극적으로 나누는 태도를 지닌다.
[6국03-05] 체험한 일에 대한 감상이 드러나게 글을 쓴다.

10월 4주 탁월한 읽기×쓰기 종합 활동, 독서 감상문
[2국05-03] 작품 속 인물의 모습, 행동, 마음을 상상하여 시, 노래, 이야기, 그림 등으로 표현한다.
[4국05-03] 이야기의 흐름을 파악하여 이어질 내용을 상상하고 표현한다.
[4국05-04] 작품을 듣거나 읽거나 보고 떠오른 느낌과 생각을 다양하게 표현한다.
[6국05-05] 작품에 대한 이해와 감상을 바탕으로 하여 다른 사람과 적극적으로 소통한다.
[6국05-06] 작품에서 얻은 깨달음을 바탕으로 하여 바람직한 삶의 가치를 내면화하는 태도를 지닌다.

문해력 글쓰기

10월 1주
모든 공부의 기초, 바르고 정확하게 읽고 쓰기

아이들이 학교에서 하는 다양한 활동은 대부분 문해력을 필요로 합니다. 놀이를 할 때도, 문제를 풀 때도, 알림장을 쓸 때도 문해력은 꼭 필요합니다. 문해력은 일상생활에 필요한 글을 읽고 이해하기 위한 최소한의 능력이기 때문입니다.

문해력은 그것이 형성되는 시기에 따라 크게 3가지로 나뉩니다. 유치원부터 초등 저학년에 형성되는 초기 문해력, 초등학교 3학년부터 고등학교 시기에 형성되는 학령기 문해력, 그 이후의 성인 문해력입니다.

초등학교 저학년 시기, 초기 문해력 형성에 있어 가장 중요한 것은 무엇일까요? 바로 말소리와 글자를 올바르게 연결시키는 것입니다. 맞춤법에 맞게 적으려면 '소리 나는 대로 적되, 어법에 맞도록' 적어야 합니다. 이때 한글의 창제 원리를 알면 발음하기도, 쓰기도 훨씬 쉬워집니다.

초등학교 3학년 이상부터 형성되는 학령기 문해력에서는 제대로 된 읽기와 쓰기가 중요해집니다. 그런데 제대로 된 읽기를 방해하는 것이 있습니다. 바로 받침입니다. 다양한 모양의 겹받침과 소리 나는 대로 써지지 않는 받침들은 아

이들에게 소리와 뜻의 혼동을 동시에 가져옵니다.

그렇다면 문해력을 제대로 쌓기 위해서는 어떻게 해야 좋을까요? 한글을 배우기 시작하는 저학년을 위한 그림책과 받침 쓰기에 어려움을 겪는 고학년을 위한 그림책을 각각 소개합니다.

이 주의 그림책 ①

이야기로 터득하는 모음의 원리
《노는 게 좋은 ㅡ·ㅣ》
(전정숙 글, 김지영 그림, 올리)

　한글은 과학적인 글자입니다. 자음은 목구멍과 혀의 움직임을 본떠 만들었습니다. 모음은 땅과 사람과 하늘의 모습에 획 더하기와 대칭의 원칙을 더해 만들어졌지요. 한글을 가르쳐주며 아이들에게 그 창제 원리까지 알려주면 좋겠지만, 아이들이 이해하기에는 너무 어려운 것이 아닐까 고민하던 차에 그림책《노는 게 좋은 ㅡ·ㅣ》를 만났습니다.

　초등 교과서에서 모음을 가르쳐줄 때 'ㅏ', 'ㅑ', 'ㅓ', 'ㅕ' 등으로 알려주지, 'ㅣ'와 '·' 하나가 합쳐져서 'ㅏ'가 된다고 설명해주지 않습니다. 그렇다 보니 단순한 모양의 모음의 경우 발음이나 모양을 헷갈리지 않던 아이들이 'ㅟ'나 'ㅒ' 같은 이중모음을 배울 때는 실수하는 모습을 종종 봅니다. 'ㅟ'는 'ㅜ'에 'ㅣ'가 더해진 모습이고, 'ㅒ'는 'ㅑ'에 'ㅣ'가 더해진 모습이라는 사실을 아이들에게 알려주면 발음 실수나 쓰기 실수가 확연히 줄어듭니다. 그럼, 아이들과 그림책《노는 게 좋은 ㅡ·ㅣ》를 통해 모음의 구성을 조금 더 자세히 알아볼까요?

　'ㅡ'나 'ㅣ'가 이미 모음에도 있는 친숙한 글자라면, '·'의 존재는 아이들에게 조금 낯섭니다. 전정숙 작가는 이런 아이들의 시선을 고려해 모음을 구성하는 'ㅣ', 'ㅡ', '·'에 캐릭터를 부여했습니다. 'ㅡ'의 이름은 땅에 딱 붙어 있다고 해서 '땅이'입니다. 'ㅣ'의 이름은 사람처럼 서 있다고 해서 '사람이'입니다. 이 둘은 사이가 별로 좋지 않습니다. 서로 좋아하는 것도 너무 다르고, 행동도 너무 달랐거든요.

그런 둘 사이에 동그란 하늘이(·)가 끼어들면 둘의 관계가 달라집니다. 따로 있을 때는 할 수 있는 것이 별로 없었지만, 셋이 함께하면서 만들 수 있는 글자의 신세계가 열립니다. 이렇게도 합쳐보고 저렇게도 합쳐보며 셋은 함께 노는 것의 즐거움을 느낍니다.

그림책《노는 게 좋은 ㅡ·ㅣ》를 읽은 후, 아이들과 지금까지 배운 모음들을 찬찬히 살펴보세요. 'ㅏ'는 사람이(ㅣ)와 하늘이(·) 하나가 만난 글자였네요. 이때 주의할 점은 하늘이의 존재가 어떨 때는 짧은 가로획의 모습으로, 어떨 때는 짧은 세로획의 모습으로 변하다 보니, 헷갈릴 수 있다는 점입니다. 모음에서 보이는 짧은 획은 이리저리 획획 변신할 수 있는 하늘이(·)라는 사실을 아이들에게 꼭 알려주고, 여러 번 모음을 분리하는 예시를 보여주세요. 이것을 놀이로 만들면 아이들은 모음의 창제 원리를 쉽게 이해합니다.

천지인으로 만들고 찾아봐요

그림책《노는 게 좋은 ㅡ·ㅣ》를 통해 천(·), 지(ㅡ), 인(ㅣ)을 배웠다면, 이제는 직접 모음을 만들어볼 차례입니다. 천지인 자판 치기 놀이는 천(·), 지(ㅡ), 인(ㅣ) 세 개의 칸을 만들어놓고 시작합니다. 선생님이 'ㅏ'를 쳐보라고 말하면, 아이들은 인(ㅣ)과 천(·)을 순서대로 치면 됩니다. 천지인 보물찾기는 낱말 속에서 천지인을 찾는 놀이입니다. '보물'이라는 낱말 속에는 천(·)이 몇 개 있나요? 정답은 2개입니다. 천지인 자판 치기 놀이를 통해 천지인을 합치기도 하고 천지인 보물찾기로 분해도 하다 보면 아이들은 자연스럽게 모음의 구조와 원리를 이해합니다.

활동1 천지인 자판 치기 놀이

1. 다음과 같은 천지인 자판 표를 만들어 아이들에게 나눠줍니다.

ㅡ	·	ㅣ

선생님이 컴퓨터 화면이나 칠판에 'ㅏ', 'ㅕ', 'ㅜ'와 같은 모음을 보여주면, 아이들은 그 모음을 만들기 위해 눌러야 하는 천지인을 차례대로 손가락으로 눌러봅니다.

2. 낱자로 천지인 자판 치기를 충분히 연습했다면 이제 노래에 맞춰서 눌러봅니다. 'ㅏ', 'ㅑ', 'ㅓ', 'ㅕ'와 같이 모음이 순서대로 나오는 노래에 맞춰 천지인 자판을 눌러봅니다. 설정 버튼을 누르면 동영상의 속도를 조절할 수 있습니다. 처음에는 0.5배속으로 들려주기를 추천합니다. 아이들이 천지인 자판 치기에 익숙해지면 원래 속도로 노래를 들려줍니다. 아이들이 수행하는 것을 보고 3~5회 정도 연습을 이어가보세요.

- '생각이 자라는 한글, 생각한글! 모음 노래'

3. 노래에 맞춰 천지인 자판 치기를 충분히 연습했다면 원하는 아이들은 교실 앞으로 나옵니다. 그 다음, 선생님이 칠판에 그려놓은 천지인 자판을 노래에 맞춰 손바닥으로 치는 모습을 친구들에게 보여줍니다. 앞에 나와서 커다란 천지인 자판을 치는 아이뿐만 아니라 그 모습을 바라보는 아이들도 친구가 제대로 자판을 치고 있는지 확인해야 하므로 함께 즐길

수 있습니다.

조금 더 도전적으로 아이들과 즐기고 싶다면 노래의 재생 속도를 1.5배속, 2배속으로 높여보세요. 칠판에 그려진 천지인 자판을 칠 때는 손으로 자판을 치는 대신 파리채를 이용하면 색다른 소리와 촉감을 느낄 수 있습니다.

활동2 천지인 보물찾기

1. 선생님은 다음과 같은 표를 미리 만들어 칠판이나 게시판에 붙여둡니다. 이때 맨 오른쪽 낱말 칸은 예시 단어를 한두 개만 넣고 비워주세요.

	개수	낱말(예시)
하늘이(·)	1개	책, 친구
	2개	여기, 하루
	3개	다람쥐, 자유
	4개 이상	도서관, 자료검색
땅이(一)	1개	지도, 꿈
	2개	주문, 쥐며느리
	3개	뒤죽박죽, 스마트폰
	4개 이상	동대문역사문화공원
사람이(ㅣ)	1개	이불, 밤, 집
	2개	기린, 대출
	3개	이야기, 미래
	4개 이상	과자상자, 택배

2. 아이들은 잡지나 신문, 이미 사용한 교과서에서 보물찾기를 하듯 해당하는 낱말을 찾아서 오리거나 씁니다. 만약 하늘이(·)가 3개 들어간 '다람쥐'라는 낱말을 찾았다면, 하늘이가 있는 위치에 빨간색으로 동그라미 표시를 하여 알아보기 쉽게 합니다.

10월 1주

3. 아이들이 찾아오는 낱말을 살펴보면 어디서 이런 낱말을 알게 되었나 싶을 정도로 낯선 낱말도 있고, 친숙한 낱말도 있습니다. 어디에서 낱말을 알거나 보게 되었는지 물어보기도 하고, 뜻도 알아보세요. 반 전체가 참여해서 하나의 표를 만들어도 좋고, 2~3개의 소그룹으로 나눠 정해진 시간 내에 표 안을 많이 채우는 놀이로 즐겨도 재미있습니다.

이 주의 그림책 ②

자주 틀리는 받침 쓰기, 쉽게 배워요
《받침구조대》

(곽미영 글, 지은 그림, 만만한책방)

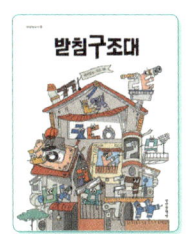

　아이들이 쓴 글을 읽다 보면, 생각보다 많은 아이들이 받침 쓰기에 어려움을 겪고 있다는 사실을 알게 됩니다. 가령, 받침 자리의 'ㅅ', 'ㅈ', 'ㅊ', 'ㅌ', 'ㅎ'은 모두 [ㄷ]으로 소리가 나기 때문에 소리만으로는 구별이 힘들어서 자주 틀립니다. 그런가 하면 2개의 자음이 합쳐진 겹받침도 많이 틀립니다. 아이들이 자주 틀리는 받침은 다양하기 때문에, 오류의 근본적인 원인을 모두 파악해 수정해주는 데는 한계가 있습니다.

　그림책《받침구조대》는 선생님들의 이런 고민을 해결해주기 위해 탄생한 그림책이라고 말해도 무리가 없을 정도입니다. 그림책에 실린 13가지의 에피소드에는 다양한 받침이 등장해서 이야기를 읽어가다 보면 자연스레 어떤 받침이 올바른지 알 수 있습니다.

　에피소드 몇 개를 함께 만나볼까요? 엄마 캥거루가 아기를 안고 있습니다. 허리도 시큰, 팔도 뻐근한 엄마 캥거루를 도와줄 받침은 누구일까요? 'ㅊ'이 부리나케 달려가 자신의 위에 앉으라고 합니다. 하지만 'ㅊ' 위에 앉으려던 엄마 캥거루는 치읓 위에 튀어나온 뾰족한 부분에 엉덩이를 찔리고 맙니다. 결국 'ㅈ'이 출동합니다. 뾰족한 부분이 없는 의자에 엄마 캥거루는 아기 캥거루와 편안하게 앉습니다. '앉다'는 [안따]로 소리가 납니다. 아이들은 소리가 들리는 'ㄴ' 받침은 금방 찾지만 그다음 받침이 무엇인지는 헷갈려하지요. 그럴 때 이 에피소드를 떠올리면 금방 'ㅈ'을 생각할 수 있겠지요.

　엄마 캥거루를 제대로 도와주지 못한 'ㅊ'은 "휴, 난 아직 훈련이 부족한가 봐"라고 한숨을 쉬며 떠납니다. 그러던 중 벼를 '쪼'아 대는 새들을 '쫓'아내며 자신이 필요한 곳을 찾습니다. 이 에피소드에서 보듯 그림책《받침구조대》의 받침들은 늘 자신의 자리를 완벽하게 찾는 친구들이 아닙니다. 실수도 하고, 허술한 면도 있는 받침들의 이야기가 아이들로 하여금 이야기 속으로 자연스럽게 빠져들고 공감하게 합니다.

받침 보드게임

　받침이 있는 단어를 자연스럽게 알아보면서 문장에 녹여 문해력도 함께 높일 수 있는 보드게임을 소개합니다. 우선 다양한 받침이 쓰인 보드게임 판을 준비합니다. 주사위를 굴려 해당 칸에 적힌 받침을 확인합니다. 그 받침이 들어간 단어를 10초 이내에 말해야 그 칸에 머무를 수 있습니다. 두 번째로 게임을 할 때는 주사위를 굴려 나온 받침이 들어간 문장을 만들어야 합니다. 아이들은 이 보드게임을 통해 다양한 받침이 있는 단어를 접하고, 문장을 만듭니다.

활동1 '받침 보드게임' 판 만들기

주사위를 굴려 앞으로 나아가는 형식의 보드게임 판을 칠판에 그리거나 종이로 만들어 붙입니다. 그 다음, 각 칸을 그림책《받침구조대》에서 소개된 받침들로 채웁니다. 이때 받침들이 중복되어도 괜찮습니다.

출발→	ㄱ	ㄷ	ㄹ	ㅎ	ㄺ	ㄲ	ㄼ	ㄴ	ㅁ
									ㅂ
ㅇ	ㅂ	ㅌ	ㄵ	ㅎ	ㄷ	ㅊ	ㅈ	ㅆ	ㅅ
ㅍ									
ㅆ	ㄻ	ㅈ	ㅊ	ㄱ	ㄴ	ㅀ	ㅂ	ㅎ	도착

활동 2 '받침 보드게임' 규칙 익히기

1. 도착지에 가면서 점수 얻기

   팀을 나누고 먼저 할 팀을 정합니다. 그 후 주사위를 굴려 해당 칸에 적힌 받침을 확인합니다. 그 받침이 들어간 단어를 10초 이내에 말해야 그 칸에 머무를 수 있습니다. (말하지 못하는 경우, 원래 있던 자리로 되돌아갑니다.) 10초 이내에 1개를 말하면 1점, 2개를 말하면 2점입니다. 아이들이 말한 단어는 각 칸의 밑에 써둡니다. 중복되는 단어를 방지하기 위함입니다. 먼저 도착하는 팀은 10점을 추가로 얻습니다.

2. 문장 만들면서 점수 얻기

   각 팀이 다 도착하면 다시 출발지로 되돌아갑니다. 주사위를 굴려 해당 칸에 적힌 받침이 들어간 문장을 만듭니다. 각 팀에 작은 화이트보드를 나눠주고 그곳에 문장을 쓰게 합니다. 15초 이내에 문장을 만들어야 하고, 최소 15자가 넘어야 문장으로 인정됩니다. 그래야만 '나는 잔다', '너는 놀았다'와 같은 단순한 문장이 나오지 않습니다. 문장 쓰기에 성공하면 3점, 실패하면 원래 자리로 되돌아갑니다.

10월 1주

활동 3 함께 만든 문장 읽어보기

점수를 종합해 승패를 결정한 뒤, 함께 만든 문장을 읽어봅니다. 화이트보드에 적어둔 문장은 금방 지워지기 때문에, 학급의 아이 중 사진사를 1명 정해 사진으로 쭉 기록해두거나, 선생님이 게임을 진행하면서 워드프로세서에 기록해놓으면 좋습니다.

> **예시**
> - 혼자 노는 것도 나쁘지 **않**다. (받침 'ㄶ'을 이용한 문장)
> - 물고기를 **낚**아 구워먹으니 맛있었다. (받침 'ㄲ'을 이용한 문장)
> - 오늘 **밥**은 뭘까? 나는 코를 킁킁 거렸다. (받침 'ㅂ'을 이용한 문장)

완성한 문장을 함께 읽으면 2가지 장점이 있습니다. 우선 문장 속에서 받침이 있는 단어의 발음이 어떻게 나는지 자연스럽게 알 수 있습니다. 또한, 문맥을 파악하며 단어의 뜻을 알 수 있습니다.

한 걸음 더

한글에 대한 관심을 환기시키는 그림책

《도시 가나다》 (윤정미 지음, 향)
#숨은그림찾기 #우리곁에가나다

노란 가로등이 반짝이고 시원한 분수가 뿜어져 나오는 느지막한 저녁의 강변, 그림책 《도시 가나다》에 펼쳐진 풍경을 설명하는 글을 읽어봅니다. 'ㅇ로등이 잠들면 도시가 기지개를 켜요' ㅇ 안에 들어갈 글자는 무엇일까요? 왜 작가는 첫 글자를 비워두었을까요? 그림을 천천히 봐보세요. 강변 산책을 위한 다리가 'ㄱ'과 'ㅏ' 모양으로 놓여 있습니다. 동그라미 안에 들어갈 말은 '가'였네요. 하지만 이 그림책의 매력은 단순히 그림 속에 숨겨진 글자를 찾는 데서 끝나지 않습니다. 그림책을 보고 나면 우리 주변의 가나다가 보이기 시작하거든요. 그림책을 보고 난 후 아이들이 가장 먼저 가나다를 찾은 곳은 어디일까요? 아이들과 우리 주변에서 가나다 찾기 놀이를 해보며 그림책 속 세계를 확장해보세요.

《한글이 된 친구들》 (이호백 지음, 재미마주)
#한글동물만들기 #한글모양살펴보기

그림책 《한글이 된 친구들》 표지에는 빨간 바탕에 동글동글한 모서리를 가진 흰색, 파란색, 노란색의 자음과 모음이 그려져 있습니다. 무슨 글자를 표현한 것인지 아무리 생각해봐도 아리송한데, 표지를 본 아이들이 먼저 외칩니다. "선생님! 애벌레 위에 사람이랑 곰이 타 있는 모양이에요!" 한글을 처음 접하는 아이들에게 그것을 글자로 받아들이기에 앞서, 독특한 형태를 가진 그림으로 받아들이도록 하면 어떨까요? 한글 자음과 모음 특유의 모양에 주목해 한글 자모로 여러 사물을 나타낸 이 그림책을 통해서요. 글자를 '배워야' 한다는 생각에 힘들어하는 초등학교 1학년 아이들이 많습니다. 그럴 때 그림책 《한글이 된 친구들》과 함께 상상의 세계로 함께 떠나보세요. 즐거운 상상 뒤에 배움이 따라오는 법이니까요.

10월 2주
문해력을 쑥쑥 키워주는 말놀이

끝말잇기를 하다 보면 아이들 나름의 필살기 단어가 있습니다. 나트륨, 칼륨 등 각종 원소 이름부터 기름, 사료 등 마지막 말에 'ㄹ'이 들어가는 단어들이 그렇습니다. 이런 단어들을 만날 때면 몇몇 아이들이 하는 말이 있습니다.

"선생님, 두음법칙 쓰면 안 돼요?"

두음법칙은 단어의 맨 앞에 'ㄹ' 발음이 되는 것을 꺼려 발음이 나지 않거나 'ㄴ'으로 발음이 되는 국어의 음운 현상입니다. 아이들은 놀이를 이어가기 위해 혹은 끝말잇기에서 이기기 위해 다양한 음운 법칙을 언급합니다. 이처럼 말놀이는 다양한 어휘를 파악하는 데 도움을 주고, 여러 상황에서 그에 걸맞은 언어를 선택하는 데 도움을 줍니다.

말놀이를 그림책과 연관 지어 읽어보면 어떨까요? EBS에서 방영된 〈당신의 문해력〉이라는 프로그램에서 그림책과 함께 하는 말놀이 프로그램을 운영한 결과, 말소리 인식과 이야기 이해력 모두에서 눈에 띄는 성장을 보였습니다. 그럼 지금부터 그림책과 함께 말놀이의 세계로 풍덩 빠져볼까요?

이 주의 그림책 ①

글자를 맛있게 먹는 벌레가 있다고?
《만희네 글자벌레》
(권윤덕 지음, 길벗어린이)

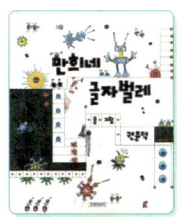

　오래된 책들이 가득한 도서관에 가면 특유의 먼지 냄새가 납니다. 먼지도 도서관의 일부가 아닐까 싶을 정도로 친숙하고 고유한 냄새이지요. 이렇게 오래된 먼지가 쌓이고 쌓여 단단해지면, 거기에서 글자벌레가 생겨납니다. 글자벌레는 책 속을 돌아다니며 마음에 드는 글자들을 쏙쏙 뽑아 정성껏 글자 구슬을 만들어 먹습니다. 그림책 《만희네 글자벌레》는 다양한 글자 구슬을 만들어 먹는 글자벌레의 이야기를 담은 책입니다.

　그림책 《만희네 글자벌레》는 총 108쪽으로 두께감이 상당한 책이지만, 매 페이지를 허투루 넘길 수 없습니다. 《만희네 집》, 《일과 도구》를 쓴 권윤덕 작가 특유의 세밀한 그림이 가득하거든요. 책 이쪽저쪽에 숨어 있는 글자와 그림을 찾으며 그림책을 보다 보면 시간이 어떻게 가는지 모를 정도입니다. 아이들과 이 그림책을 함께 읽을 때는 이야기를 처음부터 끝까지 다 읽으려고 욕심내지 말고, 각 글자벌레의 이야기를 간단히 들려준 뒤 한 페이지의 그림을 꼼꼼히 함께 보는 방식으로 읽기를 권합니다.

　그림책 《만희네 글자벌레》에는 총 5개의 이야기가 실려 있고, 각 이야기의 주인공은 각자 다른 특징을 갖고 있는 글자벌레들입니다. 우선 첫 번째 이야기의 글자벌레를 만나볼까요? 이 벌레의 이름은 '씹지않고꿀꺽벌레'입니다. 이 글자벌레는 사랑의 '사' 자와 탕약의 '탕' 자를 모아 '사탕'이라는 글자를 만들어 먹는 식으로 맛있는 글자를 찾아다닙니다. 이렇게 구체적인 사물의 이름과 맛은 알지만 '얼근덜근', '알짝지근'과 같은 맛은 잘 모르는 '씹지않고꿀꺽벌레'는 이 단어들의 비밀을 알려줄 책들을 찾아다닙니다. 마침내 요리 과정이 모두 나와 있는 요리책을 찾아 꿀꺽꿀꺽 글자들을 먹은 '씹지않고꿀꺽벌레'는 이제야 맛을 제대로 알겠다며 기뻐하지요.

다섯 번째 이야기에 나오는 '혼자서도신나벌레'는 몸 색깔을 바꾸는 것을 좋아하는 글자벌레입니다. 친구들의 장난으로 '불그죽죽', '검푸르접접'과 같은 글자를 먹은 '혼자서도신나벌레'의 몸 색깔은 신기하게 변하기 시작하고 골탕을 먹이려던 친구들도 결국 웃음을 터뜨립니다. 두 개의 에피소드에서도 알 수 있듯이 그림책 《만희네 글자벌레》에는 우리말 특유의 매력을 드러내는 다양한 낱말이 등장합니다. 아이들과 글자벌레의 모습을 살펴보고, 글자벌레에게 줄 먹이를 직접 써서 만들어보세요.

꼬리 달린 음식을 만들어보아요

'꼬리 달린 음식'은 그림책 《만희네 글자벌레》 첫 번째 이야기에 나온 '씹지않고꿀꺽벌레'의 먹이를 직접 만드는 놀이입니다. '씹지않고꿀꺽벌레'는 사랑의 '사' 자와 탕약의 '탕' 자를 모아 '사탕'이라는 글자를 만들어 먹습니다. 즉, 어떤 단어에서 떼어온 글자를 조합해서 음식 이름을 만드는 것이지요. 놀이를 하다 보면 다양한 어휘를 생각하고 사용하게 됨으로써 아이들의 어휘력이 향상되고, 표현력도 풍부해집니다.

활동1 맛있는 음식 떠올리기

'씹지않고꿀꺽벌레'가 좋아할 만한 음식 이름을 떠올려봅니다.

> 예시
> - 탕수육, 딸기주스, 새우튀김, 부대찌개, 떡볶이, 군고구마

활동2 각 글자의 유래를 상상하며 꼬리 만들기

각각의 글자를 어떤 단어에서 떼어왔는지 생각해보고 글자의 꼬리를 만들어줍니다.

탕	수	육
탕	요	식
이	일	동
		물

활동3 각 글자가 어디에서 왔을지 더 다양하게 상상하기

이번에는 꼬리만 만들지 않고, 그 글자가 어디에서 왔을지 더 다양하게 상상해서 글자를 만들어봅니다.

갈		
비	옥	교
탕	수	육
	수	

활동 4 만든 음식을 표현할 수 있는 단어 말하기

'씹지않고꿀꺽벌레'는 음식을 표현하는 단어를 이해하는 데 어려움을 겪다가 결국 요리책 한 권을 죄다 먹고 나서야 그 단어들을 이해하게 됩니다. 음식의 맛을 표현하는 다양한 단어들을 아이들과 함께 떠올려봅니다. 맛, 색깔, 촉감, 요리 과정 등도 함께 생각해봅니다.

> **예시**
> - 탕수육: 따끈따끈, 바삭바삭, 새콤달콤, 노릇노릇
> - 딸기주스: 달콤하다, 새빨간, 시원하다, 녹진하다

활동 5 '씹지않고꿀꺽벌레'를 위한 만찬상 만들기

커다란 상 모양 종이 위에 아이들이 만든 꼬리 달린 음식 이름을 붙이고 해당 음식의 그림과 그 음식을 표현할 수 있는 말을 주변에 써서 '씹지않고꿀꺽벌레'를 위한 만찬상을 꾸며봅니다.

이 주의 그림책 ②

절묘하게 이어지는 단어의 세계로
《한 아이 ONE BOY》
(로라 바카로 시거 지음, 이루리 옮김, 북극곰)

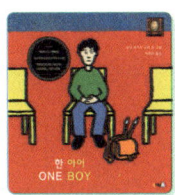

그림책 《한 아이 ONE BOY》를 읽기 전, 아이들에게 반복에 대한 이야기를 먼저 꺼냅니다. 그림책 속에서 어떤 단어가 반복되고 있는지, 반복되는 단어 중 가장 인상 깊은 단어는 무엇인지 등을 생각하며 읽어보라고요.

"저는 '한 아이가 한없이 앉아 있어요'가 제일 인상 깊었어요! '한'이라는 글자가 이렇게 외로운 글자인지 처음 느꼈어요."

"저는 '세 마리 유인원을 누군가 유인했어요'가 재밌었어요. '유인원'이라는 글자에서 '원'이라는 글자만 빼도 완전 다른 뜻이 되는 것 같아서요."

그림책 《한 아이 ONE BOY》는 하나의 단어가 두 페이지에 걸쳐서 반복됩니다. 반복이라고 해서 똑같은 뜻으로 반복되지는 않습니다. 앞의 예시에서 보듯 '한'이라는 글자가 '하나'를 뜻하기도, '끝없다'라는 의미를 뜻하기도 하니까요. 그런가 하면 '유인원'이라는 글자는 '유인' 뒤에 '원'이라는 한 글자만 붙였을 뿐인데 그 의미가 완전히 달라지는 마법을 보여주기도 하지요.

《한 아이 ONE BOY》는 닥터 수스 상을 수상한 그림책입니다. 닥터 수스 상은 읽기를 처음 시작한 아이들을 위해 만들어진 그림책을 대상으로 수여하는 상으로 쉬우면서도 언어적 센스가 돋보이는 그림책들이 주로 상을 받았습니다. 그림책 《한 아이 ONE BOY》의 한국어판은 원어에서 느껴지는 말맛도 놓치지 않으려는 듯 영어와 한글이 모두 쓰여 있습니다. 고학년 수준에서는 어렵지 않은 영어

10월 2주

단어들이 반복해서 등장하기 때문에, 영어로 그림책을 읽으면서 색다른 재미를 느낄 수도 있습니다.

단어들이 반복되며 만들어지는 이야기를 읽다 보면 아이들은 자연스레 '랩'과 '시'를 떠올립니다. 랩과 시는 비슷한 어감의 반복으로 리듬감을 느끼게 한다는 공통점이 있습니다. 랩 가사나 시를 자세히 보면, 자음의 반복이나 모음의 반복 혹은 단어의 반복 등 반복을 다양하게 활용합니다. 아이들과 랩과 시에 대한 이야기를 나누며 반복을 기반으로 한 말놀이를 해보세요. 이 놀이를 통해 아이들은 단어 하나의 무궁무진한 확장 가능성과 뜻을 알게 됩니다.

랩퍼와 시인이 되어보자

반복되는 언어에서 나오는 리듬은 시와 음악의 출발점이기도 합니다. 그림책 《한 아이 ONE BOY》를 읽고 나서 아이들과 함께 랩퍼와 시인으로 변신해보세요.

활동 1 드랍 더 비트

랩퍼들이 랩을 시작하기 전 '드랍 더 비트'라고 하는 말을 들어보셨을 텐데요. 말 그대로 '비트를 달라'는 뜻입니다. 비트는 랩을 할 때 깔아놓는 반복되는 배경음악을 말합니다. 비트는 일정한 박자를 갖고 있기 때문에 그에 맞춰 말을 하면 리듬감 있는 랩이 완성됩니다. 아이들과 그림책 《한 아이 ONE BOY》를 일정한 박자에 맞춰 재구성해 읽어보세요.

1. 그림책 읽고 이어 쓰기

그림책 《한 아이 ONE BOY》에서는 3~5음절 사이의 말이 반복됩니다. 가령, '세 마리/

유인원을/누군가/유인했어요'처럼요. 우선 아이들에게 그림책 속 글을 쭉 읽어보게 한 후, 이 글들을 쭉 이어 써서 한눈에 볼 수 있게 합니다.

2. 비트 들어보기

이 글을 얼마나 비트에 잘 녹여내느냐가 이 활동의 핵심입니다. 추천하는 비트는 '트랩비트'입니다. 어둡고 강렬한 분위기를 풍기는 비트이지요. 특정한 리듬이 반복되는 비트를 들어보며, 그림책 《한 아이 ONE BOY》에 나오는 말들을 어떻게 배열하면 좋을지 고민해봅니다. 리듬에 맞추기 위해 생략과 약간의 변형을 허용합니다.

예시 1

4음절로 끊어져서 랩을 만들어보기 좋은 쉬운 트랩비트
- 세 마리/유인원을/누군가가/유인했어
- 네 마리/벌거숭이/원숭이가/범인이야

예시 2

6음절로 끊어져서 랩을 만들어보기 좋은 쉬운 트랩비트
- 세 마리 유인원/누군가 유인해
- 네 마리 벌거숭이/원숭이가 범인야

3. 랩퍼가 되어 발표해보기

비트에 맞춰 랩을 발표해봅니다. 혼자서 해도 좋고, 짝이나 모둠을 이뤄도 좋습니다.

활동 2 **자음 반복 시인**

시인으로 변신하기 위해 반복되는 자음의 힘을 빌려보세요. 가령, 'ㅇㅇ'이라는 자음이 들어가는 다양한 단어를 생각하고, 그 단어를 비슷한 위치에 두어 시를 써보세요. 재미있는 리듬이 느껴지는 시가 완성됩니다.

1. 같은 자음을 가진 단어 최대한 많이 찾기

    'ㅇㅇ'이라는 자음이 들어가는 단어를 최대한 많이 찾아봅니다. 다양한 자음으로 시도해보세요(ㅅㅈ, ㄷㅅ, ㅁㄹ 등).

> 예시
>
> - 여우, 아이, 어이, 야옹, 오이, 우유, 아웃, 이웃

2. 같은 자음이 비슷한 위치에 들어가는 시 쓰기

    위에서 생각해낸 단어를 최대한 많이 사용해 같은 자음이 비슷한 위치에 들어가는 시를 써봅니다.

> 예시
>
> 한 마리 붉은 **여우**가 있었어
> 한 명의 작은 **아이**도 있었지
> 둘은 옆에 사는 **이웃**이었지
> 여우가 말했어 **어이** 놀러갈래?
> 아이가 말했어 **우유**부터 마시고
> 여우는 심심해서 **야옹** 소리를 냈어

> 너 고양이었어? **아이**가 말하자
>
> 여우가 씨익 **웃었**어 그건 비밀이야

3. 시 게시하기

　시에 알맞은 그림을 그려 시화를 만든 뒤 시를 게시합니다. 게시가 끝난 후 아이들에게 작은 포스트잇 3장을 준 뒤, 가장 마음에 드는 시에 대한 칭찬을 써서 붙이게 합니다.

말놀이

한 걸음 더

말놀이로 우리 주변을 표현한 그림책

《옥두두두두》 (한연진 지음, 향)
#타이포그라피 #글씨로표현해요

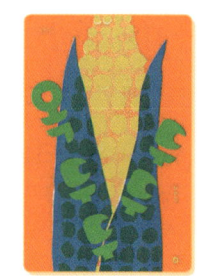

글씨에서 그림이 읽히는 마법을 발견해본 적이 있나요? 그림책 《옥두두두두》는 나란히 눕혀져 좁은 망 속에 묶여져 있는 옥수수를 '옥옥옥옥옥'이라는 글자를 가로로 눕혀 표현하기도 하고, 쑤욱 자라는 옥수수를 '오─옥'이라는 글자로 표현하기도 합니다. 아이들과 함께 키우는 식물이 있다면, 그 식물의 한살이를 식물의 이름을 이용해서 표현해보는 활동을 해보세요. 저는 아이들과 교실에서 키우는 토마토의 한살이를 글자로 표현해봤는데요. 토마토의 뿌리가 나는 소리는 '토맛토맛'(영차영차 같은 어감으로), 토마토가 익어가는 모습은 'ㄷ ㄷㅡ ㅌ 토 ㅁ 미 마 ㄷ ㄷㅡ ㅌ 토'와 같이 표현했답니다.

《생각이 필요해》 (수잔 후드 글, 제이 플렉 그림, 정화진 옮김, 달리)
#반대말 #상대성

그림책 《생각이 필요해》는 반대말을 조금 독특한 시선으로 다룹니다. 카트에 얌전히 앉아 '안'에 있다고 생각하는 순간, 뒤로 꽈당 넘어지며 '밖'에 있게 되는 식입니다. 그림책 《생각이 필요해》는 반대라는 개념이 꼭 극과 극에 존재하는 개념이 아니라는 것, 거의 동시에 존재하기도 하고 비교 대상에 따라 반대말이 달라지기도 한다는 것을 알려줍니다. 아이들과 그림책 《생각이 필요해》를 읽으며 반대말이 존재하지 않는다고 생각하는 명사나 형용사를 골라 이야기를 나눠보세요. 여러분, '책'의 반대말은 무엇일까요? 아이들은 '유튜브', '침묵', '빠르다'와 같은 단어를 이야기합니다. 왜 그 말을 반대말이라고 생각하는지 이유도 들어보세요.

일기
생활문
쓰기

10월 3주

일기와 생활문, 평범한 일상을 비범한 이야기로

아이들은 1학년 1학기 말부터 일기 쓰기를 배웁니다. 얼마 전에야 겨우 글자를 다 뗐는데, 갑자기 완성된 글을 쓰기가 힘든지 교실 곳곳에서 "어려워요", "힘들어요"라는 말이 종종 들려옵니다. 생활문 쓰기는 1학년 2학기 말, 겪은 일 쓰기를 다루면서 시작합니다. 아이들은 생활문 쓰기를 일기보다 더 어려워합니다. 일기는 그날 있었던 일을 쓰면 되는 반면, 생활문은 언제, 어떤 경험을 써야 할지 모르기 때문이지요.

일기와 생활문 쓰기는 1, 2학년에 국한하지 않고 초등학교를 졸업할 때까지 아이들에게 계속 주어지는 글쓰기 과제입니다. 초등학교에서 자신의 일상을 꾸준히 글로 쓰는 것을 강조하는 이유는 여러 가지입니다. 글을 쓰면서 자연스럽게 문해력이 향상되고, 남의 것이 아닌 나의 것을 직접 완성하는 성취감도 얻을 수 있기 때문입니다.

그러나 매일 반복되는 일상 속에서 꾸준히 써야 하는 일기는 자칫 아이들에게 부담스러운 과제이기 쉽습니다. 소재와 형식을 고민하는 아이들과 함께 그림책을 읽어보고 글을 써보는 활동을 해보세요. 그림책 속에는 아이들의 평범한 일상이 재미있는 이야기 형식으로 담겨 있습니다. 그림책 작가들은 굴러다니는 낙엽을 본 일, 똥을 참은 일 등 아이가 대수롭게 여기지 않았던 일상도 그냥 지나치지 않고 재미난 이야기로 빚어냅니다. 그림책을 읽고 글을 쓰다 보면 어느새 아이들이 자신의 일상을 특별하게 보고 새롭게 쓸 수 있는 능력을 키워나갈 거예요.

이 주의 그림책 ①

단서를 따라 쓰는 나만의 일기
《일기 쓰고 싶은 날》
(니시카타 타쿠시 지음. 김소연 옮김. 천개의바람)

아이들은 기억에만 의존해 그날 있었던 일을 글로 담아내는 것을 어려워합니다. 어떤 일이 먼저 일어났는지 그 순서를 헷갈리기도 하고, 어떤 일은 자세히 쓰고 어떤 일은 가볍게 언급만 하고 넘어가도 되는지 어려워하기도 합니다. 《일기 쓰고 싶은 날》은 이럴 때 힌트를 건네주는 그림책입니다.

주인공 별이와 달이는 또박이 삼촌을 따라 박물관에 갑니다. 또박이 삼촌은 그냥 박물관을 구경시켜주는 것이 아니라, 이것저것 기억의 '단서'가 될 만한 물건들을 수집하게 합니다. 박물관 가는 길에 낙엽을 줍게도 하고, 입장권을 간직하라고도 합니다. 박물관 곳곳에서 도장도 찍으라고 하고요. 이윽고 아이들은 일기를 쓸 때 그날 수집한 '물건들'을 보며 하루의 기억을 떠올립니다. 일기를 쓸 때는 기억이 선명한 물건을 위주로 기록합니다. 물론 물건이 없어도 떠오르는 강렬한 기억도 있습니다. 엄청난 크기의 공룡 모형이라든가, 박물관 앞에서 사 먹은 따끈한 군고구마 같은 것들이지요. 그런 기억들을 모두 모아 시간 순서대로 착착 정리하면 나들이 일기가 완성됩니다.

그렇다면 이런 일기는 왜 써야 하는 것일까요? 그림책《일기 쓰고 싶은 날》속 별이와 달이는 같은 공룡 모형을 보고도 서로 다른 반응을 보입니다. 별이는 "입이 진짜 커다랗다"라며 자신이 본 것에 집중하지만, 달이는 "잡아먹힐 것 같아, 무서워"라며 자신의 생각과 느낌에 더 집중합니다. 아이들과 이 차이를 살펴보

10월 3주

세요. 같은 경험을 했을지라도 사람마다 다른 생각을 하기 때문에 나만의 일기가 탄생하고, 그것이 남과 다른 나의 소중한 기록이 됩니다. 아이들에게 나만의 시선과 생각은 내가 직접 일기로 기록해두지 않으면 이내 흘러가버린다고 알려주세요. 이번 장에서는 아이들이 일기를 잘 쓸 수 있도록 도와주는 구체적인 활동들을 소개합니다.

일기 쓰기, 3단계만 기억하면 어렵지 않아요

일기는 자신의 경험, 그 경험에서 비롯된 느낌과 생각, 그리고 마무리가 들어가야 하는 글입니다. 어떻게 하면 아이들이 이 3가지를 두루 잘 쓸 수 있게 도울 수 있을까요? 첫째, 오감을 최대한 확장해 경험을 자세히 쓰는 법을 알려줍니다. 둘째, 아이들은 '느낌'과 '생각'이 정확히 무엇인지 잘 모릅니다. 따라서 그 둘의 뜻을 정확히 설명해줍니다. 마지막으로 여러 종류의 맺음 방법을 알려주고, 다양한 마무리를 시도하게 돕습니다.

활동1 경험 쓰기

경험을 쓸 때는 본 것, 들은 것, 만진 것, 맛본 것, 냄새 맡은 것 등 오감을 최대한 확장해 그것을 자세히 기록합니다. 하루의 기억을 떠올릴 수 있는 물건을 쭉 늘어놓고, 그중에서 하나를 선택해 그와 관련된 경험을 써보는 것도 좋습니다.

> **예시**
>
> 내가 선택한 물건: 신발
>
> - 내가 신발을 선택한 이유는 오늘 내 신발 대신 상원이 신발을 신고 집에 갈 뻔했기 때문이다. 다음부터는 그러지 않기 위해서 상원이와 나는 신발 구별법을 알아보기로 했다.
>   내 신발은 파란색이고 줄무늬가 세 개 있고, 상원이 신발도 줄무늬가 세 개다. 다 똑같고 내 신발이 아주 조금 더 낡았는데 구분이 잘 안 된다. (본 것)
>   "야, 우리 신발 구별하는 더 좋은 방법 알았다?" 상원이가 말했다. (들은 것)
>   상원이가 냄새가 다르다고 해서 맡아보니 내 것은 공장 고무 냄새, 상원이 것은 알로에 냄새가 났다. (냄새 맡은 것)
>   냄새 맡는다고 만지다가 내 신발 앞이 해져서 부들부들해진 것도 발견했다. (만진 것)

활동 2 느낌과 생각 3줄 쓰기

느낌은 '무서웠다', '즐거웠다', '슬펐다'처럼 감정을 쓰는 것입니다. 느낌을 하나의 단어로 표현하기보다는 그 감정을 느꼈을 때 나의 몸 상태를 표현합니다.

> **예시**
>
> - 무서웠다 → 발가락이 양말 안에서 자꾸 오그라들면서 손이 차가워졌다.
> - 즐거웠다 → 참으려고 했는데 웃음이 씨익 나와서 숨기려고 고개를 숙였다.

10월 3주

반면, 생각은 머릿속에 떠오른 말을 쓰는 것입니다. 일기에 생각을 쓸 때는 솔직하게 씁니다.

> **예시**
> - 다음 생에는 고양이로 태어나고 싶다.
> - 엄마는 왜 맨날 나만 혼내는지 도저히 모르겠다.

느낌과 생각은 경험 사이사이에 써도 좋고, 경험을 쭉 쓰고 난 후 마지막에 몰아 써도 좋습니다. 아이들이 느낌과 생각 쓰기에 자연스럽게 익숙해질 때까지는 사이사이에 쓰던, 마지막에 쓰던 꼭 3줄씩 쓰도록 지도합니다.

활동3 끝맺기

예전에는 일기의 마지막 부분에 반성을 쓰라고 했습니다. 반성 외에 다양한 맺음 방식을 알려주세요. 하루 동안 실현되지 못한 나의 욕구를 찾아보고 원하는 것과 해야 할 것을 쓸 수 있게 안내하거나, 감사한 일을 써볼 수 있습니다.

> **예시**
> - 원하는 것: 내일 여행에서는 오늘 못 먹은 망고 아이스크림을 꼭 먹을 것이다.
> - 해야 할 것: 숙제를 미리미리 해두어야지.
> - 감사한 일: 선생님께서 날 칭찬해주신 게 마음에 남는다. 참 감사하다.

이 주의 그림책 ②

누구에게나 있을 법한 경험, 글로 쓰기
《아빠, 나 똥!》
(알렉산드라 레케나 글, 길레르미 카르스텐 그림, 김여진 옮김, 다봄)

"아침에 바나나 우유 두 통이 있어서 누가 뺏어 먹을까 봐 원샷 하고 버스를 탔는데, 배가 살살 아픈 거야."

그림책 《아빠, 나 똥!》을 읽기 전, 아이들의 귀를 언제나 쫑긋하게 만드는 화장실 이야기를 시작합니다. 화장실에 갇힌 이야기, 화장실을 못 찾은 이야기, 화장실에 휴지가 없던 이야기 등 화장실 이야기만 하면 아이들은 까르르 넘어갑니다. 물론 이런 말을 하는 것도 잊지 않습니다.

"앗, 저도 그런 적 있는데!"

생활문 쓰기라고 하면 주말에 있던 일, 방학에 있던 일 등 특정 기간 중에 겪을 일 중 가장 인상적이었던 일을 찾아 쓰라고 지도했던 적이 있습니다. 대부분의 아이들은 정해진 기간 내에 글감 찾기를 매우 힘들어 합니다. 너무 많아서 고르기 힘들어 하기도 하고, 아무리 생각해도 없다고 하는 아이도 있지요. 그런 일을 종종 겪은 뒤로는 아이들에게 기간을 정해주고 글감을 찾으라고 하는 대신, 함께 그림책을 읽고 그날의 주제 단어를 정해줍니다.

그림책 《아빠, 나 똥!》에는 모두가 공감할 만한 이야기가 담겨 있습니다. 멋진 수영장이 있는 숙소로 휴가를 온 가족. 그런데 아이가 외칩니다.

"아빠, 나 똥!"

아빠는 아이를 안고 168개나 되는 계단을 올라 화장실에 도착합니다. 그런데

10월 3주

변기에 앉은 아이가 말합니다.

"똥이 안 나와요."

마려웠다가 안 마려웠다 반복하는 똥의 변덕 속에 가족들은 지쳐갑니다. 과연, 아이의 똥은 어떻게 되었을까요?

아이들과 함께 그림책《아빠, 나 똥!》을 읽고 오늘의 주제 단어를 함께 정합니다. 주제 단어는 '똥'입니다. 이 주제로 재미있는 생활문을 쓰려면 어떤 점에 유의해야 할까요? 그림책은 주제 단어의 좋은 출처이기도 하지만 생활문 쓰기의 훌륭한 예시도 되어줍니다. 시간 순서대로 글을 써야 하고, 그때 느꼈던 감정이 잘 드러나야 하고, 생생한 대화가 들어가면 좋다는 것을 아이들과 함께 그림책 속 장면을 하나하나 짚어가며 알아봅니다.

・・・

주제 단어와 감정 단어를 섞어 글을 써봐요

생활문 쓰기를 시킬 때는 아이들에게 주제 단어를 제시해주면 좋습니다. 주제 단어는 '글감'이 되어 무엇을 써야 할지 알려주기 때문이지요. 그러나 주제 단어도 너무 큰 범위라고 느끼는 아이들이 있습니다. 그럴 때는 주제 단어와 감정 단어를 결합해 오늘의 주제를 조금 더 섬세하게 바꿔봅니다. 가령, '똥+당황', '똥+슬픔', '똥+기쁨'처럼 말이지요. 이 방법을 쓰면 아이들도 더 명확한 방향성을 갖고 글을 쓸 수 있습니다.

활동1 그림책 읽고 주제 단어 정하기

아이들이 충분히 경험할 법한 이야기가 담긴 그림책을 읽고 함께 주제 단어를 정합니다. "이

그림책을 한 단어로 표현한다면?"이라고 물어봐도 좋습니다.

활동 2 감정 단어 정하기

그림책 속에서 주로 다뤘던 감정을 생각하며 함께 생각해볼 감정 단어를 정합니다. 감정 단어는 1개만 정하는 것이 아니라, 2~3개 정도 정해서 아이들이 골라서 쓸 수 있도록 돕습니다. "이 단어를 보고 생각나는 감정이 있다면?"이라고 물어봐도 좋습니다. 또는 다음의 감정표를 보고 고를 수 있게 해주세요.

간절한	놀라운	뭉클한	심심한
감동한	당황한	미안한	아픈
감사한	따분한	반가운	안타까운
고통스러운	대견한	부러운	어이없는
공허한	덤덤한	부끄러운	역겨운
괘씸한	두근거리는	분노한	외로운
궁금한	두려운	불만스러운	짜증난
귀찮은	만족스러운	불안한	절망한
그리운	모욕적인	뿌듯한	조마조마한
근사한	못된	상쾌한	지루한
기막힌	무서운	서운한	질투하는
기분 나쁜	무시당한	슬픈	창피한
기쁜	무안한	신나는	초조한
치사한	친근한	탐나는	행복한
허무한	후련한	후회하는	흐뭇한

활동 3 친구의 글을 읽고, 내 글과 같은 점, 다른 점 발견하기

다 쓴 글을 게시하거나 발표하면서 친구의 글도 읽어봅니다. 나의 글과 다른 점, 같은 점을 발견해보는 활동도 곁들여보세요.

한 걸음 더

일상을 생생하게 담은, 생활문 쓰기 좋은 그림책

《혼나기 싫어요!》 (김세실 글, 폴린 코미스 그림, 나무말미)
#꾸중 #공감 #억울해

아이들이 많이 공감하는 그림책은 어떤 그림책일까요? 어른들의 짐작과 달리 아이들은 밝은 감정을 다룬 그림책보다 어두운 감정을 다룬 그림책에 훨씬 더 깊게 공감합니다. 그림책 《혼나기 싫어요!》의 표지에는 등을 돌린 채 울고 있는 토끼 한 마리가 그려져 있습니다. 그림책의 첫 장을 넘기면 이 토끼는 엄마로부터 무섭게 혼이 납니다. 늦게 일어났다고, 방이 지저분하다고 말이지요. 그 뒤에는 아빠에게, 선생님에게 계속 혼이 납니다. 혼만 나는 토끼는 너무나 서럽고 억울합니다. 아이들이라면 누구나 주변 어른들에게 혼난 경험이 있을 거예요. 언제, 어떻게 혼났는지, 그때 나의 감정과 생각을 돌이켜보며 글을 한 편 완성하게 해보세요. 아이들은 뾰족한 말에 다친 마음을 글로 풀어내며 스스로를 다독이는 방법을 배우게 될 테니까요.

《맙소사, 나의 나쁜 하루》
(첼시 린 월리스 글, 염혜원 그림, 공경희 옮김, 주니어RHK)
#엉망 #망침 #하루종일

몸이 찌뿌둥해서 일어나기 싫은 아침, 눅눅한 시리얼, 새치기 하는 친구, 완전히 망쳐버린 그림까지 맘대로 되는 일이 하나도 없는 나쁜 하루. 정말 "맙소사"라는 소리가 저절로 입 밖으로 나오는 운이 나쁜 하루입니다. 이런 하루를 만난 주인공은 온몸으로 그 절망과 화를 표현합니다. 그림책 《맙소사, 나의 나쁜 하루》를 읽고 난 뒤 아이들에게 혹시 이런 하루가 있었냐고 물어보면 아이들은 기다렸다는 듯이 이야기를 쏟아냅니다. 이렇게 자신의 경험을 아이들이 꺼내놓고 나면 그 경험을 글로 써보게 하세요. 아이들이 꺼내 놓은 나쁜 하루 이야기를 모아 개인 그림책으로 만들어도 좋고, 하이라이트 부분을 모아 학급 그림책으로 탄생시켜도 좋습니다.

10월 4주
탁월한 읽기 × 쓰기 종합 활동, 독서 감상문

책을 제대로 읽으려면 '글쓰기'의 과정이 반드시 동반되어야 합니다. 글을 쓴다는 것은 자신의 마음에 남은 책의 한 조각을 정성껏 갈무리하여 새롭게 태어날 씨앗으로 보듬는 일이니까요.

그림책을 읽고 글을 쓸 때, 상상하는 글쓰기와 독서 감상문 쓰기는 가장 쉽게 접근할 수 있는 방법입니다. 그러나 어떻게 하면 아이들의 상상력을 그림책과 연관 지을 것인가, 어떻게 하면 '좋은' 독서 감상문을 쓰게 할 것인가는 늘 어렵습니다.

아이들이 글쓰기를 좋아하게 할 수 있는 방법 중 하나는 선택권을 주는 것입니다. 상상하는 글쓰기도 여러 개의 방법 중에 하나를 선택할 수 있고, 독서 감상문을 쓰는 것도 여러 방법 중 하나를 선택할 수 있습니다. 정해진 한 가지 방법에서 벗어나 다양한 방법을 시도해보는 것은 아이들의 글쓰기 능력 향상에도 도움이 됩니다.

이 주의 그림책 ①

나도 모르는 사이에 떠난 여행
《아빠와 호랑이 버스》
(국지승 지음, 창비)

아이들이 펼치는 상상의 세계는 멀리 있지 않습니다. 아이들은 옆에 놓인 연필 한 자루를 글감으로 글을 쓰다가 툭 질문을 던집니다.

"선생님, 연필은 가족이 없어요?"

유난히 눈부신 운동장의 햇빛을 보고도 질문합니다.

"선생님, 해는 왜 말을 못해요?"

그림책《아빠와 호랑이 버스》에는 "버스에서 못 내리면 어떻게 될까요?"라는 질문이 시작이 되어 상상의 세계가 펼쳐집니다. 아빠와만 단둘이 있게 된 선아는 불만이 많습니다. 아빠는 선아가 좋아하는 색도, 좋아하는 머리 스타일도 잘 모르기 때문입니다. 참, 아빠가 아는 것이 하나 있네요. 바로 선아가 호랑이를 좋아한다는 것입니다. 아빠는 선아에게 호랑이를 보러 가자며 함께 버스를 탑니다. 하지만 정신없이 자느라 대공원을 지나칩니다. 눈을 떠보니 버스 안에는 사람이 아닌 동물 승객들이 가득하고, 버스는 난생처음 보는 길로 가고 있습니다. 과연 버스는 어디로 향하는 것일까요?

아이들과 함께 그림책을 읽고 나서 상상 글쓰기를 할 때는, 우선 이야기를 살펴보며 현실과 상상이 만나는 지점을 찾습니다. 내려야 할 정류장에서 내리지 못한 '현실'과 동물 승객이 태연히 앉아 있는 '상상'이 만난 장면에서 잠깐 그림책 읽기를 멈추고 아이들에게 질문을 던집니다. "이 다음에 어떤 일이 일어날 것

같니?"라는 질문으로 상상의 세계에 성큼 다가가보세요.

　이렇게 질문을 하고 답을 들은 후에는 그림책 속 상상의 세계를 마음껏 즐겨봅니다. 선아와 아빠가 도착한 곳은 호랑이의 결혼식장이었어요. 선아와 아빠는 멋진 결혼식을 보고 밥을 먹고 춤을 춥니다. 선아가 좋아하는 호랑이를 보며 행복해하듯, 아이들도 자신이 어떤 것을 보고 즐길 때 행복한지를 떠올리며 자기만의 상상을 차곡차곡 쌓아갑니다. 자, 이제 상상 글쓰기를 할 준비가 끝났습니다.

다양한 방식의 상상 글쓰기를 해보자

　상상 글쓰기는 다양한 방법으로 할 수 있습니다. 여기서는 총 5가지의 상상 글쓰기 방법을 소개합니다. 첫째, 바꿈 이야기입니다. 이야기의 구조는 그대로 가지고 오지만, 소재나 인물을 바꿔보는 방법입니다. 둘째, 뒷이야기 만들기입니다. 이야기의 중간에서 멈추고 그 뒤를 이어 쓰기를 해도 좋고, 가장 마지막 장면 이후를 이어 써보기도 합니다. 셋째, 앞이야기 만들기입니다. 이야기가 시작되기 전, 어떤 일이 있었을지 상상해서 써봅니다. 넷째, '없어진다면/생긴다면' 이야기 만들기입니다. '이야기 속 무엇인가가 없어진다면', 혹은 '이야기 속 무언가가 생긴다면' 하고 가정하고 상상해서 써보는 방법입니다. 마지막은 상상 속 소개입니다. 현실에서 만나기 어려운 상상의 물건이나 장소 등을 자세히 설명해봅니다. 그림책 한 권으로 다양한 상상을 펼치며 아이들의 상상력을 한껏 끌어올려보세요.

10월 4주

활동1 소재나 인물 바꿔 이야기 만들기

이야기의 구조는 그대로 가지고 오지만, 소재나 인물을 바꿔 써봅니다.

(예시 제목)

아빠와   호랑이   버스
　↑　　　↑　　　↑
할머니와 젤리빈 지하철

(예시 글)

할머니와 젤리빈 지하철

선아가 아침에 일어나니 엄마 아빠는 없고 할머니만 있었어요. 부루퉁해진 선아는 할머니가 맛있는 아침밥을 만들어줘도 먹는 둥 마는 둥 했지요. 그러자 할머니가 말했어요.
"선아야, 우리 호랑이 보러 갈까?"
선아는 호랑이가 세상에서 제일 좋았어요. 선아는 할머니와 함께 지하철을 타고 호랑이를 보러 떠나기로 했어요. 하지만 반대 방향으로 가는 지하철을 탔다가 내리고, 손을 놓치기도 하는 바람에 선아와 할머니는 너무 지쳤어요. 선아와 할머니는 어느새 잠이 들었어요. 모든 사람이 내린 지하철에는 귀여운 젤리빈들이 타기 시작했어요. 체리맛 젤리빈, 오렌지맛 젤리빈 심지어 귀지맛 젤리빈도 있었지요. (중략)
젤리빈들과 함께 도착한 곳은 호랑이 굴이었어요. 젤리빈들은 어느새 반짝반짝 빛나는 보석이 되어 호랑이 굴을 꾸몄지요. 선아도 소중히 간직하고 있던 호랑이 모양 젤리로 호랑이 굴을 장식했어요. 호랑이 굴의 주인 호랑이가 나와 선아와 할머니에게 선물을 하고, 함께 사진도 찍은 순간! (이후 생략)

활동 2 뒷이야기 만들기

이야기의 처음이나 중간 이후를 이어 쓰기 해도 좋고, 가장 마지막 장면 이후를 이어 쓰기 해도 좋습니다.

1. 처음 장면 이후 이어 쓰기

예시

- **그림책 속 첫 장면**

"똥!" 선아가 말했습니다.
"똥? 버스 타야 하는데……"
"똥똥똥똥똥똥!"

- **이어 쓰기 내용**

선아와 아빠는 화장실 찾기 대작전에 돌입했습니다. 우선 바로 앞에 보이는 지하철역에 들어갔습니다. 화장실을 갔지만 선아가 더럽다고 안 간다고 해서 실패했어요. 아빠는 선아를 들고 옆에 있는 백화점으로 뛰었습니다. (이후 생략)

---

2. 중간 장면 이후 이어 쓰기

예시

- **그림책 속 중간 장면**

선아와 아빠는 꾸벅꾸벅 졸기 시작했습니다.

> - **이어 쓰기 내용**
> 버스에 사슴이 탔습니다. 사슴은 커다란 눈으로 주변을 휙 둘러보더니 선아를 발견하고 깜짝 놀랐습니다. 사슴은 선아 앞자리에 앉아 선아를 관찰했습니다. (이후 생략)

3. 마지막 장면 이후 이어 쓰기

> 예시
>
> - **그림책 속 마지막 장면**
> 선아와 아빠는 집으로 돌아가는 호랑이 버스를 탔습니다.
>
> - **이어 쓰기 내용**
> 집에 돌아온 선아는 예식장에서 몰래 주머니에 넣어 온 쿠키 한 입을 먹었습니다. 그 순간 호랑이 부부가 나타났습니다. 엄마에게도 호랑이 부부를 보여주고 싶었던 선아는 엄마를 찾아 나섰습니다. (이후 생략)

활동 3 앞이야기 만들기

이야기가 시작되기 전, 어떤 일이 있었을지 상상해서 씁니다.

> 예시
>
> - 엄마는 일요일 아침부터 친구 결혼식에 간다고 했다.
> "나도 데려가주세요!" 선아가 졸랐지만 엄마는 너무 멀어서 선아를 데리고 갈 수 없다고 했다.

활동 4 '없어진다면/생긴다면' 이야기 만들기

'이야기 속 무엇인가가 없어진다면' 혹은 '이야기 속 무언가가 생긴다면' 하고 가정해서 써봅니다.

> 예시
> - 호랑이 결혼식에 도착했는데, 이름이 써진 의자가 없어 앉을 곳이 없었다면?
> - 호랑이 결혼식장 정거장 말고 다른 정거장도 있었다면, 동물 나라에는 어떤 정거장들이 있었을까?

활동 5 상상 속 장소나 물건 소개하기

현실에서 만나기 어려운 상상의 물건이나 장소 등을 자세히 설명해봅니다.

> 예시
>
> **호랑이 결혼식에 나온 음식 소개하기**
> - 호랑이 결혼식에 나온 음식을 소개합니다. 첫 번째, 콸콸 계곡 케이크입니다. 계곡 사이에서 물을 맞으며 놀기 좋아하는 호랑이들을 위해 특별히 갈색 초코 케이크를 계곡 모양으로 높이 쌓고 그 사이에 달콤한 파란색 시럽을 흘려보내 장식한 케이크이지요. 둘째, 양으로 승부하는 스테이크입니다. 고기를 좋아하는 호랑이에게 맞춰 특별히 엄청난 양을 준비했습니다. 한 사람당 2킬로그램씩 준비했으니 마음껏 드시면 됩니다. (이후 생략)

이 주의 그림책 ②

옛날이야기, 새롭게 재탄생하다
《친구의 전설》
(이지은 지음, 웅진주니어)

　독서 감상문은 자주 쓰는 글이 아니다 보니, 쓸 때마다 처음 쓰는 것 같다는 아이들이 많습니다. 그렇기 때문에 아이들에게 쉬운 책을 골라 글쓰기를 독려해야 합니다. 독서 감상문을 쓸 때 가장 쉬운 그림책은 옛날이야기 같은 구성을 가진 그림책입니다. 옛날이야기에는 뚜렷한 성격을 가진 주인공이 등장하고, 기승전결이 확실해 줄거리 파악이 쉽기 때문이지요.

　그림책 《친구의 전설》은 옛날이야기의 구성을 그대로 가지고 있습니다. 이야기는 나이 지긋한 할머니가 "옛날 옛날 한 옛날에"라고 말하며 시작됩니다. 주인공은 호랑이입니다. "한 입만 주면 안 잡아먹지"라는 말을 달고 살며 친구들을 괴롭히는 욕심쟁이이지요. 어느 날 호랑이에게 이상한 일이 생깁니다. 자고 일어난 사이에 꼬리에 씨앗이 붙어 꽃 하나가 핀 것이지요. '꼬리꽃'이라는 이름으로 불리게 된 이 꽃은 호랑이와는 성격이 정반대입니다. 하지만 몸이 서로 붙어 있으니 호랑이와 좋든 싫든 함께할 수밖에 없지요. 둘은 여러 일을 겪으며 서로를 위하는 진짜 친구가 됩니다. 하지만 덫에 걸린 호랑이를 꼬리꽃이 구하려다가 결국 헤어집니다.

　그림책 《친구의 전설》은 아이들이 가장 많이 고민하고 생각하는 주제인 '친구'를 다루고 있습니다. 그래서 아이들이 자신의 경험을 돌아보며 생각을 쓰기 쉽습니다. 독서 감상문을 쓰고자 한다면 아이들이 가장 많이 하는 고민과 생각에 주목하세요.

그럼 본격적으로 독서 감상문을 써볼까요? 독서 감상문을 쓸 때 꼭 들어가야 하는 3가지가 있습니다. 책 소개와 줄거리, 가장 기억에 남는 부분이 그것입니다. 이 3가지를 자신의 경험 및 생각과 연관 짓는 것도 중요하지요. 어떤 내용을 어떻게 넣느냐에 따라 내용의 풍성함과 수준에 있어 다양한 개성을 가진 글이 탄생하게 됩니다.

독서 감상문 샌드위치를 만들어보자

독서 감상문 샌드위치 만들기는 독서 감상문을 쓸 때 필요한 4가지 요소를 각각의 종이에 써서 샌드위치처럼 만드는 활동입니다. 책을 소개하는 법 4가지 중 하나를 골라 빵 모양의 종이에 쓰고, 줄거리 요약하는 법 3가지 중 하나를 골라 고기 모양의 종이에 쓰는 식이지요. 4장의 종이에 글을 모두 쓴 뒤, 할핀으로 고정하면 1장씩 넘기면서 볼 수 있는 독서 감상문 샌드위치가 완성됩니다. 이 활동의 가장 큰 장점은 아이들이 원하는 방법을 '골라서' 쓸 수 있다는 것입니다. 아이들은 자신이 선택한 방법으로 자율적으로 글을 쓰며 자기 효능감을 느낍니다. 또한, 각각 다양한 샌드위치가 완성되기 때문에 쓰는 방식에 따라 다양한 독서 감상문이 있다는 사실을 한눈에 알 수 있습니다. 흥미 있는 부분만 한 조각씩 읽어볼 수도 있는 것도 이 활동의 특징이지요.

10월 4주

활동 1 책 소개하기

다음에 안내된 방법 4가지 중 하나를 골라 빵 모양의 종이에 써봅니다.

책 소개하는 법	빵 종류	예시
1. 작가 소개하기	참깨빵	이지은 작가님은 전설 전문 작가다. 《팥빙수의 전설》, 《친구의 전설》, 《수박의 전설》도 쓰셨다.
2. 표지와 제목 소개하기	식빵	이 책의 표지에 보면 서로를 노려보고 있는 노란색 호랑이와 노란색 꽃이 있다.
3. 책 내용과 관련된 뉴스나 정보, 명언, 속담 등을 소개하기	별 모양 빵	미국의 대통령인 조지 워싱턴은 '진실된 우정이란 느리게 자라는 나무와 같다'라고 말했다.
4. 책을 고르게 된 이유 말하기	하트 모양 빵	도서관에서 이 책의 제목을 봤을 때, 별로 재미있어 보이지 않았다. 하지만 표지 그림은 너무 귀여워서 보게 되었다.

활동 2 줄거리 요약하기

다음에 안내된 방법 3가지 중 하나를 골라 고기 모양의 종이에 써봅니다.

줄거리 쓰는 법	고기 종류	예시
1. 시간 순서대로 쓰기	치킨	어느 날 자기만 알고 살던 호랑이가 자고 일어나니 꼬리에 꼬리꽃이 생겼다. 둘은 새끼 오리 구하기, 징검다리 놓아주기 등을 함께 하며 점점 친해졌지만 꼬리 꽃이 덫에 걸리는 바람에 헤어지게 되었다.
2. 시간 역순으로 쓰기	소고기 패티	호랑이의 꼬리에 붙어 친구가 되었던 꼬리꽃은 덫에 걸린 호랑이를 구하기 위해 하얀 씨앗으로 사라져버렸다. 둘은 위험한 물가에 징검다리도 같이 놓고 위험에 처한 친구들도 구하며 둘도 없는 친구가 되었던 참이었다. 둘의 인연은 어느 날 꼬리꽃이 호랑이의 꼬리에서 싹을 틔우며 시작되었다.

3. 인물의 발전과 변화에 초점을 맞춰 쓰기	베이컨	"한 입만 주면 안 잡아먹지"라며 친구들을 괴롭히는 것이 일상이던 호랑이는 친구들을 배려할 줄 아는 꼬리꽃을 만나 점점 변해간다. 꼬리꽃에게 친절한 행동, 따뜻한 말의 힘을 배운 호랑이의 곁에는 다시 친구들이 모여든다. 호랑이는 꼬리꽃과도 따뜻한 우정을 나눌 줄 아는 호랑이가 된다.

활동 3 가장 기억에 남는 부분 묘사하고 연결하기

다음에 안내된 방법 3가지 중 하나를 골라 야채 모양의 종이에 써봅니다. 기억에 남는 부분에서 나온 말이나 그림을 묘사하고 경험, 지식, 비판과 연결해봅니다.

묘사하고 연결하기	야채 종류	예시
1. 내 경험과 연결 지어 써보기	양상추	나도 한때 한 입만 달라는 장난을 치며 친구들의 급식을 뺏어 먹다가 외톨이가 된 적이 있었다.
2. 내 지식과 연결 지어 써보기	토마토	덫에서 빠져나오기 위해서는 하나의 구멍에 집중하는 것이 필요하다.
3. 비판적으로 써보기	양파	호랑이는 앞으로 꼬리꽃이 없는 나날을 보내야 할 텐데, 사라지는 것이 최선의 방법이었을까?

활동 4 마무리하기

다음에 안내된 방법 3가지 중 하나를 골라 소스 모양 종이에 써봅니다.

마무리하기	소스 종류	예시
1. 교훈 찾기	케첩	이 책을 읽고 친구의 소중함을 잊지 말자는 교훈을 얻었다.
2. 결심, 하고 싶은 것 말하기	머스터드	서로 잘 맞지 않는 친구여도 따뜻하게 보듬어 앞으로 나갈 줄 아는 사람이 되고 싶다.
3. 책이 말하고자 하는 주제 찾기	마요네즈	이 책은 진정한 우정이란 서로의 진심이 통할 때 더욱 빛난다는 말을 하고 싶었던 것 같다.

한 걸음 더

상상 글쓰기 & 독서 감상문 쓰기에 좋은 그림책

《100개의 달과 아기 공룡》 (이덕화 지음, 위즈덤하우스)
#100개의달 #다먹어버릴테다

아기 공룡이 살던 아주 먼 옛날, 하늘에는 100개의 달이 떠 있었대요. 노랗고 반짝거리던 달을 보고 군침을 흘리던 아기 공룡은 높이 뛰어올라 달을 모두 먹어 치워버립니다. 과연 아기 공룡이 100개의 달을 먹어 치운 후에 무슨 일이 일어났을까요? 이를 상상하며 뒷이야기를 만들어보세요. 이 그림책은 달의 맛을 아주 섬세하게 묘사합니다. 그림책에 소개된 달은 물론이고 해, 구름, 천왕성, 블랙홀 등 하늘과 우주에 떠 있는 '맛볼 수 없는 것들'의 맛을 소개하는 사전을 만들어보세요.

상상 글쓰기를 하기에 좋은 그림책

- **《새 엉덩이가 필요해》** (돈 맥밀런 글, 로스 키네어드 그림, 장미란 옮김, 제제의숲)
  엉덩이가 부서진 장면 다음에서 멈추고 뒷이야기를 상상해서 써봅니다.

- **《이야기 빵》** (임화선 글, 민승지 그림, 소원나무)
  이야기가 담긴 나만의 빵 소개 글을 써봅니다.

- **《책이 사라진 세계에서》** (댄 야카리노 지음, 김경연 옮김, 다봄)
  책이 사라진 세계 장면에서 멈추고 뒷이야기를 상상해서 써봅니다.

- **《콩콩콩콩》** (지영우 지음, 달리)
  콩 사형제가 세상을 향해 나가는 장면에서 멈추고 뒷이야기를 상상해서 써봅니다.

- **《나는 고등어》** (이주희 지음, 시공주니어)
  내가 먹은 음식이 어떤 과정으로 왔는지 조사해 상상을 더해 써봅니다.

《빵도둑》 (시바타 게이코 지음, 황진희 옮김, 길벗어린이)
#맛없어 #나의꿈

빵을 너무 좋아하는 빵도둑은 자신만의 원칙이 있습니다. 딱 하나만 훔쳐서, 맛있게 먹을 것! 늘 새롭고 따뜻하고 맛있는 빵을 훔쳐 먹기 위해 여러 빵집을 전전하던 빵도둑은 숲속 작은 빵집을 발견합니다. 그런데 빵도
둑은 화가 납니다. 온갖 묘기를 선보이며 훔친 빵을 한 입 먹었는데, 빵이 너무나 맛이 없었거든요. 화가 난 빵도둑은 도둑이라 자신의 몸을 숨겨야 한다는 사실을 잊어버린 채 빵집 주인에게 화를 냅니다. 그림책 《빵도둑》은 기승전결이 확실하고 '맛없는 음식을 먹어본 경험'이라는 누구나 공감할 수 있는 내용이 담겼기에 아이들이 읽고 나서 독서 감상문을 쓰기 쉽습니다. '나의 꿈 찾기'라는 주제도 담고 있어 발전적인 방향으로 글을 풀어내기에도 좋은 그림책입니다.

독서 감상문을 쓰기에 좋은 그림책

- **《여우 빵과 고양이 빵》**(오자와 타다시 글, 초 신타 그림, 전정옥 옮김, 바둑이하우스)
  서로의 빵을 두고 경쟁하던 여우와 고양이가 힘을 합치게 되는 이야기입니다.

- **《하나는 뱀이 좋아》**(가니에 안즈 지음, 이구름 옮김, 나는별)
  뱀을 좋아하는 하나와 다름을 받아들이는 친구들의 이야기입니다.

- **《돼지왕》**(닉 블랜드 지음, 김혜진 옮김, 천개의바람)
  양들이 자신을 좋아해주기를 바라는 돼지왕이 욕심과 이기심을 내려놓는 이야기입니다.

- **《아기 늑대 세 마리와 못된 돼지》**
  (헬린 옥슨버리 글, 유진 트리비자스 그림, 김경미 옮김, 시공주니어)
  '아기 돼지 세 마리 이야기'를 꼬아 만든 패러디 이야기로, 친해지기 위해 어떤 태도가 필요한지 말해줍니다.

교육과정과 이렇게 연계해요

11월 1주 난민, 내가 살던 곳을 떠나야 한다면?
[6사08-03] 지구촌의 평화와 발전을 위협하는 갈등 사례를 조사하고 해결 방안을 탐색한다.
[6사08-04] 지구촌의 평화와 발전을 위해 노력하는 다양한 행위 주체(개인, 국가, 국제기구, 비정부 기구 등)의 활동 사례를 조사한다.
[6사07-03] 세계 주요 기후의 분포와 특성을 파악하고, 기후 환경과 인간 생활의 관계를 탐색한다.
[6사08-05] 지구촌의 주요 환경문제를 조사하여 해결 방안을 탐색하고, 환경문제 해결에 협력하는 세계시민의 자세를 기른다.
[6도02-02] 다양한 갈등을 평화적으로 해결하는 것의 중요성과 방법을 알고, 평화적으로 갈등을 해결하려는 의지를 기른다.

11월 2주 민주주의와 시민, 세상을 바꿔나가는 힘은 나에게서부터
[4도03-02] 다문화 사회에서 다양성을 수용해야 하는 이유를 탐구하고, 올바른 의사 결정 과정을 통해 다른 사람과 문화를 공정하게 대하는 태도를 지닌다.
[6도03-01] 인권의 의미와 인권을 존중하는 삶의 중요성을 이해하고, 인권 존중의 방법을 익힌다.
[6도03-04] 세계화 시대에 인류가 겪고 있는 문제와 그 원인을 토론을 통해 알아보고, 이를 해결하고자 하는 의지를 가지고 실천한다.
[6도02-02] 다양한 갈등을 평화적으로 해결하는 것의 중요성과 방법을 알고, 평화적으로 갈등을 해결하려는 의지를 기른다.

11월 3주 아동노동 착취, 내가 알뜰해질 수 있었던 이유
[6사08-05] 지구촌의 주요 환경문제를 조사하여 해결 방안을 탐색하고, 환경문제 해결에 협력하는 세계시민의 자세를 기른다.
[6사08-06] 지속가능한 미래를 건설하기 위한 과제(친환경적 생산과 소비 방식 확산, 빈곤과 기아 퇴치, 문화적 편견과 차별 해소 등)를 조사하고, 적극 참여하는 방안을 모색한다.
[4사04-03] 자원의 희소성으로 경제활동에서 선택의 문제가 발생함을 파악하고, 시장을 중심으로 이루어지는 생산, 소비 등 경제활동을 설명한다.
[4사04-04] 우리 지역과 다른 지역의 물자 교환 및 교류 사례를 조사하여, 지역 간 경제활동이 밀접하게 관련되어 있음을 탐구한다.

11월 4주 세계여행, 달라도 너무 달라! 어디부터 가볼까?
[6사07-05] 우리나라와 관계 깊은 나라들의 기초적인 지리 정보를 조사하고, 정치·경제·문화면에서 맺고 있는 상호 의존 관계를 탐구한다.
[6사07-06] 이웃 나라들(중국, 일본, 러시아)의 자연적, 인문적 특성과 교류 현황을 조사하고, 이를 바탕으로 하여 상호 이해와 협력의 태도를 기른다.
[6사07-01] 세계지도, 지구본을 비롯한 다양한 형태의 공간 자료에 대한 기초적인 내용과 활용 방법을 알고, 이를 실제 생활에 활용한다.
[6사07-02] 여러 시각 및 공간 자료를 활용하여 세계 주요 대륙과 대양의 위치 및 범위, 대륙별 주요 나라의 위치와 영토의 특징을 탐색한다.

11월

세계시민 민주주의

11월 1주

난민,
내가 살던 곳을 떠나야 한다면?

　2015년을 뒤흔든 사진을 한 장만 뽑아보라고 한다면, 저는 이 사진을 고르겠습니다. 그때도 세 살이었고, 8년이 지난 지금도 세 살배기인 아기의 사진이지요. 당시 시리아인들이 내전을 피해 배를 타고 탈출하는 과정에서 배가 난파해 많은 사람이 바다에 빠져 목숨을 잃었습니다. 이후 튀르키예 언론사 기자 닐류페르 데미르는 튀르키예 해변에 엎드린 채 숨진 아기 알란 쿠르디의 사진을 찍어 세상에 공개했습니다. 이 사진 한 장의 파급력은 엄청났습니다. 더 이상 죄 없는 어린 목숨들을 잃을 수 없다는 목소리가 커졌고, 이는 유럽 전역의 난민 정책에 큰 변화를 일으켰지요.

　하지만 우리나라에서는 아직 '난민' 문제를 피부로 느끼는 사람이 많지 않아 보입니다. 실감할 순 없지만 통계로 보면 깜짝 놀랄 일인데도 말이지요. 유엔난민기구(UNHCR)가 2022년 6월 16일에 발표한 글로벌 동향 보고서에 따르면 2021년 말 8,390만 명이던 강제 이주민 수는 2022년 5월 1억 명을 돌파했습니다. 6개월도 안 되는 짧은 시간 사이에 1천만 명이 넘게 증가한 것이지요.

어른들도 실감하지 못할진대 아이들은 1억 명이 얼마나 큰 규모인지 이해하지 못할 수 있습니다. 실제로 교실에서 아이들에게 "여러분, 우리나라 인구수는 어느 정도일까요?" 물으니 바로 대답이 나오지 않습니다. "여러분, 우리나라 인구수는 5천만 명이 넘어요. 전 세계에 1억 명이 넘는 난민이 있다는 건 우리나라 인구의 두 배가 넘는 사람들이 집을 잃거나 자신이 살던 나라를 강제로 떠나야 한다는 뜻이에요." 이렇게 아이들이 알 만한 수치를 들어 설명해주니 그제야 "그렇게 설명해주시니 이해가 돼요!" 하며 깜짝 놀라더군요.

우리나라 사람들이 난민 문제를 진지하게 처음 생각하게 된 것은 2018년 '제주 예멘 난민 사태' 때입니다. 당시 500명이 넘는 예멘 사람들이 제주도로 들어왔고, 그중 484명이 난민 신청을 했습니다. 하지만 난민으로 인정받은 사람은 단 두 명뿐이었지요. 이는 난민 수용에 배타적인 국민 정서를 고스란히 보여주는 결과였습니다. 우리나라 국민들은 스스로를 세계시민이라고 인지하는 데 비해, 난민 문제에는 소극적인 편입니다. 그렇다면 어떻게 해야 세계시민으로서 난민 문제를 바라보는 바른 시각을 키울 수 있을까요? 이는 난민이 무엇인지, 왜 난민이 발생하게 되는지 아는 것에서부터 시작됩니다. 이번 장에서는 난민에 대한 이해를 돕는 그림책과 활동들을 소개합니다.

이 주의 그림책 ①

난민이 된 어린이의 일상
《내 이름은 난민이 아니야》
(케이트 밀너 지음, 마술연필 옮김, 보물창고)

난민이 된 어린이의 입장에서 괴로운 것은 무엇일까요?

자신의 나라를 떠나 낯선 나라에 천신만고 끝에 도착한다고 해도 그것이 끝은 아닙니다. 오히려 새로운 가시밭길이 펼쳐지는 시작이지요. 이런 상황에서는 어른들도 고통스럽지만, 한참 잘 먹고 잘 자고, 잘 뛰어놀아야 할 어린이들에게는 더 큰 고난입니다. 그림책《내 이름은 난민이 아니야》는 독자들이 난민 어린이의 입장이 되어볼 수 있도록 구체적인 상황과 함께 질문을 던집니다. 아이들에게 "여러분들은 어떤 물음이 가장 아프게 다가오나요?"라고 물으며 난민을 둘러싼 상황을 살펴보세요.

가령, 그림책에는 급박하게 떠나야 해서 짐을 챙겨야 하는 상황이 나옵니다. 그리고 이렇게 묻지요. "너라면 무엇을 가져가겠니?" 난민의 길은 끝없는 이동의 길입니다. 걷고, 또 걸어야 합니다. 그때 이런 질문이 등장합니다. "너라면 얼마나 오래 걸을 수 있겠니?" 말이 통하지 않는 고통도 빠트릴 수 없습니다. 그럴 때는 이 질문에 대해 나는 어떻게 답할 수 있을지 생각해봅니다. "넌 외국어를 한 가지라도 할 줄 아니?"

이처럼 생존과 직결된 질문 앞에서 우리 모두는 자신의 이름과 취향을 상실합니다. 고유한 개성을 가진 개인으로 보지 않고 그저 '난민들'이라고 뭉뚱그려 일컬으니까요. 그림책의 마지막 문장은 우리가 가슴에 깊이 새겨야 할 귀중한 문장이네요. "우리 이름은 '난민'이 아니야."

어린이의 입장에서 난민이 되면 어떤 어려움을 마주하게 될까요? 그림책을 다 읽고 난 후에는 이에 관해 떠올려보고 자유롭게 질문을 하나씩 만들어 칠판에 붙여보는 활동을 해보세요. 어떤 질문들이 겹쳐 나오는지도 살펴보시길 바랍니다. 많이 중복되는 질문이야말로 난민 어린이들이 가장 도움을 필요로 하는 부분일 테니까요.

난민을 돕는 단체 조사하기

세상에는 난민을 돕는 여러 국제기구들이 있습니다. 유엔난민기구, 국제구조위원회, 앰네스티 등이 그러한 기관들입니다. 이런 국제기구들이 구체적으로 어떤 활동을 통해 난민을 구조하고 돕는지 조사하는 활동을 소개합니다.

활동1 난민을 돕는 다양한 방법 찾기

1. 4명이 한 모둠을 구성하고 각기 다른 국제기구를 선택합니다.
2. 자신이 선택한 국제기구의 홈페이지를 참고해 어떤 활동을 하는지 조사하고 적어봅니다.

단체 이름	유엔난민기구 (UNHCR, United Nations High Commissioner for Refugees)
설립 연도	1949년
활동자 수	16,803명(134개국에서 활동, 2019년 기준)
이 단체가 구호한 난민	우크라이나 전쟁 난민, 튀르키예 지진 난민, 시리아 난민, 콩고민주공화국 난민, 아프가니스탄 난민 등

구호 내용	2021년 6월, 콩고민주공화국의 수도 근처 고마 지역의 니라 공고 화산이 폭발했다. 유엔난민기구에서는 샤케, 미노바, 러트슈루 지역에 긴급구호팀을 보냈다. 담요, 매트, 물통, 비누 등을 전달했다. 임시 거처와 공동 주거지를 긴급히 지었다.
그 외에 찾은 내용	1954년, 1981년 두 차례에 걸쳐 노벨 평화상을 수상했다.
다른 모둠원 친구들에게 얻은 정보	

3. 모둠원 4명이 흩어져서 같은 단체를 조사한 다른 모둠 친구들과 모여 조사한 정보를 공유합니다.

활동2 어린이도 난민을 도울 수 있어요

1. 우리 모둠으로 돌아가 내가 조사한 단체에 대해 자세히 설명합니다.
2. 모둠원 친구들이 조사한 단체를 대해 설명을 듣고, 표에 기록합니다.
3. 난민을 돕는 단체에서 일하게 된다면, 어떻게 기여하고 싶은지 그림으로 그려보고, 친구들 앞에서 발표합니다.

이 주의 그림책 ②

혐오를 넘어 공존으로
《우리 마을에 온 손님》
(박혜선 글, 이수연 그림, 모든요일그림책)

앞서 난민들이 이동하는 험난한 과정을 살펴봤다면, 그림책 《우리 마을에 온 손님》을 읽으면서 다른 얘기를 해보려고 합니다. 이 그림책은 동물을 의인화해서 인간 세계를 보여줍니다. 어느 날 평화로운 토끼 마을에 똑똑똑 소리와 함께 다람쥐가 방문합니다. 여행 중인데 꽃이 아름다워서 들렀다고요. 이 장면을 보여주면서 아이들에게 질문을 던져봅니다. "여러분은 다람쥐에게 문을 열어줄 건가요?" 아마도 대답은 '열어준다', '열어주지 않는다' 둘로 나뉠 것입니다. 이때 아이들에게 그렇게 생각한 까닭도 같이 물어봐주세요. 그림책에서는 어떠했을까요? 토끼들은 다람쥐에게 기꺼이 문을 열어주고 함께 즐거운 시간을 보냅니다.

하지만 이것으로 끝이 아닙니다. 그 이후로 멧새와 달팽이, 들쥐와 오소리, 고라니와 멧돼지, 두더지까지 무려 여덟 종류의 동물 무리가 찾아와서 토끼들에게 문을 열어달라고 요청합니다. 새로운 동물이 찾아올 때마다 아이들에게 같은 질문을 던져주세요. "이번에는 문을 열어줄 건가요?" 매번 열어준다고 하는 아이도, 어느 순간 마음을 바꾸는 아이도, 처음부터 반대하는 아이도 있을 거예요. 의견이 다양할수록 좋습니다. 아이들의 대답을 들었다면, 모두에게 발언권을 주고 왜 그렇게 결정했는지 이야기할 수 있도록 해주세요.

그림책에서는 새로운 동물들이 방문할 때마다 찾아온 동물들이 왜 문을 열어

달라고 하는지 이유를 밝히는데요. 그 이유들 안에 난민이 발생하는 원인이 담겨 있습니다. 가령, 들쥐들은 "배가 고파서 왔어"라고 말합니다. 이는 식량 부족 문제를 시사합니다. 오소리들은 "긴 장마에 우리 마을이 사라졌어"라고 말하며 기후 난민임을 밝히고 있지요. 두더지들은 "자꾸 이웃 마을에서 싸움을 걸어 와"라고 말합니다. 이들은 전쟁 난민이지요. 우리는 흔히 '난민'이라고 하면 전쟁 난민만을 떠올리곤 합니다. 하지만 종교 문제, 빈곤 문제, 정치적 문제 등 난민이 되는 이유는 다양합니다. 그림책 《우리 마을에 온 손님》을 읽고 나면 아이들은 난민이 발생하는 다양한 원인에 대해 이해할 수 있게 됩니다.

'우리 집에 왜 왔니?'를 하며 난민의 어려움을 체험해보자

전통 놀이 '우리 집에 왜 왔니'를 변형한 활동을 통해 아이들은 난민들이 처하게 되는 다양한 종류의 어려움을 몸소 체험해볼 수 있습니다. 이는 난민에 대한 개방적이고 열린 태도를 함양해줌으로써 세계시민으로 성장하는 바탕이 됩니다.

활동1 각기 다른 동물의 입장이 되어 마을 방문하기

1. 책상을 가장자리로 모두 밀어두고, 교실 한가운데에 신문지를 활짝 펼칩니다. 이 공간은 토끼 마을을 상징합니다.
2. 그림책 《우리 마을에 온 손님》에 등장하는 동물(토끼, 오소리, 멧새, 고라니, 다람쥐 등)을 비롯해 여러 동물 머리띠를 만들어 머리에 씁니다.
3. 토끼를 제외한 동물팀들은 "똑똑똑" 하고 토끼 마을을 방문합니다. 토끼팀은 "우리 집에 왜 왔니, 왜 왔니 왜 왔니?" 하고 대답합니다. 이때 한 동물팀은 2명으로 구성해주세요.

4. 토끼 마을을 방문한 동물팀은 "마을이 물에 잠겨서 왔단다, 왔단다, 왔단다" 하고 토끼 마을을 방문한 까닭을 대답합니다.

활동 2 '마을이 좁아져요' 인터뷰

1. 토끼팀은 신문지를 펼쳐 만든 네모난 공간 안에 들어가 토끼 마을을 방문한 동물팀을 받아줄지 말지를 결정하는 회의를 합니다. 어떻게 할지 의견을 모았다면 그 까닭을 반 친구 모두에게 말해줍니다.
2. 만일 동물팀 중 한 팀을 받아주기로 결정했다면, 해당 동물팀의 2명을 신문지 공간 안으로 들입니다. 이들이 들어오고 나면 신문지를 접어서 신문지의 면적을 점점 줄여나갑니다.
3. 앞에서 설명한 과정을 여러 번 반복한 후, 토끼팀과 동물팀이 각자 그런 결정을 한 까닭을 타블로(정지 화면) 인터뷰를 통해 들어봅니다.

난민의 삶을 더 깊게 보여주는 그림책

《한쪽 눈을 감으면》 (아네 비외른 지음, 김여진 옮김, 책연어린이)
#현실을이기는상상의힘 #난민의길

난민이 목숨을 걸고 이동해 낯선 나라에 정착하기까지의 과정을 가감 없이 보여주는 그림책입니다. 일곱 식구는 간소한 짐만 챙겨 폐허가 된 마을을 떠납니다. 주인공 아이가 보는 컬러의 마법이 너무 아름다워서 오히려 독자의 가슴이 미어집니다. 현실이 황량해도 누구나 꿈을 꿀 권리, 더 나은 곳에서 살 권리가 있습니다. 장면이 바뀔 때마다 주인공 소녀의 가족은 새로운 곳으로 이동하며 큰 변화를 맞이합니다. 아이들에게 가족 수의 변화가 생길 때마다 말해달라고 한다면, 조금 더 예리한 눈으로 그림책 내용에 몰두하며 읽게 될 거예요.

《폴리네시아에서 온 아이》
(코슈카 글, 톰 오구마 그림, 곽노경 옮김, 라임)
#기후난민 #가라앉는섬

《폴리네시아에서 온 아이》는 남태평양의 작은 산호섬에 살고 있던 가족의 이야기입니다. 지구온난화로 섬이 물에 잠길 위기가 닥치자 나니네 가족은 다른 나라로 피신하기로 결정하지만 할아버지는 자신의 고향인 이 섬에 머물기로 마음먹습니다. 이처럼 오늘날 전 세계에서는 기후 위기로 인해 원치 않는 가슴 아픈 이별을 해야 하는 사람들이 생겨나는 중입니다. 기후 위기 난민은 꼭 빈곤한 나라에서만 발생하는 것이 아닙니다. 미국이나 캐나다 및 그리스나 튀르키예 등의 나라에서는 매년 극도로 건조한 날씨에 엄청난 산불이 일어납니다. 호주 산불은 무려 5개월간 계속됐습니다. 이 그림책을 읽고 세계 곳곳의 기후 위기 난민에 대해 이야기를 나누어보세요.

> 민주주의

11월 2주
민주주의와 시민, 세상을 바꿔나가는 힘은 나에게서부터

영어 시간이었습니다. 오늘 배운 표현을 바탕으로 이야기 만들기를 하는 시간이었는데요. 한 아이가 손을 번쩍 들더니 이렇게 물었습니다. "선생님! 제가 영어 단어를 잘 몰라서 그러는데요. 대통령은 조선시대의 왕이나 마찬가지니까 'King'이라고 적으면 되지요?" 모르는 영어 단어 대신 자신의 배경지식 속에서 대체 단어를 찾아내는 아이가 참 귀여웠습니다. 한편, 아이들 생각에는 높은 자리에 있다고 여겨지는 대통령을 오늘날의 '왕'이라고 볼 수도 있겠다 싶더라고요.

하지만 왕이 되는 방법과 대통령이 되는 방법은 근본부터 다릅니다. 왕의 혈통을 타고난 극소수의 사람들만이 왕이 될 자격을 갖는 반면, 대통령은 일정 자격 조건을 갖춘다면 누구나 될 수 있습니다. 우리나라의 경우 대통령 후보 등록 시점을 기준으로 국내에서 5년 이상 거주한 40세 이상의 국민이면 누구나 대통령 후보가 될 수 있지요.

내가 사는 고장과 우리나라가 어떤 모습이 되면 좋을지를 '내가 직접 결정한다'는 감각은 오늘날 우리에게 너무나 당연합니다. 하지만 지구상에는 그렇지 않은 나라들이 놀라울 정도로 많습니다. 아직 '민주주의'를 단 한 번도 맛보지 못한 나라, 여러 갈등과 고통 속에서도 여전히 독재자가 권력을 움켜쥐고 있는 나라가 많지요. 그렇다면 우리는 이런 질문에 대해 생각해볼 필요가 있습니다. '우리나라는 다양한 의견에 귀를 기울이는가?', '소수의 사람들이 주장을 펼쳐도 안전한가?', '내 생활을 좌지우지하는 여러 법과 규칙을 바꾸고 싶을 때 어떤 절차가 있는가?'

이런 질문들은 비단 어른들만 생각해볼 주제가 아닙니다. 민주 시민은 저절로 탄생하지 않습니다. 미래의 현명하고 주체적인 민주 시민을 길러내기 위해서는 사회의 축소판인 교실에서부터 가장 먼저 이와 같은 질문과 그에 대한 대답을 주고받아야 합니다. 이번 장에서는 민주주의와 시민의 역할에 대해 생각해볼 수 있는 그림책과 활동을 소개합니다.

이 주의 그림책 ①

법이라고 모두 옳은 것은 아니야
《국수를 금지하는 법이 생긴다고?》
(제이콥 크레이머 글, K-파이 스틸 그림, 윤영 옮김, 그린북)

민주주의

　모든 그림책이 그렇지는 않지만, 종종 어떤 그림책은 제목이 거의 모든 것을 말하기도 합니다. 이번에 소개하는 작품도 그런 그림책 중 하나인데요. 그림책 《국수를 금지하는 법이 생긴다고?》를 읽자마자, "쳇, 말도 안 돼요!" 하고 분통을 터뜨리는 아이들이 있을 정도였지요. 우선 이 그림책의 표지를 함께 살펴볼까요? 표지의 가운데에는 마치 완장처럼 보이는 검은 허리띠를 찬 캥거루가 단호한 표정을 지으며 길을 가로막고 서 있습니다. 한편, 코끼리와 꿀벌은 국수 그릇을 들고서 진땀을 흘리고 있고요.

　이들 뒤에는 그리스 아테네의 파르테논 신전처럼 보이는 건물이 우뚝 서 있어 독자의 시선을 사로잡습니다. 엄숙하고 위풍당당한 이 건물의 지붕에는 다름 아닌 캥거루들의 모습만이 조각되어 있습니다. 이것만 봐도 누가 이 나라의 판을 쥐고 흔드는지 단번에 알 수 있지요. 아니나 다를까, 이 마을의 이름은 캥거루의 이름을 따 '루 마을'이라 부릅니다.

　그림책 《국수를 금지하는 법이 생긴다고?》의 주인공은 '국수광코끼리'입니다. 국수광코끼리는 친구들이 붙여준 별명 그대로 국수를 미친 듯이 좋아합니다. 혼자 먹는 것은 물론이고, 주변 동물들과 나눠 먹는 일도 즐기지요. 하지만 캥거루들이 들이닥치자 사정이 달라졌습니다. 이 캥거루들은 보통 캥거루들이 아니었거든요. 이들은 점프보다 '법 만들기'를 더 좋아하는 캥거루들이었습니다. 캥거

11월 2주

루들이 만든 법들을 같이 읽다 보면 교실 이곳저곳에서 아이들의 탄식 소리가 터져 나옵니다.

"캥거루만 빼고 바닷가에서 헤엄치기 금지법"
"캥거루만 빼고 나비 정원에서 놀기 금지법"
"캥거루만 빼고 법 만들기 금지법"

터무니없는 법 조항들에 웃음도 안 나올 지경입니다. 캥거루들은 여기에 새로운 법 하나를 추가합니다.

"캥거루만 빼고 국수 먹기 금지법"

캥거루들의 횡포에 겁먹은 코끼리들과 다른 동물들은 졸지에 맛있는 국수를 못 먹는 상황에 다다릅니다. 하지만 이것이 계기가 돼 중요한 질문을 스스로에게 던져봅니다. '이 법은 옳은 법인가?', '옳지 않은 법을 지켜야 할까?', '법이 틀리다면 더 나은 법으로 고칠 수 있을까?', '고친다면 어떤 방법을 써야 할까?'

캥거루를 제외한 나머지 동물들은 이윽고 머리를 맞대고 힘을 합쳐 '국수금지법'을 고쳐나갑니다. 그 과정에서 이들은 거칠게 폭력을 쓰거나 누군가를 배제하지 않습니다. 그 모습을 보고 있노라면 통쾌함을 넘어 짜릿함까지 느껴집니다. 그림책《국수를 금지하는 법이 생긴다고?》는 민주주의와 법의 의미를 맛깔난 은유를 통해 보여줍니다. 이 그림책을 함께 읽는 동안 아이들의 마음속에는 올바른 법이란 무엇인가에 대한 생각이 싹틀 것입니다.

> 민주주의

'나쁜 법, 좋은 법, 이상한 법' 법법법 만들기

그림책 《국수를 금지하는 법이 생긴다고?》에 등장하는 '국수금지법'은 황당하기 짝이 없는 법입니다. 이처럼 오늘날의 관점에서는 말도 안 되는 법들을 인류 역사에서도 쉽게 찾아볼 수 있습니다. 가령, 여자는 투표를 할 수 없는 법, 흑인은 학교나 식당은 물론이고, 화장실조차도 백인과 같은 공간을 쓸 수 없는 법, 같은 사람인데도 흑인을 노예로 부릴 수 있게 했던 법 등이 대표적입니다. 그림책 《국수를 금지하는 법이 생긴다고?》 속 '국수금지법'처럼 교실 속 별나고 황당한 법을 만들어보는 활동을 소개합니다. 이 활동을 하면서 아이들은 황당한 법이 우리의 일상을 얼마나 불합리하게 구속하는지 체험할 수 있습니다.

활동1 우리 반 '황당한 법' 정하기

1. 교실을 둘러본 뒤 우리 반에서 지켜야 할 황당한 법으로 무엇을 만들 수 있을지 생각해봅니다.
2. 아이들에게 빈 종이를 나눠주고 자유롭게 '황당한 법' 이름을 적어보게 합니다.

예시
- 청소금지법, 발표금지법, 공부금지법, 뒤로 걷기 법 등
---

3. 모둠을 이루어서 모둠원들이 만든 '황당한 법'들을 모두 살펴봅니다. 그 다음, 투표를 통해 우리 모둠의 대표 법을 한 가지 정합니다.

4. 모둠별로 우리 모둠의 대표 법을 발표하고, 학급 투표를 통해 우리 반만의 황당한 법 하나를 최종적으로 정합니다.

활동 2 '황당한 법' 이대로 괜찮은가? 시민들의 속마음 알아보기

1. [활동 1]에서 정한 우리 반만의 황당한 법을 15분간 교실에서 시행합니다.
2. 그동안 발생한 뜻밖의 일들을 15분 후에 발표하며 나눕니다.

예시

발표금지법 시행 이후 일어난 일
- 발표를 억지로 안 해도 돼서 좋을 줄 알았는데, 궁금한 것도 물을 수 없게 되어서 답답했어요.
- 발표를 할 수 없으니 종이에 적게 되었어요.

이 주의 그림책 ②

민주주의

벽을 세우는 것도, 허무는 것도 결국 사람
《벽 너머에》
(베니아미노 시도티 글, 마리안나 발두치 그림, 이현경 옮김, 현암주니어)

　몇 년 전 독일의 수도 베를린을 여행한 적이 있습니다. 일부러 찾아다닌 것은 아니었지만 도시 곳곳에 '베를린 장벽'의 무너진 잔해들이 보이더군요. '진짜 이게 그 대단한 베를린 장벽이었다고?' 베를린 장벽은 동독과 서독을 가로막아 독일 사람들로 하여금 가족과 친구들을 서로 만날 수 없게 했습니다. 이에 독일 시민들은 더 이상 참지 않았습니다. 나라가 두 동강으로 쪼개진 지 27년 만인 1989년, 도끼와 삽과 곡괭이를 들고 달려 나와 벽을 부쉈지요. 공권력의 상징인 군인과 경찰이 시민들을 막으려 했지만 소용없었습니다. 거센 파도를 막을 길이 없는 것처럼요.

　그림책 《벽 너머에》에 등장하는 아이들은 자신들의 앞을 가로막고 있는 정체불명의 벽을 처음엔 그저 받아들입니다. 벽 너머에서 노랫소리가 들려오긴 하지만 누가 있는지 알아볼 생각도 하지 못합니다. 그저 저쪽 세상 이야기이니까요. 그렇다고 해서 벽을 떠나지도 않습니다. 아이들은 벽에다 축구 골대를 그리고 거기에 공을 차면서 놉니다.

　변화는 그중 한 아이가 "벽 너머의 사람들은 우리를 어떻게 생각할까?"라는 질문을 던지면서 시작됩니다. 이윽고 아이들은 벽을 넘어보기로 결심합니다. 그림책 《벽 너머에》에서 눈에 띄었던 부분은 단연 구겨진 종이처럼 그려진 벽이었습니다. 두텁고 높은 벽이라고 할지라도 시민들이 몸소 행동한다면 그 벽도 그저 구겨진 종이 한 장에 불과할지도 모른다는 은유일 테지요.

　세상의 모든 차별과 배제는 벽으로부터 시작됩니다. 그것은 진짜 단단한 물리적 벽일 수도, 심리적 혹은 제도적 벽일 수도 있습니다. 어떠한 종류의 벽이든 이것 하나만은 확실합니다. 벽을 세우는 것도, 그 벽을 허무는 것도 사람이라는 것. 깨어 있는 시민들은 부당하게 우리 앞을 가로막는 것을 결코 참지 않으니까요.

역사 속 벽을 넘은 사람들

　역사적으로 다양한 벽이 존재했고, 우리 일상에도 여전히 많은 벽이 있습니다. 사람들은 이 벽 앞에서 어떻게 행동할까요? 그 모습을 그림으로 그린 뒤 애니메이션 영상을 만들어보는 활동을 소개합니다.

활동 1 **벽을 넘어라! 벽을 막아라!**

1. 도화지 중앙에 벽의 측면이 보이도록 그립니다. 어떤 벽을 그리면 좋을지 두께, 높이, 색깔과 재료 등 다양한 항목을 고려하도록 안내합니다.
2. 벽을 기준으로 도화지의 왼쪽 편에는 어떤 인물을 있는지 떠올려 그 상황을 그림으로 그려봅니다.

> **예시**
> - 조선시대 개항을 요구하는 미국인들과 일본인들이 담을 넘으려고 하는 모습

3. 벽을 기준으로 도화지의 오른쪽 편에는 어떤 인물이 있는지 떠올려 그 상황을 그려봅니다.

> **예시**
> - 쇄국정책을 주장하는 흥선대원군과 개항을 하자고 주장을 펼쳤던 학자들이 다투는 모습

4. 사람들이 벽을 넘으려 한다면 어떤 방식으로 넘는지 그려봅니다.
5. 사람들이 벽을 더 굳건하게 한다면 어떤 방식으로 할지 그려봅니다.

활동 2 **연대기별로 '벽 너머로' 영상 제작하기**

1. 완성된 '벽을 넘은 사람들' 그림을 모두 칠판에 붙입니다.
2. 그림에 그려진 역사적 사건이 발생한 시기 혹은 연대에 맞게 그림 순서를 정리해봅니다.
3. 시간의 흐름 순서대로 그림을 이어 붙이고, 인물들이 할 법한 목소리를 녹음해 완성된 '벽 너머로' 영상을 만들어 함께 감상합니다.

한 걸음 더

시민의 권리와 다양성을 생각하게 하는 그림책

《시민은 무엇을 할 수 있을까요?》
(데이브 에거스 글, 숀 해리스 그림, 김지은 옮김, 이신애 해설, 이마주)
#시민의의무 #시민의권리

돈은 써버리면 지갑이 점점 얇아진다지만, 시민의 힘은 사용하면 할수록 단단해지고 세집니다. 모두의 의견이 달라 갈팡질팡할 때 규칙을 세우는 힘도, 그렇게 세운 규칙에 문제점이 발생할 때 고쳐내는 힘도 모두 시민에게 있다고 그림책 《시민은 무엇을 할 수 있을까요?》는 이야기합니다. 시민의 힘에는 의무도 있고, 권리도 있습니다. 어두운 길에 가로등이 설치되는 것도, 홍수로 피해를 입은 사람들이 도움을 받는 것도 모두 이 시민의 힘으로 이루어지는 일이지요. 아이들의 시선으로 다양한 '시민의 힘'에는 무엇이 있는지 찾아가며 함께 읽어보세요.

《살색은 다 달라요》 (캐런 카츠 지음, 신형건 옮김, 보물창고)
#인종차별 #다양성

"선생님! 저 살색 색연필이 부러졌는데요, 빌려주실 수 있어요?"
미술 시간에 그림을 그리다 보면 아이들이 종종 하는 말입니다. 2001년 '살색'이라는 명칭은 인종차별이라는 한 시민의 건의로 '연주황'이라는 새로운 명칭으로 바뀌었습니다. 이후 2005년에는 좀 더 쉬운 우리말로 색 이름을 바꿔달라는 초등학생 6명의 건의가 있었습니다. 그림책 《살색은 다 달라요》의 작가 캐런 카츠는 과테말라에서 딸을 입양하고 난 뒤 이 그림책을 쓰고 그리게 됐다고 합니다. 저자의 딸인 레나의 '살색'은 계피색, 친구 소니아의 '살색'은 땅콩버터 색, 이자벨의 '살색'은 컵케이크 색이래요. 아이들은 이 책을 읽고 자신의 '살색'을 무엇이라고 표현할까요? 나와는 다른 것을 세심하게 존중할 줄 아는 것, 세계시민으로 성장하는 시작입니다.

11월 3주

아동노동 착취, 내가 알뜰해질 수 있었던 이유

옷장을 가득 채운 수많은 옷들이 보입니다. 그런데도 막상 입을 옷이 없다고 느껴지니 당황스럽습니다. 그래도 크게 걱정할 일은 아닙니다. 나쁘지 않은 디자인에 꽤 괜찮은 품질의 옷을 파는 가게가 머릿속에 금방 떠오르니까요. 장바구니에 티셔츠 몇 개를 담고 주문하기까지 채 몇 분이 걸리지 않습니다. 꽤나 만족스러운 쇼핑입니다. 그런데 가슴 깊숙한 곳에서 쑥 올라오는 질문이 하나 있습니다.

'왜 이렇게 싼 거지?'

정답은 내가 구매한 바로 그 티셔츠 안에 있지요. 티셔츠를 뒤집어 태그를 살핍니다. Made in ○○○. 빈칸 안에는 이름은 익숙하지만 가본 적 없는 나라들의 이름이 적혀 있지요. 엘살바도르, 방글라데시, 캄보디아…. 우리가 사용하는 많은 물건은 우리나라가 아닌 곳에서 만들어져 바다를 건너옵니다. 그 물건들을 만들어내는 국가의 임금이 저렴하기 때문입니다. 그리고 어른의 노동력보다는 어린이의 노동력이 더 쌉니다. 사람들은 싼 것을 마다하지 않습니다.

11월 3주

　아동노동에 대한 이야기를 꺼내면 교실의 아이들은 세상에 어떻게 그런 나쁜 짓을 하는 사람들이 있느냐고 눈이 휘둥그레져서는 묻습니다. 그런 방식으로 물건을 싸게 만드는 것은 잘못이라고 목소리를 떨며 말하지요.
　하지만 비슷한 품질의 물건이 있고, 둘 중 한쪽이 더 저렴할 때 어느 쪽을 사겠느냐고 물으면 당연한 걸 왜 묻느냐는 듯 고개를 갸우뚱하지요. 이번 장에서는 불편한 진실 앞에서 심호흡을 하고, 아동노동을 다룬 그림책들을 소개합니다.

> 이 주의 그림책 ①

아동 노동

이게 동갑내기 친구가 만든 물건이라고?
《어린 노동자와 희귀 금속 탄탈》
(앙드레 마르와 글, 쥘리엥 카스타니에 그림, 김현아 옮김, 한울림어린이)

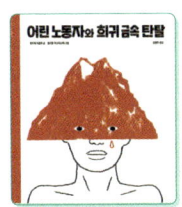

　《어린 노동자와 희귀 금속 탄탈》은 쉽게 읽히는 그림책은 아닐 수 있습니다. 하지만 아이들은 궁금해할 거예요. 구리도, 철도 아닌 처음 듣는 금속과 자신이 무슨 관계가 있는지 말이지요. 그림책을 펼치면 낯선 금속이 우리에게 자꾸 말을 걸어옵니다. 자신의 탄생과 종말이 궁금하지 않느냐고요. 자길 태어나게 한 것이 누군지 아느냐고, 얼마나 작은 손을 가졌는지 아느냐고요.

　가장 더럽고, 낮고, 아무도 가까이 가고 싶지 않아 하는 장소에 가장 무력하고, 어리고, 조그마한 사람들이 있습니다. 콩고에 사는 어린이 노르베르와 중국의 열여섯 살 소년 루한과 리안처럼 어린이가 일하는 것이 특별한 일이 아닌 나라의 어린이들이지요. 한편, 지구 반대편에는 뜨거운 국물 요리에 핸드폰을 빠트리고도 눈 하나 깜짝하지 않는 토마스 같은 아이도 있습니다. 우리 학급의 아이들 중에도 스마트폰과 태블릿 PC, 노트북과 데스크톱 컴퓨터를 모두 가진 아이들도 있을 테고요. 탄탈은 이런 전자기기 안에 들어가는 금속입니다.

　우리가 사용하고 있는 물건들만 잘 살펴봐도 세계의 어린이들이 서로 촘촘히 연결되어 있음을 깨닫게 됩니다. 그림책《어린 노동자와 희귀 금속 탄탈》을 읽으며 아이들이 자신과 멀리 떨어진 세계의 또 다른 어린이들의 삶을 생각해볼 수 있게 안내해주세요.

'아동노동 백서 및 세계지도' 만들기

　우리를 둘러싼 공간을 채운 물건들을 살펴봅시다. 먼저 아이들과 가장 가까운 공간이 교실과 방을 살펴보게 합니다. 이 공간들에는 어떤 물건들이 있나요? 그 중 세계 곳곳의 어린이들이 만든 물건들이 있을까요?

활동 1 '넌 어디서 온 물건이니?'

1. 내 주변의 물건을 1개씩 고릅니다.
2. 그 물건의 원료나 재료가 무엇인지 조사합니다.
3. 그 재료가 주로 나는 나라를 조사합니다.
4. 그 나라를 세계지도에 표시합니다.

활동 2 세계지도에 인포그래픽으로 물건이 생산된 나라 표현하기

1. 칠판 앞에 붙여둔 세계지도에 원재료의 생산국을 인포그래픽으로 그려 붙입니다.

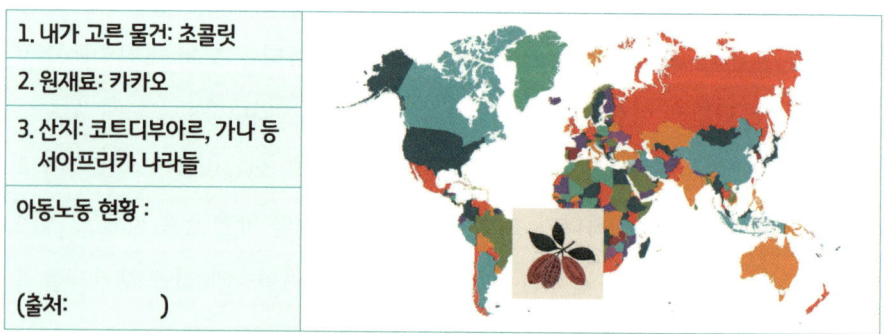

| 1. 내가 고른 물건: 초콜릿 |
| 2. 원재료: 카카오 |
| 3. 산지: 코트디부아르, 가나 등 서아프리카 나라들 |
| 아동노동 현황: |
| (출처:) |

2. 아이들이 만든 인포그래픽 자료를 모두 모아 '아동노동 백서 및 세계지도' 책을 완성합니다.

> 이 주의 그림책 ②

어린이들의 시계는 저마다 다르게 째깍댄다
《그 공 차요!》

(박규빈 지음, 길벗어린이)

그림책《그 공 차요!》를 읽을 때는 본문을 바로 읽기보다 앞면지를 아이들과 함께 살펴보고 이야기를 나누길 권합니다. 앞면지 그림에 다양한 해석의 여지가 많기 때문입니다. 왼팔에 축구공을 끼고 있는 아이가 바라보고 있는 네모난 것은 창문 같기도, 그림 같기도, 텔레비전 같기도 합니다. 네모의 정체가 셋 중 무엇이든 이것만은 확실해 보입니다. 아이의 머릿속엔 단 하나의 생각뿐이라는 사실. '나도 공 차고 싶어!'

이 그림책을 관통하는 문장은 딱 하나입니다. 바로 그림책 제목이기도 한 "그 공 차요!"입니다. 축구공을 꿰매는 노동을 하던 파키스탄 어린이에게 공과 함께 날아드는 목소리도 "그 공 차요!"입니다. 파키스탄 아이가 찬 공은 이윽고 어떤 아시아 국가의 쓰레기장으로 날아갑니다. 이처럼 그림책 속에서는 축구공과 목소리가 시공간을 넘나듭니다. 2015년 개봉해 화제에 올랐던, 실화를 바탕으로 한 영화 〈트래쉬〉처럼 말이지요. 거대한 쓰레기산에서 값진 물건을 찾으려고 헤매는 어린이들의 모습은 단지 영화 속 이야기에 불과하지 않습니다.

어떤 나라에서 태어나 어떤 상황에 처해 있건 간에 어린이라면 놀 권리가 똑같이 보장돼야 합니다. 왜 다른 나라의 친구들의 삶까지 알아야 하냐고 묻는 아이가 있다면 이렇게 얘기해주세요. 부당한 일이 많은 사람에게 알려져야 하고, 사람들이 함께 부당한 일에 화를 내고 목소리를 내는 것만으로도 많은 변화를 만들어낼 수 있다고요. 일어나서는 안 되는 일들을 멈출 수 있다고요. 그림책 《그 공 차요!》를 읽고 나서 아이들에게 '세계 아동노동 반대의 날'(매년 6월 12일)에 대해 이야기해주는 것도 좋습니다.

아동노동 반대 상징 만들기

아동 및 청소년들의 노동을 반대하는 의미를 담은 로고를 제작하고, 캠페인에 적극 활용하는 활동을 통해 아이들은 다른 나라에 사는 또래 친구들이 겪는 어려움에 대해 생각해볼 수 있습니다.

활동1 '아동노동 반대' 로고 디자인하기

1. 어떤 분야에서 아동노동이 이루어지고 있는지 조사합니다.

> **예시**
> - 바나나 농장, 카카오 농장, 담배 농장, 축구공 공장, 풍선 공장, 전쟁터 등

2. 그중 물건 하나를 선택합니다.
3. 어린이와 물건의 모습을 결합해 '아동노동 금지'를 상징하는 로고를 디자인합니다.

활동2 로고의 의미를 설명하는 영상 제작하기

1. 완성된 로고를 역할놀이 머리띠에 부착하거나 손에 들고, 해당하는 아동노동 국가의 실태

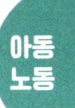

에 대해 설명하는 영상을 촬영합니다.

2. 우리 반의 영상을 이어 붙여 하나의 완성된 영상을 제작합니다.

3. 한글 자막 및 영어 자막을 삽입하고 영상을 업로드합니다. 이때 '#ChildAbuse', '#Childrensrights', '#아동인권', '#아동노동반대' 등의 해시태그를 붙입니다.

4. 업로드된 영상에 댓글을 달며 서로 평가와 피드백을 주고받습니다.

11월 3주

한 걸음 더

아동노동의 현실을 알려주는 그림책

《돌아오지 못한 아이들》(고정순 지음, 노란상상)
#청소년노동 #청소년현장실습노동자

우리나라의 근로노동법에 따르면 15세 미만의 청소년이나, 중학교에 다니고 있는 사람은 일을 할 수 없습니다. 하지만 법을 찬찬히 살펴보면 이는 곧 만 16세부터는 일을 할 수 있다는 뜻이기도 합니다. 여러 사정으로 고등학교까지 진학하지 않고 살아가는 '학교 밖 청소년'들이 우리 주변에 적지 않으며 이들은 경제적 어려움에 처해 있는 경우가 많습니다. '이 일을 하면 돈 많이 주겠다', '무척 안전하고 쉬운 일이다'라는 어른들의 지킬 수 없는 약속에 속은 이들은 결국 돌아오지 못하기도 합니다. 표지에 그려진 피리 부는 사나이의 모습은 '하멜른의 피리 부는 사나이'를 떠올리게 합니다. 어린이도 아니고, 어른도 아닌 이들의 죽음을 아이들에게 들려주세요. 그들의 이름을 하나씩, 하나씩 소리 내어 읽어주세요.

《지구 엄마의 노래》(윤여림 글, 윤지회 그림, 문학동네)
#공정무역 #아프리카아동노동착취

오늘날 아프리카와 중남미, 아시아의 여러 나라에서 어린이들은 공공연하게 노동 현장으로 내몰리고 착취당하고 있습니다. 초콜릿은 카카오 열매로부터 만들어집니다. 아프리카의 코트디부아르는 이 카카오의 최대 생산국 중 하나인데요. 코트디부아르에서는 5~17세 사이의 아동 청소년이 카카오 농장에서 일하는 것은 아주 흔한 일입니다. 안전장비도 착용하지 않은 채 몸에 유독한 농약을 뿌리는 일을 합니다. 또한, 아프리카의 말리, 짐바브웨 등의 국가에서는 많은 어린이가 담뱃잎을 오랜 기간 지속적으로 만지며 니코틴에 노출되어 중독되고 맙니다. 그림책《지구 엄마의 노래》을 읽고 나서 아이들에게 '공정 무역'에 대해 이야기해주세요.

세계
여행

11월 4주

세계여행, 달라도 너무 달라!
어디부터 가볼까?

"선생님, 지구에는 몇 개의 나라가 있어요?"

아이들이 당연히 물어볼 만한 질문이지만, 막상 이 질문을 받으면 어떻게 답해야 할지 말문이 턱 막힙니다. 이 문제에 대한 정답은 기준에 따라 다릅니다. 유엔 회원국만 나라로 치면 193개국이지만, 미승인 국가까지 합치면 200개국이 넘으니까요. 또한, 나라로 인정받을 수는 없지만 오래전부터 집단을 이루며 살고 있는 사람들도 있습니다. 교황이 살고 있는 바티칸의 경우에는 도시인 동시에 나라이지요. 국적을 가진 사람이 900여 명밖에 되지 않고, 면적은 서울에 있는 경복궁보다 조금 큰 정도라고 합니다. 반면, 러시아 수도 모스크바의 면적은 서울과 부산, 인천을 합친 것보다도 크다고 하네요!

아이들은 꼭 성인이 되어 해외에서 일하거나 살겠다는 꿈을 갖고 있지 않더라도 다른 나라에 대해 지대한 관심을 가집니다. 현재 여러 가지 이유로 대한민국에 살고 있는 외국인은 대한민국 인구의 4퍼센트가 넘습니다. 쉽게 말해 25명 중 1명은 외국인이라는 뜻이지요. 행정안전부가 제공한 통계에 따르면 2006년 국

11월 4주

내 외국인 수는 54만 명이었으나, 2020년에는 215만 명에 이르렀습니다. 15년이 안 되는 비교적 짧은 기간 동안 외국인 수는 4배나 늘었으니 엄청난 증가라고 할 수밖에요.

당장 비행기나 배를 타고 외국으로 갈 수는 없겠지만, 다양한 책과 미디어를 통해 아이들과 낯선 문화를 간접 체험해볼 수 있습니다. 세계 여러 나라의 언어와 건축, 미술과 음악, 음식과 옷차림, 문화 등 살펴볼 것이 무척 많지요. 이때 필요한 준비물은 딱 하나, 호기심과 설렘입니다. 자, 그럼 이제 세계 여러 나라의 모습을 살펴보는 세계여행을 떠나볼까요?

이 주의 그림책 ①

아파트가 뭐냐고 묻는 지구 반대편 친구가 있다면
《세상의 모든 집으로》
(싱네 토르프 지음, 공민희 옮김, 웅진주니어)

이탈리아 수도 로마에 갔을 때 의외의 사실에 신선한 충격을 받았던 기억이 있습니다. 현재는 3호선까지 생겼지만, 당시만 해도 로마의 지하철 노선은 2호선까지밖에 없었기 때문입니다. '로마처럼 세계적인 도시에 어째서 2호선까지밖에 없는 거지?' 도시 전체가 유적이라고 말해도 과언이 아닌 로마는 지하철 공사를 하는 일을 무척 꺼릴 수밖에 없습니다. 그 사실을 이해하고 나면 왜 로마의 인도와 차도가 모두 울퉁불퉁한 돌바닥인지도 납득이 됩니다. 수백, 수천 년 전 모습을 오늘날에도 그대로 보존하기 위한 것이지요.

《세상의 모든 집으로》는 세계 곳곳의 다양한 집을 소개하는 지식 그림책입니다. 우리나라 어린이들에게 익숙한 집은 단 하나밖에 없을 것입니다. 바로 아파트이지요. 그림책 속에서는 뉴욕에 있는 초고층 건물을 제외하고는 '이게 집이라고?' 싶을 만한 독특한 집들이 잔뜩 소개됩니다. 개성 가득한 집들은 주로 그 나라의 자연 특성에서 비롯되는 경우가 많습니다. 가령, 캐나다, 미국 알래스카, 그린란드 등에서는 이글루(얼음집)를 짓고 살았는데, 날씨가 추워 눈과 얼음이 흔했기에 가능한 일일 테지요.

네덜란드의 풍차도 속사정을 알고 나면 놀라운데요. 지금까지 바람의 힘을 이용해 곡식을 빻는 기계인 줄로만 알았는데, 알고 보니 내부에 살림을 하는 집이 있다고 하더군요. 그렇다면 우리나라의 도시 사람들은 왜 주로 아파트에 많이들

11월 4주

살까요? 국토는 좁은데 인구는 많기 때문입니다. 인구밀도가 더 높은 홍콩이나 일본 도쿄의 초소형 아파트를 보면 입이 딱 벌어지는 아이들이 아마도 많을 거예요. 침대 바로 옆에 변기가 있다고 하면 거짓말이냐며 믿지 않는 친구가 있을지도 모르겠네요. 여러 나라의 범상치 않은 집들을 보면 그 나라의 기후와 문화, 역사를 알 수 있습니다. 그림책《세상의 모든 집으로》를 보면서 아이들과 함께 전 세계 주거 문화를 탐험하는 여행을 떠나보세요.

• • •

'구글 어스' 이용해 세계 건축물 찾아보기

세계 곳곳의 다양한 집에 대해 배우다 보면 위대한 건축물에 대한 호기심도 피어나기 마련입니다. 이럴 때 '구글 어스'(Google Earth)를 이용하면 교실에서도 실감 나게 3D로 세계 곳곳을 여행할 수 있습니다.

활동1 나라별 유명한 건축물 조사하기

1. 사회과부도를 꺼내 흥미가 가는 나라를 골라 포스트잇에 적습니다.

2. 모둠별로 포스트잇을 모아, 모둠원들이 궁금해하는 나라들을 정리합니다.

3. 나라를 추려 그 나라의 대표적인 건축물에는 무엇이 있는지 조사해봅니다.

활동2 구글 어스로 건축물을 3D 가상 체험하기

1. 개인 PC 혹은 학급 PC로 구글 어스(https://earth.google.com/web)에 접속합니다.

2. 돋보기 모양을 눌러 각 나라의 대표적인 건축물을 검색해봅니다.

예시
- 에펠탑(프랑스 파리), 사그라다 파밀리아(스페인 바르셀로나), 경복궁(대한민국 서울)

---

3. 우리나라의 집과 다른 나라의 건축물을 비교해보고 그 차이점을 발표합니다.

이 주의 그림책 ②

지구본 위를 직접 누비는 쾌감
《기차 타고 부산에서 런던까지》
(정은주 글, 박해랑 그림, 키다리)

앞서 세계 여러 나라들의 특색 있는 집을 하나씩 살펴보았다면, 이번에는 여행 계획을 직접 세우고 길을 떠나보도록 하겠습니다. 《기차 타고 부산에서 런던까지》는 그 과정에서 활용할 수 있는 그림책입니다.

아무리 거창한 여행도 시작은 언제나 자기 방에서부터입니다. 그림책 속 짐을 싸는 장군이네 가족들은 무척 들뜬 모습입니다. 그림책 《기차 타고 부산에서 런던까지》의 매력 중 하나는 한 나라에서 다른 나라로 이동할 때 사용하는 교통수단들과 그것들을 갈아타는 장소, 즉 역과 공항을 구체적으로 보여준다는 점입니다.

장군이네 가족은 여행길에서 우리나라의 KTX, 시베리아 횡단 열차, 서유럽의 고속철도 탈리스, 알프스의 산악 열차, 해저 터널을 통해 달리는 유로스타 등 세계의 유명한 기차들을 이용합니다. 하지만 기차를 타고 이동만 하면 서운하지요! 장군이네 가족은 기차를 타기 전과 후엔 반드시 역을 구경합니다. 특히 모스크바의 기차역은 미술관을 뺨칠 정도로 아름답습니다. 러시아에서 기차역을 지을 때 각 분야의 예술가들을 총동원했기 때문이지요. 기차에서 내리면 잠시 그 도시나 지역에 머물면서 아름다운 건축물과 자연의 풍광을 눈에 담고, 맛깔난 음식을 즐깁니다.

아이들에게 "어느 나라를 여행해보고 싶어?"라고 물어보았다면 거기에서 그치지 말고 이 질문을 던져서 한 발자국 더 나아가보세요. "그 나라를 가려면 어떤 교통수단을 타야 할까?" 삼면이 바다로 둘러싸인 우리나라는 기차를 타고서 외국으로 갈 수 없습니다. 통일이 된다면 말 그대로 '기차 타고 세계여행'이 가능해질 테지요. 이 사실을 알게 된 것만으로도 지금 당장 세계지도를 펼치고 싶어지지요?

패들렛 '지도'로 여행 계획 짜보기

패들렛은 다양한 포맷을 선택해 아이들 학습에 활용할 수 있는 온라인 학습 도구입니다. 캔버스, 그리드, 타임라인, 지도, 스트림, 담벼락 등이 바로 그것인데요. 여기서는 그중에서도 지도 포맷을 사용해 여행 계획을 짜는 활동을 소개합니다.

11월 4주

활동1 패들렛 지도에 순서대로 나라 입력하기

1. 패들렛 홈페이지(https://padlet.com)에 접속 및 로그인합니다.

2. 여러 포맷 중 '지도'를 선택합니다.

3. PC 버전에서 '+' 버튼을 누르면 '위치 검색' 창이 뜹니다. 여기에서 검색하고 싶은 지역을 입력하세요. 가령, 브뤼셀 지도를 검색하고 싶다면 '브뤼셀'이라고 입력하면 됩니다.

4. 출발지 지명 앞에 '1'이라고 번호를 붙입니다. 그 후의 도착지들에는 '2,3,4…' 등 순서대로 번호를 붙여나갑니다.

활동2 점선을 따라 여행해요

1. 방금 전에 작성한 글에서 '점 세 개'를 누르면 여러 메뉴가 뜹니다. '게시물에 연결'을 클릭하고 다음 여행지로 연결하면, 두 지역 사이에 점선이 생기면서 여행 경로가 보입니다.

2. 출발지에서 최후 도착지까지 한 지역씩 연결해나가면 나만의 여행 경로가 완성됩니다.

한 걸음 더

더 넓은 세상에 대한 호기심과 지식을 채워주는 그림책

《국경》(구돌 글, 해랑 그림, 책읽는곰)
#나라의이해 #백지도

《국경》은 두 마리 토끼를 모두 잡은 지식 그림책입니다. 국경의 개념을 사실적으로 전달하는 동시에 국경을 둘러싼 세계인들의 고통과 어려움도 소개하고 있기 때문입니다. 같은 나라임에도 불구하고 높은 벽으로 가로막힌 경우도 있고, 나라는 다르지만 아무런 벽을 세우지 않은 곳들도 있습니다. 우리나라는 전쟁으로 인해 남한과 북한으로 나뉘게 됨에 따라 휴전선을 사이에 두고 양측의 사람들이 서로 만나지 못하고 있습니다. 국경의 개념을 배운 다음에는 국토지리정보원 사이트에 접속해보세요. 여기서 '지도랑 놀아요'라는 코너를 클릭하면 백지도를 다운로드 하여 색칠도 할 수 있습니다. 우리나라는 물론이고 유럽, 아시아, 아프리카 등 대륙별 백지도도 있으니 다운로드 하여 국경에 따라 다른 색으로 칠해보는 활동을 해보세요.

《쉬하기 딱 좋은 곳, 뉴욕》(이혜수 지음, 후즈갓마이테일)
#뉴욕여행 #도시탐방

인구가 1천만 명이 넘는 도시를 일컬어 '메가 시티'(mega city)라고 부릅니다. 뉴욕 역시 전 세계적으로 유명한 메가 시티인데요. 그림책 《쉬하기 딱 좋은 곳, 뉴욕》의 주인공인 수와 수가 키우는 강아지 더치는 뉴욕 곳곳을 돌며 더치가 오줌을 싸기 적당한 곳을 찾아 헤맵니다. 저자가 그림책에 등장하는 장소를 일일이 설명해주진 않지만, 더치가 쉬를 할 만한 장소를 찾기 위해 뉴욕을 한 바퀴 돌고 나면 그림책 마지막 부분에 뉴욕 지도와 함께 그림책에서 소개된 명소들을 한눈에 볼 수 있는 페이지가 등장합니다. 이 그림책을 다 읽고 나면 아이들과 뉴욕 이외에 또 여행해 보고픈 도시에 대해 이야기해 보고 해당 도시들을 다룬 다른 그림책들도 찾아서 읽어보세요.

교육과정과 이렇게 연계해요

12월 1주 '예술가 안경'으로 일상을 낯설게 바라보는 방법
[2슬04-02] 상상한 것을 다양한 매체와 재료로 구현한다.
[4미01-01] 자연물과 인공물을 탐색하는 데 다양한 감각을 활용할 수 있다.
[4미02-03] 연상, 상상하거나 대상을 관찰하여 주제를 탐색할 수 있다.
[6미01-02] 대상이나 현상에서 시각적 특징을 발견할 수 있다.
[6국05-03] 비유적 표현의 특성과 효과를 살려 생각과 느낌을 다양하게 표현한다.

12월 2주 음악 이론과 일상의 조화로운 이중주
[4음01-04] 제재곡의 리듬꼴이나 장단꼴을 바꾸어 표현한다.
[4음01-05] 주변의 소리를 탐색하여 다양한 방법으로 표현한다.
[4음01-06] 바른 자세로 노래 부르거나 바른 자세와 주법으로 악기를 연주한다.
[6음01-02] 악곡에 어울리는 신체표현을 한다.
[6음02-01] 5~6학년 수준의 음악 요소와 개념을 구별하여 표현한다.

12월 3주 아름다움을 새롭게 정의하는 미술
[4미02-05] 조형 요소(점, 선, 면, 형태, 색, 질감, 양감 등)의 특징을 탐색하고, 표현 의도에 적합하게 적용할 수 있다.
[4미03-01] 다양한 분야의 미술 작품과 미술가들에 관심을 가질 수 있다.
[6미02-02] 다양한 발상 방법으로 아이디어를 발전시킬 수 있다.
[6미02-03] 다양한 자료를 활용하여 아이디어와 관련된 표현 내용을 구체화할 수 있다.
[6미03-02] 미술 작품이 시대적 배경과 관련된다는 것을 이해할 수 있다.

12월 4주 사회참여미술로 세상을 바꿔봐요
[6미01-03] 이미지가 나타내는 의미를 찾을 수 있다.
[6미01-05] 미술 활동에 타 교과의 내용, 방법 등을 활용할 수 있다.
[6미02-01] 표현 주제를 잘 나타낼 수 있는 다양한 소재를 탐색할 수 있다.
[6미02-03] 다양한 자료를 활용하여 아이디어와 관련된 표현 내용을 구체화할 수 있다.
[6사02-02] 생활 속에서 인권 보장이 필요한 사례를 탐구하여 인권의 중요성을 인식하고, 인권 보호를 실천하는 태도를 기른다.

12월

예술 표현활동

12월 1주

'예술가 안경'으로 일상을 낯설게 바라보는 방법

바쁜 걸음으로 각자의 교실로 향하는 등굣길, 학교 화단을 한참 동안 바라보는 아이가 있습니다. 무엇을 그렇게 보고 있냐고 물으니 저 돌멩이를 자신의 수집 상자에 넣을지 말지 고민하고 있다는 대답이 돌아오네요. 작고 매끈하게 생긴 하얀 돌멩이를 바라보는 아이의 눈빛이 사뭇 진지합니다.

학교 현장에서 아이들과 함께하다 보면, 아주 사소한 순간에도 유독 생기가 넘치는 아이들을 만나게 됩니다. 보도블록, 하수구 틈새의 풀꽃들을 찾아 이름을 붙여주는 아이, 전봇대 위에 앉은 새들만 보면 새들이 앉은 자리의 간격을 보고 손가락으로 박자를 두드려본다는 아이. 학교에서 만난 '일상 예술가'들의 이야기입니다.

모든 예술은 일상을 예술적으로 바라보는 힘에서부터 시작됩니다. 따라서 예술 교육에서 가장 중요하게 다뤄야 할 내용 또한 이 일상 예술가들의 심미안이 아닐까 싶습니다. 일상 속 예술적 요소에 집중해 우리 주변의 일시적이고 아름다운 경험을 마음에 담는 일. 일상을 예술적으로 바라보는 힘은 어떻게 기를 수

> 일상 속 예술

있을까요? 저는 아이들에게 "우리 오늘 하루만큼은 예술가 안경을 써보자"라고 말합니다. '예술가 안경'은 자신의 일상을 낯설게 바라보는 의식적인 활동을 비유적으로 표현한 단어입니다. 아이들 스스로 자신의 일상을 자세히 보고, 다르게 보며 일상에서 낯선 장면을 발견하는 경험이지요.

처음부터 예술가 안경을 능숙하게 쓸 수는 없습니다. 내 얼굴에 꼭 맞는 예술가 안경을 찾기 위해 그림책의 도움을 받아보세요. 우리가 접하는 그림책 속에는 '예술가 안경'을 쓰고 세상을 바라본 이야기가 잔뜩 있거든요.《영혼의 미술관》을 쓴 알랭 드 보통 또한 일상을 예술적으로 바라보기 위해서는 예술의 도움이 필요하다고 말합니다. 예술이 우리가 일상의 복잡성을 과감히 자를 수 있게 도와주고, 일상 속 예술적 요소에 집중할 수 있도록 안내자 역할을 한다는 것이지요.

그림책을 읽으며 그림책 속 화자가 사용한 방법을 아이와 함께 찾아보세요. "예술가 안경은 이렇게 쓰는 거야"라고 말할 수 있는 좋은 예시가 됩니다. 예술가 안경을 쓰고 일상을 낯설게 보기 위해 어떤 그림책들을 함께 읽으면 좋을까요? 이번 장에서는 우리 아이들을 일상 속 예술가로 만들어줄 그림책과 활동들을 소개합니다.

이 주의 그림책 ①

자세히 보고, 다르게 보고
《걷다 보면》
(이윤희 지음, 글로연)

　길바닥의 홍건한 물 자국, 꺾자 보도블록, 벽 사이 갈라진 틈. 길을 걷다 보면 손쉽게 만날 수 있는 장면들입니다. 대다수 사람들은 눈길조차 주지 않는 흔하디흔한 풍경일 테지요. 하지만 그림책《걷다 보면》속 산책을 떠나는 아이를 만난다면, 그 흔한 풍경들이 모두 재밌는 이야기로 변신하는 마법이 펼쳐집니다.

　작가는 이 작품을 위해 무려 10가지 종류가 넘는 연필을 사용했는데, 작품을 채운 연필 선 하나하나는 모두 아이가 걸어가는 방향으로 그어졌다고 해요. 연필이 향하는 방향을 따라 시선을 이동하니 가장 먼저 만나게 되는 친구는 사슴입니다. 깨져서 푹 파인 보도블록 형상이 만들어 낸 친구네요. 자세히 살펴보니 토끼도 보이고, 뱀도 보이고요. 또 어떤 동물 친구들이 아이를 기다리고 있는지 함께 찾아볼까요?

　아이가 산책길에 만난 동물들과 발견해낸 이야기들은 이윤희 작가가 지난 몇 년간 집과 출판사를 오가며 모아온 일상의 풍경들입니다. 아이들과 함께 작가가 그림책 곳곳에 숨겨놓은 이야기들을 찾아보세요. 글이 말하는 것보다 더 많은 친구를 발견할 수 있거든요. 아이들은 이 시간을 통해 일상을 자세히 보고, 다르게 보는 방법을 자연스레 배울 수 있습니다.

　그림책을 읽고 난 뒤에는 밖으로 나가보세요. 그림책 속에서 묘사된 장면과 비슷한 장면을 찾아보는 거예요. 오늘 산책길에는 어떤 친구들을 만날까요?

일상 속 예술

길을 걸으며 숨겨진 이야기를 찾아라!

　예술가 안경을 쓰고, 길을 걸으며 숨겨진 이야기를 발견하는 활동입니다. 아이들이 등굣길에 발견한 장면, 산책 중에 발견한 장면 등 일주일 정도의 기간을 두고 낯설게 보이는 장면을 포착해보도록 안내해주세요. 아이들이 찍은 사진은 학급 온라인 사진첩에 게시해 함께 나눕니다. 나와 친구들이 찾아낸 낯선 장면으로 자세히 보고 다르게 보는 연습을 시작해보세요.

활동 1 《걷다 보면》 숨은그림찾기

아이들과 그림책 《걷다 보면》을 읽으면서 이렇게 질문을 던져보세요. "이 장면엔 어떤 이야기가 숨겨져 있을까?" 아이들은 그림책 속 장면들을 자세히 읽어나가며 상상의 나래를 펼칠 수 있습니다.

> **예시**
> - 나무 그림자 속 토끼가 여태 일어난 일을 다 바라보고 있어요.
> - 가로수 바닥에서 사자 얼굴을 찾았어요!

활동 2 우리 반 온라인 사진첩 완성하기

그림책 《걷다 보면》 속 주인공처럼 예술가 안경을 쓰고 우리 주변을 자세히 보고, 다르게 바라보는 활동입니다. 일상 속 숨겨진 이야기를 발견하면 사진을 찍어 학급 패들렛에 게시합니다. (패들렛 서식은 콘텐츠를 수평 디자인으로 배치하는 '타임라인'을 추천합니다.)

> **예시**
> - (시멘트 벽 사진) 벽에서 생쥐랑 강아지가 놀고 있는 것을 발견했어요.
> - (담벼락 사진) 담벼락을 자세히 보니 말이 쌩쌩 달리고 있어요. 하얀 갈기가 무척 멋져요!
>
>

활동3 일상 예술가들의 사진첩 감상회

매일 아침, 우리 반 패들렛에 들어가 그 전날 아이들이 찾아서 올려둔 숨겨진 이야기를 같이 나눕니다. 등굣길이나 하굣길에 찾아보기, 우리 집에서 찾아보기 등 시간과 장소를 구체적으로 제시하여 미션 수행의 난이도를 조절할 수 있습니다.

> **예시**
> - 선생님: 예술가 안경을 쓰고 일주일간 이야기를 모으면서 느낀 것들을 발표해볼까요?
> - 아이 1: 매일 학원 끝나고 돌아가는 길, 구석에 있는 작은 나무를 발견했어요. 나뭇잎 모양이 참 예뻤어요. 그 나무를 앞으로 매일 관찰하고 싶어요.
> - 아이 2: 구름, 보도블록, 제 주변에 있는 모든 것들에 이야기가 숨어 있어요. 자꾸만 밖에 나가서 새로운 이야기들을 찾고 싶어요.

이 주의 그림책 ②

세상의 모든 것들이 궁금한 너에게
《나 진짜 궁금해!》
(미카 아처 지음, 김난령 옮김, 나무의말)

　일상을 자세히 보고 다르게 보기 시작했다면, 이제는 한 단계 더 나아가 일상 속 대상들에게 질문을 던질 차례입니다. 단순히 궁금한 것을 묻는 질문이 아닌, 다른 대상과 연결 지으며 만든 질문들은 일상을 낯설게 보는 연습에 풍성한 상상력을 더할 수 있습니다. 다른 대상과 연결 지어 질문하라니, 너무 어렵다고요? 그림책《나 진짜 궁금해!》속 질문들을 따라가다 보면 어느새 솟아나는 질문들을 멈출 수 없을 거예요.

　햇볕이 쨍쨍 내리쬐는 어느 화창한 오후입니다. 두 아이도 산책을 떠나기로 마음먹어요. 아이들을 가장 먼저 반겨주는 것은 따뜻한 햇살입니다. 아이들은 고개를 젖히고 입을 벌려 온몸으로 햇살을 맛봅니다. 한가득 햇살을 머금자 아이의 머릿속엔 이런 질문이 떠오릅니다. '해는 세상의 전등일까?' 아이들은 다리를 건너다가 물안개를 지나고 넓은 들판 뒤로 펼쳐진 산을 만나요. '물안개는 강의 이불일까?', '숲은 산의 털옷일까?' 온 감각을 열고 만나는 세상은 궁금한 것들투성이입니다.

　그림책《나 진짜 궁금해!》의 또 다른 묘미는 미카 아처의 콜라주 작품들입니다. 작가는 자연에서 발견한 무늬를 종이에 오려 수제 도장을 만들고, 수제 도장에 아크릴물감을 묻혀 다양한 패턴을 만들어냅니다. 물감을 평평하게 밀어내어 생긴 무늬, 색색의 휴지를 레이어링해서 탄생한 무늬들을 콜라주 작업에 활용해요. 다양한 무늬와 질감의 콜라주 재료들을 겹겹이 오리고 붙여 완성한 작품 속에는 자연의 생명력과 아이들의 반짝이는 호기심이 넘실넘실 어우러져 있습니다. 작품들을 감상하며 질문하는 방법을 되짚어봅니다. "주인공은 해를 보며 '해는 세상의 전등일까?' 궁금해 했어. 주인공은 왜 이런 질문을 만들었을까? 해와 전등엔 어떤 공통점이 있을까?" 물어보세요. 아이들이 질문하는 방법을 깨달았다면, 본격적으로 질문들을 모아볼 시간입니다.

● ● ●

'비유질문법'으로 채워나가는 영감 수첩

예술가 안경을 쓰고, 내가 궁금한 공간을 탐색하며 질문을 만들어가는 활동입니다. 최소 일주일 정도의 시간을 두고 매일 새로운 질문으로 나만의 영감수첩을 채워나가봅니다. 그림책《나 진짜 궁금해!》속 친구들처럼 다른 대상과 연결 지어 상상할 수 있도록 독려해주세요.

활동1 '영감 수첩' 공간 정하기

영감을 수집할 공간을 정합니다. 이때 자신이 궁금한 공간으로 정하도록 합니다. 우리 집도 좋고, 식탁 위도 좋습니다. 우리 동네나 학교 운동장처럼 넓은 범위도 좋습니다. 내가 좋아하는 장소를 떠올려 정하면 됩니다. 공간을 확정했다면 일주일 동안 내가 선택한 장소에 있는 대상들을 유심히 관찰합니다.

> 예시
> - 공원, 집 가는 길, 한강, 내 책상 위, 놀이터, 우주 등

활동 2 매일 한 장, 비유질문법으로 관찰하기

내가 선택한 장소에 있는 대상들을 관찰하며 내가 만난 대상에 그림책 《나 진짜 궁금해!》의 주인공들처럼 'A는 B일까?'라고 묻는 '비유질문법'으로 질문을 던져봅니다. 그리고 나의 영감 수첩에 오늘의 질문을 기록합니다. 머릿속으로 상상했던 질문의 이미지를 간단한 드로잉으로 그려본다면, 영감 수첩이 한층 더 풍성해질 거예요.

> **예시**
> - 낙엽은 상처가 다 치유되고 새살이 돋을 때 떨어지는 헌 딱지일까?
> - 강아지풀, 잡초는 지구의 솜털일까?

활동 3 영감 가득 질문 모음집 만들기

일주일 동안 영감 수첩에 모은 질문들은 모둠 친구들과 함께 감상합니다. 친구의 영감 수첩에서 가장 멋진 질문에 스티커를 붙여줍니다. 감상 소감도 붙임 쪽지에 적어줍니다. 멋진 질문들을 한 권의 학급 그림책으로 완성해보는 것도 좋습니다. 우리 반 친구들의 재밌는 상상력이 총집합된 근사한 질문 모음집이 완성되지요.

- 학급 그림책 《영감탐험가》

12월 1주

한 걸음 더

일상을 자세히, 다르게 보는 법을 알려주는 그림책

《나의 도시》 (조안 리우 지음, 단추)
#글없는그림책 #일상발견

주인공 마루는 오늘 혼자서 편지를 부치러 갑니다. 마루가 보는 코인 세탁기 속 빨래들에는 무지개 색 물감이 가득 풀어져 있어요. 빨래가 가진 예술적 요소, 즉 다채로운 색들만 포착해 보는 것이지요. 이번에는 횡단보도 앞 신호를 기다리며 발아래 고인 물웅덩이를 한참 바라보고 있네요. 비정형적 물웅덩이 속에는 거꾸로 보이는 도시가 담겨 있습니다. 파란 하늘과 두둥실 구름, 노란 은행잎, 자유롭게 날아다니는 새들이 웅덩이를 멋진 예술 작품으로 완성시켜줘요. 일상 예술가 마루의 시선을 따라 한 차례 편지를 부치러 다녀왔다면, 마루의 여정을 함께한 아이들의 심부름 가는 길도 달라지지 않을까요? 집 앞 편의점에서 간식을 사고 들어올 때 하늘 한번 쳐다보기, 보도블록 틈새에 핀 강아지풀에 눈길 주기부터 시작해도 좋습니다. 마루의 세상도 마루가 발견한 소소한 이야기들이 모여 만들어졌으니까요.

《나무를 그리다》 (브루노 무나리 지음, 유성자 옮김, 두성북스)
#나무드로잉 #관찰하는법

예술가는 세상을 어떻게 관찰할까요? 그림책 《나무를 그리다》의 저자 브루노 무나리는 이탈리아 예술계에 혁신을 불러일으키고 현대 디자인의 발전에 중추적인 역할을 했던 예술가이자 디자이너입니다. '현대판 레오나르도 다 빈치'라고 불렸던 브루노 무나리가 나무를 관찰하고 그리는 방법을 따라가봐요. 우리 주변에 있는 나무들의 성장 규칙, 휘어지는 모양새, 나무겉피의 생김새 등 그동안 그저 풍경으로만 존재했던 나무들이 새롭게 보이는 마법을 경험할 수 있습니다.

음악 활동

12월 2주
음악 이론과 일상의 조화로운 이중주

　예술가 안경을 썼다고 해서 아이가 경험하는 모든 경험이 예술적인 경험이라고 말할 수 있을까요? 우리는 우리가 '아는 만큼만' 세상을 감각할 수 있습니다. 더 넓고 깊은 세상을 경험하기 위해서 우리는 다양한 영역의 앎을 확장해나가지요. 예술도 마찬가지입니다. 예술가 안경 활동을 하며 낯설게 보기 경험을 나누는 시간, 아이는 등굣길에 들리는 새소리가 평소와 다르게 느껴졌다고 합니다. "왜 오늘따라 새소리가 낯설게 느껴졌을까?" 하고 물으니 새소리가 지난 시간 자신이 만든 리듬꼴과 닮아 있었대요. 리듬을 만들 줄 아는 아이에게 세상의 소리는 다양한 리듬꼴들의 향연으로 들렸던 것이지요.

　자신이 느낀 감상의 이유를 찾아가기 위해서는 한층 더 깊은 사고가 필요합니다. 이때 예술 이론이 차곡차곡 학습된 아이라면 어떤 요소가 '왜' 낯설게 느껴졌는지 정확하게 설명할 수 있지요. 이번 장에서는 음악 이론이 교과서 안에만 머무르지 않고 아이들의 일상과 만나며 구현될 수 있는 활동들을 소개합니다. 일상에서 포착한 음악이 체계적으로 표현되는 과정을 그림책과 함께 살펴볼까요?

이 주의 그림책 ①

우리 주변에는 어떤 소리가 있을까?
《소리 산책》
(폴 쇼워스 글, 알리키 브란덴베르크 그림, 문혜진 옮김, 불광출판사)

　최근 산책을 나선 경험을 떠올려보세요. 새하얀 눈길에 발자국을 내며 걷는 장면, 앙상한 가지들이 겨울바람에 흔들리는 모습, 몸에 열을 내기 위해 달리는 사람들. 주로 내가 '보았던' 장면들이 떠오릅니다. 혼자가 아닌 가족, 친구들과 함께 산책했다면 어떤가요? 산책하며 나눴던 대화들, 맞잡은 손과 발걸음들이 머릿속을 스쳐 지나가네요. 우리 강아지가 유독 좋아했던 장소, 산책길에 만난 강아지에게 호기심을 보이던 모습까지요!

　그림책 《소리 산책》 속 주인공 아이의 산책은 우리가 떠올린 산책과는 조금 달라 보여요. 이 아이는 산책하는 동안, 어떤 말도 하지 않는대요. 말하지 않고 '소리'에 귀를 기울이며 걷는 '소리 산책'을 좋아하기 때문이지요. 아이가 혼자 산책하느냐고요? 아니요! 강아지 메이저와 아빠도 함께 산책길에 동행합니다. 하지만 산책 중에는 그 누구도 어떤 말도 하지 않아요. 아이는 대화 대신, 주변의 소리에 귀를 기울입니다. 주변의 소리를 자세히 듣다 보면 새 자동차인지, 낡은 자동차인지, 차가 모퉁이를 돌고 있는지, 브레이크를 밟는 중인지도 보지 않고 알 수 있어요.

　그림책 《소리 산책》의 가장 큰 특징은 아이가 산책하며 발견한 소리들을 모두 다채로운 의성어로 '소리가 보이게끔' 표현하고 있다는 점입니다. 소리의 특징에 맞춰 커졌다가 작아지고, 옆으로 기울었다가 동그랗게 펼쳐지기도 하는 의성어 글자들을 소리 내어 읽어보세요. 분명 글자를 읽고 있는데, 글자의 소리가 마치 내 귓가에 들리는 것만 같은 착각이 들거든요.

아이의 산책길을 따라 다양한 소리를 만나고 나면, 지금 당장 새롭고 낯선 소리를 찾아 산책을 떠나고 싶은 마음이 솟아올라요. 소리는 우리 주변 어디에나 있지요. 여러분은 어떤 소리를 발견했나요?

내가 채집한 소리로 리듬꼴 만들기

일상 경험 속에서 소리를 채집한 후 내가 모은 소리들의 리듬을 찾아 리듬꼴을 만들어보는 활동입니다. 학생이 채집한 소리가 말 리듬이 되고, 리듬꼴이 되는 과정에 초점을 두어 수업을 진행해주세요. 모둠별로 정한 주제에 따라 우리 모둠만의 근사한 리듬을 완성할 수 있습니다.

활동1 소리 채집하기
모둠별 주제를 정해 소리를 채집합니다.

> **예시**
> - 모둠 주제가 아침이라면,
>   아침 새소리, 세수하는 소리, 똥 싸는 소리 등

12월 2주

활동 2 **말 리듬으로 랩 쌓기**

각자 수집한 소리를 말 리듬으로 변형합니다. 선생님이 들려주는 리듬막대의 박자에 맞춰 차례로 말 리듬 랩을 쌓아갑니다.

예시

주제: 아침 4박자 리듬 랩 쌓기

- (새소리) 퓨 - / 퓨퓨 - / 퓨 - / 퓨퓨 -
- (똥 싸는 소리) - 푸슉 / - 푸슉 / - 푸슉 / - 푸슉
- (세수하는 소리) 쏴 쏴 / 쏴 - / 쏴 쏴 / 쏴 -
- (도마 위 칼 소리) 두두두두 / 두 - / 두두두두 / 두 -

활동 3 **리듬꼴 합주하기**

우리 모둠의 말 리듬 랩을 리듬꼴로 변형합니다. 완성된 리듬꼴을 이어 붙인 뒤, 리듬악기로 연주하며 우리 모둠만의 리듬을 완성합니다.

예시

4박자 리듬 합주
주제: 아침

- (트라이앵글) (새소리) 타 / 티리 쉬 / 타 / 티리 쉬
- (탬버린) (똥 싸는 소리) 쉬 티리 / 쉬 티리 / 쉬 티리 / 쉬 티리
- (마라카스) (세수하는 소리) 티 티 / 타 / 티 티 / 타
- (핸드드럼) (도마 위 칼 소리) 티리티리 / 티 쉬 / 티리티리 / 티 쉬

이 주의 그림책 ②

빠르기말에 맞춰 달라지는 채소들의 움직임
《피리 부는 아이》
(김도경 지음, 길벗어린이)

　다리를 쫙 벌려 양 발바닥으로 지면을 단단히 지탱한 뒤, 하늘을 향해 고개와 팔을 높이 들어 올려 피리를 불고 있는 듯한 아이가 있습니다. 아이가 불고 있는 피리를 자세히 보니, 피리의 생김새가 심상치 않습니다. 어떤 마법을 지닌 피리일까요?

　아이는 커다란 그릇 앞에서 빠르기말에 맞춰 연주를 시작합니다. 첫 번째 빠르기말은 'largo'(라르고)네요. 느리고 폭넓은 피리 소리가 시작되자 커다란 그릇에서 노란 형체가 쑤욱 고개를 내밉니다. 빠르기말이 'larghetto'(라르게토)로 바뀌니 노란 형체가 드디어 모습을 드러냈어요. 콩나물이네요! 피리 연주의 빠르기가 변할 때마다 채소들이 커다란 그릇 속에서 펑펑 튀어나오기 시작해요.

　그릇에서 튀어나온 채소들은 아이의 피리 연주 빠르기에 맞춰 춤을 춥니다. 아이와 채소들의 표정과 움직임을 보고 있으면, 아이가 연주하는 연주의 빠르기가 어느 정도인지 짐작할 수 있어요. 작품 속 글과 그림을 읽고 있는데 어떤 음악 소리가 마치 내 귓가에 들려오는 것만 같습니다.

　피리 소리를 듣고 나타난 채소들의 여정을 읽어내는 것도 그림책 《피리 부는 아이》의 또 다른 재미이지요. 'lento'(렌토)의 빠르기로 젓가락 위를 살금살금 걷던 채소들의 느리고 장중한 마지막 의식을 놓치지 마세요. 아, 참! 이 요술 피리의 정체도 찾으셨나요?

12월 2주

몸 움직임으로 배우는 빠르기말

빠르기말을 몸 움직임으로 표현하고, 주변 움직임들을 빠르기말로 나타내는 활동입니다. 그림책 《피리 부는 아이》 속 채소들처럼 빠르기말에 맞춰 몸을 움직여보세요. 교실 안에서 몸 움직임으로 빠르기말을 익혔다면, 이번에는 교실 밖으로 나가봅니다. 운동장에서 놀고 있는 친구들의 뜀박질은 어떤 빠르기말이 어울릴까요?

활동 1) 빠르기말 걷기로 몸풀기

선생님이 화면에 빠르기말을 제시하면, 아이들은 해당 빠르기말에 알맞은 속도로 교실을 걸어 다니는 몸풀기 활동입니다. 선생님은 해당 빠르기말에 알맞게 리듬막대를 쳐주세요.

활동 2) 빠르기말 움직임/정지 동작으로 표현하기

모둠별로 빠르기말이 적힌 쪽지를 1장씩 뽑은 뒤, 각자 음표가 되어 쪽지 속 빠르기말을 몸 움직임으로 표현해봅니다. 이때 소리는 내지 않고, 몸과 표정으로 표현합니다. 다른 모둠은 해당 모둠 친구들의 움직임을 보고 어떤 빠르기말을 표현했을지 생각해 보드판에 정답을 적습니다. 정답을 맞힌 모둠은 1점, 문제를 낸 모둠은 정답을 맞힌 모둠 수만큼 점수를 가져갑니다. 2라운드는 움직임을 정지 동작으로 바꿔서 진행합니다.

활동 3) 일상에서 찾는 빠르기말

교실 밖 생활 움직임들 속에서 빠르기말을 찾아보는 활동입니다. 모둠별로 학교를 산책하며 움직임을 촬영합니다. 꽃이 바람에 흔들리는 움직임, 친구들이 축구하는 움직임, 술래잡기하는 움직임, 개미의 움직임 등 학교 주변의 움직임을 관찰한 뒤, 알맞은 빠르기말을 찾아보세요.

> 한 걸음 더

음악적 시야를 넓혀주는 그림책

《아침이 들려주는 소리》
(그랜트 스나이더 지음, 한성희 옮김, 키즈엠)
#소리수집 #일상발견

아이들이 소리 수집을 어려워한다면, '아침 소리'로 일상의 범위를 좁혀주세요. 조용하고 깜깜한 어둠 속, 잠들어 있는 세상은 검정 형태로만 존재하지요. 아침이 밝아오고, 하늘이 제 색을 점차 찾아가기 시작하면 조용하던 세상에 소리가 퍼지기 시작합니다. 새가 지저귀는 소리, 알람시계가 울리는 소리, 개가 하품하는 소리…. 더해지는 소리에 맞춰 어둡기만 하던 일상의 풍경들도 차츰 제 색을 찾아가요. 그렇게 아직 쓰지 않은 멜로디, 아무도 들어보지 못한 노래인 '오늘'을 맞이합니다. 내일 아침에는 세상에 어떤 소리가 퍼져나가고 있는지 귀를 활짝 열어 감각해보세요. 세상이 깨어나는 소리를 수집하며 소리 산책을 떠나기 좋은 시간입니다.

《음악의 집》
(클라우디오 아바도 글, 파올로 카르도니 그림, 이기철 옮김, 나성인 감수, 풍월당)
#클래식음악 #음악이론

베를린 필하모닉의 상임 지휘자, 마에스트로 클라우디오 아바도가 클래식을 즐기는 데 필요한 기본 지식을 아이들 눈높이에 맞춰 친절하게 풀어낸 지식 그림책입니다. 음악에 대한 사랑이 가득 담긴 아바도의 이야기를 읽고 나면 무언가를 깊이 경청하고 싶어집니다. 개성 있는 악기의 소리를 찾고, 작곡가가 고심해 전하고자 했던 이야기를 찾아가며 '음악이 들리는' 신비로움을 경험해보세요. 같은 작품이라도 지휘자의 스타일에 따라 음악이 어떻게 달라지는지, 음악이 하나의 언어로서 어떤 이야기를 하고 있는지 상상하며 음악을 알아가고 느끼는 기쁨을 느껴보세요!

12월 3주

아름다움을 새롭게 정의하는 미술

    작품의 가치를 판단할 때 가장 기본이 되는 기준은 무엇일까요? 우리에게 익숙한 위대한 예술가들의 공통점을 떠올려보세요. 바실리 칸딘스키(Wassily Kandinsky, 1866~1944)는 점, 선, 면의 형태와 색채만으로 사람의 마음을 움직이는 작품을 완성했습니다. 사실적 재현을 넘어선 추상의 세계로 우리의 시야를 넓혀주었지요. 르네 마그리트(René Magritte, 1898~1967)는 현실 세계에 존재하는 요소들을 차용해 생각지도 못한 곳에 과감하게 배치했어요. 현실에 있을 것처럼 사실적으로 그리되 그 내용은 현실을 초월한 새로운 것으로 신선한 충격을 안겨주었지요. 이들은 모두 기존의 관점과 형식을 거부하고 새로운 시선을 제시합니다.

    위대한 예술가들은 자신의 예술 작품을 통해 아름다움의 관점을 바꿔왔어요. 기존에 없던 새로움으로 시대의 아름다움을 확장시켜온 셈이지요. 이번 파트에서는 예술가들이 새롭게 창조해낸 다채로운 표현 기법들을 그림책과 함께 살펴보는 활동을 소개합니다. 예술가들은 그동안 아름다움의 관점을 어떻게 변화시켜왔을까요?

이 주의 그림책 ①

형태와 색채로 전하는 감정
《여름이 온다》
(이수지 지음, 비룡소)

'소리를 보며 색채를 듣는 재능'으로 아름다움의 관점을 바꿔놓은 예술가가 있어요. 바로 순수 추상화 세계를 개척한 최초의 화가, 바실리 칸딘스키입니다. 칸딘스키는 주제를 담은 형체를 완전히 버리고 형태와 색채로만 감정을 전달하고자 했어요. 색에서 음감을 느꼈던 칸딘스키는 자신의 작품이 한 편의 교향곡과 비슷하다고 생각했어요. 시각적 자극을 넘어서서 귀로도 감상하는 듯한 느낌이 들도록 끊임없이 실험적인 시도를 했지요.

소리를 보며 색채를 듣는 미술 작품으로 칸딘스키의 작품이 있다면, 귀로 보며 눈으로 듣는 그림책으로는 이수지 작가의《여름이 온다》가 있습니다. 그림책 《여름이 온다》는 비발디의 〈사계〉 중 '여름'을 들으며 촉발된 작가의 다양한 감정과 느낌을 악장별로 펼쳐놓은 작품집이에요. 작가가 음악에서 건져 올린 색과 형태들을 눈여겨보세요. 작품 속 비발디의 '여름'은 마당에서 물놀이하는 아이들과 함께 한 편의 이야기가 되어 우리의 눈과 귀를 자극합니다.

책날개에 비발디 사계 '여름'을 들을 수 있는 QR 코드가 있지만, 이 그림책은 음악 없이 그림만 먼저 보는 것을 추천합니다. 악장의 분위기에 따라 구상과 비구상을 넘나드는 작가의 표현 양식은 독자에게 눈으로 듣는 듯한 공감각적 경험을 제공해주거든요. 각각의 악장 첫머리에는 아이들 언어로 풀어낸 소네트(Sonnet)도 함께 실려 있어 몰입감을 더해줍니다. 그림 속에는 음악이 없는데 마치 비발디 〈사계〉 중 '여름'이 들리는 듯한 신기한 현상을 체험할 수 있지요.

일반 그림책보다 커다랗고 두툼한 판형을 한 장씩 넘길 때마다 느껴지는 무게감은 예술의 전당 좌석에 앉아 연주에 방해되지 않게 숨소리를 죽이는 고요함처럼 느껴져요. 연주자들이 무대에 입장하고, 바이올리니스트가 연주 준비를 마치면, 파란 커튼이 열리며 본격적인 여름 연주가 시작되지요. 종이 콜라주, 연필 드로잉, 아크릴, 수채 등 다양한 재료를 통해 펼쳐지는 열연은 들리는 그림의 완성도를 높여줍니다.

그림책 속에서 여러 소리들이 투영된 형상을 찾아보세요. 시원한 물줄기, 주황 우산의 발자취도 쫓아봅시다. "나는 화폭 위에 줄이나 점 등을 칠하면서도 집이나 나무를 그릴 생각은 없었다. 그저 이들을 내가 할 수 있는 한 힘차게 노래하도록 했을 뿐이다"라고 말했던 칸딘스키처럼 소리를 보며 눈으로 듣는 경험을 시작해볼까요?

칸딘스키가 되어 들리는 그림 그리기

칸딘스키의 추상화를 감상한 뒤, 음악을 들으며 떠오르는 음악적 형상을 비구상적으로 표현하는 활동입니다. 음악 속 여러 소리들을 기하학적 형태로 표현하는 방법(구성), 음악을 듣고 떠오르는 느낌을 자유자재로 표현하는 방법(즉흥) 모두 좋습니다. 이때 아이들이 '주제'가 아닌 '형태'와 '색채'로만 표현할 수 있도록 이끌어주세요.

활동1 바실리 칸딘스키 작품 감상하기

추상(抽象 abstract)의 어원은 '어떤 대상에서 핵심을 뽑아내다'라는 뜻으로, 추상화는 대상의 이면에 숨겨진 본질을 표현하는 작품을 말합니다. 현대 추상회화의 선구자인 바실리 칸딘스키의 작품을 감상하며 추상화의 특징에 대해 이야기 나눠보세요. 작품을 감상할 땐 작품과 관련하여 떠오르는 이미지를 구체적으로 묘사합니다. 작품을 해석하고 평가하기보다는 작품과 관련된 자신의 경험과 느낌을 최대한 많이 떠올려보세요.

펠드먼(Feldman) 비평 단계 발문 예시

서술(마음 열기)	• 어떤 것들이 보이나요? • 작품을 처음 보았을 때 어떤 느낌이 드나요?
분석(눈으로 이해)	• 작품의 색상과 형태가 주는 느낌은 어떠한가요? • 작품에 사용된 조형 요소와 원리는 무엇인가요?
해석(머리로 이해)	• 칸딘스키의 작품이 다른 미술 작품과 두드러지게 다른 특성은 무엇인가요? • 칸딘스키는 무엇을 말하고 싶어 이런 작품을 그렸을까요?
판단(마음으로 이해)	• 칸딘스키 작품의 어떤 부분이 가장 마음에 드나요? • 작품이 갖는 미술사적 가치에 대해 어떻게 생각하나요?

〈연속〉, 1935, 캔버스에 유채

〈즉흥28: 두 번째 버전〉, 1912, 캔버스에 유채

〈구성 8〉, 1923, 캔버스에 유채

활동 2 음악을 감상하며 형태와 색채로 내 감정 표현하기

1. 도화지 3장, 수채 물감, 수채용 붓, 물통, 팔레트, 음악 3곡을 준비합니다.
2. 느낌이 다른 음악 3곡을 차례로 들려줍니다.

> **예시**
> - 모차르트, 〈클라리넷 협주곡 2악장〉(여리고 부드러운 느낌)
> - 멘델스존, 〈교향곡 4번 이탈리아 1악장〉(경쾌한 느낌)
> - 바그너, 〈니벨룽의 반지 중 발퀴레의 기행〉(빠르고 웅장한 느낌)

3. 음악을 들으며 떠오르는 음악 소리의 형상을 수채 물감을 활용하여 자유롭게 표현합니다. 곡마다 재료를 다르게 제공해줘도 좋습니다(수채 물감, 종이 콜라주, 매직, 사인펜 등).

예시

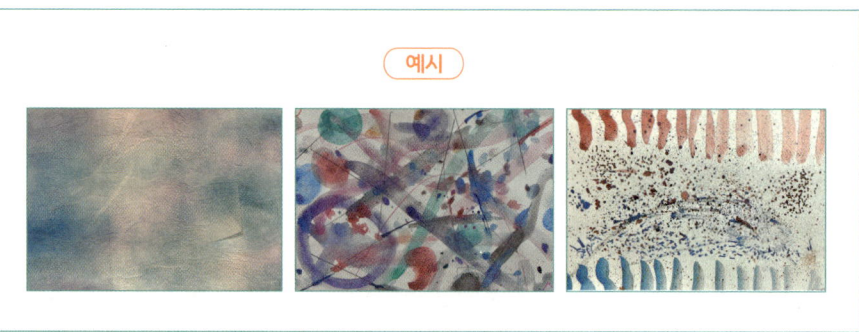

활동 3 작품과 함께 음악 감상하기

음악을 3곡 들었다면, 음악별로 작품을 분류해 교실 3면에 각각 아이들이 그린 작품을 게시합니다. 전시관을 이동하듯 음악별 친구들의 작품을 감상하며 음악을 다시 감상합니다. 관람객이 되어 친구가 작품에 사용한 색채와 형태를 해석해보세요.

이 주의 그림책 ②

초현실적인 질문의 세계로 떠나요
《질문의 그림책》
(이은경 지음, 보림)

여러분은 무화과 껍질을 벗기면 드러나는 연노랑 속살을 보면 무엇이 떠오르시나요? 저는 촉촉하고 탐스러운 연노랑 속살을 보면 꼭 작은 아기 새의 탄생 장면이 연상되곤 했어요. 처음부터 그랬던 것은 아니고, 그림책《질문의 그림책》을 만난 이후부터요. 이은경 작가의《질문의 그림책》은 띠지부터 심상치 않습니다. 무화과 새들이 무리 지어 바다 위를 날아다니고 있거든요. 푸른색 띠지를 조심스레 벗겨보니 이내 탐스럽게 잘 익은 무화과나무가 모습을 드러냅니다. 무화과 한 알을 톡 뜯어 껍질을 절반 정도 벗겨보세요. 귀여운 아기 새가 보이시나요?

무화과 속살에서 아기 새가 보이냐고 물으니, 무슨 소리인가 싶다고요?《질문의 그림책》에는 이보다 더 재밌는 상상이 가득합니다. 작가는 파블로 네루다의 시를 읽으며 내면에 잠자고 있던 어린아이를 만났다고 해요. 파블로 네루다의 시집《질문의 책》에는 300개가 넘는 물음표들로 완성된 74편의 시가 수록되어 있는데요, 작가는 시인이 물음표로 펼쳐놓은 상상력에 영감을 얻어《질문의 그림책》을 완성했다고 합니다.

이 그림책의 특징은 질문과 그림의 괴리에 있어요. 질문의 내용이 비현실적인데, 그림은 질문을 굉장히 사실적으로 묘사하고 있지요. '사라진 만두는 어디로 여행을 떠나는 걸까?'와 같은 엉뚱한 질문과 함께 산맥 사이로 실제 있을 법한 커다란 만두 기차가 지나갑니다. 익숙한 현실에 비현실적인 요소를 배치한 설계는 독자를 초현실적 상상의 세계로 안내해줍니다. 독자는 초대받은 세계 속에서 커다란 만두 기차를 만나고, 팝콘이 꽃망울처럼 터지는 동네 산책길을 거닐다가 계란프라이가 노을 지는 바다를 감상하지요.

현실인 듯 현실이 아닌 작품의 세계를 넘나들다 보면 초현실주의 예술가 르네 마그리트가 떠오릅니다. 마그리트는 일상적인 오브제들을 예기치 않은 맥락 속에 배치하는 것을 좋아했어요. 비사실적인 내용을 사실적으로 그려내어 현실 같은 환상을 구현했지요. '데페이즈망'(Depeysement) 기법이라고도 불리는 마그리트의 연출은 이성이 미처 도달하지 못하는 무의식의 영역을 자극하기 위한 새로운 실험이었는데요. 데페이즈망은 모순되거나 대립되는 요소들을 결합시키거나, 특정 사물을 전혀 엉뚱한 환경에 놓아 시각적 충격과 신비감을 불러일으키는 초현실주의 기법을 의미합니다. 우산을 쓴 남자들이 하늘에서 우수수 떨어지기도, 커다란 유리잔 위에 구름 한 덩이를 살포시 올려놓기도 하면서요. 상상의 맨 끝 편, 우리가 도달하지 못한 무의식엔 어떤 이야기가 숨어 있을까요?

· · ·

나의 데페이즈망 만들기

마그리트의 작품을 감상한 뒤, 스캠퍼(SCAMPER) 드로잉 활동을 통해 나의 상상력을 끄집어내보는 수업입니다. 스캠퍼 드로잉 시간을 충분히 가졌다면, 아이 수준에 맞는 표현 방법을 제시해주세요. 나를 나타내는 물건이 아니어도 주변에 보이는 친숙한 물건으로 발상 연습을 시작해볼 수 있습니다.

활동1 르네 마그리트 작품 감상하기

초현실주의 예술가들은 현실 너머의 무의식 세계를 탐구하며 환상적이고 비현실적인 작품을 그렸습니다. 호안 미로, 막스 에른스트, 살바도르 달리와 더불어 대표적인 초현실주의 미술가 르네 마그리트의 작품을 감상하며 초현실주의 예술가들이 그려낸 상상의 세계 속으로 빠져보세요. 작품을 감상할 때에는 작품 속 오브제나 작품의 전반적인 이미지를 보고 떠오르는 이야기를 표현하는 시간을 충분히 가집니다. 나의 경험과 상상이 이어지는 스토리텔링을 통해 초현실주의 작품이 지닌 매력을 느껴보세요.

펠드먼 비평 단계 발문 예시

서술(마음 열기)	• 작품을 보고 어떤 질문이 떠오르나요? • 작품의 제목은 무엇인가요?
분석(눈으로 이해)	• 작품 속 사물의 크기는 실제와 어떻게 다른가요? • 작품의 형식적 특징에는 어떤 것들이 있나요?
해석(머리로 이해)	• 마그리트의 작품을 보고 떠오르는 기억이 있나요? • 작품 속에서 어떤 일이 일어나고 있을지 상상해볼까요?
판단(마음으로 이해)	• 마그리트의 작품은 여러분에게 어떤 말을 건네고 있나요? • 작품은 어디에 두면 좋을까요? 왜 그렇게 생각하나요?

〈겨울비〉, 1953, 캔버스에 유채   〈심금〉, 1960, 캔버스에 유채   〈청각실〉, 1952, 캔버스에 유채

활동2 나를 나타내는 물건으로 스캠퍼 드로잉 활동하기

나를 나타내는 물건을 도화지 가운데에 작게 그립니다. 각각의 발상 방법 맞춰 떠오르는 이

미지를 드로잉합니다(마인드맵 형태로 그립니다).

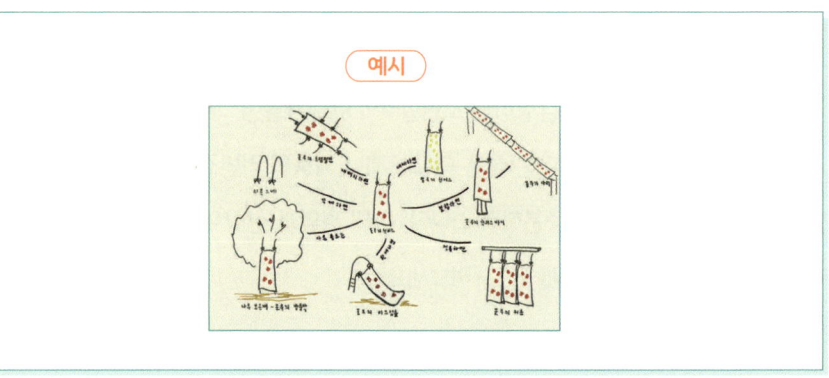

예시

스캠퍼(SCAMPER)발상 기법이란?

- 대체하면?(Subtitute): 장소, 색깔, 방법 등을 다른 것으로 대체해보세요.
- 결합하면?(Combine): 유사한 것 혹은 상이한 것을 서로 합쳐보세요.
- 적용하면?(Adapt): 형태나 방법을 다른 곳에 적용해보세요.
- 확대, 축소하면?(Magnify, Minify): 형태나 방법을 크게 확대 혹은 축소해보세요.
- 다른 용도는?(Put to other uses): 다른 용도로 써보세요.
- 삭제하면?(Elimination): 어떤 부분을 제거해보세요.
- 재배치, 거꾸로 하면?(Rearrange, Reverse): 형태, 방법, 순서 등을 재배치하거나 거꾸로 뒤집어보세요.

활동3 초현실적 작품에 질문 제목 붙이기

스캠퍼 드로잉 중 가장 마음에 드는 작품을 하나 선택한 후, 커다란 대지에 그려 나만의 초현실적 작품을 완성해봅니다. 실제 오브제들을 결합해 작품을 완성해도 좋습니다. 완성된 작품에 어울리는 제목은 《질문의 그림책》처럼 질문 형태로 붙여봅니다. 나만의 데페이즈망 작품을 설명하는 '초현실주의 작가의 말'도 작성해보세요.

한 걸음 더

아름다움에 관한 새로운 관점을 이야기하는 그림책

《꽃들의 시간》(황상미 지음, 향)
#착시 #옵티컬아트

그림책 《꽃들의 시간》을 제대로 감상하기 위해서는 필름지라는 특별한 도구가 필요합니다. 줄무늬 이미지 위에 줄무늬 투명 필름을 움직이면 마치 움직이는 듯한 착시를 경험할 수 있거든요. 작품에 사용된 '옴브로 시네마'(Ombro-cinema) 기법은 우리 눈이 인식하는 광학적 환상을 이용한 애니메이션 기법입니다. 착시로 인한 꽃들의 환상적인 움직임을 감상했다면, 착시 예술 '옵티컬 아트'(Optical art)를 통해 아름다움의 관점을 바꾸었던 예술가들을 만나볼까요?

나만의 옵티컬 아트 그리기

옵티컬 아트는 '옵티컬'(Optical, 눈의, 빛의, 광학의)과 '아트'(art)의 합성어로 1960년대 중반 자연이나 건축물로부터 영감을 얻어 단순하고 기하학적인 무늬를 통해 움직이는 시각적 착시 효과를 주는 예술 작품을 가리킵니다. 다음에 제시하는 활동은 옵티컬 아트로 불리는 작품들을 감상하고, 직접 그려보는 활동입니다. 다양한 착시 그림을 경험할 수 있도록 활동을 구성해보세요.

1. 옵티컬 아트의 정의에 대해 알아보고, 대표적인 화가 브리짓 라일리(Bridget Riley, 1931~), 빅토르 바자렐리(Victor Vasarely, 1906~1997)의 작품을 감상합니다.
2. 착시 현상을 활용해 입체감이 느껴지는 나만의 옵티컬 아트 작품을 만들어봅니다.

> 예시

3D 입체 꽃 그리기

- 준비물: 종이, 연필, 사인펜, 매직, 마커, 자

1. 종이 한가운데에 꽃을 그립니다. (대지는 A4 혹은 A4 절반 사이즈를 추천)
2. 사인펜으로 4~5가지 색을 준비합니다. (선 굵기 변화를 위해 사인펜, 매직, 마커로 준비해도 좋습니다.)
3. 사인펜을 이용해 꽃 모양을 제외한 나머지 배경에 자를 대고 가로 직선을 차례로 그어줍니다. 이때 4~5가지 색으로 순서를 정하여 반복해 직선을 그어줍니다.
4. 꽃이 종이 위에 올려져 있을 때 느껴지는 볼록함을 곡선으로 표현합니다. 꽃 안을 곡선으로 볼록하게 그려 옆의 직선과 같은 색으로 이어지도록 표현합니다.
5. 모든 선을 반복해 표현합니다.

《낙서가 예술이 되는 50가지 상상》

(세르주 블로크 지음. 김두리 옮김. 문학동네)

#창의력 #낙서

부엌과 거실, 내 방에 있는 물건을 둘러보세요. 전화기, 양말, 냄비 등 작가는 우리에게 친숙한 우리 주변의 물건들을 손쉽게 예술 작품으로 변신시킵니다. 많은 준비물도 필요 없어요. 내 머릿속에 연필 한 자루만 잘 쥐고 있으면 무엇이든 가능하지요. 나만의 상상 연필을 이용하여 식탁 위 숟가락과 젓가락에 표정을 그려보세요. 식탁 위 커트러리는 금세 다정한 가족이 됩니다. 식탁 위 물잔 안엔 어떤 이야기가 담겨 있을까요? 나와 고양이의 뜨끈한 온탕이 될 수도, 우리 가족의 시원한 수영장으로 변신할 수도 있겠지요.

우리와 비슷한 상상으로 꾸준하게 창작 활동을 이어가고 있는 예술가도 있답니다. 독일 출신의 일러스트 작가 크리스토퍼 니만이 대표적인 작가인데요. 작가는 '선데이 스케칭'(Sunday Sketching) 프로젝트를 통해 평범한 사물에 새 생명을 불어넣는 작품 활동을 이어나가고 있어요. 일상 속 물건들에 더해진 작가의 창의적 발상을 감상해보세요. 일상에 위트를 더하는 상상 연필의 매력 속으로 푹 빠져보자고요!

사회
참여
미술

12월 4주
사회참여미술로 세상을 바꿔봐요

'우리는 총 대신 꽃을 들고 싸운다.'

리처드 레이놀즈의 게릴라 가드닝 프로젝트를 설명하는 문장입니다. '게릴라 가드닝'(Guerrilla Gardening)은 도심 속 방치된 공간에 게릴라처럼 몰래 꽃과 나무를 심어 가꾸는 프로젝트인데요. 단체 원예 활동을 통해 메시지를 전달하려는 사회운동이자 대표적인 사회참여미술 작품이기도 합니다.

사회참여미술은 예술 작품을 통해 사회 변화를 이끌어내기 위한 예술 형태를 통칭합니다. 사회참여미술의 특징 2가지를 꼽자면 사회 현안을 작품의 주제로 다루고, 관객과 예술가 사이의 상호작용을 중시한다는 점인데요. 관객의 참여를 끌어내기 위해 전통 미술의 표현 방식보다는 설치 미술, 행위 미술 등 다양한 형식으로 제작하는 작품이 많지요. 교육적 측면에서 살펴보면, 사회참여미술은 아이의 삶 속에서 예술이 어떻게 영향을 미치는지 실제적인 경험을 할 수 있는 예술 형식이에요.

앞서 예술의 본질과 다양한 예술 이론들을 배워왔다면, 이제 학습된 예술적 힘을 사회에 적용해볼까요? 예술의 사회적 의무를 알아볼 차례입니다.

이 주의 그림책 ①

물건에서 찾는 나의 취향 변천사
《안녕? 나의 핑크 블루》

(윤정미 사진, 소이언 글, 우리학교)

여자아이들이 어린이집만 가면 걸려서 온다는 '공주병'을 아시나요? 집에서는 자동차나 동물 등에 관심을 보이며 다양한 색 취향을 가진 아이라도 일정 나이가 되면 분홍 드레스를 입고 분홍색 물건을 사용하고 싶어 하는 시기를 거친다고 해요. 교육학자들은 이러한 현상의 원인을 아이들이 자주 접하는 시각문화에서 찾습니다.

시각문화란 우리가 눈으로 볼 수 있는 모든 것 중 문화적 생각이 드러나 있는 것을 칭하는 단어입니다. 아침에 눈을 뜨면 확인하는 시계 디자인부터 밥그릇, 옷, 표지판, 광고 등 우리가 살고 있는 세상은 시각문화로 빼곡히 둘러싸여 있습니다. 우리가 접하는 시각문화 속에는 어떤 문화적 생각이 녹아 있을까요?

《안녕? 나의 핑크 블루》 표지 사진에는 분홍색 물건으로 둘러싸인 어린 여자아이가 있습니다. 뒤표지에는 파란색 물건으로 둘러싸인 남자아이가 보이네요. 작품 속 아이들의 취향을 엿보며 우리가 사용하는 물건들, 즉 시각문화에는 어떤 문화적 요소가 반영되어 있을지 추측해보세요.

윤정미 작가는 '핑크 & 블루 프로젝트'를 10년 넘게 진행하며 사람과 사물 사이의 관계를 꾸준히 추적했습니다. 작가의 사진 작품들에는 색에 관한 고정관념 이야기 말고도 개인이 취향을 찾아가는 서사가 담겨 있어요. 작가는 집요하게 작품 속 아이들의 5년 뒤, 10년 뒤 취향을 포착해 개인의 성장 기록물이자 작품

으로 사진을 남깁니다. 각자의 취향이 담긴 물건들을 살펴보며 한 사람이 지닌 이야기를 상상해보세요.

고정관념이 들어 있는 시각문화 찾기

시각문화 속 인권침해, 불평등, 고정관념의 사례를 찾아보는 활동입니다. 아이들이 주변 시각문화를 다채롭게 인지할 수 있도록 시각문화의 다양한 예시를 제공해주세요. 인권 수업과 함께 재구성하면 훨씬 풍성하게 이야기를 나눌 수 있습니다.

활동1 시각문화 파헤치기

그림책 《안녕? 나의 핑크 블루》 속 친구들처럼 내 물건을 한데 모아 배열한 뒤 사진으로 기록하며 내 취향의 색을 찾아봅시다. 내가 모은 물건들은 모두 시각문화입니다. 시각문화가 우리 삶과 어떻게 연결되어 있는지 느껴봅니다. 시각문화의 정의 및 예시를 살펴보고, 다양한 시각 매체에서 드러나는 인권침해, 불평등, 고정관념의 사례로 이야기를 나눕니다.

> **예시**
> - 이미지는 어디에서 볼 수 있나요?
> - 왜 저런 이미지가 만들어졌을까요?
> - 해당 이미지는 여러분의 생각과 행동을 변화시킬까요?
> - 왜 그렇게 생각하나요?

12월 4주

활동 2 시각문화를 찾아라!

일정 기간을 두고 우리 주변의 시각문화에 반영된 고정관념을 직접 찾아보는 시간입니다. 내가 가지고 있는 학용품부터 시작해서 좋아하는 애니메이션, 게임, 뮤직비디오 등을 탐색합니다. 활동 기간 동안 발견한 시각문화를 게시할 수 있는 온라인 공간을 열어두는 것을 추천합니다. 그 다음, 발견된 시각문화들은 모둠별로 모아 해당 시각문화가 어떤 고정관념을 불러일으키는지 협의를 통해 판단하고, 최종 협의를 거쳐 모둠별로 발표하는 시간을 갖습니다.

예시

- 애니메이션(〈뽀로로〉, 〈로보카 폴리〉, 〈짱구는 못 말려〉 등)
→ 색과 스타일로 구분되는 여성, 남성관
→ 남성은 전문직 직장인, 여성은 가정주부 등

- 우리 반 친구들의 필통, 휴대용 빗자루
→ 여자는 주로 분홍, 노랑색 계열, 남자는 파랑, 검정색 계열

- 뮤직비디오에서 성별에 따른 아이돌 의상의 차이
- 웹툰에서 성별에 따른 캐릭터 표현 방법의 차이

활동 3 나는야 국가인권위원회 위원

국가인권위원회 위원이 되어 찾아낸 문제 상황의 문제점을 지적하고 수정을 권고하는 활동입니다. 아이들이 작성하는 제안서에는 '인권 침해, 불평등, 고정관념이 반영된 시각문화'를 신고하고, 왜 이 시각문화가 잘못되었는지 서술합니다. 어떠한 방향으로 시각문화가 바뀌어야 하고, 만약 시각문화가 바뀐다면 어떤 효과를 예상할 수 있을지도 생각해봅니다.

이 주의 그림책 ②

나눔을 통해 완성하는 특별한 순간
《세상이 특별해지는 순간》
(샘 보턴 지음, 이정은 옮김, 키즈엠)

사회
참여
미술

세상은 어떨 때 특별해질까요? 그림책 《세상이 특별해지는 순간》은 주인공 조가 자신이 꿈꿔왔던 세상을 구현하는 과정을 보여줍니다. 조가 자신의 상상 속에서 애타게 꿈꾸던 세계는 식물과 동물들이 인간과 공존하는 세상이었어요. 이를 위해 조는 아주 작은 시도를 시작합니다. 바로 작은 씨앗을 화분에 심는 일이었지요.

조의 작은 시도는 조의 것으로만 그치지 않아요. 조는 자신의 시도를 다른 사람들과 나눔으로써 조가 바라왔던 특별한 세상을 완성합니다. 조 덕분에 세상이 어떻게 변화했는지는 그림책 앞면지 속 회색 도시와 뒷면지의 두드러지는 차이를 통해 확인해보세요. 처음의 작은 시도, 이후의 기다림과 나눔이 불러온 나비효과는 결국 세상을 아름다운 빛깔과 좋은 향기, 달콤한 노랫소리로 가득 채웁니다.

이러한 조의 이야기는 삭막한 회색 도시라는 '사회문제'를 다루면서 조의 이웃들도 함께 참여하는 '관객 참여의 형태'를 갖추고 있어요. 이는 사회참여미술의 맥락과도 닿아 있는 부분이지요. 화분에 씨앗을 심고, 기다리고, 나눴던 조의 모든 행위는 사회참여미술의 과정을 보여줍니다. 사회참여미술가들이 여러 게릴라 프로젝트를 통해 세상을 조금씩 변화시켜왔던 것처럼 조의 정원 만들기 프로젝트는 도시의 변화를 끌어냈지요.

12월 4주

이제 우리가 나설 차례입니다. 우리 아이들에게 자신의 예술적 힘을 이용해 세상의 변화를 꿈꿔볼 기회를 제공해주세요. 사회참여미술가가 되어 세상이 특별해지는 순간을 만끽해볼까요?

사회참여미술가가 되어 사회참여미술 작품 만들기

모둠이 한 팀이 되어 사회참여미술 프로젝트를 계획하고, 작품을 완성하는 시간입니다. 학교 구성원의 참여를 이끌어내는 방법, 아이디어 구현 방법, 작품 홍보, 작품 철거 방법 등 작품 제작부터 철거까지 구체적인 논의가 필요하므로 충분한 수업 시간을 확보해둬야 합니다.

활동1 **사회참여미술가의 마인드맵**

사회 인식의 변화를 위해 어떤 작품을 완성할지 브레인스토밍 하는 시간입니다. 학교 안에서 어떤 프로젝트를 진행할 수 있을지 모둠별 회의를 통해 아이디어를 수집합니다. 이때 주제는 인권, 동물권, 환경 등 다른 교과와 연계하여 정합니다.

예시

주제가 인권일 경우(모둠 마인드맵 일부 발췌)
- 인권 보드: 학교 쉼터에 화이트보드를 설치한 뒤 우리가 선별한 인권 뉴스를 매주 게시한다. 붙임 쪽지로 구독자의 소감을 받고, 우수 소감도 함께 전시한다.
- 학교 공용 인권 우산: 학교 입구에 비올 때 쓸 수 있는 대여 우산을 놓는다. 우산에는 유엔 아동 권리 협약 내용을 그린다. 대여 우산을 사용할 때마다 학교 구성원들(특히 1, 2학년 동생

들)이 아동 권리에 대해 알 수 있다.
- 운동장에 있는 체육 창고에 고정관념이 드러나지 않는 벽화를 그린다.
- 화장실에 있는 여자, 남자 시각문화 안내판을 새롭게 바꿔본다.

활동2 사회참여미술 프로젝트를 위한 학급 회의

모둠 마인드맵 속 아이디어를 종합하여 학급 회의를 통해 최종적으로 진행할 프로젝트를 결정합니다. 작품의 실현 가능성과 주제 부합에 초점을 맞춰 회의가 진행될 수 있도록 안내해 주세요.

예시

- 인권 보드 관련 의견: 학교 쉼터에 화이트보드를 설치할 충분한 공간이 없을 것 같아요. 포스트잇을 붙이면 자주 떨어지는데, 관리하기가 어려울 것 같습니다. 화이트보드 대신 학급 패드를 설치해 인권 뉴스 영상을 틀어놓는 것은 어떨까요? 소감도 QR 코드를 이용해 패들렛에 받으면 좋을 것 같아요.

- 학교 공용 인권 우산 의견: 대여 가능한 우산이 있다는 것을 최대한 알릴 수 있도록 학교 곳곳에 홍보 포스터를 제작하면 좋겠습니다. 학교 월요 아침방송 시간에 인권 우산 홍보 영상을 틀어달라고 요청하면 어떨까요?

- 체육 창고 벽화 의견: 벽화를 그리는 취지를 알리고, 벽화 그림 공모전을 열어 벽화에 무엇을 그릴지 학교 구성원들의 아이디어를 모으면 좋겠습니다. 우선 우리 반에서 후보를 뽑은 뒤 투표를 하는 방식이 구성원들의 참여율을 높일 수 있지 않을까요?

활동 3 모두가 함께하는 사회참여미술 프로젝트

학급 회의에서 결정된 사회참여미술 프로젝트를 진행할 차례입니다. 관객 참여를 중시하는 사회참여미술의 특성상 대부분의 작품이 설치미술의 형태로 진행될 것입니다. 어떤 내용의 작품을 학교 어느 공간에 어떻게 설치해야 좋을지 충분한 논의 시간이 필요합니다.

> **예시**
>
> **화장실 표지판 프로젝트**
> - 학교 내 화장실마다 있는 여자, 남자 시각문화 안내판이 기존의 성 고정관념에 머물러 있다는 것을 발견하고, 바꿔보자는 취지에서 기획된 프로젝트(기존의 화장실 안내판: 여자는 분홍색, 치마를 입은 모습으로 표현/남자는 파란색, 바지를 입은 모습)
> - 최대한 명시성이 두드러지면서도 기존의 성 고정관념이 반영되지 않은 색다른 안내판 만들기
> - 모둠별 '초등학생'의 눈높이에서 '고정관념이 반영되지 않은' 화장실 성별 안내판 디자인
> - 완성된 표지판과 함께 '← (기존 표지판) 대신 ← (새로운 표지판)이건 어때요?' 문구도 함께 화장실 입구에 전시, 관객 참여를 위한 스티커 투표 유도
> - 작품 결과: 새싹 표지판, 연필과 지우개 표지판, 학교의 교화, 교목 표지판, 멋지고, 예쁘지 않은 평범한 학생 표지판 등
>
>

> 한 걸음 더

사회
참여
미술

불평등과 고정관념에 대해 이야기하는 그림책

《그들은 결국 브레멘에 가지 못했다》
(루리 지음, 비룡소)

#사회적약자 #희망

장애인, 노인, 비정규직 등 사회에서 소외된 사람들의 이야기를 조명하는 그림책 《그들은 결국 브레멘에 가지 못했다》는 그림형제가 1800년대에 쓴 동화 〈브레멘 음악대〉를 재해석한 작품입니다. 이 그림책의 결말은 '그들은 결국 브레멘에 가지 못했다'라는 제목을 통해 어느 정도 예상할 수 있습니다. 그림형제의 시대에는 브레멘에 도달할 수 있었다면, 현시대에는 불가능한 도착지가 되어버린 것은 아닌지 생각해보게 되지요. 하지만 작가는 작품 속 주인공들을 줄곧 '수평구조'로 배치합니다. '브레맨 음악대'의 대표 이미지인 네 마리 동물 탑과는 대조되는 장면이지요. 수평구조가 의미하는 바가 무엇일지 이야기 나누며 그림책을 읽어보세요. 불합리한 세상을 바꾸는 방법을 내놓지 않아도 좋습니다. 현실을 마주할 용기부터 먼저 내어봅시다.

《여자 남자, 할 일이 따로 정해져 있을까요?》
(나카야마 치나쓰 글, 야마시타 유조 그림, 고향옥 옮김, 고래이야기)

#해양생물 #성역할

'성인지 감수성'(Gender Sensitivity)이란 일상생활에서 성별 차이로 인한 차별과 불균형을 감지해내는 민감성을 뜻합니다. 성인지 감수성이 발달한 아이는 사회 내 고착된 여러 고정관념들을 훨씬 잘 찾고, 적극적으로 해체할 수 있어요. 주인공이 만난 해양생물들의 이야기를 읽으며 우리 사회 성역할에 관해 이야기 나눠보세요. 여자 남자, 할 일이 따로 정해져 있을까요?

교육과정과 이렇게 연계해요

1월 1주 우리가 직업을 가져야 하는 이유
[2바03-03] 여러 인물의 삶을 통해 공동체성을 기른다.
[2바05-02] 동네를 위해 할 수 있는 일을 찾아 실천하면서 일의 소중함을 안다.
[2즐05-03] 동네에서 볼 수 있는 직업과 관련하여 놀이를 한다.
[6실05-01] 일과 직업의 의미와 중요성을 이해한다.
[6실05-02] 나를 이해하고 적성, 흥미, 성격에 맞는 직업을 탐색한다.

1월 2주 급변하는 직업의 세계 이해하기
[4사04-05] 사회 변화(저출산·고령화, 정보화, 세계화 등)로 나타난 일상생활의 모습을 조사하고, 그 특징을 분석한다.
[4사04-06] 우리 사회에 다양한 문화가 확산되면서 생기는 문제(편견, 차별 등) 및 해결 방안을 탐구하고, 다른 문화를 존중하는 태도를 기른다.
[6실03-05] 가정일을 담당하고 있는 가족들의 역할을 탐색하고, 가정생활에 미치는 영향을 이해한다.
[6실04-07] 소프트웨어가 적용된 사례를 찾아보고 우리 생활에 미치는 영향을 이해한다.
[6실05-06] 생활 속에서 로봇 활용 사례를 통해 작동 원리와 활용 분야를 이해한다.

1월 3주 구체적이고 실제적인 진로 탐색
[2즐05-01] 이웃의 모습과 생활을 다양하게 표현하고 이웃과 함께 할 수 있는 놀이를 한다.
[2슬05-04] 동네 사람들이 하는 일, 직업 등을 조사하여 발표한다.
[2즐05-03] 동네에서 볼 수 있는 직업과 관련하여 놀이를 한다.
[6실05-02] 나를 이해하고 적성, 흥미, 성격에 맞는 직업을 탐색한다.
[6사08-06] 지속 가능한 미래를 건설하기 위한 과제(친환경적 생산과 소비 방식 확산, 빈곤과 기아 퇴치, 문화적 편견과 차별 해소 등)를 조사하고, 세계시민으로서 이에 적극 참여하는 방안을 모색한다.

1월 4주 내 인생의 꿈을 담아 진로 설계하기
[2바04-04] 지금까지의 생활 습관과 학습 습관을 되돌아본다.
[4도01-03] 최선을 다하는 삶을 위해 정성과 인내가 필요한 이유를 탐구하고 생활 계획을 세워본다.
[6도01-02] 자주적인 삶을 위해 자신을 이해하고 존중하며 자주적인 삶의 의미와 중요성을 깨닫고 실천 방법을 익힌다.
[6도04-01] 긍정적 태도의 의미와 중요성을 알고, 어려움을 극복하기 위한 긍정적 삶의 태도를 습관화한다.
[6실05-02] 나를 이해하고 적성, 흥미, 성격에 맞는 직업을 탐색한다.

1월

직업 탐구
진로 탐색

1월 1주
우리가 직업을 가져야 하는 이유

'두바이 거지' 이야기 들어보셨나요? 부자 도시 두바이에는 구걸만으로 월 8,000만 원의 고수익을 올리는 전문 거지들이 있다고 합니다. 솔깃한 이야기이지요? 아이들에게도 이 이야기를 들려주면 '두바이 거지'가 되어야겠다는 아이들로 분위기가 술렁입니다.

이때 아이들에게 "'두바이 거지'는 과연 직업일까?" 하고 질문을 던집니다. '돈을 버니까 직업'이라고 우기는 아이들과 '거지는 직업이 될 수 없다'라고 주장하는 아이들로 의견이 나뉠 것입니다. 이야기를 조금 더 보태어볼까요? 실제로 두바이에서 전문 거지 약 60여 명을 대상으로 조사한 결과, 대부분의 거지들이 라마단 기간에 고수익을 노리고 입국한 위장 거지들이었다고 합니다. 이들은 두바이에 가서 관광비자가 만료될 때까지 구걸을 하는데, 밤이 되면 옷을 깨끗하게 갈아입고, 콜택시를 타고 퇴근한 뒤, 5성급 호텔에서 호화로운 숙박을 한다는군요.

고수익을 올리는 직업 거지라니 사실 헛웃음이 나오는 이야기입니다. 그런데 전 세계에 이런 허황된 꿈을 가진 사람들이 많아서 두바이 경찰은 도심에서 구

직업의 의미

걸하는 거지가 진짜 거지인지, 위장 거지인지 확인한 후, 위장 거지일 경우 감옥에 가두고 이들이 얻은 돈을 압수하고 추방시키느라 골머리가 아프다고 합니다.

그렇다면 거지가 직업이 될 수 없는 이유를 어떻게 설명할 수 있을까요? 국립국어원 표준국어대사전을 찾아보니 직업의 뜻은 다음과 같습니다.

직업(職業)

「명사」 생계를 유지하기 위하여 자신의 적성과 능력에 따라 일정한 기간 동안 계속하여 종사하는 일

거지가 직업이 될 수 없는 이유는 직업에 대한 정의에서 2가지 찾을 수 있습니다. 우선, 자신의 적성과 능력을 살린 것이 아니고, 일정한 기간 동안 계속하여 종사하는 일이 아니기 때문입니다. 그런데 이 2가지 이유로만 직업을 정의한다면 직업이 되지 못하는 직업이 생각보다 많을 것입니다.

여기에 더해 또 어떤 이유를 말할 수 있을까요? 이번 장에서는 다양한 그림책과 활동을 통해 직업의 의미는 무엇인지, 나의 직업 가치는 무엇인지, 더 나은 사회를 만드는 직업들에는 무엇이 있는지 알아보며, 우리가 직업을 가져야 하는 이유에 대해 곰곰이 생각해봅시다.

이 주의 그림책 ①

거지나 도둑을 직업이라고 할 수 있을까?
《슬기로운 소시지 도둑》
(마리안네 그레테베르그 엔게달 지음, 심진하 옮김, 미래아이)

"세상 모든 건 훔칠 수 있는 거고, 훔쳐도 되는 게야!"

이번에는 거지가 아닌 도둑 이야기입니다. 그림책《슬기로운 소시지 도둑》의 주인공 소시지 셸의 가족은 온 가족이 도둑이에요. 오직 주인공 셸만이 도둑질을 싫어하지요. 우리도 직업을 가지면 안 되겠냐는 셸의 물음에 아빠는 이렇게 대답합니다.

"도둑질이 바로 우리의 직업이야. 밥을 먹고 싶으면 밥을 훔치면 되고, 스키를 타고 싶으면 스키를 훔치면 되지. 알겠니?"

당당하게 직업 도둑임을 자부하는 소시지 가족들의 모습이 황당해서 웃음이 납니다. 아무도 갖고 싶어 하지 않은 물건만 훔치는 셸을 볼 때마다 진정한 도둑의 모습이 아니라며 실망하고 걱정하는 부모님이라니요! 엉뚱하고 유쾌한 재미뿐 아니라 생각할 거리를 던져주는 이 그림책을 쓴 마리안네 그레테베르그 엔게달 작가는 일러스트레이터이자 셰프라고 합니다. 그래서 맛있는 소시지를 캐릭터로 삼은 것이로군요!

도둑이 되고 싶지 않은 주인공 소시지 셸에게 어느 날 큰 위기가 닥칩니다. 셸의 가족이 셸의 친구 소시지 페르의 빈집을 털러 가기로 한 것이에요! 셸이 친구 물건을 훔치기 싫다고 발버둥치지만 소용없었습니다. 가족들은 페르의 집에 있는 모든 물건을 탈탈 털어오지요. 그날 밤, 셸은 소시지 페르의 사진만큼은 다시

돌려주기 위해 숲을 건너 친구네 집으로 향합니다.

그 길에 셸은 숲속에서 수상한 무리를 만납니다. 하고 싶지 않은 일을 하지 않으려고, 하고 싶은 일을 하고 싶어서 도시를 떠난 이들이었지요. 이들의 도움을 받아 셸은 가족들이 훔친 물건들을 도로 훔쳐서 원래 자리에 다시 가져다 놓습니다. 그러고는 (안타깝게도) 가족들로부터 도둑 자격을 박탈당하고 맙니다.

"야호!" 셸은 드디어, 자기가 하고 싶은 일을 할 수 있게 되었어요. 셸은 어떤 일을 하게 되었을까요?

• • •

거지나 도둑이 직업이 아닌 이유를 찾아라!

거지나 도둑이 직업이 아닌 이유를 찾으며 자연스럽게 직업의 의미와 조건을 이해할 수 있는 활동입니다. 아이들이 자신이 중요하게 생각하는 직업 가치와도 연결 지어 생각해보도록 안내해주세요.

활동1 거지나 도둑이 직업이 아닌 이유 찾기

모둠원들과 거지나 도둑을 직업이라 할 수 없는 이유를 찾아봅니다.

> 예시
> - 다른 사람에게 피해를 주는 것을 직업이라 할 수 없다.
> - 법을 지키지 않는 행동을 하는 것을 직업이라 할 수 없다.

활동 2 내가 중요하게 생각하는 직업 가치 고르기

다음 표를 보고, 가장 중요하게 생각하는 직업 가치를 5개 골라 동그라미를 칩니다.

가족	건강	권위	기쁨	능력 발휘	다양성
대인관계	도전	리더십 발휘	보수(돈)	사랑	사회적 인정
선함	성실	성장	아름다움	안전	안정성
여유	일과 여가의 균형	자유	자율성	적응	정직
종교	지혜	질서	창의성	책임	쾌적한 환경
평등	편안한 마음	평화	행복	헌신	

* 출처: 주니어 커리어넷, '주니어 진로 카드 중 반짝반짝 카드(진로가치)' 참조
https://www.career.go.kr/jr/jinrocard/intro

활동 3 나의 직업 가치 순위 매기기

내가 가장 중요하게 생각하는 직업 가치를 1~5위까지 순서대로 써봅니다. "나에게 가장 중요한 것은 무엇인가요?"라고 아이들에게 질문하고, 각자 중요하다고 생각하는 직업 가치에 대해 이야기 나눌 수 있게 해주세요.

> 예시
> 1위: 편안한 마음   2위 : 건강   3위: 보수(돈)   4위: 성장   5위: 행복

이 주의 그림책 ②

더 나은 사회를 만드는 직업들
《생명을 지키는 사람들의 하루》
(에릴 내시 글, 아나 알베로 그림, 김배경 옮김, 책속물고기)

직업의 의미

"선생님, 저는 다른 사람들을 도와줄 때 행복해요."

돈이나 워라밸을 최고의 가치로 여기는 아이들이 많아졌지만, 여전히 교실에는 이렇게 말하는 아이들이 있습니다. 교실 분위기가 한층 더 훈훈해지는 것도, 사회가 따뜻해지는 것도 이런 가치를 둔 아이들 덕분이지요.

각각의 직업이 다양한 측면에서 공동체에 기여하겠지만, 그 어떤 직업보다 공동체에 필수적인 직업들이 있습니다. 코로나 팬데믹을 겪으며 그 중요성을 더욱 절감한 일, 바로 '생명을 지키는 일'입니다. 생명을 존중하고, 서로를 돌보는 공동체 의식이 우리 사회를 이끈다는 것을 몸소 경험했으니까요.

그림책《생명을 지키는 사람들의 하루》는 생명을 지키는 12명의 직업인을 인터뷰한 내용을 토대로 만들어졌습니다. 한쪽 면에는 직업인의 하루가, 한쪽 면에는 직업인이 사용하는 도구가 구체적으로 그려져 있어요. 구체적인 도구들 덕분에 아이들은 이 그림책을 읽으면서 직업인의 하루를 좀 더 전문적으로 살펴볼 수 있습니다. 가령, 스위스의 응급 구조사 다비드-로렌스가 사용하는 도구는 공기 주입 부목, 목뼈 보호대, 척추 고정 장치 등이에요. 그는 환자가 위기를 넘기고 회복되는 모습을 볼 때, 뿌듯함이 밀려온다고 말합니다.

그 밖에도 심리 상담사, 소방관, 암 연구 과학자들의 하루를 도구와 함께 살펴보며 생명을 지키는 사람들에 대한 고마움을 느껴보아요.

1월 1주

삐뽀삐뽀 생명을 지켜라!

　직업인이 하는 일을 다양한 도구를 활용해서 표현해보면서 직업인의 하루를 보다 생생하게 느껴보는 활동입니다.

활동1 삐뽀삐뽀 생명을 지켜라! 역할 놀이 하기

각 모둠별로 그림책 《생명을 지키는 사람들의 하루》에 등장하는 직업인 중 하나를 택하고, 직업인의 도구 3가지 이상을 사용하여 역할 놀이를 합니다. 도구는 교실에 있는 물건을 활용하거나, 직접 만들거나, 보이지 않는 가상의 도구들을 설정해 활용합니다.

예시

산악 구조원이 부상자를 구하는 장면

- 각 직업인의 인터뷰를 참고해 가장 중요한 도구라고 한 것은 꼭 포함시킵니다.

활용할 도구 3가지	도구 1(★가장 중요)	도구 2	도구 3
	얼음도끼 → 뿅망치	산소마스크 → 마스크	산악구조용 들것 → 의자
보이지 않는 도구들	헬리콥터, 밧줄, 등반용 안전벨트, 목뼈 보호대 등		

- 장면 연출

눈 쌓인 한라산을 등반하다가 벼랑으로 굴러 떨어진 사람의 긴급 구조 요청 전화 → 헬리콥터(가상)를 타고 출동 → 얼음도끼(뿅망치)로 빙벽을 타고 올라가 구조할 사람에게 접근 → 부목(가상)을 대고, 부상자를 들것(의자)에 실어서 헬리콥터로 조심히 옮김

활동 2 무엇에 쓰는 물건인고? 도구 퀴즈 내기

각 모둠의 역할 놀이 발표 후, 도구 퀴즈를 냅니다.

예시

Q. '산악 구조원' 모둠에서 사용한 뽕망치는 어떤 도구였을까요?

A. 얼음도끼입니다! 산악 구조원에게 가장 중요한 도구 중 하나로, 험한 빙벽이나 눈이 쌓인 산을 오를 때 필요합니다.

활동 3 '넌 우리의 히어로!' 의로운 직업인 인터뷰하기

가상의 인물을 만나 서로 대화하는 토론 기법인 '핫시팅'(Hot-sitting) 기법을 사용해 의로운 직업인 인터뷰를 진행해봅니다.

예시

김○○ 산악 구조원은 우리의 히어로!

(산악 구조원 역할을 한 아이가 교실 앞 의자에 앉아 인터뷰 대상자가 됩니다.)

Q: 주로 어떤 사고가 많이 일어나나요?
A: 등산이나 패러글라이딩, 또는 스키를 하다가 다치는 경우가 많습니다.
Q: '산악 구조원'으로 산에서 죽을 뻔한 사람을 구했을 때 어떤 기분이 드나요?
A: 소중한 생명을 구했다는 생각에 굉장히 뿌듯하고 자랑스럽습니다.

한 걸음 더

직업에 대해 다각도로 생각하게 하는 책

《일하지 않는 일 어디 없나요?》
(조재은 글, 이민혜 그림, 개암나무)
#일과직업 #직업가치

사람들이 '두바이 거지' 이야기에 귀가 솔깃해지는 이유는 일하지 않아도 돈을 많이 벌 수 있는 일이라고 생각하기 때문입니다. 이는 아이나 어른이나 마찬가지이지요. 집안일이나 숙제를 하기 싫어 투덜거리는 아이에게 제목부터 궁금증을 자아내는 이 책을 슬쩍 권해보세요. 책 속에는 일이란 무엇인지, 일을 왜 하는지, 나는 어떤 일을 하면 좋을지에 대한 내용뿐만 아니라 세계 아동노동의 실태 등 그야말로 일에 대한 모든 것이 알기 쉽게 담겨 있습니다. 책을 펼쳐든 아이들은 일하지 않는 일을 찾으려다가 일에 관한 각양각색의 재미있는 정보를 만나고 자신이 맡은 일과 장래 희망에 관해 다각도로 생각해보게 될 거예요.

《우리 동네 슈퍼맨》 (허은실 글, 이고은 그림, 창비)
#주변의직업 #직업의소중함

지구를 지키는 영웅, '슈퍼맨', '배트맨', '원더우먼'의 공통점은 무엇일까요? 아이들에게 그림책 《우리 동네 슈퍼맨》 표지의 평상복 셔츠를 벗고 있는 슈퍼맨을 힌트로 보여주세요. 맞아요. 영웅들은 공통적으로 평상시에는 평범한 옷차림에 평범한 생활을 하지만 위험한 일이 생기면 특별한 옷으로 갈아입고 멋지게 출동합니다! 공통점을 찾았다면, 이제 우리 주위로 시선을 돌려봅시다. 집에서는 평범한 옷차림에 평범한 생활을 하지만, 특별한 옷을 입으면 멋지게 변신하는 우리 주위의 사람들은 누구일까요? 아이들과 책장을 한 장 한 장 넘기며 영화 속에서만 볼 수 있는 영웅이 아니라 우리 주위에서 볼 수 있는 진짜 영웅들을 함께 찾아보세요. 이 세상의 진짜 영웅은 다양한 일터에서 자신의 일을 사랑하며 세상을 따뜻하고 유쾌하게 만드는 사람들(부모님, 옆집 아저씨, 친구 어머니 등)이 아닐까요?

1월 2주
급변하는 직업의 세계 이해하기

"선생님, 저 나중에 직업 없으면 어떻게 해요?"

한 아이가 월요일 아침부터 불쑥 고민을 털어놓습니다. 주말에 가족들과 외식을 했는데, 로봇이 서빙을 해주더랍니다. 로봇 서빙을 받고 한껏 흥분한 오빠는 어서 로봇이 해주는 요리도 먹어보고 싶다고 눈치 없이 거들었대요. 동생의 오랜 꿈이 셰프인 것은 까맣게 잊고요. 아이는 오빠의 말처럼 로봇이 인간보다 요리를 잘하면 어쩌나 걱정이 되어 밤새 잠까지 설쳤다고 합니다.

다른 아이들도 비슷한 고민을 하는지 물었습니다. 고학년의 경우, 상당수 아이들이 로봇이 자신들보다 똑똑해질까 봐 걱정한 적이 있다고 하더군요. '제발' 로봇 기술이 더 이상 발전하지 않았으면 좋겠다는 아이들도 생각보다 많았습니다. 이처럼 급격하게 변화한 세상에서 살아갈 아이들에게 어떤 진로 교육이 필요할까요?

100년 전에는 여자가 영화감독이 된다는 것이 상상하기 어려운 일이었으나, 현재는 직업 세계의 성역할 고정관념을 뛰어넘어 AI 영화감독까지 등장했습니

1월 2주

다. 기술이 고도로 발전하고, 성역할 고정관념이 무너지고 있는 시대입니다. 급변하는 시대를 맞이하고 여기에 잘 적응하기 위해서는 직업의 세계를 이해하는 것이 필수입니다. 이번 장에서는 우리 아이들이 직업의 세계를 이해하고, AI 세상에서 살아남을 수 있는 힘뿐만 아니라 직업 세계에 박혀 있는 편견을 깨부수는 힘을 기를 수 있는 그림책과 활동을 소개합니다.

이 주의 그림책 ①

AI 세상에서 잘 살기 위한 안내서
《똑똑한 기계들 사이에서》
(코시코사 글, 안나 세이사스 그림, 임수진 옮김, 너머학교)

그림책 《똑똑한 기계들 사이에서》는 'AI 세상에서 잘 살기 위한 안내서'라는 부제가 시선을 사로잡습니다. 이 그림책을 쓴 '코시코사'는 신기술과 함께 살아가는 어린이들이 창의적이고 비판적인 사고를 할 수 있도록 교육 프로그램을 연구하는 스페인의 연구협회 이름이라고 해요(cosicosa.tech).

인간이 기계와 떼려야 뗄 수 없는 삶을 살게 된 이후, 생각해봐야 할 것들이 한두 가지가 아니게 됐습니다. 가령, 다음 상황을 살펴볼까요? 자율주행차가 통제력을 잃어버린 상황입니다. 아이들은 2가지 선택지 중 하나를 선택해야만 해요.

1. 오른쪽으로 방향을 꺾으면 강아지와 함께 걸어가는 노인을 칠 수 있음
2. 직진을 하게 되면 어린이를 덮칠 수 있음

아이들은 이런 상황에서 어떤 선택을 할까요? 어려운 선택을 마쳤다면, 후속 질문을 이어가보세요. 실제로 사고가 난다면 이것은 누구의 잘못일까요? 우리는 기계에게 책임을 물을 수 있을까요? 18세기 영국의 섬유공장 노동자들은 기계가 노동 환경을 악화시켰다고 생각해 기계를 파괴하는 '러다이트 운동'을 감행합니다. 결국 노동자들의 움직임은 군대에게 진압되었지만요.

이처럼 기계에게 책임을 물으려는 생각을 다시 미래 사회로 가져와봅시다. 사

고가 난 자율주행차를 파괴한다고 해서 문제가 해결되지는 않을 것입니다. 그보다는 사고 피해를 최소화할 수 있는 기술 개발, 사고가 났을 경우 책임 소재를 명확하게 하는 법령 마련 등이 우선적으로 이뤄져야 하겠지요. 여기에 우리가 찾는 답이 있습니다.

2030년이 되면 기계들이 인간 일자리의 30퍼센트를 대체할 것으로 예상된다고 합니다. 한편, 3억 개의 새로운 일자리가 생긴다고도 해요. 자율주행차와 관련된 새로운 직업만 살펴봐도, 자율주행차의 효율적이고 안전한 운행을 위한 고정밀 도로 지도를 개발하는 '지리정보 시스템 전문가', 자율주행차와 신호를 원활히 주고받을 수 있는 지능형 도로를 구축하고, 자율주행차 운행에 적합한 도시를 설계하는 '교통설계 전문가'의 수요가 크게 늘어날 전망이라고 합니다. 이처럼 변화하는 직업의 세계를 이해하고 대비한다면, 똑똑한 기계들 사이에서도 우리 인간들이 살아남을 틈이 보이겠지요?

AI 세상에서 살아남으려면?!

AI 세상에서 살아남으려면 AI 세상의 모습을 다각도로 상상하고 답해보는 것이야말로 필수! 그림책《똑똑한 기계들 사이에서》에 등장하는 다양한 질문에 답하고, 생각을 나누다보면 AI 세상을 반갑게 맞이할 준비를 할 수 있을 것입니다. 전반적인 직업의 세계를 파악했다면, 아이들과 함께 자신이 관심을 가지고 있는 직업의 과거, 현재, 미래를 좀 더 깊이 탐구해서 병풍책으로 만들어보는 활동을 진행해봅니다.

활동 1 AI 세상 마중 인터뷰하기

모둠원들과 함께, 또는 짝 활동으로 몇 가지 질문을 골라서 이야기를 나눠봅니다.

> **예시**
> - 아플 때 로봇이 당신을 간호해준다면 로봇에게 간호를 받겠습니까?
> - 똑똑한 기계가 새로운 외국어를 가르쳐준다면 학습에 도움이 될까요, 안 될까요?
> - 어린아이를 돌보는 기계를 신뢰할 수 있습니까?
> - 로봇이 요리하는 식당에 갈 의향이 있습니까?
> - 운전기사 없는 자율주행 버스를 타볼 생각이 있습니까?

활동 2 '신러다이트 운동이 일어난다면?' 생각 나누기

미래에도 18세기에 있었던 러다이트 운동과 같은 일이 일어날까요? 기계가 꼭 필요하고, 앞으로도 기술이 더 개발되면 좋겠다고 생각하는 분야와 기계가 점유하면 안 된다고 생각하는 분야와 이유를 적어봅니다.

예시

똑똑한 기계가 필요해!	기계 안 돼!
• 의료 분야(로봇 수술) 로봇이 더 정밀하게 할 수 있기 때문입니다.	• 아기 돌봄 아기는 인간과 먼저 애착 관계를 형성해야 하기 때문입니다.

1월 2주

활동 3 인력거꾼부터 교통설계 전문가까지! 병풍책 만들기

변화하는 직업의 세계를 조금 더 구체적으로 살펴보는 활동입니다. 관심 있는 직업의 과거와 현재, 미래를 찾아서 병풍책(A4용지를 절반으로 접고, 양 날개를 다시 한 번 반으로 접어 만듭니다)으로 만들어봅니다. 이때 완전히 같은 직업이 아니어도 괜찮습니다.

과거	현재	미래	미래
인력거꾼	자동차 엔지니어	자율 주행전문가	지리정보 시스템 전문가
버스가 널리 운행되기 시작하면서 차차 사라지게 되었다.	자동차의 설계, 개발, 제조 및 유지 보수와 관련된 일을 한다.	자율주행차의 차체, 엔진, 제동장치, 기타 구성품을 연구 및 설계한다.	자율주행차의 효율적이고 안전한 운행을 위한 고정밀 도로 지도를 개발한다.

더 알아보기

● 참고로 《한국직업사전》에는 우리나라에 존재하는 모든 직업이 수록되어 있습니다. 《한국직업사전》은 1969년도에 처음 발간됐는데, 그 당시 직업사전에 수록된 표준화된 직업의 수는 3,260개에 불과했다고 합니다. 이는 오늘날 표준화된 직업 수의 1/4에 해당하는 수준이지요. 사라진 직업도 많지만 새롭게 생겨난 직업이 많다 보니 1990년대 이후 직업의 수는 1만 개를 넘어 2019년 12월 기준, 직업의 수는 12,823개, 유사 직업명까지 포함하면 16,891개의 직업명이 존재한다고 합니다. 다음의 QR 코드를 활용해 워크넷에서 소개하는 다양한 직업과 변화하는 직업의 세계를 좀 더 깊숙하게 탐구해보세요.

● 워크넷 《한국직업사전》

> 직업의 세계

이 주의 그림책 ②

이 세상에 성별로 나눌 수 있는 직업은 없다
《엄마 소방관, 아빠 간호사》
(한지음 글, 김주경 그림, 씨드북)

    남자다운 직업, 여자다운 직업이 낡은 고정관념이라는 것은 모두 알고 있지만, 아이들이 현실에서 마주하는 직업인의 사례가 많지 않다면 성역할 고정관념을 가지기 쉽습니다. 그림책《엄마 소방관, 아빠 간호사》의 글을 쓴 한지음 작가는 아이들이 고정관념에서 벗어나 자신의 꿈을 마음껏 펼치길 바라는 마음으로 탄탄한 자료 조사와 인터뷰를 토대로 이 그림책을 썼다고 해요. 추천의 글 역시 진짜 엄마 소방관인 채수희 소방관(경기도 광주소방서 119구급대)과 진짜 아빠 간호사인 이병걸 간호사(세브란스병원 입원 간호팀)가 썼습니다. 다음은 아빠 간호사의 추천의 글 중 일부입니다.

    환자들은 나를 남자 간호사 선생님이라 불렀고, 함께 근무하는 동료들도 남자 간호사라고 불렀습니다. 내 아이들은 나를 간호사 아빠라고 합니다. 세상에 성별로 나눌 수 있는 직업은 없습니다. 이 책을 통해 아이들이 편견 없이 미래를 꿈꾸고 당당하게 자신을 말할 수 있길 바랍니다.

    "뭐? 여자가 소방관을 한다고? 남자가 무슨 간호사야!"
    그림책《엄마 소방관, 아빠 간호사》는 앞에서부터 읽으면, 단지 여자라는 이유로 비난을 받기도 하지만 소방관이 된 것을 자랑스러워하는 엄마의 이야기가 펼

1월 2주

쳐집니다. 한편, 뒤에서부터 읽으면, 단지 남자라는 이유로 차별을 당하기도 하지만 누구보다 인기 있는 간호사 아빠의 이야기가 펼쳐지지요. 이 그림책을 읽는 동안 아이들은 건강한 직업의식을 형성할 수 있게 됩니다. 한지음 작가의 바람처럼 우리 사회가 '여자 소방관', '남자 간호사'라고 직업 앞에 특정한 성별을 넣어 지칭하지 않고, '소방관', '간호사'라고 자연스럽게 이야기할 수 있는 사회가 되길 바라봅니다.

• • •

머쓱타드, 나에게 이런 고정관념이?!

아이들과 함께 나도 모르게 고정관념이나 편견이 박혀 있을지도 모르는 상황들을 생각해보고, 이것을 깨는 활동입니다.

활동 1 직업 고정관념 연결하기

아이들에게 다음의 말을 들어봤거나, 써본 적이 있는지 질문합니다. 그리고 이 말들이 각각 어떤 고정관념이나 편견에 해당하는지 선으로 연결해보게 합니다.

"여자(남자)가 그런 일을 한다고?"	"고등학교만 나와서 어떻게 성공해?"	"장애가 있으면 그 일을 할 수 없을 거야."
학력에 대한 편견	성역할 고정관념	장애인에 대한 편견

활동 2 고정관념을 깨부순 인물 찾기

'롤모델 진로카드'를 활용해 고정관념이나 편견을 깨부순 인물을 찾아 발표해봅니다. 카드가 없다면 전자기기나 책을 활용하여 인물을 검색해도 좋습니다.

'롤모델 진로카드'에는 80명의 롤모델이 수록되어 있습니다. 여성과 남성 직업인의 비율이 같고, 현존 인물도 포함되어 있으며, 고정관념이나 편견을 극복한 인물들의 이야기가 잘 담겨 있어서 수업에 활용하기에 좋습니다.

학력에 대한 편견을 극복한 인물	성역할 고정관념을 극복한 인물	장애인에 대한 편견을 극복한 인물

활동 3 띠용! 머쓱타드 네 컷 만화 그리기

성역할 고정관념으로 인해 머쓱했던 경험이 있나요? '3. 띠용!' 장면은 고정해두고, 나머지 세 장면을 채워 넣어봅니다. 활동을 성역할 고정관념으로 제한을 두었으나, 직업과 관련한 또 다른 고정관념이나 편견으로 확장해서 수업을 운영해도 좋습니다.

예시	
1. 버스에서 벨을 못 누름	2. 앗, 아저씨, 내려주세요!
3. 띠용!(이 부분은 고정)	4. 기사님이 여성이었음 성역할 고정관념을 버리자! ^^

1월 2주

한 걸음 더

급변하는 직업의 세계를 이해하는 데 도움이 되는 책

《아기 업고 레디, 액션!》 (김주경 지음, 씨드북)

#진로장벽 #여성인물

지금으로부터 100년 전 여성들은 꿈을 펼칠 수 있었을까요? 누가 생각해도 어려운 일을 해낸 인물이 있습니다. 바로 대한민국 첫 여성 영화감독 박남옥(1923~2017)입니다. 박남옥은 전조선육상선수권대회에 투포환 선수로 출전해 3회 연속 조선 신기록을 기록할 정도로 운동신경이 남달랐고 미술에도 재능을 보였던 인물입니다. 여자가 영화감독이 된다는 것은 상상하기 어려운 시대였지만, 꿈을 포기할 수 없었던 박남옥은 아이를 낳은 지 사흘 만에 전쟁미망인에 대한 영화를 찍기로 결심합니다. 백일 된 아기를 등에 업고, 스태프들의 밥을 준비해가며 박남옥은 "레디, 액션"을 외칩니다. 그림책 《아기 업고 레디, 액션!》은 박남옥이 진로 장벽에 맞서 꿈을 향해 도전하는 모습을 포환을 던지는 것에 빗대어 표현하고 있습니다. 녹음실에서 거절당하기 일쑤였지만, 온몸으로 포환을 던지는 데에는 성공! 그 결과 1954년 박남옥이 만든 영화 〈미망인〉이 개봉합니다. 다음은 박남옥처럼 편견에 맞서서 꿈을 이룬 여성 인물들에 대한 그림책들입니다.

편견에 맞선 여성 인물을 다룬 그림책

- 《꿈을 두드리는 아이: 차별의 벽을 허문 여성 뮤지션의 용감한 두드림》(마르가리타 엥글 글, 라파엘 로페스 그림, 정수진 옮김, 청어람아이)
- 《나는 나 나혜석》(정하섭 글, 윤미숙 그림, 우주나무)
- 《내 머릿속 번개가 번쩍!: 별의 진실을 밝힌 천문학자 세실리아 페인》(커스틴 W. 라슨 글, 캐서린 로이 그림, 홍주은 옮김, 씨드북)
- 《니 꿈은 뭐이가?: 비행사 권기옥 이야기》(박은정 글, 김진화 그림, 웅진주니어)

- 《니나: 니나 시몬, 희망을 노래하다》(트레이시 N. 토드 글, 크리스티안 로빈슨 그림, 김서정 옮김, 베틀북)
- 《레나의 옷은 당당하고 아름다워!》(마라 록클리프 글, 후아나 마르티네즈-닐 그림, 황유진 옮김, 열린어린이)
- 《자하 하디드: 편견에 맞서 새로움을 창조한 건축가》(빅토리아 텐틀러-크릴로프 지음, 이순영 옮김, 북극곰)
- 《캐서린은 어떻게 아폴로13호를 구했을까?》(헬레인 베커 글, 도우 푸미루크 그림, 정영임 옮김, 키다리)
- 《코로나바이러스를 처음 발견한 준 알메이다》(수전 슬레이드 글, 엘리사 파가넬리 그림, 김소정 옮김, 두레아이들)
- 《해저 지도를 만든 과학자, 마리 타프》(로버트 버레이 글, 라울 콜론 그림, 김은하 옮김, 비룡소)

《살아 있는 역사 꿈이 되는 직업》

(박정화 글, 김은주 그림, 리프레시)
#과거위인직업 #신직업

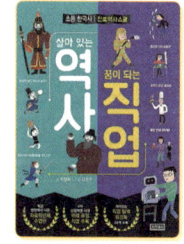

과거의 위인이 오늘날의 새로운 직업을 갖는다면 어떤 직업을 가질까요? 전쟁에 필요한 정보를 정확히 분석하고, 지역의 지형과 바다 물살을 이용해 10여 척의 배로 왜적을 물리친 이순신 장군이 현대에 태어났다면 '빅데이터 전문가'였을지도 모릅니다. 빅데이터 전문가는 명장 이순신처럼 다양한 데이터의 흐름을 분석하고, 필요한 정보를 찾아내는 직업이거든요.

아버지 사도세자의 묘를 화성으로 옮기고, 수차례 화성 행차를 하며 다양한 행사를 펼친 정조 임금이 현대에 태어났다면 '파티 플래너'가 되었을지도 모를 일입니다. 《살아 있는 역사 꿈이 되는 직업》에는 정조처럼 부모님을 위한 파티를 기획해보는 파티 기획서 양식도 포함되어 있어요. 이 밖에도 우리 역사 속 여러 위인을 쇼핑 호스트, 이모티콘 디자이너, 프로파일러 등 오늘날의 다양한 직업들과 연결한 것이 무척 신선합니다. 책을 다 보고 난 뒤에는 이 책에 등장하지 않은 새로운 인물들을 골라 그들에게 어울리는 새로운 직업을 부여해보는 활동도 해보세요.

1월 3주
구체적이고 실제적인 진로 탐색

반려 뱀을 키우는 아이를 만난 적이 있습니다. 먹이로는 냉동 쥐를 준다더군요. 학부모 상담 때 이 이야기를 나누니 어머님께서 냉동고 한 칸을 냉동 쥐 보관용으로 쓰고 있다며 허허 웃으셨던 기억이 납니다. 아이는 뱀에 관해 2년 동안 공부하고, 부모님 앞에서 반려 뱀을 키우는 방법과 계획에 대해 모두 발표하고 통과한 뒤에야 반려 뱀 키우는 것을 허락받았다고 합니다. 실제로 뱀에게 먹이주기, 사육 상자 청소하기 등 대부분의 일을 아이가 책임을 다하고 있었어요.

뱀뿐 아니라 살아 있는 모든 생명체에 관심과 애정이 가득했던 이 아이는 교실에서 동물이나 파충류 관련 이야기가 나올 때마다 눈을 반짝이며 전문 지식을 뽐냈습니다. 당연히 친구들 사이에서는 '동물 박사'로 통했지요. 교실에서 이런 아이 한 번쯤 만나보셨나요?

그렇다면 이 아이의 장래 희망은 무엇이었을까요? 아이의 장래 희망은 자주 바뀌었지만, 한 가지 늘 마음속에 품고 있던 직업이 있었습니다. 바로 '동물병원 원장'입니다.

이 주의 그림책 ①

본격 동물병원 원장 되기 프로젝트
《동물병원을 운영해 봐요》
(강로사 글, 김혜령 그림, 그린북)

　'동물병원 원장'이 되려면 우선 '수의사'가 되어야 하니 동물을 사랑하는 마음을 가져야 하는 것은 물론이고, 공부도 열심히 해야 합니다. 동물에 대한 여러 가지 상식과 경험이 있으면 더없이 좋겠고요. 보통의 진로 고민은 여기에서 멈추기 십상입니다. 그런데 현실적으로 정말 동물병원을 개원해야 한다고 생각해보자고요. 어디에 개원할 것인지, 병원 이름은 무엇으로 할지, 직원 관리는 어떻게 할지, 그에 앞서 직원을 둘 형편은 될 수 있을지, 어떤 장비를 들여놓을지 등 생각해야 할 것이 한두 가지가 아닙니다.

　그림책《동물병원을 운영해 봐요》는 동물병원을 창업하기까지의 이 모든 현실적인 과정을 어린이의 눈높이에서 쉽게 알려줍니다. 쉽게 말해 어린이 맞춤형 진로 & 비즈니스 수업서라고 할 수 있지요. 이 책에는 동물병원 임대료부터 진찰비까지 현재 우리나라의 물가가 반영되어 있고, 실제 동물병원 원장이 말하는 사업의 보람과 고충까지 담겨 있습니다. 아이들은 책의 안내에 따라 직접 수입 등을 계산해보며 현실적인 동물병원 운영을 생생하게 간접 경험해볼 수 있습니다.

　아이들에게 정말 동물병원을 차린다면 어떤 특징을 내세우고 싶은지 질문해 보세요. 나만의 경쟁력은 어떻게 만들어질까요? 꼭 동물병원이 아니더라도, 자신이 되고 싶은 직업과 관련된 가게나 장소를 개업하고 운영하는 활동을 하며 자신의 진로를 보다 현실적으로 고민할 수 있는 계기를 마련해주세요.

나는 우리 동네 사장님

동물병원에서 범위를 넓혀 우리 동네에 있으면 잘될 것(또는 좋을 것)이라고 생각하는 가게나 장소를 본격적으로 열어보는 활동을 소개합니다. 병원, 카페, 식당, 미용실, 학원 등 무엇이든 가능합니다.

활동1 우리 동네 사장님 되기

우리 동네에 열고 싶은 가게 또는 장소의 개업 및 운영에 관한 계획서를 짜봅시다. 현실적인 정보를 1~2가지라도 찾아보는 것에 의미가 있는 활동이므로 학년에 따라 문항은 적절하게 가감해도 됩니다.

열고 싶은 것 (전문성 특화)	미용실 (베이비 & 키즈 미용실)
열고 싶은 이유	1. 동생이 아기 때 미용실에만 가면 많이 울었는데, 아기 친화적인 미용실이 있으면 좋겠다고 생각함.. 2. 동네에 아기 전용 미용실이 없어서 3. 헤어 디자이너가 꿈이기 때문에(본인의 꿈과 관련 있으면 좋고, 관련 없어도 됨)
이름과 로고	베베 헤어 살롱
위치	큰 길가에 위치해 있고 주차 공간이 있는 곳
운영 시간	평일(화~금): 9:00~18:00(월요일은 휴무) 토: 9:00~18:00 일: 9:00~18:00
직원(월급)	미용사 1명(200만 원)
필요한 장비 (가격 1~2가지 알아보기)	미용 의자, 샴푸 의자(약 56만 원) 아기 샴푸, 아기 놀잇감 등
가격	커트 2만 원, 펌 5만 원

기대하는 월수입	500만 원 기대하는 월수입을 위해서는 손님이 얼마나 와야 할까? 예상 ___명 (직원 월급, 월세, 전기료, 수도세 등 관리비와 장비 구입비를 빼야 한다는 것을 아이들이 인식할 수 있는 정도로만 안내해도 충분함)

활동2 우리 가게를 소개하는 전단지 돌리기

내가 만든 장소가 친구들의 관심을 끌 수 있도록 핵심 포인트를 담은 전단지를 만들어서 홍보합니다.

> **예시**
>
> **베베 헤어 살롱**(베이비 & 키즈 헤어 전문 미용실)
> - 아기 체형 맞춤 의자와 놀잇감 완비!
> - 아기에게 안전한 헤어 제품 사용!
> - 아기 헤어와 케어 전문 원장님이 시술!
> - 주차 편리

활동3 고객의 소리에 귀 기울이기

친구의 장소의 매력적인 부분과 개선이 되었으면 좋겠다고 생각하는 부분에 대해 이야기를 나눠봅니다.

> **예시**
>
> **베베 헤어 살롱**(베이비 & 키즈 헤어 전문 미용실)
> - 매력적인 부분: 아기 체형 맞춤 의자, 안전한 제품, 아기 케어 전문 원장님 등
> - 개선이 필요한 부분: '베이비 & 키즈 미용실'인데 키즈 관련 안내가 없음

이 주의 그림책 ②

세상에 이런 직업도 있다고?
《뻔한 직업은 싫어!》
(나탈리 라바르 지음, 홍연미 옮김, 미세기)

이미 많은 사람들이 알고 있는 뻔한 직업은 싫다고요? 조금 더 특별한 직업을 원하는 아이들에게는 그림책《뻔한 직업은 싫어!》를 권합니다. 이 그림책을 쓴 나탈리 라바르 작가는 뉴욕에 살고 있는 일러스트레이터이자 애니메이터, 애니메이션 감독입니다. 냄비를 닦는 일부터 쥐 퇴치까지 수많은 일을 경험한 그녀는 으스스한 팟캐스트 듣기, 쓸모없는 정보 수집하기를 좋아하고, 뻔하지 않은 특별한 직업에도 아주 관심이 많아서 이 그림책을 썼다고 해요.

이 그림책에는 우리가 상상하지 못했을 74가지 실존 직업들이 등장합니다. 세상에 얼마나 기상천외한 직업들이 있는지 궁금하지요? 일부 직업인들은 숨은그림찾기 그림처럼 그림책 곳곳에 숨어 있어서 직접 찾아보는 재미도 쏠쏠합니다.

그림책에서 소개하고 있는 기상천외한 직업 몇 가지만 소개해볼까요? 전 세계에서 가장 엄격한 재활용 법을 적용하는 독일에는 '쓰레기 탐정'이라는 직업이 있다고 합니다. 쓰레기 탐정은 무얼 하느냐고요? 물건을 제대로 버리지 않은 쓰레기 범죄자를 찾기 위해 쓰레기통을 뒤지고, 쇼핑한 영수증을 확인하는가 하면 심지어 참견하기 좋아하는 이웃들을 탐문하기도 한다네요! 독일에서는 쓰레기를 함부로 버렸다간 큰일 나겠지요?

자전거 타기 좋은 도시로 유명한 네덜란드 암스테르담에는 200만 대에 이르는 자전거들이 다닙니다. 그만큼 잃어버리는 자전거도 많은데요. '자전거 낚시꾼'은 특별한 금속 갈퀴로 도시의 운하에 빠져버린 자전거 약 1만 5천 대를 끌어낸다고 해요.

많은 아이들이 "으으~" 하고 질색하면서도 관심을 갖는 직업들도 있습니다. 바로 '냄새'와 관련된 직업입니다. 이 세상에 꼭 필요한 직업이기도 하지요. '악취 평가자'는 체취 제거제의 효능을 확인하기 위해 땀이 찬 겨드랑이 냄새를 맡고, '구취 검사원'은 껌이나 구강 세척제를 사용하기 전과 후의 입냄새를 맡고 냄새의 정도를 평가합니다. 창문을 내릴 수 없는 우주선 안의 냄새도 아주 지독하다고 하는데요. 미 항공우주국에서는 '냄새 탐지인'을 고용해 우주선에 실리는 모든 물건의 냄새를 점검한다고 해요. 미 항공우주국에 고용된 냄새 탐지인들은 1974년 이후부터 지금까지 총 850가지가 넘는 물건의 냄새 탐지 임무를 수행했답니다.

기상천외 직업 박람회

그림책 《뻔한 직업은 싫어!》를 읽고 나니 '그렇다면 이런 직업도 있겠네!?' 하는 생각이 드시나요? 다음은 세상에 꼭 필요한 직업을 디자인해보는 활동입니다. 기상천외하고 괴상망측해도 좋아요. 우리의 생각과는 달리 이미 실제로 존재하는 직업일 수도, 또는 지금은 비록 없는 직업이라고 할지라도 몇 년 내에는 존재하게 될 수도 있는 직업일지 모르니까요. 중요한 것은 아이들이 스스로 그 필요를 고민하고 직업을 디자인해보는 것입니다.

1월 3주

활동1 **기상천외 직업 디자인하기**

기상천외 직업을 디자인하고, 이 직업이 세상에 꼭 필요한 이유와 하는 일을 적어봅니다.

기상천외 직업명	악몽 치료사
이 세상에 꼭 필요한 이유	1. 잠은 보약이기 때문 2. 원인을 알 수 없는 불면증 또는 악몽에 시달리는 사람들이 많기 때문
하는 일	1. 악몽을 분석한다. 2. 악몽을 퇴치하는 방법을 찾는다. 3. 뇌파 분석 및 수면 패턴 체크를 한다.

활동2 **기상천외 직업 박람회 개최하기**

1. 교실의 책상 배치를 U자 등으로 바꿔서 전시장처럼 구성하고, [활동 1]에서 적은 내용을 전시해 직업 박람회를 개최합니다.
2. 직업 박람회 부스에 방문한 친구들에게 자신이 디자인한 직업이 세상에 꼭 필요한 이유를 설명합니다.

활동3 **기상천외 직업 베스트 5 뽑기**

1. 직업 박람회 부스를 돌며 이 세상에 정말 꼭 필요하다고 생각되는 기상천외한 직업에 스티커를 붙여 투표합니다.
2. '베스트 5'에 속하는 직업을 공개하고, 미래 직업 세계에 대해 더 이야기를 나눕니다.

한 걸음 더

진로 탐색에 도움이 되는 책

《어디서나 필요한 수학의 원리》
(킴 행킨슨 지음, 강수진 옮김, 올리)
#수학을배우는이유 #수학관련직업

"수학을 왜 배워야 하나요?" 아이들이 이런 질문을 던지면 어떤 대답을 해주시나요? 어렵고 지긋지긋하기만 한 수학을 배우는 이유를 도대체 모르겠다는 아이들과 어떤 대답을 해줘야 할지 고민하는 분께 이 책을 권합니다. 앞에서 한 활동('나는 우리 동네 사장님')에서도 자신이 운영하는 가게의 월수입을 계산하기 위해서는 수학이 필수였지요? 건축가, 사진작가, 기상예보관 등 이 책에서는 12가지 직업을 통해 수학의 필요성을 생생하게 알려줍니다. 옷 치수 재기, 축척, 축구 우승에 필요한 통계 및 전술까지 생활 밀착형 수학의 원리를 만나다 보면 아이들은 수학이 우리 일상과 직업 세계 속에 깊숙이 들어와 있다는 사실을 알 수 있게 됩니다.

《우리 고장 위인 찾기 시리즈》 (강로사 외 지음, 아르볼)
#우리고장위인 #진로체험

이과생들이 이순신 장군의 숨결을 느끼는 과학적인 방법을 아시나요? 물리학자 정재승 박사가 고등학교 때 수학여행으로 통영에 갔는데, 당시 선생님께서 '이순신 장군의 숨결을 느껴보라'고 말씀하시더랍니다. 엉뚱한 호기심이 발동한 정 박사와 친구들! 이들은 400년 전, 53년 동안 이순신 장군의 폐에 들어가고 나왔던 공기 분자가 얼마쯤 우리 숨 안에 들어올지 계산했답니다. 결론은, 우리는 현재 이순신 장군의 숨을 마시고 있다! 해당 인물이 살았던 지역에 그의 숨결이 조금 더 많이 남아 있다면, 서울에서는 '세종대왕'의 숨결을, 전라남도에서는 '장보고'의 숨결을 조금 더 잘 느낄 수 있을 것입니다. 아이들과 '우리 고장 위인 찾기' 시리즈를 읽고 우리 고장의 위인을 조금 더 생생하게 만나러 여행을 떠나보면 어떨까요?

1월 4주

내 인생의 꿈을 담아 진로 설계하기

'슬래셔'(Slasher)라는 신조어를 아시나요? 힌트를 드리자면 '슬래시' 기호(/)와 관련이 있는데요. 슬래셔들은 직업란에 슬래시(/) 기호를 쓰고, 2개 이상의 직업을 기입합니다. 우리나라에서는 'N잡러'라는 표현이 많이 쓰이지요. 비슷한 표현으로는 멀티족, 부캐, 멀티 페르소나 등이 있습니다.

'한 우물만 파다가는 물이 마른다.'

재무분석사/지식 콘텐츠 개발자/칼럼니스트/1인 미디어 운영자/ 크로스핏 트레이너인 수잔 쾅은 저서 《멀티족으로 산다》에서 이렇게 말했지요. 한 우물에만 집중하고, 한 회사에 뼈를 묻던 과거와는 완전히 달라진 모습입니다.

MZ세대를 넘어, 알파세대인 우리 아이들이 직업 현장에 뛰어들게 될 미래에는 어떤 상황이 펼쳐질까요? 전문가들의 예측에 따르면 미래에는 기업의 규모는 작아지고, 개인의 근속 기간은 점점 짧아지며, 사람과 사람이 직접 손을 잡는 협력 동맹이 중요한 상업 형식이 될 것이라고 합니다. 즉, '노동자적 사고'가 아닌 '창업자적 사고'가 필요한 시대인 것이지요.

진로
설계

　이러한 시대의 흐름에 발 맞춰서 2025년부터 고등학교 교육 과정에서 기업가 정신을 가르치는 교과 과목('발명과 기업가정신')을 신규 편성한다고 합니다. 물론 모든 아이들에게 창업가가 되라고 그러는 것은 아니겠지요. '창업자적 사고'의 핵심은 '나만의 것을 만든다'에 있다고 생각합니다. 단지 주어진 것을 기계처럼 반복하는 것이 아니라 나만의 것을 만들어서 매력을 더해가는 것이요. 이번 챕터에서는 아이들이 나만의 잠재력을 찾고, 꼬불꼬불 인생 미로를 용기 있게 탐험해갈 수 있도록 든든하게 응원해주는 그림책과 활동들을 소개합니다.

이 주의 그림책 ①

나를 행복하게 하는 일을 찾아서
《행복한 세세 씨》
(김수완 글, 김수빈 그림, 옐로스톤)

어릴 때부터 아이스크림을 좋아하던 고양이 세세 씨는 아이스크림 공장에 취직합니다. 아이스크림을 만드는 일은 행복할 것 같았지요. 세세 씨는 늘 바쁘게 돌아가는 공장에서 열심히 아이스크림을 만들어요. 늘 같은 시간, 같은 장소, 같은 아이스크림. 변화랄 것이 딱히 없던 어느 날, 함께 일하던 고양이 베동 씨가 묻습니다.

"정말 지겨워. 매일 똑같잖아. 난 이 일을 그만두고 싶어. 세세 씨는 어때?"

세세 씨는 기계처럼 열심히 일했을 뿐, 다른 생각은 해보지 않았어요. 결국 베동 씨는 아이스크림 공장을 그만두고, 세세 씨는 베동 씨 몫까지 더 많은 일을 하게 됩니다. 배경은 아이스크림 공장이지만, 크고 작은 조직에 속해 일하는 직장인들은 모두 공감할 만한 가슴 아픈 이야기이지요. 세세 씨는 직장에선 계속 일만 하고, 쉬는 날엔 잠만 자고, 그리고 또 일을 하러 갑니다.

그럼, 직장을 그만 둔 베동 씨는 어떻게 살고 있을까요? 베동 씨에게 전화를 해보니 베동 씨 목소리가 상당히 밝습니다. 낚시터를 차렸다고 해요. 세세 씨의 꿈속에 등장한 베동 씨는 즐겁게 낚시를 하고 있었어요. 다음 날, 늦잠을 자고 만 세세 씨! 부랴부랴 서둘러 출근을 하고, 꽉 막힌 도로 위에서 운전하며 옆을 보고, 화들짝 놀랍니다.

"나랑 똑같잖아!"

영혼이 반쯤 나간 표정, 피곤에 찌든 모습의 고양이들이 보였어요. 이건 아니잖아! 정신이 번쩍 든 세세 씨가 이내 달아납니다. 달아난 곳에서 비로소 세세 씨는 행복한 삶에 대해 생각해요. 나는 어떤 일을 할 때 행복하지?

그리고 드디어 세세 씨는 행복한 일을 찾았어요. 그는 과연 무엇을 하게 될까요?

행복한 ○○ 씨의 꿈

세세 씨처럼 좋아하고 잘하는 일을 한다 해도 행복하지 않은 순간들이 찾아옵니다. 행복하기 위해서는 어떤 것들이 필요할까요? 나의 행복의 조건을 찾은 이후에는 다양한 가능성을 열어둔 슬래셔 명함을 만들어 아이들이 가진 무한한 꿈을 이야기로 펼칠 수 있게 해주세요.

활동1 나의 행복의 조건 찾기

첫 번째 장에서 찾았던 직업 가치를 다시 떠올리며 나의 행복의 조건을 찾아봅시다. 나는 어떻게 일을 할 때 행복을 느낄까요? 다음 문장의 괄호를 자신만의 이야기로 채울 수 있게 해주세요.

> 예시
> - 내가 좋아하고, 잘하는 일을 하더라도 (매일 같은 일이 기계처럼 반복된)다면 행복하지 않을지도 몰라. 나는 (늘 새로운 것을 창의적으로 만들어 낼 때) 행복을 느끼는 사람이야.

1월 4주

활동2 꿈을 담은 슬래셔 명함 만들기

자신의 꿈을 담은 슬래셔 명함을 만듭니다. 이때, 한 가지 뚜렷한 직업이 아니어도 괜찮습니다. 꿈을 담은 슬래셔 명함 만들기 활동의 핵심은 다양한 가능성을 열어두는 것입니다. 직업을 적는 것이 부담스럽다면, 나의 행복의 조건 등을 적을 수 있게 해주세요.

명함을 만들 때에는 도톰한 캘리그래피 용지에 직접 그림을 그려 만들거나, '미리캔버스', '캔바' 등의 무료 디자인 사이트를 이용해 만들어도 좋습니다. 슬래셔 명함은 친구들에게 나눠줄 수 있도록 간단히 여러 장을 만들거나 복사합니다.

- 미리캔버스

- 캔바

활동 3 **슬래셔 명함 수집왕 놀이하기**

다음 문항에 해당하는 친구를 찾아 명함을 수집해서 붙입니다. 새로운 문항을 추가해도 좋습니다. 가장 많은 명함을 수집한 아이가 명함 수집왕!

나와 원하는 직업 또는 좋아하는 것 등이 하나라도 같은 친구	원하는 직업 또는 좋아하는 것 등이 5개 이상인 친구	내가 한 번도 꿈꿔보지 않았던 직업이 꿈인 친구
내가 과거에 꿈꿨던 직업이 꿈인 친구	내 슬래셔 명함을 보고 한마디 칭찬을 해준 친구	원하는 직업 또는 좋아하는 것 등이 2개 이하인 친구

이 주의 그림책 ②

인생은 꼬불꼬불 미로 같아
《헷갈리는 미로 나라》
(엄지짱꽁냥소[자현, 차영경] 지음, 웅진주니어)

인생을 미로에 비유한다면 어떤 미로일까요? 그림책 《헷갈리는 미로 나라》를 읽으니, 인생은 정답이 없는 미로라는 생각이 듭니다. 어떤 내용이기에 그러냐고요? 그림책 내용을 잠시 살펴봅시다.

어느 날, 몸이 쇠약해진 미로 나라의 왕이 자식들을 불러놓고 말합니다.

"너희 중에 가장 길을 잘 찾는 사람에게 왕 막혀 미로 나라를 물려주겠다."

세 명의 자식들이 미로 나라의 끝에서 출발합니다. 그런데 미로 안에는 자식들의 시선을 사로잡는 것들이 너무 많습니다. 그림을 좋아하는 첫째 그릴레오나 공주는 미술관 앞을 그냥 지나치지 못하고, 호기심 많고 손재주 좋은 둘째 만들레베스 공주는 과학관 앞을 지나치지 못하네요. 책을 읽고 글쓰기를 좋아하는 셋째 지을레우스 왕자는 어땠을까요?

왕의 속이 타 들어가는 소리가 들리지만, 왕은 고민 끝에 자식들의 선택을 존중해주기로 해요. 그러고는 나라 곳곳에 안내문을 붙입니다.

긴급 안내문

나 미로 나라 왕은 길을 가장 빨리 찾는 사람에게
미로 나라의 왕위를 물려주겠다.
참가 자격: 미로 백성 누구나

과연 어떤 백성이 왕위를 물려받게 될까요? 세 명의 자식들이 미로에서 길을 빨리 찾아 '왕'이 되는 것만 성답이라 하면, 자식들은 모두 인생 미로 찾기 대실패입니다. 그런데 자식들은 길을 찾다가 자신들만의 꿈을 찾아버렸어요. 이들에게는 미술관, 과학관이 정답 아니었을까요? 어쩌면 그곳이 최종 목적지가 아닐 수도 있지요. 그곳을 거쳐서 또 새로운 꿈을 향해 나아갈 수도 있으니까요. 인생이란 미로에서 하나의 정답이 있다는 건 말도 안 된다고 생각합니다. 끝이 보이지도 않는 미로 속에서 한 번에 좋은 선택을 하고, 정답을 찾아야 한다는 생각을 우리 모두 내려놓으면 어떨까요? 틀려서 되돌아가도, 벽을 뚫고 새로운 길을 창조해가도 좋아요. 나만의 인생 미로를 다채롭게 즐기며 탐험해보자고요!

나의 인생 미로 탐험기

나의 인생 미로 탐험기 활동은 아이들에게 '내 인생의 미로에는 정답이 없다'는 사실을 알려주는 것이 핵심입니다. 다양한 치트키를 사용해 내 인생의 새로운 길을 뚫어볼 수 있게 해주세요.

활동 1 인생 미로 만들기

미로를 탐험하려면 우선 미로를 만들어야 합니다. 미로 생성기 프로그램을 이용하면 누구나 손쉽고 빠르게(3초~1분) 미로를 만들 수 있어요. 교사(혹은 양육자)가 만든 후, 프린트 해주거나 아이들과 함께 만들어보세요.

1월 4주

- 미로 생성기 프로그램

활동 2 인생 미로 탐험하기

1. 먼저 주어진 미로 길을 찾습니다(도착점을 찾지 못해도 괜찮아요).
2. 치트키 사용하기

- 길 뚫기 치트키: 내가 좋아하는 것, 잘하는 것, 나의 장점 등 (수정 테이프 이용: 1~5개)
- 길 막기 스티커: 나의 진로를 가로막는 진로 장벽, 편견, 단점 등 (스티커 붙이기: 0~3개)

  * 단, 해결책 또는 노력할 점을 찾을 경우, 길이 막히지 않습니다. 길 뚫기 치트키를 사용하거나 길 막기 스티커를 붙인 후, 빈 공간에 간단한 설명을 적어주세요.

치트키를 사용하면, 미로의 정답이 한 가지가 아니게 됩니다. 내 인생의 미로에는 정답이 없으니까요! 내가 희망하는 진로가 여러 갈래일 수도 있고, 슬래셔(n잡러)가 될 수도 있어요. 인생의 미로에 다양한 가능성을 열어두고, 나만의 인생 미로를 특별하게 꾸며봅시다.

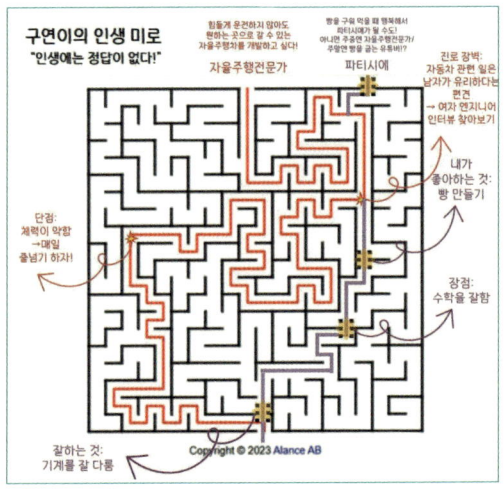

> 한 걸음 더

아이들의 무한한 잠재력을 응원하는 그림책

《세상이 너를 기다리고 있어》
(토모스 로버츠 글, 노모코 그림, 정재원 옮김, 책과콩나무)

#잠재력 #진로준비

아이들과 방학에 한 일을 이야기하며 깜짝 놀란 적이 있습니다. 침대 밖은 위험하다며 며칠 동안 밖에 한 번도 나가지 않고 하루 종일 잠을 자거나, 게임만 했다는 아이들이 꽤 있었기 때문입니다. 이렇게 방학을 보내고 온 아이들이 게으름을 넘어 무기력을 학습할까 봐 걱정이 되었어요. 그림책 《세상이 너를 기다리고 있어》의 주인공도 온종일 잠만 자려 합니다. 세상은 내가 온종일 잠만 자도 절대 모른다며 세상에 나아가려 하지 않지요. 하지만 정말 그럴까요? 책장을 넘겨보면 전 세계에 있는 아름다움의 양은 금세 더해지기도 하고 빼지기도 합니다. 그런데 무한한 잠재력을 가진 아이들은 마음만 먹으면 언제든 더하기를 할 수 있대요. 커다란 세상에 얼마만큼 아름다움을 더할 수 있을지는 자기 자신만이 알 수 있고요. 아주 작은 일이라도 평생 더해나간다면 그 양은 어마어마할 거예요. 무기력에 빠진 아이들에게 그림책 《세상이 너를 기다리고 있어》를 건네며 이야기해주세요. "자, 어서 침대 밖으로 나오렴!"

《나이젤과 꿈꾸는 달》
(앤트완 이디 글, 그레이시 장 그림, 홍연미 옮김, 열린어린이)

#큰꿈꾸기 #진로응원

큰 꿈을 가지고 있으면서 오히려 그것이 부끄러워서 남 앞에서 말하지 못하는 아이를 만난 적 있으신가요? 그림책 《나이젤과 꿈꾸는 달》의 주인공 나이젤이 그렇습니다. 나이젤은 달 앞에서는 누구보다 빛나는 우주비행사이자, 발레리노이고, 슈퍼히어로입니다. 꿈을 생각하면 늘 가슴이 벅차오르지요. 그러나 친구들 앞에서는 당당하게 자신의 꿈을 이야기하지 못합니다. 놀림을 받을까 봐 두렵거든요. 나이젤은 밤마다 달에게 자신의 꿈과 고민을 털어놓아요. 어두운 밤하늘을 환하게 비추는 커다란 달은 흑인 소년 나이젤의 꿈을 언제나 따뜻하게 응원해주지요. 그림책 《나이젤과 꿈꾸는 달》은 저자인 앤트완 이디 작가의 어린 시절 경험을 바탕으로 쓰여졌습니다. 자신을 작가이자 꿈을 꾸는 사람이라고 소개하는 앤트완 이디 작가는 미국의 작은 시골 마을에서 태어났어요. 가족 중 처음으로 대학에 간 그는 작가가 되고 싶다는 꿈을 밤마다 달에게 빌었대요. 그러다가 운명적으로 그의 롤모델이 된 흑인 작가를 만났고, 부단한 노력 끝에 자신의 자전적인 이야기를 담은 이 그림책을 써서 현재 떠오르는 신예 작가로 호평을 받고 있습니다. 아직은 스스로 준비가 되지 않았다고 생각하는 무한한 잠재력을 가진 아이들에게 그림책 《나이젤과 꿈꾸는 달》을 건네며 달에게 꿈을 말해보라고 해주세요. 나이젤처럼 세상으로 나아갈 힘을 얻게 될 테니까요.

진로 교육 시 참고하면 좋은 사이트

- 쎈(SEN) 진로교육자료 몽땅

- 서울특별시교육청 진로직업교육과 부서 업무방

선배 어린이 작가가 여러분의 꿈을 응원해요!

- **창작 그림책 《밥풀때기》**

  "나는 어떤 밥인가요?" 나는 무한한 잠재력을 가지고 있고, 무엇이든 될 수 있다고 믿는 선배 어린이 작가의 창작 그림책입니다.

- **창작 그림책 《작은 새싹 이야기》**

  나는 아직 여리고 작지만 성공보다 성장의 힘을 믿는 선배 어린이 작가의 창작 그림책입니다.

교육과정과 이렇게 연계해요

2월 1주 지적장애, 주체적인 삶과 통합을 위하여
- [2바02-01] 공동체에서 내가 할 수 있는 일을 찾아보고 실천한다.
- [2바02-03] 차이나 다양성을 서로 존중하면서 생활한다.
- [4도03-02] 다문화 사회에서 다양성을 수용해야 하는 이유를 탐구하고, 올바른 의사 결정 과정을 통해 다른 사람과 문화를 공정하게 대하는 태도를 지닌다.
- [6사02-02] 생활 속에서 인권 보장이 필요한 사례를 탐구하여 인권의 중요성을 인식하고, 인권 보호를 실천하는 태도를 기른다.
- [6사05-03] 일상생활에서 경험하는 민주주의 실천 사례를 탐구하여 민주주의의 의미와 중요성을 파악하고, 생활 속에서 민주주의를 실천하는 태도를 기른다.

2월 2주 자폐성장애, 우리는 모두 '같은' 사람
- [2바01-01] 학교생활에 필요한 규칙과 약속을 정해서 지킨다.
- [2바02-03] 차이나 다양성을 서로 존중하면서 생활한다.
- [2즐01-03] 가족이나 주변 사람과 소통하며 어울린다.
- [4도02-03] 예절의 중요성을 이해하고, 대상과 상황에 따른 예절이 다름을 탐구하여 이를 습관화한다.
- [6도03-01] 인권의 의미와 인권을 존중하는 삶의 중요성을 이해하고, 인권 존중의 방법을 익힌다.

2월 3주 시·청각장애, 세상과 소통하는 다양한 방법
- [2바02-01] 공동체에서 내가 할 수 있는 일을 찾아보고 실천한다.
- [2바02-03] 차이나 다양성을 서로 존중하면서 생활한다.
- [4도02-03] 예절의 중요성을 이해하고, 대상과 상황에 따른 예절이 다름을 탐구하여 이를 습관화한다.
- [6국04-01] 언어는 생각을 표현하며 다른 사람과 관계를 맺는 수단임을 이해하고 국어생활을 한다.
- [6사08-06] 지속가능한 미래를 건설하기 위한 과제(친환경적 생산과 소비 방식 확산, 빈곤과 기아 퇴치, 문화적 편견과 차별 해소 등)를 조사하고, 세계시민으로서 이에 적극 참여하는 방안을 모색한다.

2월 4주 지체장애, 차별 없는 세상 만들기
- [2바02-01] 공동체에서 내가 할 수 있는 일을 찾아보고 실천한다.
- [2바02-03] 차이나 다양성을 서로 존중하면서 생활한다.
- [4도03-02] 다문화 사회에서 다양성을 수용해야 하는 이유를 탐구하고, 올바른 의사 결정 과정을 통해 다른 사람과 문화를 공정하게 대하는 태도를 지닌다.
- [6사02-02] 생활 속에서 인권 보장이 필요한 사례를 탐구하여 인권의 중요성을 인식하고, 인권 보호를 실천하는 태도를 기른다.
- [6도03-02] 공정함의 의미와 공정한 사회의 필요성을 이해하고, 일상생활에서 공정하게 생활하려는 실천의지를 기른다.

2월

장애 이해 통합교육

지적장애, 주체적인 삶과 통합을 위하여

 통합학급은 특수교육대상자가 소속된 일반학급이며, 특수학급은 특수교육대상자의 통합교육을 실시하기 위해 일반학교에 설치된 학급입니다. 새 학기에 통합학급을 맡게 된다면 어떤 생각이 들 것 같나요? 어떤 아이를 만나게 될지 기대 반, 막막함 반일 것 같은데요. 지적장애는 특수교육대상자 중 가장 큰 비율을 차지하고 있어 자주 접하게 됩니다. 장애인 등에 대한 특수교육법에 따르면 지적장애인은 지능과 적응행동상의 어려움이 함께 존재해 교육적 성취에 어려움이 있는 사람입니다.

 동구는 지적장애가 있습니다. 동구는 글씨를 보고 따라 쓸 수 있고, 도움 없이 이름을 쓸 수도 있습니다. 하지만 통합학급 시간에 아이들은 동구가 할 수 있는 것도 대신해주며 동구를 동생처럼 대합니다. 아이들은 장애가 있다는 이유로 동구를 도와줘야 하는 아이로 여기는 것이지요. 아이가 할 수 있는 데도 불구하고 모든 것을 대신 해주면 스스로 할 수 있는 것이 없어지게 됩니다. 그렇다고 혼자 해결하기 어려운 과제를 주면 실패가 계속 쌓여 학습된 무기력에 빠지기 쉽습니다. 특수교육대상자에게 적합한 교육을 제공하기 위해 매 학기마다 아이의 보호자, 특수교사, 통합교사 등이 모여 개별화교육협의회를 열고, 이 협의를 통해 개별화교육계획을 수립합니다. 개별화교육계획은 아이의 장애 유형 및 장애 특성에 적합한 교육목표, 방법, 내용, 특수교육 관련서비스 등이 포함된 계획입니다. 개별화교육계획에 따라 아이에게 적합한 교육을 제공한다면 아이는 성공 경험을 통해 스스로 할 수 있다는 자신감을 갖게 됩니다.

개별화교육협의회 때, 개별화교육뿐만 아니라 통합교육에 대한 협의도 이뤄진다면 통합학급을 운영하는 데 큰 도움이 됩니다. 지적장애가 있는 아이가 통합학급에서 아이들과 어떻게 관계를 맺고, 어떤 통합 목표를 갖고 생활하면 좋을지 협의해주세요. 통합학급이라는 같은 공간에서 지낸다고 해서 저절로 통합이 이뤄지는 것은 아닙니다. 통합이 이루어지기 위해서는 아이들과 관계를 맺고 '함께'라는 소속감을 느낄 수 있어야 합니다. 특수교육의 궁극적인 목적은 아이들이 사회에서 통합되어 자립하는 것입니다. 학교는 작은 사회입니다. 학교에서조차 통합이 제대로 이뤄지지 않는다면 사회에서도 통합될 수 없습니다. 이번 장에서는 지적장애에 대해 알아보고, 통합학급에서 아이들이 진정한 통합이 이뤄질 수 있도록 돕는 의미 있는 활동을 소개합니다.

이 주의 그림책 ①

장애와 상관없이 누구나 주체적인 삶을 살아요
《서툴고 어설픈 대단한 일꾼들》
(타야 미쓰히로 지음, 라미파 옮김, 한울림스페셜)

장애인은 뭐든 할 수 없다고 생각하는 아이들이 있다면 그림책《서툴고 어설픈 대단한 일꾼들》을 함께 읽어보세요. 이 그림책은 장애가 있는 아이를 교육에 맞추는 것이 아니라 교육을 아이에게 맞춰야 한다는 큰 깨달음을 안겨준다는 점에서 추천할 만합니다. 이는 지적장애가 있는 아이에게 꼭 맞는 개별화교육을 제공해야 한다는 것과 같은데요. 그림책《서툴고 어설픈 대단한 일꾼들》을 읽을 때, 지적장애가 있는 사람들이 어떻게 일을 할 수 있게 됐는지 주목해보세요. 그럼 이제 서툴고 어설프지만 본인이 맡은 일을 멋지게 해나가는 대단한 사람들에 대한 이야기를 한번 들어볼까요?

특수학교 교장 선생님은 일자리를 알아보기 위해 장애가 있는 아이들과 함께 새싹 파 농장에 찾아갔습니다. 싹이 난 지 얼마 안 된 가느다란 새싹 파를 심는 농장이었지요. 그런데 한 아이는 멍하니 있고, 또 다른 아이는 두리번거리고만 있습니다. 영 미덥지 않았던 사장님은 아이들이 농장에서 일하기 어렵다고 돌려보냅니다. 하지만 일주일 뒤 교장 선생님은 농장에 다시 찾아가 모종을 쉽게 심는 방법을 선보입니다. 바로 책받침을 땅에 꽂아 구멍을 내고, 그 구멍에 모종을 넣는 방식이었지요. 이 모습을 본 사장님은 "사람을 일에 맞추는 게 아니라 일을 사람에 맞춰야 한다"라는 큰 깨달음을 얻게 됩니다. 사장님은 이후 일을 단순하게 만들었고, 아이들은 일을 쉽게 할 수 있게 됩니다.

그림책 《서툴고 어설픈 대단한 일꾼들》은 새싹 파로 유명한 농장에서 있었던 실화를 바탕으로 쓰였다고 합니다. 20년 뒤 이 농장은 일을 단순화하는 과정을 거듭해 직원만 해도 100명이 넘는 큰 농장이 되었다고 하네요. 일을 사람에게 맞춘다면 누구나 할 수 있다는 사실을 우리 아이들이 깨달을 수 있게 해주는, 귀중한 교훈이 담긴 그림책입니다.

우리 모두가 주인공! 투표할 수 있게 해주세요

장애 여부와 관계없이 누구나 투표에 참여할 수 있도록 투표용지를 직접 만들어 사용해보는 활동입니다. 투표는 자신의 권리를 행사하는 방법 중 하나입니다. 발달장애인들의 경우 투표권은 있지만 현실에서 그 권리를 행사하지 못하고 있습니다. 그림책 《서툴고 어설픈 대단한 일꾼들》에서는 일을 단순하게 만들어 사람에게 맞췄는데요. 아이들에게 먼저 '피플 퍼스트' 영상을 보여주고 발달장애인이 빼앗긴 권리가 무엇인지 인지할 수 있도록 합니다. 그 다음, 누구나 사용할 수 있는 투표용지를 만들어봅니다.

활동1 '피플 퍼스트' 영상 보기

'피플 퍼스트'(People First)라는 말을 들어본 적 있나요? 1947년 미국에서 한 발달장애인이 발달장애인 자기 권리 주장대회에 참석했습니다. 그는 자신을 '지적장애'로 부르는 것에 불만을 표하며, "I wanna be known to as a people first", 즉, '나는 우선 사람으로 알려지길 원한다'라고 외쳤습니다. 그 뒤 '피플 퍼스트'는 발달장애인 권리 옹호 활동을 대표하는 말이 됐습니다. 피플 퍼스트 영상을 보며 발달장애인이 빼앗긴 투표권에 대해 한번 생각해봅니다.

- 발달장애인들의 참정권 운동

* 출처: 유튜브 한겨레TV 채널

활동2 누구나 사용 가능한 투표용지 만들기

해외에서는 글을 읽고 이해하기 어려운 사람들을 위해 후보자 사진을 넣은 투표용지 혹은 그림, 색깔 등을 넣은 그림 투표용지를 사용하고 있습니다. 이를 참고해 투표용지를 만들어봅니다. 누구나 사용할 수 있는 투표용지가 있더라도 공보물을 보고 공약을 이해하지 못하면 제대로 투표할 수 없는데요. 영국에서는 그림과 함께 쉬운 설명이 첨부된 정책 요약집을 제공하고 있습니다. 사진과 그림, 색깔, 쉬운 단어를 사용해 누구나 이해할 수 있는 공보물도 만들어봅니다.

활동3 투표하기

투표할 때 시각장애인이나 지체장애인과 같은 신체장애인들은 보조인의 도움을 받아 투표에 참여합니다. 하지만 발달장애인은 자기결정권 침해라는 이유로 보조인의 도움을 받지 못하고, 이해하기 어려운 투표용지만 마주하고 있는 실정입니다. 매년 학교에서는 선거를 치릅니다. 함께 만든 투표용지를 이용해 자기결정권을 가지고 투표해봅니다.

이 주의 그림책 ②

다운증후군에 대해 우리가 몰랐던 사실
《아이짱의 비밀》
(다케야마 미나코 글, 에가시라 미치코 그림, 남가영 옮김, 다마이 구니오 감수, 봄나무)

다운증후군에 대해 아시나요? 다운증후군에 대한 궁금증을 풀어줄 그림책을 찾고 있다면, 《아이짱의 비밀》을 추천합니다. 다운증후군은 지적장애의 한 유형으로 외형적 특징 때문에 원하지 않는 주목을 받기도 하는데요. 아이들은 외모가 다르다는 이유로 다운증후군이 있는 아이를 빤히 쳐다보거나 놀리는 무례한 행동을 보이기도 합니다.

아이짱은 태어날 때 진단받은 다운증후군으로 인해 심장이 약하고 성장이 더딥니다. 장애는 병이 아니기 때문에 약으로 고칠 수 없습니다. 다운증후군은 스물한 번째 염색체가 세 가닥입니다. 얼굴 가운데의 성장이 더디고, 바깥쪽이 먼저 크면서 당겨지기 때문에 눈꼬리가 올라가는 특징을 보입니다. 이외에도 체온 조절이 어렵고, 다른 사람보다 살찌기 쉬운 특징이 있는데요. 그렇지만 아이짱은 춤도 잘 추고, 무슨 일을 할 때 시간이 걸려도 포기하지 않습니다.

아이짱은 이 그림책을 쓴 작가의 딸인 스즈짱과 함께 특수학교에 다녔던 아이입니다. 그림책 속에서 아이짱의 엄마는 장애로 인해 생긴 특징으로 속도는 느리지만 할 수 있는 일이 많으니 기다려줬으면 좋겠다고 말합니다. 예전에 한 학교에서 다운증후군이 있는 아이를 가르친 적이 있습니다. 아이짱이 춤을 잘 추는 것처럼 그 아이는 이야기를 참 재미있게 하는 아이였지요. 성인이 된 지금은 시인이 되어 시집을 냈다는 소식을 전해주기도 했답니다. 장애 여부를 떠나서

2월 1주

우리는 모두 저마다 잘하는 것이 있으며 서로에게 도움을 주는 존재들입니다. 이번 장에서는 그림책《아이짱의 비밀》을 읽고 통합학급에서 아이들이 서로 도와주며 관계를 맺고 '우리'라는 소속감을 느낄 수 있는 활동을 소개합니다.

너도 나도 우리 반

아이들과 우리 반 인사법을 만들고 통합 목표를 세워봄으로써 학급 구성원이라는 인식을 가질 수 있도록 돕는 활동입니다. 일반학교에서 특수교육을 받는 아이들은 보통 특수학급과 통합학급을 오가며 수업을 받습니다. 이때 아이는 특수학급 수업이 끝난 후 통합학급에 가면 종종 아이들이 없어서 다시 특수학급으로 돌아오는 경우가 있습니다. 또한, 통합학급 아이들은 특수학급에서 공부한다는 이유로 장애가 있는 아이를 우리 반이 아닌 특수학급 아이라고 부르기도 합니다. 다음에 소개하는 활동을 통해 우리 반만의 인사법을 만들어보고, 학급 구성원으로서 소속감을 느낄 수 있도록 통합 목표를 정해봅니다. 그리고 함께 놀며 서로에 대해 알아보는 시간을 가져보기를 권합니다.

활동 1 우리 반 인사법 만들기

모두가 함께 나눌 수 있는 쉬운 인사법을 만들어봅니다. 지적장애가 있는 아이들은 반 아이들과 친해지고 싶지만 방법을 몰라 다가가지 못할 때가 있습니다. 우리는 처음 만날 때도, 다음에 다시 만날 때도 반갑게 인사하는데요. 관계 맺기의 시작으로 인사를 주고받을 수 있도록 쉽고 재미있는 인사법을 만들어봅니다.

> **예시**
> - 얼굴 옆에서 손을 반짝반짝 흔들며 "안녕 우리 반" 하고 인사하기

활동 2 통합 목표 세우기

친구들과 관계 맺기 위해 할 수 있는 일과 학급에 기여할 수 있는 일을 찾아봅니다. 통합 목표를 세우고 이루는 과정을 통해 아이들은 학급에 소속감을 느낄 수 있습니다.

> **예시**
> - 관계 목표: 우리 반 인사법으로 친구 2명과 인사하기
> - 기여 목표: 급식 차 밀기, 아침마다 기분 좋아지는 짧은 시 한 편 나누기

활동 3 함께 어울려 놀기

장애가 있는 아이들이 원하는 것은 장애와 상관없이 함께하는 것입니다. 아이들과 함께 놀이할 때 규칙을 단순하게 바꿔주세요. 장애보다는 잘하는 것을 바라보고, 느리더라도 기다려주고, 스스로 선택할 수 있도록 응원해주세요. 그렇게 함께 놀며 장애 유무와 상관없이 "우리는 그냥 친구야"라고 말하는 아이들이 많아지길 바랍니다.

> **예시**
> - 할리갈리 보드게임: 딸기가 나오면 종을 치고 먼저 친 사람이 카드를 가져가는 규칙으로 변경
> - e-스포츠: 기존 체육 활동을 e-스포츠로 변경

지적장애에 대한 이해를 돕는 그림책

《파블로 피네다》 (알베르트 보쉬·마리아 살라 글, 실비아 알바레즈 그림, 이승숙 옮김, 고래가숨쉬는도서관)

#자립 #다운증후군

장애로 인해 '할 수 없다'고 생각하는 아이들이 있다면 이 그림책을 추천합니다. 주인공 파블로는 다운증후군이 있는 실제 인물입니다. 파블로의 부모는 파블로가 독립적으로 살아갈 수 있도록 도왔는데요. 무엇보다 파블로가 지나치게 보호받거나 어떤 일을 성취하는 데 한계를 느끼지 않도록 지원했습니다. 이후 파블로는 다운증후군이 있는 사람으로는 유럽 최초로 대학교를 졸업했고, 사람들 앞에서 강연도 했으며 책도 썼습니다. 파블로의 이야기는 영화 〈미 투〉로도 제작되어 파블로는 산세바스티안 국제영화제에서 남우주연상까지 받았습니다. 파블로가 태어났을 때, 사람들은 장애가 있다는 이유로 파블로가 가진 능력을 의심했습니다. 학교에 다닐 수 있을까, 친구를 사귈 수 있을까 하고 말이지요. 파블로는 이런 의심들을 모두 '할 수 있다'는 확신으로 바꿨습니다. 이 그림책을 읽고 아이들에게 "장애가 있으면 학교에 다닐 수 없을까요?", "장애가 있으면 연기할 수 없을까요?"와 같은 질문을 던져보세요. 아이들은 장애에 대한 편견에서 벗어날 수 있게 될 것입니다.

《내 동생과 할 수 있는 백만 가지 일》 (스테파니 스투브 보닌 글, 팸 드비토 그림, 한진영 옮김, 한울림스페셜)

#함께 #다운증후군

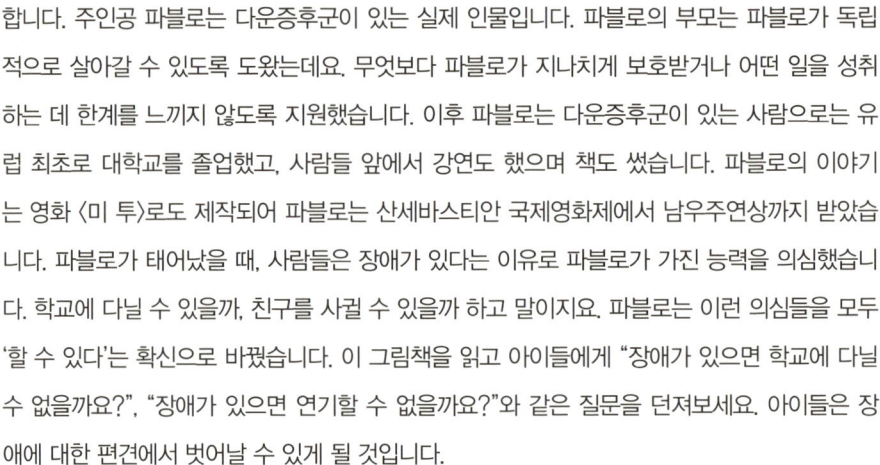

장애가 있다는 이유로 함께 할 수 없다고 생각하는 아이가 있다면 그림책 《내 동생과 할 수 있는 백만 가지 일》을 읽어주세요. 다운증후군이 있는 아이가 태어나자 주인공은 아빠에게 "다운증후군을 가지고 있으면 ~를 못해?" 하고 묻습니다. 아빠는 "아니, 할 수 있단다"라고 답하는데요. 이 대화는 지적장애가 있는 아이도 우리가 하는 모든 것을 할 수 있다는

점을 일깨워줍니다. 그림책 《내 동생과 할 수 있는 백만 가지 일》을 다 읽고 나서 아이들에게 이렇게 질문해보세요. "장애가 있는 사람과 무엇을 함께 할 수 있을까요?" 시간이 조금 더 걸릴 뿐 기다려주면 장애가 있는 아이도 충분히 할 수 있습니다.

그림책 《내 동생과 할 수 있는 백만 가지 일》은 영화 〈다운사이드 업〉과 함께 보면 좋습니다. 영화 〈다운사이드 업〉은 모두가 다운증후군인 세상을 보여줍니다. 이런 세상에 장애가 없는 에릭이 태어나는데요. 이곳에서는 장애가 없는 소수가 오히려 장애인으로 여겨집니다. 매년 3월 21일은 '세계 다운증후군의 날'입니다. 아이들과 세계 다운증후군의 날의 의미를 알아보고 세 짝 양말을 섞어 신는 'Rock your socks!' 캠페인을 열어보는 활동도 추천합니다. 다운증후군도 우리 사회를 이루는 구성원 중 한 명이라는 사실을 아이들이 깨달을 수 있습니다.

지적장애를 다룬 그림책

- 《내 동생의 특별한 염색체》(모르간 다비드 지음, 이재현 옮김, 파랑새어린이)
- 《말코, 네 이름》(구스티 지음, 서애경 옮김, 문학동네)
- 《그래도 괜찮아 마을에서 온 나는 행복한 사람입니다》(안드레스 게레로 지음, 남진희 옮김, 한울림스페셜)
- 《다른 애들이랑 똑같이 할 수가 없어》(유아사 쇼타 글, 이시이 가요타카 그림, 김숙 옮김, 북뱅크)
- 《아나톨의 작은 냄비》(이자벨 카리에 지음, 권지현 옮김, 씨드북)
- 《잃어버린 강아지》(난 그레고리 글, 론 라이트번 그림, 김세희 옮김, 파랑새어린이)

2월 2주
자폐성장애, 우리는 모두 '같은' 사람

오늘은 체험학습 가는 날! 아이들은 대부분 부푼 마음으로 등교하지만 영우는 그렇지 않습니다. 영우는 자폐성장애가 있습니다. 일과에 변화가 생기면 불안을 느끼는 영우는 체험학습 대신 교실에 있고 싶습니다. 이럴 땐 사전에 변화된 일과를 시각적으로 알려주면 불안을 줄일 수 있는데요. 이처럼 자폐성장애가 있는 아이들을 지도하기 위해서는 자폐성장애의 특성을 이해하는 것이 중요합니다.

흔히 알고 있는 자폐스펙트럼장애는 장애인 등에 대한 특수교육법에서 자폐성장애로 칭합니다. 자폐성장애를 지닌 특수교육대상자는 사회적 상호작용과 의사소통에 결함이 있고, 제한적이고 반복적인 관심과 활동으로 학습과 일상생활 적응에 도움이 필요한 사람입니다. 이에 근거한 특성은 다음과 같습니다.

자폐성장애 특성	드라마 〈이상한 변호사 우영우〉로 든 예시
사회적 상호작용 결함	우영우는 상대의 감정을 고려하지 않고 발언해 종종 상대를 곤란하게 할 때가 있는데요. 이는 상대의 감정을 이해하는 데 어려움이 있기 때문입니다. 이로 인해 오해가 생겨 사람들과 관계를 맺는 데 어려움을 겪기도 합니다.
의사소통 결함	펭수를 좋아하는 정훈이는 '우르르르', '네'와 같이 매우 제한적인 말만 사용하고, 상대의 말을 이해하고 답하는 데 어려움을 보입니다. 또한, 상대방이 한 말을 그대로 따라 하는 반향어를 보이기도 합니다.
제한적이고 반복적인 관심과 활동	우영우는 '돌고래'와 '법'에 제한적인 관심을 둡니다. 또한, 문 앞에서 셋을 세고 들어가는 자신만의 규칙이 있지요. 이런 규칙이 깨지면 불안을 느끼고, 일상의 변화를 받아들이는 데 시간이 오래 걸립니다.
감각에 대한 반응	우영우는 소리에 민감하여 지하철을 탈 때 헤드폰을 이용합니다. 또한, 음식에 대한 민감도가 높아 김밥만 먹습니다. 일반적으로 자폐성장애가 있는 사람은 자극에 대한 민감도가 높아 과대반응을 보이지만, 민감도가 낮은 경우도 종종 있습니다.

그런데 사실 우리는 모두 인간관계에 어려움을 느끼고 자신만의 규칙을 가지고 있지 않나요? 즉, 이것이 과연 자폐성장애인만의 특성인지 생각해볼 필요가 있습니다. 《나는 당신의 숙제가 아니에요》를 쓴 김성남 작가는 이렇게 말합니다.

> 장애가 없는 사람이 앉아서 다리를 떨면 습관이라고 합니다.
> 발달장애인이 의자에 앉아 다리를 떨면 상동행동이라고 합니다.
> 장애가 없는 사람이 그림을 잘 그리면 재능이라고 합니다.
> 발달장애인이 그림을 잘 그리면 서번트 증후군이라고 합니다.

여러분도 장애를 가졌다는 이유로 이처럼 달리 생각하진 않았나요? 이번 장에서 제시하는 그림책과 활동을 통해 자폐성장애가 있는 아이들의 특성을 알아보고, 다름보다는 같음에 집중할 수 있도록 도와주세요. 이를 통해 자폐성장애에 대한 인식을 개선하고 자폐성장애인의 삶을 응원하는 시간을 가져봅시다.

2월 2주

이 주의 그림책 ①

누구나 루틴이 깨지면 힘들다
《자폐 아이 제노의 뒤죽박죽 하루》
(이네 반 덴 보쉐 지음, 조선미 옮김, 민병무 감수, 한울림스페셜)

그림책《자폐 아이 제노의 뒤죽박죽 하루》는 자폐성장애의 다양한 특성을 소개한다는 점에서 주목할 만합니다. 이 그림책을 읽으면서 앞서 드라마 〈이상한 변호사 우영우〉를 예로 든 것처럼 자폐성장애의 특성을 한번 찾아보세요. 마지막 페이지에는 옮긴이가 아이들에게 보낸 편지가 있는데요. 이 편지는 자폐성장애에 대한 다양한 궁금증을 해결해줍니다. 자, 그럼 제노는 어떤 하루를 보냈는지 한번 만나볼까요?

아침 7시 30분, 제노는 매일 아침 이 시간에 일어나 항상 그랬던 것처럼 순서대로 옷을 입고 7시 45분 토스트를 먹습니다. 하지만 오늘은 담임선생님이 나오지 않아 다른 선생님과 함께 지내야 해요. 변화를 받아들이기 힘든 제노는 하루 일과표를 꼼꼼히 살펴보고 학교에 갑니다. 쉬는 시간에는 항상 조쉬와 공놀이를 했지만 조쉬가 놀지 않아 화를 냅니다. 배가 아파 집에 간 조쉬를 이해하기 어려운 제노는 조쉬를 오해하고 맙니다. 집으로 돌아와 엄마와 함께 조쉬에게 뭐라고 말해야 할지 순서대로 이야기를 나눕니다. 제노는 다음 날 학교에서 조쉬에게 미안하다고 말하고, 엄마와 함께 이야기 나눴던 것처럼 순서대로 이야기합니다. 제노는 그렇게 변화를 조금씩 받아들입니다.

제노의 하루는 아침 7시 30분에 시작해 시간마다 정해진 활동을 한 후 마무리됩니다. 여러분은 꼭 해야 하는 루틴이 있는데 갑자기 무슨 일이 생겨서 못하게

된다면 어떨 것 같나요? 저는 짜증이 나기도 하고 급한 일이라면 불안한 마음이 들기도 합니다. 자폐성장애가 있는 아이들도 자신만의 루틴이 깨지면 불안감을 느끼는데요. 그 불안은 우리가 상상할 수 없을 정도로 참고 견디기 힘듭니다. 그래서 때로 소리를 지르기도 하고 책상 밑으로 숨기도 합니다. 그림책《자폐 아이 제노의 뒤죽박죽 하루》를 통해 자폐성장애가 있는 아이들은 일정이 틀어지거나 예측할 수 없는 경우 극도로 불안감을 느낀다는 사실을 아이들에게 알려주세요. 그리고 아이들과 함께 자신이 반복하는 루틴에 변화가 생기면 어떨 것 같은지에 관해서도 이야기를 나눠보세요.

우리 반 시각 시간표 만들기

누구나 예측할 수 있는 우리 반만의 시각 시간표를 함께 만들어보는 활동입니다. 자폐성장애가 있는 아이들은 시각적 학습자이기 때문에 그림, 사진과 같은 시각 자료를 제시하면 내용 이해에 도움이 됩니다. 보통 시간표는 숫자와 글자로만 이뤄져 있는데요. 그림 또는 사진을 넣어 시간별로 어떤 활동을 하는지 알 수 있도록 시각 시간표를 만들어봅니다. 시각 시간표는 예측 가능성을 높여줘서 자폐성장애가 있는 아이들의 불안을 줄이고 활동에 참여를 높일 수 있습니다.

활동1 과목 또는 활동에 어울리는 단어 모으기

시각 시간표에 들어갈 과목 또는 활동을 정한 후, 포스트잇에 생각나는 단어를 써서 모아봅니다. 학사 일정을 참고해 과목 외에도 다양한 활동을 적용해도 좋습니다.

> 예시
> - 미술: 붓, 화가, 색깔, 감상 등
> - 점심시간: 급식판, 음식, 운동장 등
> - 외부 활동: 버스, 도시락 등

활동 2 비주얼 싱킹으로 표현하기

'비주얼 싱킹'(Visual Thinking)은 글과 그림을 함께 사용해 생각을 정리하고 정보를 요약하는 시각적 사고 방법입니다. 과목 또는 활동을 비주얼 싱킹으로 표현해봅니다.

> 예시
> - 미술: 붓, 화가의 모습을 간단하게 그려보기
> - 점심시간: 급식판, 음식, 운동장 모습을 간단하게 그려보기
> - 외부 활동: 버스, 도시락 등의 모습을 간단하게 그려보기

활동 3 시각 시간표 완성하기

모둠별로 시간, 과목, 활동을 정하고 비주얼 싱킹으로 나타낸 후 시각 시간표에 붙입니다.

> 예시
> - 체육: 공, 깃발, 달리는 모습 표현하기
> - 시계: 1교시를 시계로 표현하기

이 주의 그림책 ②

자폐성장애에 대해 올바로 알아요
《스즈짱의 뇌》
(다케야마 미나코 글, 미키 하나에 그림, 김정화 옮김, 우노 요타 감수, 봄나무)

 종종 아이들이 다가와 묻습니다. "얘는 왜 말을 못 해요?" 굉장히 노골적이지만 아이들은 자폐성장애가 있는 아이에 대해 알고 싶어서 이렇게 질문하기도 합니다. 그림책 《스즈짱의 뇌》는 자폐성장애가 있는 스즈짱과 그 엄마의 실제 이야기입니다. 이 그림책은 스즈짱의 엄마가 자폐성장애에 대한 아이들의 의문을 풀어주는 형식으로 전개되는데요. 아이들과 함께 그림책 《스즈짱의 뇌》를 읽는 동안 아이들에게 "자폐는 이런 거예요" 하고 시원하게 답을 줄 수 있을 것입니다.

 스즈짱은 7세 반이지만 말을 할 줄 몰라요. 갑자기 울음을 터뜨리고 물어뜯기도 하고 손을 마구 팔랑거리거나 뱅글뱅글 돌기도 하지요. 스즈짱의 엄마는 이런 행동이 뇌의 문제인데, 스즈짱의 뇌는 태어날 때부터 다른 아이들과 조금 다르게 작동한다고 말합니다. 갑자기 무서운 꿈이 떠올라 울기도 하고, 즐거운 기억이 떠올라 느닷없이 낄낄 웃는 것도 다 그런 이유 때문이라고도 설명해주지요.

 우리는 힘든 일이 있을 때 과거의 좋았던 기억으로 힘을 내곤 합니다. 그림책 《스즈짱의 뇌》를 읽고 나서 아이들과 함께 떠올리면 웃음이 나는 이야기를 나눠 보세요. 자폐성장애가 있는 아이들이 우리와 함께한 날을 떠올렸을 때 웃음이 날 수 있도록 신나는 추억을 만들어보는 것은 어떨까요? 오늘 하루를 웃지 않고 그냥 보내기에는 너무 심심하잖아요!

'Light It Up Blue' 희망의 파란빛을 밝혀요!

'세계 자폐인의 날' 캠페인을 함께 즐기며 자폐인들의 삶을 응원하는 활동입니다. 매년 4월 2일은 세계 자폐인의 날입니다. 이날 전 세계의 랜드 마크들은 파랗게 물듭니다. 자폐에 대한 인식을 높이고 자폐인과 함께한다는 의미에서 이날 전 세계의 랜드 마크에 희망을 상징하는 파란불을 켜는 캠페인이 열리기 때문이지요. 아이들과 이 캠페인이 담긴 영상을 함께 보면서 마음속에 희망의 파란 불빛을 피어오르게 만드는 활동을 해보면 어떨까요?

활동1 '세계 자폐인의 날' 알아보기

세계 자폐인의 날 영상을 시청합니다. 전 세계의 자폐인과 그 가족들에게 용기를 전하기 위해 이날 어떤 활동이 이뤄지는지 알아봅니다.

- 'Light It Up Blue' 캠페인 영상

* 출처: 유튜브 한국자폐인사랑협회 채널

활동2 'Light It Up Blue' 캠페인 열기

세계 자폐인의 날에 아이들과 함께 파란색 옷이나 신발 등을 착용하고 와 학교를 파랗게 물들여주세요. 아이들과 함께 사진을 찍고 이어 붙여 파란 하트 모양으로 게시판을 꾸미는 활동도 좋습니다. 'Light It Up Blue' 캠페인을 통해 자폐성장애가 있는 아이들이 우리와 다르

지 않다는 사실, 이들도 우리와 함께 하는 것을 즐거워한다는 사실을 자연스럽게 체감할 수 있도록 해주세요. 더 나아가 전교생이 함께 참여할 수 있는 캠페인도 기획해보면 더 좋겠지요.

활동3 **무지개 색 지그소 퍼즐 만들기**

세계 자폐인의 날에는 알록달록한 무지개 색 지그소 퍼즐을 통해 자폐에 대한 인식을 높이기도 하는데요. 여기서 무지개 색은 자폐스펙트럼장애의 다양성을 상징합니다. 아이들과 단체 사진을 찍고, 이를 활용해 무지개 색 지그소 퍼즐을 만들어봅니다.

한 걸음 더

자폐성장애에 대한 이해를 돕는 그림책

《내 친구 마틴은 말이 좀 서툴러요》
(알레인 아지레 글, 마이테 그루차가 그림, 김지애 옮김, 라임)

#우정 #통합 #에티켓

아이들이 자폐성장애가 있는 친구와 친해지고 싶어 한다면 그림책 《내 친구 마틴은 말이 좀 서툴러요》를 추천합니다. 그림책에 등장하는 마틴은 자폐성장애가 있습니다. 마틴과 가장 친한 친구인 주인공은 마틴을 다른 아이들과 조금 다르다고 소개합니다. 하지만 이것은 다른 아이들이 우기는 말이라고 설명합니다. 마틴은 말이 좀 서툴러서 다른 아이들이 잘 못 알아듣는데요. 주인공은 마틴에게는 자기만의 언어가 있고, 자신에게 그것을 가르쳐주고 있다고 말합니다.

자폐성장애가 있는 아이와 친해지고 싶었던 한 아이가 제게 이렇게 물은 적이 있어요. "선생님, 초원이는 뭘 좋아해요?" 초원이가 동물을 좋아한다는 사실을 알고 있었던 저는 아이에게 그 점을 일러주었지요. 이후 아이는 동물을 매개로 초원이와 친해질 수 있었습니다. 자폐성장애가 있는 아이들을 대할 때는 그 아이가 좋아하는 것과 자폐성장애를 가진 사람들을 대하는 에티켓을 꼭 알려주세요. 자폐성장애가 있는 아이의 말을 주의 깊게 듣고, 행동을 유심히 살펴보면 마틴이 그랬듯 이들이 곧 자기만의 언어를 우리에게 가르쳐줄 거예요!

- 자폐성장애인을 대하는 에티켓 영상

* 출처: 유튜브 소소한소통 채널

《나의 특별한 친구 문어》

(이사벨 마리노프 글, 크리스 닉슨 그림, 이숙진 옮김, 노란돼지)

#사회성 #우정

《나의 특별한 친구 문어》는 사회적 상호작용에 어려움을 겪는 자폐성장애에 대해 이해할 수 있는 그림책입니다. 주인공 레오는 세상이 너무 환하고 시끄러워 잘못된 행성에 왔다고 생각합니다. 아이들은 그런 레오를, 또 레오는 아이들을 이해하기 어려웠습니다. 그러던 어느 날 레오는 문어 마야를 만납니다. 레오는 마야와 친구가 되고 싶어 문어에 대해 알아보기 시작하는데요. 문어는 피부색과 촉감으로 기분을 나타내고, 몸이 부드럽고 뼈가 없어 아주 작은 틈으로 들어갈 수 있다는 것을 알게 됩니다. 레오가 마야를 만졌을 때, 피부색이 하얗게 변하면서 표면이 매끄러워졌습니다. 좋은 신호였지요. 레오는 문어를 통해 우정이 무엇인지 조금씩 알게 됩니다. 그림책 《나의 특별한 친구 문어》를 쓴 작가는 자폐성장애가 있는 아들을 키우면서 자폐성장애가 있는 아이들이 다른 사람의 표정을 이해하기 어려워한다는 것을 알게 됩니다. 문어처럼 사람의 마음도 색으로 알기 쉽다면 얼마나 좋을까요? 그림책을 다 보고 난 뒤에는 아이들과 함께 이모지와 감정 카드를 이용해 상대방의 표정과 감정을 알아보는 시간을 가져보는 활동을 이어서 해도 좋습니다.

자폐성장애를 다룬 그림책

- 《행복한 화가, 나의 형》(우영은 글, 이윤희 그림, 뜨인돌어린이)
- 《엄마는 너를 위해》(박정경 글, 조원희 그림, 낮은산)
- 《벽 속에 사는 아이》(아네스 드 레스트라드 글, 세바스티앙 슈브레 그림, 이정주 옮김, 어린이작가정신)
- 《로리스의 특별한 하루》(바르바라 취렌·파스칼 헤힐러 글, 마르틴 망부르 그림, 조경수 옮김, 위즈덤하우스)
- 《누나에겐 혼자만의 세상이 있어》(마르코 베레토니 카라라 글, 치아라 카레르 그림, 주효숙 옮김, 한울림스페셜)

2월 3주
시·청각장애, 세상과 소통하는 다양한 방법

눈이 나쁘면 무엇을 쓰나요? 네, 안경을 쓰지요. 안경을 쓰면 선명하게 볼 수 있기 때문에 보는 것에 불편함을 느끼지 못합니다. 시각장애인은 시각을 대신해 흰지팡이를 사용하고, 청각장애인은 청각을 대신해 보청기를 착용합니다. 안경의 예시처럼 모든 곳에 점자와 소리, 시각적 지원이 제공된다면 시·청각장애인에게 보고 듣지 못하는 것은 더 이상 장애가 되지 않습니다. 여러분은 '장애'를 뭐라고 생각하시나요? 아이들에게 질문을 던지니 '불쌍하다', '못 한다'와 같은 대답이 들려옵니다. 우리는 흔히 장애라고 하면 보통 개인이 가진 부정적인 이미지를 떠올리는데요. 이는 장애를 장애인이라는 개인이 가지고 있다는 인식 때문입니다.

"선생님, 얘 보이는 것 같아요. 시각장애인 아니에요"라고 말하는 아이들이 있습니다. 시각장애인은 정말 볼 수 없을까요? 정답은 볼 수 있기도 하고, 없기도 합니다. 시각장애인이라고 하면 흔히 못 본다고 생각하지만 모두 그런 것은 아닙니다. 시각장애인은 아예 볼 수 없는 맹(盲)부터 시야에 제한이 있거나 큰 글자는 읽을 수 있는 저시력까지 매우 다양합니다.

그렇다면 청각장애인은 소리를 들을 수 있을까요? 시각장애인과 마찬가지로 들을 수 있기도 하고, 없기도 합니다. 청각장애는 흔히 농(聾)과 난청으로 나눌 수 있으며, 농은 청각적 소통이 어렵고, 난청은 잔존청력으로 청각적 소통이 어렵지만 듣는 것이 가능합니다. 청각장애인은 소리 정보를 수용하지 못해, 2차적 장애로 언어장애를 동반하기도 합니다. 시·청각장애가 있는 아이는 제한된 감각을 보완하거나 대체해주지 않으면 학습에 어려움을 느낍니다. 시·청각장애는 종류가 매우 다양하여 아이가 가진 장애에 대해 정확히 파악한 후 자료와 활동을 변경·수정하여 제공해야 합니다.

	제한된 감각 보완	대체
시각장애	확대, 대비, 조명 등	청각, 촉각 등
청각장애	입 모양, 소음 제거 등	시각, 촉각 등

장애가 있는 아이들은 비장애인과 소통하는 법을 배웁니다. 하지만 비장애인은 장애인과 소통하는 법을 배우지 않습니다. 그래서 종종 장애인을 만났을 때 소통하고 싶어도 방법을 몰라 머뭇거리게 됩니다. 이번 장에서는 감각장애에 해당하는 시각장애와 청각장애에 대해 알아보려고 합니다. 시·청각장애인이 일상에서 겪는 어려움에 대해 알아보고 아이들이 장애가 '개인'이 아닌 '환경'에 있다는 것을 인식할 수 있도록 해주세요. 그리고 점자와 수어를 통해 시·청각장애인과 소통하는 법을 배우고, 장애가 되는 환경을 개선하기 위한 활동도 함께 실천해봅시다.

이 주의 그림책 ①

시각장애인의 눈을 대신하는 것들
《나는 안내견이야》
(표영민 글, 조원희 그림, 한울림스페셜)

그림책《나는 안내견이야》는 안내견의 시선으로 바라본 시각장애인의 하루가 담겼습니다. 이 그림책은 시각장애인을 다른 시각으로 바라볼 수 있다는 점에서 주목할 만합니다. 표지에는 노란 조끼를 입은 안내견이 앞을 바라보고 있습니다. 주변이 산만해도 시각장애인을 안내하는 임무에만 집중하겠다는 굳은 의지가 느껴집니다.

안내견은 안내견 학교에서 배운 대로 시각장애인에게 길을 안내합니다. 자신을 신기하게 바라보거나 사진을 찍는 사람들이 있어도 앞이 보이지 않는 주인공이 넘어지지 않도록 집중하지요. 아이들과 그림책《나는 안내견이야》를 읽으면서 안내견이 시각장애인의 눈 역할을 한다는 것에 집중할 수 있도록 도와주세요. 안내견은 시각장애인과 함께 어디든 갈 수 있지만, 식당 출입을 거부당해 밖에서 주인공을 지켜보기만 합니다. 입마개를 하지 않아 오해를 받고 힘든 하루를 보내지만, 집으로 무사히 돌아오는 임무를 완수합니다.

장애인복지법 제40조 제4항에 의거하면 안내견은 대중교통, 여러 사람이 다니거나 모이는 곳의 출입을 정당한 사유 없이 거부당할 수 없습니다. 하지만 여전히 안내견 출입이 금지되는 곳이 많습니다. 그나마 안내견은 시각장애인을 도와준다고 이제는 사람들이 제법 많이 알고 있지만, 청각장애인이나 지체장애인 등 다양한 장애인을 돕는 보조견의 존재는 아직 널리 알려지지 않았습니다. 청각장

애인을 돕는 작은 보조견은 안내견보다 더욱 거부당하기 쉽습니다. 식당에 갈 때 앞을 볼 수 없다면 어떨지 아이들과 함께 상상해보세요. 안내견을 만난다면 '사진 찍지 않기', '만지지 않기', '부르지 않기', '간식 주지 않기'처럼 안내견을 대하는 에티켓도 알려주세요. 더 나아가 우리 동네에서 보조견 출입을 환영하는 스티커를 찾아보고, 없다면 보조견 환영 스티커를 선물해보는 것은 어떨까요?

너의 눈이 되어줄게

시각장애인의 눈 역할을 하는 안내견, 점자, 점자블록에 대해 배워보는 활동입니다. 요즘 들어 거리에서 점자블록은 점점 사라지고, 노란 점자블록은 어두운 색으로 대체되고 있습니다. 미관상 좋지 않다는 이유 때문인데요. 점자블록이 사라지면 시각장애인들은 자고 일어났더니 갑자기 팔이 없어진 것과 똑같은 심정이라고 합니다. 아이들에게 시각장애인의 눈 역할을 하는 것에 대해 알려주고, 좀 더 아름다운 세상을 만들기 위한 의미 있는 실천에 대해 고민해봅니다.

활동1 점자 배우기

1. 눈을 가리고 과자, 음료 종류 맞히기

안대를 착용하고 과자와 음료 종류를 맞혀봅니다. 캔 음료 위에는 점자가 새겨져 있습니다. 하지만 '음료' 또는 '탄산'이라고 적혀 있어 어떤 음료인지 구분할 수 없습니다. 과자에는 점자처럼 시각을 대체할 단서가 전혀 없는데요. 시각장애인들이 어떻게 과자와 음료를 구분하면 좋을지 이야기를 나눈 후, 다음의 영상들을 시청해주세요.

2월 3주

음료	시각장애인을 만나고 충격받은 어린이의 반응	[QR]
	[QR] 시각장애인이 편의점에서 겪은 최악의 순간	
	펭수를 분노하게 한 시각장애인의 한마디	[QR]
과자	[QR] 슈퍼에 가고 싶은 시각장애인 어린이의 한마디	
	시각장애인은 혼자 편의점에서 과자를 살 수 있을까?	[QR]
	[QR] 시각장애인이 무슨 과자인지 아는 방법! 근데 반전…	

* 출처: 유튜브 원샷한솔 채널

2. 점자 쓰고 읽는 방법 알기

한글 말고 또 하나의 우리글이 있다는 것 아시나요? 바로 송암 박두성 선생이 만든 '훈맹정음'인데요. 훈맹정음은 훈민정음에 시각장애인을 뜻하는 한자 '맹'(盲)을 넣어 붙인 이름

480

으로, 한글 점자의 또 다른 이름입니다. 점자를 배우기 위해서는 큰 노력이 필요합니다. 그 이유 중 하나는 점자는 가로 풀어쓰기 형태로 되어 있기 때문입니다. 가령, 점자는 'ㅈ ㅓ ㅁ ㅈ ㅏ'로 써야 합니다. 점자로 쓰고 읽기가 더 어려운 이유는 자주 쓰는 점자를 축약해 표현한 약자와 약어도 있기 때문입니다. 유튜버 원샷한솔이 설명해주는 '우리가 몰랐던 점자 이야기' 영상을 시청한 후 점자를 배워봅니다.

- '우리가 몰랐던 점자 이야기' 영상

3. 좋아하는 과자 또는 음료, 보조견 환영 점자 써보기

자신이 좋아하는 과자 또는 음료 중 하나를 정한 뒤, 그것의 이름을 가로로 풀어쓰고 점자로 바꿔봅니다. 점자는 쓰고 난 후 종이를 뒤집어 볼록한 부분을 통해 읽기 때문에 읽고 쓸 때 유의해야 합니다. 점자표에는 쓰기표와 읽기표가 있습니다. 점자를 찍을 때 사용하는 도구인 점관과 점필을 사용할 경우에는 쓰기표를 보고 점자를 쓰도록 합니다. 읽는 방법만 배운다면 읽기표를 보고 점표에 스티커를 붙여봅니다. 난이도는 아이들 수준에 맞게 조절하여 지도해주세요. 점관과 점필은 각 지역 특수교육지원센터에 문의하신 후 대여할 수 있습니다. (참고: 점자 일람표)

> **예시**
> - 바나나킥 → ㅂㅏㄴㅏㄴㅏㅋㅣㄱ → ⠘⠣⠉⠣⠉⠣⠋⠕⠁
> - 보조견을 환영합니다 → ㅂㅗㅈㅗㄱㅕㄴ을 ㅎㅘㄴ영ㅎㅏㅂㄴㅣ다
>   → ⠘⠥⠨⠥⠉⠱⠒⠒⠮ ⠚⠧⠒⠎⠻⠚⠣⠘⠉⠕⠊⠣

활동2 점자 블록과 흰지팡이 알기

시각장애인은 이동할 때 점자블록과 흰지팡이의 도움을 받습니다. 점자블록은 점형과 선형 2가지 종류가 있는데요. 선형은 보행로의 진행 방향, 점형은 횡단보도나 계단의 시작과 끝 지점에 설치해 정확한 위치에 정지하도록 알려줍니다. 흰지팡이는 시각장애인을 위한 지팡이로 남에게 의존하지 않고 보행할 수 있음을 의미합니다. 학교 안에서 점자블록을 찾아보고, 안대를 착용한 후 흰지팡이를 이용하여 이동해봅니다. 손상된 점자블록은 시각장애인을 큰 위험에 빠뜨립니다. 아이들이 체험을 통해 시각장애인에게 제대로 된 점자블록과 흰지팡이가 꼭 필요하다는 것을 자연스럽게 인식할 수 있도록 도와주세요. 흰지팡이는 각 지역 특수교육지원센터에 문의하신 후 대여할 수 있습니다.

활동3 시각장애인을 위한 행동 실천하기

컵라면에는 점자가 없었습니다. 사람들은 시각장애가 있는 유튜버 원샷한솔이 올린 영상에서 원하는 컵라면을 고르지 못하는 모습을 보고 컵라면 제조사에 민원을 넣었습니다. 그 결과, 현재 몇몇 컵라면에 점자가 생겼습니다. 이처럼 아이들과 함께 일상에서 점자블록, 점자, 보조견 환영 스티커 등이 필요한 곳을 찾아보고, 학교 또는 가정에서 직접 개선해볼 수 있는 활동을 실천해봅니다. 아이들이 사회의 한 구성원으로서 시민의식을 갖게 되는 값진 경험이 될 것입니다.

시청각
장애
·
소통

> 예시

- 과자 또는 음료 제조사 홈페이지에 점자 표기 의견 접수하기
- 훼손된 점자블록을 지방자치단체 홈페이지에 알리기
- 점자블록 위에 있는 물건 치우기(예: 전동 킥보드, 자전거 등)
- 보조견 출입 환영 스티커가 없는 곳(식당, 카페 등)에 스티커 선물하기
- 점자 그림책 또는 오디오북 만들기
- 보조견 출입을 거부하는 상황을 본다면 보조견은 어디든 출입 가능하다고 말하기
- 일상에서 점자를 찾아보고 틀린 점자 표기를 기관에 알리기

이 주의 그림책 ②

'보이는 언어' 수어의 세계
《수화로 시끌벅적 유쾌하게》
(라사 잔쵸스카이테 지음, 라미파 옮김, 한울림스페셜)

'보이는 언어'인 수어로 농인과 소통하고 싶다면, 그림책 《수화로 시끌벅적 유쾌하게》를 추천합니다. 이 그림책은 청각장애가 있는 아이들의 시선으로 바라본 세상과 청각장애인의 삶에 대한 이야기를 다룬다는 점에서 주목할 만합니다. 그림책을 보기 전에 아이들에게 간단한 수어를 보여주며 아이들이 수어에 관심을 가질 수 있도록 해주세요. 국립국어원에서는 한국수어 사전을 만들어 제공하고 있습니다.

- **국립국어원 한국수어 사전 홈페이지**

그림책 《수화로 시끌벅적 유쾌하게》는 손 그림과 함께 말소리를 시각적으로 표현하고 있습니다. 작가는 비주얼커뮤니케이션 디자인을 전공하였는데요. 그림책을 읽을 때 소리의 시각적 표현을 찾으며 읽어보세요. 그림책 감상이 더욱 풍요로워집니다.

수어는 수화언어의 줄임말로, 한국어나 영어와 같이 독립된 언어라는 의미를 담고 있습니다. 그림책《수화로 시끌벅적 유쾌하게》에 등장하는 인물들은 수어를 통해 소통하며 유쾌하게 살아갑니다. 버스가 출발하기 전, 버스 안과 밖은 유리를 사이에 두고 있지만, 아이들은 수어로 대화할 수 있어요. 축구를 할 때도 수어로 소통하는데요. 이 장면을 위에서 내려다본 것처럼 축구를 하는 아이들을 머리로만 표현하고, 소리를 손과 말소리 선으로 시각화하여 나타낸 것이 인상적입니다.

그림책 뒷부분에는 청각장애와 관련해서 우리가 알아야 할 흥미로운 사실들이 나오는데요. 전 세계 청각장애인은 3억 명이 넘는다는 점, 청각장애인은 소리 진동을 느끼며 춤을 춘다는 점 등 아이들과 흥미로운 사실에 대해서도 알아보세요. 그림책을 다 읽고 나서 아이들에게 이렇게 질문해보시길 바랍니다. "여러분, 꼭 귀로 들어야만 소통할 수 있을까요?" 아이들은 두 손을 엇갈려 아니라는 표현을 할 것입니다. 청각장애는 살아가는 데 문제가 되지 않습니다. 수어로 소통할 수 있으니까요. 그럼 이제 농인의 고유한 언어인 수어를 배워볼까요?

수어가 궁금해!

하나의 독립된 언어인 수어를 배워보는 활동입니다. 방탄소년단은 〈Permission to Dance〉 뮤직비디오에서 수어를 활용한 춤을 선보여 많은 이들에게 감동을 안겨주었습니다. 뮤직비디오를 보면 방탄소년단 멤버들이 비슷한 손동작을 반복해서 사용하는 것을 볼 수 있는데요. 국제수어를 활용한 퍼포먼스로 '즐겁다, 춤추다, 평화'라는 의미를 세상에 전하고 있습니다. 수어가 하나의 언어라는 인식을 가지고 아이들과 함께 수어를 배워봅니다.

활동 1 한국수어 배우기

수어는 보이는 언어로 몸짓과 비슷해 보이지만 차이가 있습니다. 수어는 손과 손가락의 모양(수형), 손바닥의 방향(수향), 손의 위치(수위), 손의 움직임(수동) 등에 따라 의미가 달라집니다. 또한, 같은 동작도 표정에 따라 다른 의미가 되기도 합니다. 표정과 수형, 수향 등에 주의하며 간단한 한국수어를 배워봅니다.

예시

- **안녕하세요**
오른손바닥으로 주먹을 쥔 왼팔을 쓸어내린 다음, 두 주먹을 쥐고 바닥이 아래로 향하게 하여 가슴 앞에서 아래로 내립니다.

- **감사합니다**
손끝이 밖으로 향하게 펴서 모로 세운 오른손의 새끼손가락 옆면을 손바닥이 아래로 향하게 편 왼손 등에 두 번 댑니다.

활동 2 방탄소년단 〈Permission to Dance〉에 맞춰 수어로 춤추기

방탄소년단의 〈Permission to Dance〉 뮤직비디오를 보고 3가지 국제수어를 찾아봅니다. '즐겁다, 춤추다, 평화'를 의미하는 수어를 넣어 춤을 춰보세요. 더 나아가 아이들과 함께 한국수어 사전에서 희망을 나타내는 다른 단어를 찾아보고 우리만의 수어 춤을 만들어봅니다.

예시

- **즐겁다**
엄지손가락을 펴고 나머지 손가락을 반쯤 구부린 채 몸을 긁는 듯한 동작

- **춤을 추다**
한 손바닥을 무대 삼아 다른 손의 두 손가락을 좌우로 움직이는 동작

- **평화**
두 손으로 브이를 만드는 동작

* 한국수어 사전에서 '소중하다, 좋다, 행복'이라는 단어를 찾아 우리만의 〈Permission to Dance〉 춤을 만들어도 좋습니다.

활동3 수어 이름 만들기

수어를 사용하는 사람들은 어떻게 이름을 부를까요? 사람들의 얼굴 특징, 태도, 성격 등을 활용해 수어 이름을 만들어 부른답니다. 한국수어 사전에서 특징을 나타내는 수어를 찾아 수어 이름을 만들어봅니다. 예능 프로그램 〈유 퀴즈 온 더 블럭〉에서 수어 통역사가 나온 편에서 이 활동을 한 장면이 나오는데요. 가령, MC 유재석 님은 입이 앞으로 나온 특징에 주목해 이름을 붙이는 식이었습니다.

- 〈유 퀴즈 온 더 블록〉 수어통역사 편

한 걸음 더

시·청각 장애인의 세상을 이해할 수 있는 그림책

《캄캄해도 괜찮아!》 (이지현 글, 임영란 그림, 재능교육)
#흰지팡이 #점자블록 #점자

아이들에게 그림책 《캄캄해도 괜찮아!》 표지를 보여주면 여기저기에서 "저 엘리베이터에서 본 적 있어요. 화장실에도 있어요!" 하며 아이들이 앞다퉈 말합니다. 아이들이 본 것은 바로 점자와 점자블록인데요. 그림책 《캄캄해도 괜찮아!》는 주인공이 시각장애가 있는 아빠를 소개하며 전개됩니다. 아빠는 혼자 흰지팡이와 점자블록을 이용해 길을 걷고, 캄캄한 방에서 점자로 그림책을 읽어줍니다. 아이들과 함께 그림책 《캄캄해도 괜찮아!》를 읽으면서 책 속에서 시각장애인의 눈 역할을 해주는 흰지팡이, 점자블록, 점자를 찾아보세요. 더 나아가 일상생활에서도 이것들을 찾아보고 시각장애인에게 얼마나 중요한지 이야기를 나눠보세요. 매년 장애인과 비장애인이 함께 하는 마라톤이 열리는데요. 장애인과 비장애인이 짝을 이룬 후 가이드 러너끈을 잡고 함께 달립니다. 그림책 《캄캄해도 괜찮아!》를 읽고 나서 아이들과 안대와 가이드 러너끈을 이용해 마라톤을 해보는 활동도 추천합니다. 그리고 시각장애인을 만났을 때 도움이 필요해 보인다면 "도움이 필요하세요?" 하고 물어보는 것이 에티켓이라는 점도 알려주세요.

《너 스키 탈 수 있니?》
(레이먼드 앤트로버스 글, 폴리 던바 그림, 김지혜 옮김, 북극곰)
#보청기 #청각장애에티켓

그림책 《너 스키 탈 수 있니?》는 난청 진단을 받은 작가의 자전적 이야기로, 보청기를 착용하는 청각장애인에 대한 이해를 도와줍니다. 귀가 잘 들리지 않는 꼬마 곰은 아빠가 직접 방으로 와서 깨워줘야 일어납니다. 꼬마 곰이 스키 중계를 보며 아침을 먹고 있는데 아빠가 "너 스키 탈 수 있니?"라고 묻습니다. 꼬마 곰은 아빠와 함께 청능사를 만났고, 보청

기를 착용하게 됩니다. 보청기를 착용한 후에야 "너 스키 탈 수 있니?"가 다른 말이었다는 것을 알게 됩니다. '배리어 프리'(Barrier Free)는 장애인뿐만 아니라 어린이, 노인, 외국인 등 모든 사람이 함께 즐길 수 있는 사회를 만드는 운동입니다. 아이들과 배리어 프리에 대해 알아보고, 소리 정보를 시각 또는 자막으로 바꾼 배리어 프리 동화를 만든 후 소감을 나눠보세요. 그리고 '청각장애 학생을 처음 만나는 선생님에게 전하는 영상'을 보고 청각장애 학생을 대하는 에티켓도 함께 실천해보시길 바랍니다.

- '청각장애 학생을 처음 만나는 선생님에게' 영상

* 출처: 국립특수교육원 에듀에이블

시각장애를 다룬 그림책

- 《눈을 감아 보렴!》(빅토리아 페레스 에스크리바 글, 클라우디아 라누치 그림, 조수진 옮김, 한울림스페셜)
- 《눈을 감아야 보이는 세상》(로저 올모스 지음, 황지영 옮김, 한울림스페셜)
- 《색을 상상해 볼래?》(디토리 지음, 북극곰)
- 《보이지 않는다면》(차이자오룬 지음, 심봉희 옮김, 웅진주니어)
- 《나무를 만져 보세요》(송혜승 지음, 창비)
- 《노란 길을 지켜 줘》(박선영 지음, 노란상상)

청각장애를 다룬 그림책

- 《청각도우미견 솔이, 함께여서 좋아!》(스즈키 빈코 지음, 유하나 옮김, 사단법인 한국장애인도우미견협회 감수, 곰세마리)

2월 3주

- 《피아노 소리가 보여요》(명수정 지음, 글로연)
- 《내게는 소리를 듣지 못하는 여동생이 있습니다》(진 화이트하우스 피터슨 글, 데보라 코간 레이 그림, 이상희 옮김, 웅진주니어)
- 《손으로 말해요》(프란츠 요제프 후아이니크 글, 베레나 발하우스 그림, 김경연 옮김, 주니어김영사)

2월 4주
지체장애, 차별 없는 세상 만들기

 휠체어를 타는 세하는 오늘도 체육 시간에 혼자입니다. 세하는 이렇게 말합니다. "선생님, 저도 같이하고 싶어요." 줄넘기를 배우는 시간이지만 세하는 혼자 아이들만 바라보고 있습니다. 체육 시간에 지체장애가 있는 아이를 참여시키지 못해 어려움을 토로하는 선생님을 종종 만납니다. 업무 과중, 정보 부족 등으로 매시간 아이에게 맞는 수업을 제공하기에는 현실적으로 어려움이 존재합니다. 문제는 이러한 배제가 아이들에게도 은연중에 전해질 수 있다는 것인데요. 아이들은 체육 시간 때처럼 지체장애인이 배제되는 상황을 자신도 모르는 사이에 당연하게 여기게 됩니다.

 '장애인 차별 철폐의 날'을 들어보셨나요? 매년 4월 20일은 우리가 흔히 알고 있는 '장애인의 날'로 알고 있는데 이날은 '장애인 차별 철폐의 날'로 부르기도 합니다. 보이지 않는 차별들이 여전히 존재하고 있기 때문에 차별을 철폐한다는 의미를 담아 사회의 변화를 촉구하는 이름으로 부르는 것이지요. 지체장애가 있는 아이와 함께 있을 때, 아이들은 지체장애가 있는 아이에게 직접 해야 하는 질문을 선생님인 제게 합니다.

　또한, 아이들은 배려한다는 이유로 지체장애가 있는 아이를 활동에서 빼주거나 대신해주기도 하는데요. 장애가 있는 아이는 이를 차별이라고 느낄 수 있습니다. 장애는 장애가 있는 사람에게 일어난 일부 특징일 뿐, 그 사람의 전부가 아닙니다. 다리만 불편해서 휠체어를 이용하고 있다면 당연히 말할 수 있습니다. 그럼에도 장애로 인해 '못할 것 같은데?', '안 될 것 같은데?'라고 마음대로 판단하며 기회조차 주지 않는 상황들이 여전히 발생하고 있는 실정이지요.

　"안 돼", "하지 마", "위험해", "대신해줄게" 등의 말은 장애가 있는 아이들의 생각과 말, 행동을 가로막습니다. 이번 장에서는 지체장애인의 일상을 경험하며 차별이 무엇인지 알아보고, 차별 없이 모두 함께 즐길 수 있는 활동을 소개합니다. 나아가 지체장애가 있는 사람들을 만났을 때 어떻게 해야 하는지 에티켓을 배우고 실천하는 방법도 안내합니다.

이 주의 그림책 ①

휠체어를 타고 본 세상은 어떤 모습일까?
《늘보 씨, 집을 나서다》
(김준철 지음, 한울림스페셜)

　그림책 《늘보 씨, 집을 나서다》는 휠체어를 타고 세상을 살아가는 것이 얼마나 힘든 일인지 여실히 보여줍니다. 이야기는 휠체어를 타는 늘보 씨가 세상에 나오며 전개되는데요. 이야기 속에는 비탈길, 횡단보도를 건너는 늘보 씨의 고군분투가 고스란히 담겨 있습니다. 늘보 씨는 과연 휠체어를 타고 무사히 목적지까지 도착할 수 있을까요? 그림책 《늘보 씨, 집을 나서다》를 쓰고 그린 김준철 작가는 현재 신장장애로 투병 중입니다. 장애를 안고 살아가는 이들의 목소리를 내고 싶다는 작가의 염원을 담은 그림책 《늘보 씨, 집을 나서다》에 한번 빠져볼까요?

　우선 표지를 먼저 살펴보겠습니다. 횡단보도를 건너는 늘보 씨 주변에 동물들이 건너고 있는데요. 사람들을 동물에 비유한 것이 참 인상적입니다. 도시락과 구급약까지 챙긴 늘보 씨는 오늘은 좀 더 멀리까지 가보려고 합니다. 하지만 휠체어를 탄 늘보 씨의 외출은 순탄치 않습니다. 결국 늘보 씨는 넘어지고 마는데요. 가끔 넘어질 수 있지만 부끄러워하거나 주저하지 말라며 자신에게 담담히 이야기합니다.

　4월 20일 장애인의 날, 출근 시간에 장애인들이 지하철역에서 시위를 합니다. 사람들은 종종 왜 하필 출근 시간에 시위를 하느냐며 불만을 표합니다. 그들은 왜 출근 시간에 시위를 할 수밖에 없었을까요? 만약 사람들이 지체장애가 있는 사람들의 이동권에 대한 문제점을 알고 있었다면 이런 시위를 이해할 수 있었을 것입니다. 자, 이제 그림책《늘보 씨, 집을 나서다》를 읽고 휠체어를 타고 살아간다는 것이 얼마나 힘든 일인지 간접적으로 알게 되었습니다. 그럼 다음으로 휠체어를 밀고 타보며 지체장애가 있는 사람들이 현실에서 부딪히는 문제점에 대해 조금 더 깊게 알아볼 차례입니다.

휠체어만 있으면 어디든 갈 수 있을까?

장애에 대한 기본적인 이론 시험과 휠체어 실기 시험을 통과하면 휠체어 운전면허증을 받을 수 있는 활동입니다. 방지턱이 있는 곳에서 휠체어를 밀거나 휠체어를 직접 타고 경사가 높은 곳을 이동하는 것은 굉장히 어려운 일인데요. 다양한 상황에서 휠체어를 밀어보고 직접 타보는 경험은 지체장애인을 이해하는 데 큰 도움이 됩니다.

활동1 휠체어 운전면허 따기

1. 응시 원서를 작성합니다.
2. 장애에 대한 기본적인 상식 퀴즈를 푸는 것으로 응시료를 납부합니다.
3. 이론 시험을 치릅니다.
4. 실기 시험을 2차례 치릅니다.

시험 종류	사전 학습 내용	시험 문제	합격 기준
이론 시험	장애 관련 기본 상식과 에티켓, 휠체어 사용법	1. 장애 관련 기본 상식 2. 장애 유형별 에티켓 3. 휠체어 사용법	70점 이상
실기 시험 1차 (도움주기)	휠체어 미는 법 휠체어 도움주기 시범	1. 직선 코스 2. 곡선 코스 3. 엘리베이터 타고 내리기 4. 경사 오르기 5. 경사 내려가기 6. 방지 턱 오르기	3개 코스 안전하게 완주
실기 시험 2차 (기능 코스)	휠체어 타는 법 휠체어 기능코스 시범	1. 직선 코스 2. 곡선 코스 3. 오르막 코스 4. 내리막 코스	4개 코스 안전하게 완주

※ 시험의 난이도는 아이들의 수준에 맞춰 조절해주세요.

- 장애 관련 기본 상식 영상

* 출처: 유튜브 홀트강동복지관 채널

- 장애 유형별 에티켓 영상

* 출처: 유튜브 연합뉴스 채널

- 휠체어 사용법 & 휠체어 미는 법 영상

* 출처: 네이버 TV 케어닥 채널

- 휠체어 타는 법 영상

* 출처: 유튜브 구립동대문장애인복지관 채널

장애 체험활동을 할 때, 휠체어로 장난치는 아이들이 종종 있는데요. 장난이 사고로 이어질 수 있습니다. 휠체어를 타고 내릴 때 반드시 브레이크를 걸어야 한다는 점과 함께 안전을 숙지하도록 안내해주시고, 다시 한번 활동 목적에 대해 이야기해주세요. 이 활동의 목적은 휠체어를 밀거나 직접 타보는 활동을 통해 지체장애인의 어려움을 이해하고, 사회에 문제의식을 갖는 것입니다. 이 활동이 일일 체험으로 끝나지 않기를 바랍니다. 계단, 높은 경사 등 장애인으로 살면서 마주하게 되는 장벽을 아이들이 스스로 인식하고 해결 방안을 찾아보는 시간이 될 수 있도록 도와주세요. 휠체어는 학교 보건실에 비치되어 있으며, 각 지역 특수교육지원센터에 문의 후 대여할 수 있습니다.

활동 2 유니버설 디자인으로 모두를 위한 학교 만들기

유니버설 디자인은 연령, 성별, 국적, 장애의 유무 등에 관계없이 누구나 편안하게 이용할 수 있도록 건축, 환경, 서비스 등을 계획하고 설계하는 것입니다. 이는 모든 사람을 위한 디자인

이라고 불리기도 하는데요. 학교 곳곳에서 유니버설 디자인을 한번 찾아보세요. 그리고 휠체어를 체험하며 느꼈던 불편함을 토대로 우리 학교에서 휠체어가 다니기 힘든 곳을 찾아보고, 유니버설 디자인으로 바꿔보세요. 더 나아가 어린이 회의를 통해 모두를 위한 유니버설 디자인 학교를 만들어봅니다.

예시

- 엘리베이터, 화장실 마크

- **유니버설 디자인 영상**

* 출처: 유튜브 서울특별시유니버설디자인센터 채널

이 주의 그림책 ②

우리는 차별에 반대합니다
《더 이상의 '안 돼'는 거절하겠어!》
(메리앤 코카-레플러 글, 비비안 밀덴버거 그림, 김여진 옮김, 웃는돌고래)

    그림책 《더 이상의 '안 돼'는 거절하겠어!》는 장애인이 어떤 차별을 받고 있으며, 장애인들이 자신의 권리를 찾기 위해 어떤 노력을 해왔는지 역사적으로 다룬다는 점에서 주목할 만합니다. 이 그림책은 장애 인권 운동가 주디스 휴먼의 생애를 그렸는데요. 유치원에 간 주디가 휠체어를 타고 있다는 이유로 입학을 거부당하는 장면에서부터 이야기가 시작됩니다. 주디의 엄마는 이후 주디가 다닐 수 있는 학교를 여기저기 알아봤지만 주디를 받아주는 학교는 없었습니다.

    주디는 아홉 살이 되어서야 학교에 가게 되지만, 장애가 없는 아이들과 분리되어 수업을 받게 됩니다. 주디는 건물에 들어가고 싶어도 경사로나 리프트가 없어 안 된다며 거부당하기 십상인데요. 장애를 가진 어린이 캠프를 다녀오면서 아무도 소외되지 않는 세상을 꿈꾸게 됩니다. 주디는 교사가 되고 싶었지만 또 한 번 거절당하면서 장애 인권에 대해 소리내기 시작했습니다. 주디는 전국 시위자들과 함께 재활법 504조 통과를 주장합니다. 재활법 504조에는 장애가 있다는 이유만으로 정부의 재정 지원을 받는 활동에 따른 혜택에서 배제, 거부되거나 차별받을 수 없다는 내용이 담겨 있는데요. 주디가 시위를 한 지 5년 만에 이 법안이 통과됩니다. 주디는 이 법이 통과된 후에도 전 세계의 시민 평등권을 위해 싸움을 멈추지 않았습니다. 지금도 장애인들은 차별 속에서 자신의 권리를

찾기 위해 싸우고 있습니다. 여전히 리프트 또는 경사로가 없는 건물들이 많고, 대중교통을 쉽게 이용하기 힘듭니다.

그림책《더 이상의 '안 돼'는 거절하겠어!》를 읽고 나서 아이들과 함께 우리는 아무렇지 않게 누리는 권리이지만 장애인들은 누리지 못하는 차별에는 무엇이 있는지 찾아보세요. 그리고 장애인이 차별받지 않기 위해 사회가 어떻게 변화해야 하는지, 이를 위해 아이들과 함께 실천할 수 있는 행동에는 무엇이 있는지 생각해봅니다. 아이들의 실천으로 '안 돼'가 아닌 '좋아요!'가 많아지는 아름다운 세상이 되기를 꿈꿉니다.

차별 없는 세상을 만들자!

휠체어를 타는 지체장애인의 삶을 들여다보고 차별에 대해 알아보는 활동입니다. 그림책《더 이상의 '안 돼'는 거절하겠어!》에서 주디는 재활법 504조를 통해 장애인 차별 금지를 주장했는데요. 우리나라에는 장애인 차별을 금지하기 위해 '장애인차별금지 및 권리구제 등에 관한 법률'(줄여서 '장애인차별금지법')을 두고 있습니다. 장애인차별금지법에서 명시하고 있는 차별 행위를 살펴보고 아이들과 함께 차별을 막기 위한 활동을 실천해봅니다.

활동1 휠체어를 타는 사람들의 삶 들여다보기

유튜버 박위와 굴러라 구르님의 영상을 보고 휠체어를 타는 사람들의 일상을 알아봅니다. 영상을 시청한 후 아이들이 원래 알고 있었던 것과 실제 휠체어 타는 사람들의 삶이 어떻게 다른지 이야기를 나눠보세요.

2월 4주

휠체어로 버스를 타려고 했더니 버스 기사의 황당한 반응

 휠체어를 타고 어떻게 대피해야 할까?

장애인 시청자가 리뷰하는 이상한 변호사 우영우

 휠체어 타고 용산에 오면 무조건 가야 하는 곳!?

휠체어는 못 가는 식당, 우리가 직접 바꿀 수 있다고?

 휠체어타고 당근마켓 하다 생긴 일

장애인 주차구역에서 불법주차한 차주와 마주쳤다…

 뇌성마비 장애인이 듣는 칭찬(?)

* 출처: 유튜브 '위라클', '굴러라 구르님' 채널

활동2 차별 행위 6가지 알고 장애인 차별 금지에 동참하기

다음의 표는 장애인 차별금지법 제4조(시행일 2023. 01. 28. 기준)에서 금지하는 차별 행위 6가지입니다. 그림책 《더 이상의 '안 돼'는 거절하겠어!》와 [활동 1]에서 살펴본 영상 내용을 바탕으로 장애인 차별 행위에 해당하는 것을 찾아봅니다. 그리고 일상에서 일어나는 일 중 차별에 해당하는 것은 무엇인지 알아봅니다. 차별에 대해 알아본 후, 일상에서 아이들이 장애인 차별 금지를 위해 할 수 있는 행동들을 직접 실천해봅니다.

차별 행위 6가지	예시
장애를 사유로 정당한 이유 없이 **제한·배제·분리·거부** 등에 의하여 불리하게 대하는 경우	주디의 학교 입학 거부, 교사 거부
정당한 사유 없이 장애를 고려하지 아니하는 **기준**을 적용함으로써 장애인에게 불리한 결과를 초래하는 경우	점자를 사용하는 시각장애인에게 동일한 시험 시간 부여
정당한 사유 없이 정당한 **편의 제공**을 거부하는 경우	리프트가 없는 건물
정당한 사유 없이 불리한 대우를 표시·조장하는 **광고**를 직접 행하거나 그러한 광고를 허용·조장하는 경우	장애인을 불쌍하게 표현하는 광고
장애인을 돕기 위한 목적에서 장애인을 **대리·동행하는 자**에 대하여 제1호부터 제4호까지의 행위를 하는 경우	수어통역사의 출입을 거부하는 경우
보조견 또는 장애인보조기구 등의 정당한 사용을 방해하거나 보조견 및 장애인보조기구 등을 대상으로 제4호에 따라 금지된 행위를 하는 경우	보조견의 출입을 거부하는 경우

예시

- 장애인 당사자 보고 대화하기
- 모두 참여할 수 있는 체육 활동으로 수정하기
- 장애인 차별 금지와 관련된 법이 통과될 수 있도록 지지 서명하기

2월 4주

활동 3 장애를 부정적으로 다루는 기사 제목을 찾아서 바르게 표현하기

장애에 대한 부정적인 인식을 개선하기 위해 말부터 먼저 바꿔보자는 움직임이 일어났는데요. 그럼에도 여전히 사람들은 장애에 대한 부정적 의미를 내포한 언어를 많이 사용하고 있습니다. 장애를 표현하는 부정적인 단어를 찾아보고 바르게 표현해봅니다. 유튜버 굴러라 구르님은 장애인을 욕으로 사용하지 말아달라고 당부합니다. 장애에 대한 바른 표현을 배우고, 이제부터 장애인이라는 용어를 장애가 있는 사람을 존중하는 의미로 사용합니다.

예시

기사 제목에 나타난 장애인에 대한 잘못된 표현
- 장애우, 정신병자, 지진아, 귀머거리, 벙어리, 눈먼 등

바른 표현으로 바꾸기
- 장애자, 장애우 → 장애인
- 정상인 → 비장애인
- 정신병자, 지진아 → 지적장애
- 장애를 앓고 있다. → 장애를 갖고 있다.
- 장애를 극복하다. → 장애를 받아들이고 장애와 함께 살아간다.

한 걸음 더

지체장애에 대한 이해를 돕는 그림책

《아직도 궁금해?》
(제임스 캐치폴 글, 캐런 조지 그림, 최지원 옮김, 예림당)
#편견 #에티켓

그림책 《아직도 궁금해?》는 장애가 있는 사람이 원하는 소통 방식을 다루는 점에서 주목할 만합니다. 표지에 다리가 하나인 아이가 나옵니다. 이윽고 "쟤는 왜 다리가 하나예요?"라며 질문이 쏟아집니다. 아이들은 상대의 아픔과 기분을 헤아리지 않고 질문합니다. 주인공 조는 해적 놀이를 하고 있습니다. 아이들은 조에게 다가가 왜 다리가 하나인지 묻고 마음대로 생각합니다. 조는 하나뿐인 다리에만 관심을 두는 아이들에게 불편함을 느낍니다. 작가는 그림책의 마지막 부분에 편지를 남겼습니다. 아이가 장애인을 보고 "저 사람은 왜 저래?"하고 물을 때, 세상에는 다양한 사람들이 있지만 모두 똑같다고 말해주세요. 아이에게 비록 궁금한 점이 있다고 해도 처음 본 사람에게 개인적인 질문을 던지는 것은 예의가 아니라는 점, 상대는 늘 똑같은 질문을 받아 지쳐 있을 것이라는 점을 말해주세요. 장애인도 같은 한 사람일 뿐, 타인이 자신을 다르게 보고 호기심을 보이는 것을 싫어합니다. 작가가 남겨둔 편지를 읽고 아이들에게 장애가 있는 사람을 만나면 어떻게 소통해야 하는지에 대한 에티켓에 대해서도 이야기해주세요.

《동구관찰》 (조원희 지음, NC문화재단)
#휠체어 #우정

그림책 《동구관찰》의 표지는 보는 이로 하여금 흥미를 불러일으킵니다. 고양이와 아이는 머리를 맞대고 무엇을 하고 있는 것일까요? 표지의 고양이에게만 관심을 보이던 아이들은 그림책의 가장 마지막 장을 보았을 때 휠체어에 관심을 보이기 시작합니다. "나 저거 본 적 있어!", "휠체어!"라는 소리가 여기저기서 들립니다. 그림책 《동구관찰》은 지체장애가 있는 동구와 반려묘의 우정을 그린 이야기입니다. 장애 유무와 상관없이 누구나 친구가 될 수 있다는 것을 아이들에게 알려주고 싶다면 이 그림책을 함께 읽어보세요. 그림책 《동구관찰》을 쓰고 그린 조원희 작가는 몸이 불편한 사람들을 향한 과도한 관심보다 자연스럽게 있는 그대로 대하는 게 서로에게 좋다고 말합니다. 올림픽이 끝나면 그 뒤를 이어 패럴림픽이 시작됩니다. 패럴림픽은 장애가 있는 사람들의 올림픽입니다. 평창 올림픽 때 휠체어 컬링을 직접 보고 왔는데 그 열기가 매우 대단했습니다. 학교에서는 매년 체육대회가 열리는데요. 이번 체육대회에는 차별 없이 모두 즐길 수 있는 패럴림픽을 열어보는 것은 어떨까요? 서로를 자연스럽게 있는 그대로 대하는 시간이 될 것입니다.

지체장애를 다룬 그림책

- 《창밖으로 나갈 용기》(곡닐 외즈쾨크 글, 제이훈 쉔 그림, 이난아 옮김, 한울림스페셜)
- 《위를 봐요!》(정진호 지음, 현암주니어)
- 《세 바퀴로 걷는 염소 조이》(페리둔 오랄 지음, 이난아 옮김, 한울림스페셜)
- 《물이 되는 꿈》(루시드 폴 글, 이수지 그림, 청어람아이)
- 《휠체어를 탄 사서》(가와하라 마사미 원저, 우메다 슌사쿠 지음, 고대영 옮김, 길벗어린이)
- 《찬이가 가르쳐 준 것》(허은미 글, 노준구 그림, 한울림스페셜)
- 《두 바퀴로 걷는 우리 아빠》(모르간 다비드 지음, 이재현 옮김, 파랑새어린이)
- 《달려라 왼발 자전거》(로리 앤 톰슨 글, 션 퀄스 그림, 길상효 옮김, 씨드북)

'세상을 바꾸는 시간, 15분' 중 장애 관련 강연

| 부자나 성공한 사람이 아니더라도
참 좋은 사람이 되려면
(김형수, 장애인학생지원네트워크 총장) |  |

 | 기적의 삶을 사는 방법
(박위, '위라클' 유튜브 크리에이터) |

| 인생이 막막한 당신, 제대로 보고 계신가요?
(김한솔, '원샷한솔' 유튜브 크리에이터) |  |

 | 장애는 사람에게 있지 않습니다.
(이현학, 가수) |

| 제 꿈은 다 이뤄졌어요
(정은혜, 작가) |  |

 | 당신에게 장애인 친구가 없는 이유
(장혜영, '어른이 되면' 프로젝트 기획자) |

| 내 삶은 망했다고 생각하는 당신에게
(이원준, 장애 인식 교육 강사) |  |

한 권으로 끝내는 그림책 학급 운영과 생활지도의 모든 것
그림책 수업 대백과 261

초판 1쇄 발행 2024년 1월 31일
초판 4쇄 발행 2024년 7월 29일

지은이 좋아서하는어린이책연구회
펴낸이 민혜영
펴낸곳 (주)카시오페아
주소 서울특별시 마포구 월드컵로 14길 56, 3~5층
전화 02-303-5580 | **팩스** 02-2179-8768
홈페이지 www.cassiopeiabook.com | **전자우편** editor@cassiopeiabook.com
출판등록 2012년 12월 27일 제2014-000277호

ⓒ좋아서하는어린이책연구회, 2024
ISBN 979-11-6827-164-7 03370

이 책은 저작권법에 따라 보호받는 저작물이므로 무단 전재와 무단 복제를 금지하며,
이 책의 전부 또는 일부를 이용하려면 반드시 저작권자와 (주)카시오페아 출판사의
서면 동의를 받아야 합니다.

- 잘못된 책은 구입하신 곳에서 바꿔드립니다.
- 책값은 뒤표지에 있습니다.
- 이 책에서 인용한 그림책 표지 이미지들은 가능한 한 저작권자의 확인과 승인 과정을 거쳤습니다. 게재 승인 요청에 대한 회신을 받지 못한 일부 표지 이미지들에 대해서는 추후 저작권자의 게재 허락을 받고, 통상의 절차를 밟도록 하겠습니다.

이 서적 내에 사용된 일부 작품은 SACK를 통해 ADAGP와 저작권 계약을 맺은 것입니다. 저작권법에 의하여 한국 내에서 보호를 받는 저작물이므로 무단 전재 및 복제를 금합니다.
399쪽 ⓒRené Magritte / ADAGP, Paris - SACK, Seoul, 2024